上海三联人文经典书库

上海三联人文经典书库

101

中世纪和文艺复兴研究

[美] T.E. 蒙森 著

陈志坚 等译

MEDIEVAL AND RENAISSANCE STUDIES

上海三联书店

“十三五”国家重点图书出版规划项目

国家出版基金资助项目

1954 年 11 月 10 日蒙森在康奈尔大学本科生研讨课上

总　序

陈　恒

自百余年前中国学术开始现代转型以来，我国人文社会科学研究历经几代学者不懈努力已取得了可观成就。学术翻译在其中功不可没，严复的开创之功自不必多说，民国时期译介的西方学术著作更大大促进了汉语学术的发展，有助于我国学人开眼看世界，知外域除坚船利器外尚有学问典章可资引进。20 世纪 80 年代以来，中国学术界又开始了一轮至今势头不衰的引介国外学术著作之浪潮，这对中国知识界学术思想的积累和发展乃至对中国社会进步所起到的推动作用，可谓有目共睹。新一轮西学东渐的同时，中国学者在某些领域也进行了开创性研究，出版了不少重要的论著，发表了不少有价值的论文。借此如株苗之嫁接，已生成糅合东西学术精义的果实。我们有充分的理由企盼着，既有着自身深厚的民族传统为根基、呈现出鲜明的本土问题意识，又吸纳了国际学术界多方面成果的学术研究，将会日益滋长繁荣起来。

值得注意的是，20 世纪 80 年代以降，西方学术界自身的转型也越来越改变了其传统的学术形态和研究方法，学术史、科学史、考古史、宗教史、性别史、哲学史、艺术史、人类学、语言学、社会学、民俗学等学科的研究日益繁荣。研究方法、手段、内容日新月异，这些领域的变化在很大程度上改变了整个人文社会科学的面貌，也极大地影响了近年来中国学术界的学术取向。不同学科的学者出于深化各自专业研究的需要，对其他学科知识的渴求也越来越迫切，以求能开阔视野，迸发出学术灵感、思想火花。近年来，我们与国外学术界的交往日渐增强，合格的学术翻译队伍也日益扩大，同时我们也深信，学术垃圾的泛滥只是当今学术生产面相之一隅，高质量、原创作的学术著作也在当今的学术中坚和默坐书斋的读书种子中不断产生。然囿于种种原因，人文社会科学各学科的发展并不平衡，学术出版方面也有畸轻畸重的情形（比如国内还鲜有把国人在海外获得博士学位的优秀论文系统地引介到学术界）。

有鉴于此，我们计划组织出版“上海三联人文经典书库”，将从译介西学成果、推出原创精品、整理已有典籍三方面展开。译介西学成果拟从西方近现代经典（自文艺复兴以来，但以二战前后的西学著作为主）、西方古代经典（文艺复兴前的西方原典）两方面着手；原创精品取“汉语思想系列”为范畴，不断向学术界推出汉语世界精品力作；整理已有典籍则以民国时期的翻译著作为主。现阶段我们拟从历史、考古、宗教、哲学、艺术等领域着手，在上述三个方面对学术宝库进行挖掘，从而为人文社会科学的发展作出一些贡献，以求为21世纪中国的学术大厦添一砖一瓦。

目录

第一部分

1316—1687 年意大利及帝国的外交和军事史研究

第二部分

彼特拉克研究

第三部分

早期基督教史学研究

第一部分
1316—1687 年意大利及帝国的外交和军事史研究

1. 1316年哈布斯堡王朝-安茹王朝联姻* 3

1314年10月19日和20日,“公正的”腓特烈和巴伐利亚的路易在法兰克福同时当选罗马国王。随之而来的日耳曼内战,使意大利事务不再像以往那么受关注,但也并未完全消失于视野。值得注意的是,两个觊觎帝位者对于意大利的事务采取不同的政策。路易仍遵循传统的帝国法律,在1315年1月4日任命荷兰威廉伯爵的兄弟博蒙约翰(John of Beaumont)为帝国在意大利的总代理主教,[1]并且通过函件的形式在意大利宣传了这一举措。[2]可以确定的是,这一任命并没有产生更多的重要意义,我们甚至不知道约翰是否亲自到意大利就职。随后直到1322年的米尔多夫(Mühldorf)战役,除了一些政治上无关紧要的特许权恩赐外,路易都避免了对意大利事务更多的积极涉入。[3]

与之相反,腓特烈并未立即往不同地区派遣一个总代理主教或 4
帝国代理主教。[4]他转而努力通过外交方式酝酿其意大利政策。他有一个有利身份,即作为阿拉贡的詹姆士二世的女儿伊丽莎白的丈夫,[5]他的岳父与各个首都有很好的外交联系,尤其是阿维农和那不勒斯这两个对意大利而言最为重要的权力中心。而且,征服撒丁岛的战役使詹姆士本人也对意大利事务充满兴趣。1314年7月10日,在当选之前腓特烈请求其岳父,“如果这个地方(指日耳曼)对我们有利,在我们的意大利事务上就进一步发展”(*quod, si*

* 重印自 *Neues Archiv der Gesellschaft für ältere deutsche Geschichtskunde*, L(1935),600—615。由Walter M. Simon翻译。

fortuna nobis arriserit in hac parte，*in partibus Ytalie nostra promoveatis negocia*）。[6]1314 年 10 月 17 日，詹姆士在回复中许诺，将"在权力所及之处"（*ubicumque poterimus*）推动腓特烈的政策。[7]腓特烈继续在多处场合请求詹姆士对阿维农和意大利事务的支持；[8]然而重要的是，詹姆士不仅许诺而且真正地针对阿维农采取一系列措施，但对腓特烈的意大利计划却并无回应。[9]

5 早在 1315 年，腓特烈就已与西西里进行过谈判。他给国王腓特烈三世（詹姆士二世的兄弟）的信件遗失，但从西西里的答复（1315 年 5 月/6 月）[10]我们可以推论，信中包含关于其当选的通知、日耳曼地区形势的报告以及请求支持的信息。西西里国王许诺予以援助，并且告知哈布斯堡王朝的腓特烈，他对皇帝和帝国持有坚定不渝的忠诚，在亨利七世时代他就已证明。

这封信使西西里国王的日耳曼朋友们认为，双方之间正式建立的友情可以通过联姻而达到更为紧密的盟友关系，即"公正的"腓特烈的妹妹凯瑟琳同西西里王位继承人彼得之间的婚姻。[11]腓特烈给其岳父的回信（1315 年 9 月 22 日）中，告知后者上述决定以及更多的可能性步骤。[12]这显示了腓特烈在其意大利政策上是如何不依
6 赖詹姆士的。[13]尽管腓特烈尚未显示出他对缔结这样一个同盟的急切心情，詹姆士却直截了当地反对这一决定，因为西西里的彼得早先已与亨利七世的女儿贝阿特丽丝有婚约，这"几乎等同于神圣教会的安排"（*iuxta sacrorum canonum instituta*）。[14]

然而，詹姆士持反对态度的真正原因很可能是，由于他不愿自己的女婿涉入那不勒斯王国和西西里王国从西西里晚祷起义以来的矛盾冲突。詹姆士身为西西里国王的兄弟和那不勒斯国王的连襟，曾竭力试图调解二者的争端，尽管通常他都会站在他的连襟安茹王朝一边；詹姆士的日耳曼女婿未来可能继承帝位，如果他通过联姻也涉入争端双方的任何一边，他的调解政策就会面临更多的困难。而且，詹姆士的调解在这一时期才显得尤其必要，因为两个国家因亨利七世征服意大利而引起的战争在 1314 年 12 月 16 日暂时中止，但这一休战到 1316 年 3 月 1 日才结束。[15]

一份1316年2月25日的阿拉贡王室外交报告提供了关于那
不勒斯和墨西拿主要状况的有用信息。[16]所有宫廷在对教皇和皇帝
的候选人态度上都陷入茫然无措，这两个空缺的位子被两个竞争
者争夺；所有的宫廷都担心当形势明朗时被其他方占了决定性的
先机，同时也焦急地密切关注其他方的行动，因为在它们被卷入的 7
这一场牵动整个世界的博弈中，任何一个举动都有可能招致重要
的战术性变化。因此，毫无疑问的是，那不勒斯的罗伯特被告知
“公正的”腓特烈想与西西里联姻的企图，以及阿拉贡的詹姆士对
此计划的消极态度。

正在此时，1316年初，一个来自腓特烈的使团抵达那不勒斯，
就像一年前被派往西西里的使团一样，很可能只是肩负着建立外
交联系的使命，只要与西西里的联姻商议还未决定，腓特烈就不会
提出具体的计划。很有可能是罗伯特抓住这次使团前来的机会，
转而主动提出其家族与哈布斯堡家族的联姻，即凯瑟琳与安茹王
位的继承人、卡拉布利亚的查理公爵之间的结合。日耳曼使团在
1316年2月3日从那不勒斯返回，同来的有那不勒斯大使，可以推
断的是他一定负责联姻计划。[17]如果是这样的话，那不勒斯的求婚 8
是在詹姆士反对西西里求婚的四周之后，也是在更为靠后的时间
才抵达日耳曼的。

不幸的是，关于腓特烈如何收到这两封信件，我们不得而知，但是我们知道，他从两个提议中迅速完成了阵线的转变。关于西西里的计划没有再被提及。相反，仅仅在罗伯特求婚四个月之后，哈布斯堡王朝与安茹王朝在1316年6月23日缔结了联姻协议。[18]同时那不勒斯大使从其宫廷接到进一步的指示。[19]

由双方准备的协议文书已不复存在。我们关于这一事件的认识基于以下文件：

(1) 腓特烈一方：一封日期为1316年6月30日的函件送达其意大利的拥护者们手中，[20]日期为7月18日的信件从腓特烈处送达詹姆士二世，[21]日期为7月24日的信件从伊丽莎白王后处送达詹姆士二世处。[22]

(2) 罗伯特一方：一封日期为 8 月 1 日的通知送达外蒙托罗的大法官(Iustitiarius)，是为发往那不勒斯各处官员和城镇的函件的
9 样本，[23]一封日期为 8 月 2 日的送达阿拉贡大使佩得鲁斯·费兰迪(Petrus Ferrandi de Ixar)的信件，[24]以及同一日期由国王和王后发送给詹姆士的信件。[25]

从这些不相一致的史料中，我们必须推测协议的可能性内容。

腓特烈的记述主要限于联姻事件本身。国王希望这一协议能够带来和平，解决导致意大利四分五裂的仇恨和争端。同时，腓特烈希望"将(安茹)引向帝国一方"(*imperio atrahere*, *allicere et nuptiarum placare probabili blandimento*)，在以安茹家族为傲并将其与法国王室连接在一起的家族看来，这一术语在函件中公开并非外交上的明智做法。伊丽莎白王后在 7 月 24 日写给其父的信中，也使用了同样的这些术语(如同其丈夫几天前写给詹姆士的信)，表达了同样的愿望，即这场婚姻能够有助于解决那不勒斯与西西里的争端，并因此而感谢詹姆士。阿拉贡国王在此前未被请求赞同时，在 1316 年 9 月 19 日的答复中表示了同样的希望，但对于这场联姻的具体含义并未表达看法。[26]

10 腓特烈的信件中对协议的具体条款避而不谈，[27]鉴于此，我们要依靠罗伯特的记述。根据后者的资料，条款有两种。首先是两个国王承诺不相互攻击，而且相互援助、共同行动。可以肯定的是，罗伯特的语言从字面上看显示了腓特烈单方的承诺；[28]而且，罗伯特对此保证比腓特烈更感兴趣，他想到的是腓特烈征服罗马的可能性，并忆及亨利七世几年前因帝国之利而对其采取的措施。然而，根据许多先例中得知的通行做法，应当设想，罗伯特和腓特烈实际上是签订了一个双边"不侵犯条约"，这也正是我们今天要讲到的。[29]

但是，如果在这个方面罗伯特国王享有更多的利益和更大的优势，那么从第二点看就更是这样，即腓特烈国王应当任命罗伯特的儿子卡拉布利亚公爵查理为意大利所有圭尔夫党势力范围的帝国代理主教。罗伯特的意图的记述与这一任命的含意是不同的。根

据他给阿拉贡大使的信件，代理主教的范围将囊括亨利七世时代属于圭尔夫党的地区，无论是现在还是将来都要属于他们的地方。[30]另一方面，在他给大法官的信中，那些地区正是在亨利七世时期由圭尔夫党统治才被规定为圭尔夫党地区。[31]鉴于这一任命的重 11
要性，探索其准确的条款是很有意义的，然而由于协议文件的丢失而显得非常困难。问题在于，帝国代理主教的辖区在卢森堡王朝皇帝时期是否与圭尔夫统治的地区有关，还是扩展到了被圭尔夫党已攻占和将来要攻占的地区？前一个推测比后一个的可能性更大。前一个提到的将来，后一个推测中也提到过，使这一条约有了不确定的因素，也有可能引发极大的矛盾，并且几乎无法推动解决意大利的内部冲突。我们也应当关注各种记述的提交。更易理解的版本是提交给各个强国的大使的；是特意用于与西西里联姻商议[32]期间的，西西里也是罗伯特最积极的对手；[33]罗伯特因而也有可能冒风险夸大日耳曼国王在协议实际条款之外的让步，以此作为施加压力的手段。在给罗伯特本国的官员和城镇寄送的文件中，却不存在这种情况，仅仅是对事实未经掩饰的记录。

根据这些考虑，1316年6月23日哈布斯堡王朝与安茹王朝条约的内容可以推想如下：

（1）奥地利的凯瑟琳由委托人许配给那不勒斯的王位继承人， 12
卡拉布利亚公爵查理，协议中涉及嫁妆和财产转让，[34]以及从那不勒斯宫廷派遣使团到凯瑟琳在意大利的土地税。[35]

（2）腓特烈和罗伯特相互承诺不攻击对方。

（3）腓特烈任命卡拉布利亚公爵查理为帝国代理主教，管辖意大利在亨利七世时期属于圭尔夫党的地区。

根据“公正的”腓特烈的意图，这一协议是为了“吸引那不勒斯国王转向帝国”（*imperio atrahere*）。为了理解这种表达，以及给予整个条约一个正确的评价，有必要简要查看一下意大利的状况，以及此前不久亨利七世对意大利的征服。

意大利半岛长期以来四分五裂，部分由于公社与领主之间，部分由于统治家族、社会阶层或者各种派系集团的领土之间所产生的最激烈的仇恨；圭尔夫党和基伯林党实际上对于这种敌对关系推波助澜。亨利七世翻越阿尔卑斯山，意在结束这些纷争，并将诸多权力置于一个新的法律秩序之下，或者更准确地说是对古老的帝国法律秩序的复兴。但是，他的这一计划恰恰事与愿违。此前亨利七世卷入意大利复杂的政治状态中，地方争端往往在更大的范围内爆发，但在这位皇帝死后，意大利明显地分成了两个阵营：聚集在皇帝旗帜之下的帝党（*pars imperialis*），[36]其对立方自命为“效忠于神圣的祖国和教会”（*devoti sanctae matris ecclesiae*），并视
13 那不勒斯国王为其庇护人。因此，圭尔夫党和基伯林党再次获得他们在霍亨斯陶芬家族时期曾有过的重要性，但当皇帝弃意大利于不顾，而且对帝国的提及不管正面还是负面都已意义不大时，他们便失去了这种重要性。亨利七世曾努力将帝国置于这两个党派之上，将二者整合得更为团结统一。因此，官方文件（通常总是谈到其统治情况）只提到过一次圭尔夫和基伯林，也并非偶然，而这仅有的一次提到也只有如下含意：1311 年夏季国王派遣其使者觐见教皇克莱芒五世，并通知后者关于伦巴第和托斯卡纳的状况，*et qualiter se habet*（如亨利）*absque omni partialitate ad Guelfos et Guibellinos*。[37]这种称谓在现存的由皇帝发布的信件和特权中再没出现过，但却经常出现在同时期的意大利、西班牙、教皇的文件当中。[38]各种事件和情况逐渐推动着亨利成为帝党（*pars imperialis*）即基伯林派的领袖；但是他又通过避免提及党派的名称而矢口否认这种发展态势。

在简要回顾这段亨利七世时期之后，我们能够清楚地看出，通过 1316 年夏季达成的协议，“公正的”腓特烈时期出现了剧烈的政策变化。他不再假装无视两个对立党派的存在，转而承认其为一
14 个既成事实，并竭力用各种方式将他们引向帝国（*imperio atrahere*），因而能够最终使它们成为帝国的一部分。这些党派中的圭尔夫派，以安茹皇室家族为首，原则上反对并敌视任何对帝国宗主权的要求。腓特烈则竭尽所能地使这种既成事实变得无害，并通过授予查理公爵成为圭尔夫领地的帝国代理主教而使这种已有

状况合法化。可以肯定的是，通过这些举措他承认了意大利两种利益范围的存在，在控制了意大利的同时，也开始与安茹家族共享帝国权力。

如同在记录中表达过的一样，腓特烈预料至少在一处地区充斥着极其激烈的斗争，这份协约的直接后果就是将这一地区定在了托斯卡纳。那里盛行的战乱很可能推动了分别由圭尔夫党和基伯林党控制的公社之间在1316年8月缔结了休战协定，两个党派的领袖如今也结成联盟；次年继之以决定性的和平。[39]作为日耳曼国王女性亲属的凯瑟琳的结婚旅行将经过意大利，在圭尔夫派的中心如博洛尼亚尤其是佛罗伦萨举行的欢迎仪式，可能因此而成为一种标志新的和谐的符号。[40]

此时，恰在其子结婚之前，罗伯特曾试图去购买那顶王冠，它一度属于亨利七世并被遗留在了罗马。[41]在与此事相关的文件中，罗伯特提到亨利，认为他是“自封的罗马人的国王”（*se Romanorum regem dicentis*），意即他一直质疑着卢森堡家族皇帝的称号的合法性。可以认为这一措辞与其8月1日的函件有关联，他通告臣下联姻的决定并在其中指称腓特烈为奥地利公爵和日耳曼国王，但并 15
不称呼罗马人国王。[42]尽管罗伯特允许其子从当前的皇帝手中接受帝国最高职位，并因而正式步入帝国的统治集团，尽管他在外交辞令中使用了腓特烈头衔的准确称呼，但他却并不适当地重视皇帝的身份。当国际局势很明显的时候，对于他来说，同皇帝结盟只是一种权宜之计，尤其是这并不影响圭尔夫派的实际权力和处境，而且还暗含着削弱皇帝权威的意味。就罗伯特而言，哈布斯堡家族的联姻首先代表了针对西西里战术步骤，消除西西里与帝国结盟的危险。实际上，他继续努力赢得日耳曼的力量为自己所用，通过这一政策的延续，在停战协议到期之后，他与西西里的战火于1317年春季重燃。[43]罗伯特一定非常抵制履行腓特烈所要求的回报（*quid pro quo*），即他利用与教廷有关的职位取得教皇对腓特烈王国的承认；[44]数年以前罗伯特刚请求过教皇克莱芒五世，通过推迟 16
对亨利七世死后日耳曼选举的承认，来否认皇帝对意大利统治权的要求，并将此与其他情况一道作为皇帝放弃意大利的条件。[45]

就我们所知，罗伯特从未允许其子使用帝国代理主教的称号，因此，当1317年3月31日新教皇约翰二十二世禁止任何等级的人，甚至皇室，也不允许接受或使用代理主教的称号时，罗伯特对此可能也并不很关心。[46]实际上正是通过这样的做法，约翰使其成为圭尔夫派准则以及罗伯特个人意见的代言人。此后不久，1317年7月16日，罗伯特从教皇手中得到帝国代理主教的职位，他持有该职务的时间将等同于皇帝的在位期，而且教皇还认为皇帝的权力仅限于日耳曼地区。[47]

这一事件标志着腓特烈首次试图与圭尔夫派结盟的意大利政策的失败。[48]亨利七世曾竭力平定意大利，他使用的办法是强行推出一个帝国的更高理想，并故意对既有的派系结盟采取无视态度；巴伐利亚的路易此后在基伯林派的紧急要求下，于1327年开始了他的意大利征服；"公正的"腓特烈试图找一个中间道路。他维持那些敌视帝国的力量，试图通过赐予帝国职位的方式将它们纳入到帝国中来；但是他却没有意识到，这一做法对于圭尔夫派将意味着自相矛盾。这三条完全不同的道路都失败了，意味着霍亨斯陶芬时代之后已无法再将意大利重新纳入到帝国中。

附　录

"智慧的"国王罗伯特通知那不勒斯大法官（Iustitiarius of the Principato ulteriore）关于其子卡拉布利亚的查理公爵与"公正的"腓特烈国王之妹凯瑟琳的婚姻。

那不勒斯，1316年8月1日

（下略……）

注释：

1. *Monumenta Germaniae Historica. Constitutiones*, ed. J. Schwalm, V, 178,

nr. 195.(以下均省略为 Const)

2. *Const.*, V, 179, nr. 196. 参见同前,291, nr. 347。

3. 参见 *Const.*, V, 207, nr. 239; 282, nr. 333; 427, nr. 537; 428, nr. 538; 516, nr. 653。

4. 腓特烈在 1315 年 8 月 5 日任命的第一个帝国代理主教是 Castruccio Antelminelli,对其权限并无准确划分。(*Const.*, V, 270, nrs. 314 and 315). 参见我的关于 Castruccio 的论文,刊于 *Atti della R. Accademia Lucchese*, N. S. III(1934), 35ff。(参见以下 pp. 19—32)

5. 参见 J. Schrader, *Isabella von Aragonien*, *Gemahlin Friedrichs des Schönen von Österreich*, 1915。

6. Heinrich Finke, *Acta Aragonensia* (Berlin and Leipzig, 1922), III, 274, nr. 122.

7. *Const.*, V, 78, nr. 82.

8. 腓特烈在 1314 年 9 月 25 日,亦即选举之前给詹姆士的信函(*Const.*, V, 77, nr. 81); 詹姆士的回复已佚失。腓特烈在 1315 年 1 月 13 日(*Const.*, V, 187, nr. 210)和 1315 年 5 月 23 日(*Const.*, V, 241, nr. 281, 误标为 5 月 13 日)致詹姆士更多的信函。参见萨克森公爵鲁多尔夫写于 1315 年 1 月 1 日的信(Finke, III, 275, nr. 123; Gross, *Regesta Habsburgica*, III, 249, nr. 56a)和阿拉贡国王于 1315 年 3 月 8 日的回信(*Const.*, V, 197, nr. 225)。关于腓特烈计划于 1315 年夏早先征服意大利,亦参见皇后侍女之一在 1315 年 6 月 6 日的信函(*Const.*, V, 254, nr. 291, 及 Finke, I, 362, note 6)。

9. 参见 *Const.*, V, 196, nr. 223; 198 ff., nrs. 226—228; 219ff., nrs. 256—260; 238 ff., nrs. 276—280; 267 ff., nrs. 311—313; 283, nr. 335; 284, nr. 338; 285, nr. 339; 316, nr. 376; etc。

10. 在 1315 年 4 月 30 日,詹姆士将腓特烈的信函(已佚失)送达其兄弟西西里处(*Const.*, V, 226, nr. 264),在 6 月 18 日,后者送达詹姆士一份回复腓特烈的信函复印件(参见 Finke, I, 353, note)。Schwalm(*Const.*, V, 227, nr. 266)认为这封信写于这个时段之间的看法是正确的,与 Finke 认为是在"1315 年 4 月 15 日"(Finke, I, 352, nr. 239)的观点正好相反。Gross 在 nr. 181 的附录中附和 Finke 的观点,因而应当予以改正。

11. 该日期源于下列事实,即没有上述提到的西西里的腓特烈在 1315 年 5 月(6 月)信中提到的联姻计划,但另外一方面,"公正的"腓特烈在 9 月 22 日告知其岳父该计划,他提到是源于 *ad suggestionem sinceram quorundam ipsius Friderici* [西西里的] *amicorum* (Finke, III, 293, nr. 132)。Davidsohn 的推测(*Mitteilungen des österreichischen Instituts für Geschichtsforschung*, XXXVII, 200 f.)认为在卡林西亚公爵亨利的婚礼

上，腓特烈同其妻子和姐妹之间已经进行了讨论，关于为后者安排一个同西西里的婚姻（在 2 月初，见 Gross, nr. 86）。E. Haberkern 的推测（*Der Kampf um Sizilien in den Jahren 1302—1337*, 1921, p. 187, note 10）是，西西里国王在贺信中向腓特烈提到这一联姻计划，应当更正为：最初的计划是在西西里国王与亨利七世联合时来自前者的日耳曼盟友。

12. Finke, III, 293, nr. 132; Gross, nr. 326a; 亦参见伊丽莎白皇后在 1315 年 10 月 1 日致其父的信函（Finke, III, 296, nr. 134; Gross, nr. 332a）。
13. 同样显著的是腓特烈通过巴塞罗那回复西西里宫廷（见 *Const.*, V, 284, nr. 338）；由于他将最后决定权留给了其岳父，该信函的措辞一定是非常概略的。
14. *Const.*, V, 285, nr. 339 和 note 1。
15. 关于那不勒斯同西西里的这个矛盾参见 Haberkern, *op. cit.*, *passim.*，但尤其是 pp. 68f.，以及 Caggese, *Roberto d'Angiò*, *passim.*，但尤其是 vol. I (1915), 213f. 和 vol. II (1931), 163ff。
16. 大使提到了流行当时的媾和的有利条件：首先由于双方都损失惨重，其次，'quia propter eventus incertos pape et imperatoris et imperatoris et aliqua alia negocium contingencia non potest sciri certitudinaliter, cuius condition melior sit future. Et talis papa posset creari, vel taliter imperator se posset habere, quo unus super alium videretur habere magnum avantagium, propter quod posset ad pacem difficilius inclinari'（Finke, II, 715, nr. 448. 亦见 Caggese, II, 3ff.）。
17. 我们只有一件关于日耳曼大使及其收到的回复的证据，根据 1316 年 2 月 3 日安茹王朝 *exitus regestrum* 的一条纪录："Iohanni de Ypra clerico et familiari Regis et Iohanni de Lusimburgo nuncio domini Regis Romanorum... missis per dominum regem [i. e. Robert] ad certas partes"，获得其损失的赔偿（Gross, nr. 387，认为这条纪录很可能是关于联姻协议的第一个线索）。腓特烈本人证实了事实，即提议协议的是那不勒斯，在 1316 年 6 月 30 日，他通知其意大利的追随者这个协议，并将条款描述为 *per magnificum principem Robertum Ierusalem et Sicilie regem nuper a maiestate nostra petita*（*Const.*, V, 304, nr. 364）。亦见伊丽莎白皇后在 1316 年 7 月 14 日致其父信函中确认的部分（Finke, III, 307, nr. 143）。但即使这个事实被因为过于主观而摈弃，客观上而言，詹姆士 1 月 8 日收到来自巴塞罗那的信函，2 月 3 日从那不勒斯归来的日耳曼大使也不可能在最初被派遣时就得知此信。距离上（巴塞罗那到日耳曼南部和日耳曼南部到那不勒斯）太远，而时间上（仅仅四周，还要从中减去为在腓特烈和罗伯特的宫廷上磋商的必要间隔）又太短。但是只要西西里的计划尚未决定，腓特烈就不能与另一方展开令人信服的讨论。Haberkern, op. cit.,

p. 187，note 10，未经证实地假设，这场联姻计划的策划也是来自“公正的”腓特烈；Caggese，II，10，宣称关于这个问题毫无所知。

18. 关于协议签署的地点毫无所知。我们只知道在 6 月 26 日，协议签署的三天之后，国王距离 Schaffhausen 仍有“两天”的路程（见 Gross，nr. 480 和 479a；关于被宣称出自腓特烈国王 1316 年 6 月 26 日在维也纳的文件，见 Gross，nr. 462 的评论）。
19. 根据安茹王朝的 *exitus regestrum*，在那不勒斯，信使 Annechinus 和 Franciscus de Flandria，*accessuris extra regnum* 在 1316 年 5 月 4 日被付以超过 5 盎司的黄金（Naples，State Archives，Reg. Ang. 209，fol. 333）。在 8 月 1 日，同样两个人，*redituris in Alamaniam*，收到另外的报酬（*ibid.*，fol. 333；见 Gross，nr. 484）。*Redire* 一词指出信使此前在日耳曼；很可能是他们将协议签署的消息在 6 月 30 日带到了那不勒斯（这个日期来自罗伯特的印刷如下的函件）。
20. *Const.*，V，304，nr. 364（Treviso and Castruccio 的复印件）。亦见 *Const.*，V，303，nr. 363，and 305，nr. 365。
21. Finke，III，306，nr. 142；Gross，nr. 477a.
22. Finke，III，307，nr. 142；Gross，nr. 479a.
23. 至今未付印，概要见 Caggese，I，654，note 3，附录引自那不勒斯国家档案馆的训令复本：Pergamene della R. Zecca，vol. 22，nr. 477。我们不能试图去解释这个文件的来源。认为这是一个恰巧被保存下来的函件的样本，在于首先从该文件的末尾可见国王列上的一系列地名，都是他希望直接通知的。但是，其次，这个文件的情况指出它采取了一个函件的形式：地址最初只被命名为 *iustitiarius*，留有空白处供将来指示地区；iustitiario 前面的两点取代了两个特别案例中的个人姓名（见附录，note a）。我非常感谢那不勒斯国家档案馆负责人 Riccardo Filangieri de Candida 伯爵和 Sthamer 教授的友善提示。
24. Finke，III，310，nr. 145；Gross，nr. 480a. Finke 和 Gross 两人都描述性地提及“意大利圭尔夫党地区的帝国代理主教”应当代替“意大利所有地区的帝国代理主教”。
25. Finke，III，310，nr. 145，note.
26. *Const.*，V，316，nr. 376.（Finke's note，III，307：“Kein zeichen einer Antwort”应当相应地被更正，亦见 *Const.*，V，318，nr. 377）
27. 更多细节的传达很可能留待腓特烈派往意大利的大使，时间同 6 月 30 日的函件（*Const.*，V，303，nr. 363）.
28. 见附录。
29. 罗伯特本人在其传递给阿拉贡大使的信息中也提及 *condicionibus et convencionibus*，*quibus ipse electus et nos invicem striccius obligamur*（Finke，

III，310，nr. 145）。

30. “Constituitque idem electus ... ducem ... eius vicarium in tota Ytalia in terris，que erant de parte Guelfa tempore domini Henrici quondam Romanorum regis，sunt ad presens vel erunt in futurum”（Finke，III，310，nr. 145）.

31. “... dans et concedens（i. e. Frederick）eidem primogenito nostro per totam Ytaliam in omnibus terris imperii vicariam Guelfis videlicet，que per Guelfos olim gubernate fuerunt tempore quondam domini Henrici de Lisimburg，regis Alamanie nominati”（见附录）.

32. “Predictis（i. e. convencionibus）autem in tractato nobiscum negocio，pro quo it is，utamini，sicut prudencia vestra cognoverit promocioni ipsius negocii expedire”（Finke，III，310，nr. 145）.

33. 收信人 Petrus Ferdinandi de Ixar 在 1316 年曾代表阿拉贡的詹姆士，试图调解罗伯特和腓特烈之间的矛盾。从他的身份可以清楚地看出，这些信息在那不勒斯与西西里的谈判过程中被使用（cf. Finke，II，671，nr. 423；718，nr. 450，尤其是关于 Petrus 的外交使命的记录见 p. 725；933，note；III，279。关于这些谈判的大体背景，见 Haberkern，p. 75）。

34. 从罗伯特的 1316 年 12 月 31 日文件可以确定（Gross，nrs. 545 and 629）。

35. 在罗伯特致其追随者的函件中，据说凯瑟琳“assignetur instanter gentibus nostris et ipsius primogeniti nostril in civitate Trivisii，deinde in regnum cum comitiva honorabili traducenda”（见附录）。关于这一 comitiva 的构成，见 Gross，nr. 484。

36. 这里应当注意的是 *pars imperialis* 是基伯林派的惯用名称。例如，“公正的”腓特烈在 1320 年 4 月 4 日任命 Castruccio 为一系列特定地区 *cum aliis terries parties imperialis Pistorii subiectis* 的总代理主教（*Const.*，V，458，nr. 570），这应当被译为“以及其他效忠于皮斯托亚的帝党（基伯林派）的地区”，这就是说那些属于皮斯托亚的被流放者的地区，构成一个独立的团体。Gross 在 nr. 928 中的描述性的评论应当被相应地更正。

37. *Const.*，IV，604，21.

38. 见 *Const.*，vol. IV 的索引“Gibellini”（p. 1477）和“Guelfi”（p. 1517）和 Finke，*Acta Aragonensia*，vols. I—III。

39. 对这些事件最好的研究见 Davidsohn，Geschichte von Florenz，III，604 ff。

40. 关于这此结婚旅行可利用的信息被收集于 Gross，nrs. 484，499，508—510，519，520a，546；cf. Davidsohn，op. cit.，III，607，and Caggese，I，654 ff。

41. 见罗伯特 1316 年 9 月 20 日的训令（*Const.*，IV，1307，note 1）。

42. 见附录。

43. 见 Christian Spinula 给詹姆士二世的报告，日期为 1317 年 3 月 26 日，从而被谣传一段时间“quod dominus rex Robertus intendit de Theotonicis se munire et quod miserit ad ducem Austeriche pro mille Theotonicis habendis”（Finke，II，574，nr. 374；Gross，nr. 581）。

44. 从“公正的”腓特烈致詹姆士二世的 1317 年 4 月 14 日的信函中，我们得知腓特烈派往罗伯特处的一个大使刚从那不勒斯返回；腓特烈恳求罗伯特调停其与教廷的矛盾，罗伯特回复道“qui status et negocii nostril [i. e. Frederick's] apud summum pontificem ... intendit et vult，ut fermiter asseruit et promisit，vigil et fervens esse promoter”，允诺会竭尽全力“sicut facere disposuit”（Finke，III，330，nr. 156）。詹姆士在 1317 年 6 月 6 日的答复中说罗伯特“non potuit propter brevitatem termini ad hoc dare operam，sicut facere disposuit，efficacem，set quod brevi et congruo tempore in ipso negocio operacione sollicita laborabit”（*Const.*，V，347，nr. 411）。同年初夏另一个大使 Ersus 被腓特烈派往那不勒斯。这由那不勒斯财政部的一个记录证实，记载 Ersus 在 1317 年 8 月 14 日离开那不勒斯回国（Gross，nr. 626）。

45. *Const.*，IV，1369，nr. 1253.

46. *Const.*，V，340，nr. 401.

47. *Const.*，V，367，nr. 443.

48. 在这里，我们无法进一步了解“公正的”腓特烈的此后的意大利政策，大体上只是涉及意大利北部，尽管在 1320 年他与那不勒斯王国缔结了另一个盟约（Gross，nrs. 963 and 964）。然而可以看到，在实施这个政策时，腓特烈有时起到一个领导者和圭尔夫派利益保护者的角色，因此甚至更为明显地脱离了他 1316 年实行过的传统的帝国政策。

2. 卡斯特鲁奇奥·卡斯特拉卡尼
19 (Castruccio Castracani)与帝国*

安泰尔米内利的卡斯特鲁奇奥·卡斯特拉卡尼(Castruccio Castracani degli Antelminelli)生于卢卡一个贵族之家,在其去世时获得如下称号:天佑卢卡和拉特兰公爵、神圣罗马帝国旗手和比萨总代理人(*Dei gratia dux Lucanorum*, *Lateranensis comes*, *sacri Romani imperii vexillifer et Pisarum vicarious generalis*)。[1]这些尊号悉由皇帝所封,使其位列帝国体系中的最高位置。他在 1322 年 1 月 17 日寄往比萨的信中也直言不讳地承认这一点。这一天巴伐利亚的路易的加冕使其达到权力顶峰,由此他及其追随者的生命安危全系于帝国皇帝(*imperialis celsitudo*)之手。[2]

卡斯特鲁奇奥本人由此认识到,他的地位全赖于帝国。真的如此吗?本章试图寻求答案,不是基于卡斯特鲁奇奥本人的编年体记述,而是带着这个问题去研究他通向权力巅峰的各个阶段。[3]

20 卡斯特鲁奇奥后来成为基伯林派的领袖,却是出身于圭尔夫家族。卢卡像皮斯托亚、佛罗伦萨以及其他圭尔夫派城市一样陷入导致分裂的派别纷争中,由主要家族的个人仇恨所致,安泰尔米内利家族站在白党(Bianchi)一边。他们遭到失败,1301 年这个家族被驱逐,并像托斯卡纳地区其他城市的白党一样被黑党(Neri)镇

---

* 重印自 *Castruccio Castracani degli Antelminelli. Miscellanea di studi storici e letterari edita della Reale Accademia Lucchese*, *Atti della R. Accademia Lucchese*, N. S. III (Florence, 1934), 33—45。由 Eugene and Charlotte Rice 翻译。

压。因此卡斯特鲁奇奥在流放中成长起来,在反圭尔夫的氛围中生活了13年。亨利七世征服意大利成为他生命中的关键转折点。直到那时,卡斯特鲁奇奥还是在远离家乡的法国维罗纳、威尼斯服役的雇佣兵领袖(*condottiere*)。如今他加入皇帝军队,先是在伦巴第投奔总司令洪堡的韦尔纳(Werner von Homburg)麾下,其后又效力于皇帝本人,并跟随皇帝于1312年到达比萨。在16年后一封寄往佛罗伦萨的信中,他自称为亨利七世愿效驱驰(*planta*)。[4]他以皇帝本人和皇帝之子、之兄的名字分别为几个儿子阿里戈(Arrigo)、乔瓦尼(Giovanni)、瓦莱拉诺(Valerano)命名,也显示出了同样的感恩之情。但由于卡斯特鲁奇奥在亨利七世在世时并未获得真正的殊荣,[5]因此无法断定皇帝本人是否以及如何眷顾他。但无论如何,他都认为亨利七世改变了他和基伯林派的命运。

在亨利七世早逝之后,基伯林派的权力仍然在增强,这首先是由于他们以比萨的领主法焦奥拉的乌古乔内(Uguccione della Faggiuola)作为英勇的领袖。卡斯特鲁奇奥一时还处在不为人所知的位置。只是在乌古乔内与卢卡于1341年4月25日签订和约之后,才使他和其他卢卡的流放者们得以返回家乡。正是在这里他才平步青云,因为几个月后当卢卡和比萨战端重启时,他能够在征服卢卡时给予乌古乔内有力的支持。但是当乌古乔内没有以市政 21
府官职作为对他的奖赏时,他就试图在卢卡之外开创自己的事业。他说服主教贝尔纳迪诺·马莱斯皮纳(Bernardino Malespina)任命自己为卢尼-萨兰扎(Luni-Saranza)主教管区的子爵(1314年7月4日)。在这个地区有萨兰扎和卡斯特罗(Castro)两个公社,只服从于教会和主教,但对于世俗财产则拥有独立的帝国官邸(*camera imperii*)。卡斯特鲁奇奥在帝国的这些飞地上完全没有实际权力,这些权力只有借助帝国法律才能合法。

在1314年12月5日新的日耳曼国王当选的消息最初传来时,卡斯特鲁奇奥想到一条计策,他让公社选他为卢尼贾纳(Lunigiana)的帝国代理主教。根据记载他当选的法案上的文字,他似乎不知道在法兰克福选出了两个国王。尽管很不可能,但事实如此。巴伐利亚的路易和“公正的”腓特烈在10月19日和10月20日先后即位，在紧随之后的骚动中，两个国王都无法保持沉默。截然相反的流言蜚语很可能是要极力掩饰双重当选的事实，并因此避免二者拉帮结派。

但是，不久之后，结果就不可避免了。因为，在1315年初，路易国王已经通过任命帝国总代理主教，明白表示他想要控制意大利。乌古乔内收到消息后就立即公开与巴伐利亚结盟，并因此而获得授权证明(1315年3月26日)。

这时卡斯特鲁奇奥的态度如何呢?

如果他真的希望为帝国利益而反对帝国敌人，他就应当效仿乌古乔内而承认巴伐利亚的路易，从而避免帝国阵营内有利于圭尔夫派的分裂。他的截然不同的举动则是由于他与乌古乔内的对立。卡斯特鲁奇奥想要寻求一种独立的权力，他也担心如果自己不对路易施加影响的话，乌古乔内就会这么做，并获取与他同样权力的承认。因此卡斯特鲁奇奥派了使者到“公正的”腓特烈处获取
22 一个特权证书(1315年8月5日)，使他成为顾问和门客，更为重要的是任命他为帝国总代理主教，管辖腓特烈治下的所有帝国要塞、城堡、城市和村庄。获委任为代理主教对卡斯特鲁奇奥而言有极大意义，因为这对他当时的领地和未来的征服提供了合法支持。

当与腓特烈的这些谈判正在日耳曼进行时，卡斯特鲁奇奥对乌古乔内保持了表面上的友谊，在后者与佛罗伦萨的斗争以及8月29日的蒙泰卡蒂尼(Montecatini)之战中予以支持。这一役中乌古乔内在维特尔斯巴赫(Wittelsbachs)的旗号下对圭尔夫派大获全胜。只是在稍后，卡斯特鲁奇奥的使者带着特权证书从哈布斯堡王朝国王处返回时，乌古乔内才意识到他的表里不一，二者之间的冲突爆发了。卡斯特鲁奇奥在臣服于他的城市马萨(Massa)，以严重叛逆的罪名处死了许多市民。乌古乔内称这些死刑为暗杀，暗含之意为卡斯特鲁奇奥的帝国代理主教的称号是不合法的，因为它准许了施行死刑的权利。圭尔夫派一定十分欣喜地看到，号称代表帝国及其法律的基伯林派为这些日益显得空洞的称号而自相

残杀。

比萨在1316年4月11日发生暴动,与其说是对卡斯特鲁奇奥这个远方皇室领主的尊重,不如说是将他从乌古乔内对他施行死刑的攻讦中挽救出来。托斯卡纳地区的政治形势急剧转变,并非由于帝国或其对手的干预。乌古乔内那时是比萨和卢卡的领主,也是托斯卡纳地区基伯林派的公认领袖,经过这一打击而失去了托斯卡纳地区仅次于佛罗伦萨的两座城市。随着他的倒台,圭尔夫派和基伯林派的矛盾得以缓和,而且与此同时,两派领袖那不勒斯国王罗伯特和"公正的"腓特烈缔结合约,形势因此而更加缓和。腓特烈在1316年6月30日向他的意大利支持者们通报并请求他们接受这一停战协议。这保留在两份副本中,其中之一是发给卡斯特鲁奇奥的。1317年3月12日,比萨和卢卡之间缔结和约,与 23
此同时,佛罗伦萨同托斯卡纳的其他圭尔夫派公社之间也实现了和平。

这一和平时期虽然短暂,但对于卡斯特鲁奇奥而言却极为宝贵,使他在乌古乔内倒台后夺取了卢卡,并在该城树立和巩固了地位。他花费不多时日便实现了这一目标,因为在1318年,他自感足够强大,因而采取主动,使自己当选为一批不愿和解和媾和的皮斯托亚流亡者的总领袖。考虑到佛罗伦萨和皮斯托亚之间的关系,卡斯特鲁奇奥和圭尔夫派公社之间的战争注定要爆发。在此后十年中,皮斯托亚成为托斯卡纳地区争端的核心。

然而在公开宣战之前,卡斯特鲁奇奥遣使到日耳曼国王腓特烈处。但这时他像1315年事业刚起步时那样,并不满足于一个宽泛而模糊表述的权利。他此时要求并在1320年4月4日获得的权利证书授予了他有效地位,任命他为帝国总代理主教,管辖卢卡以及环绕城市辐射6英里的范围。不仅如此,他还抱有更大的野心。由于作为帝国代理主教,他的管辖范围延伸到所有隶属皮斯托亚"帝党"(*pars imperialis*)的地域,他实际上使自己成为托斯卡纳地区的基伯林派和白党的领袖。这对佛罗伦萨而言尤其是一种威胁,因为他从日耳曼国王处获得长期以来实际由佛罗伦萨控制的地区，这些地区在1317年和约之后合法化。当卡斯特鲁奇奥获得这一特权之后，他就任命自己为卢卡的终身总领袖和领主（1320年4月26日）。过去的流亡如今完全因其作为卢卡领主的内外地位合法化了，并能够非常欣然地通过日耳曼大使奉上哈布斯堡王朝的腓特烈所需的忠诚和顺从（1320年5月1日）。

就在此时，圭尔夫派和基伯林派之间爆发一场战争，不久就扩展到远至利古里亚。为了反对占领热那亚领主之位的那不勒斯国王罗伯特，卡斯特鲁奇奥当选为热那亚流亡者的总代理主教（1320
24 年7月19日）。在1321年5月27日，他使自己被拥为蓬特雷莫利（Pontremoli）的领主，并持有城市“帝党”的“总领袖”（*dominus generalis*）之称号。

与此同时，对日耳曼王位的争夺最终以巴伐利亚的路易在1322年9月28日米尔多夫之役的得胜而告终。卡斯特鲁奇奥毫不犹豫地抛弃了腓特烈，转向支持胜利者；当1323年春一个帝国全权大使到达托斯卡纳地区时，他作为比萨和阿雷佐的领主也作了同样的效忠宣誓。在这年夏天，他就证明了自己的忠诚，他在解放米兰的斗争中出力甚多，由巴伐利亚的路易的意大利军官率领的军队和圭尔夫派的内芬（Neiffen）伯爵及教皇军队之间展开了争夺这个城市的战争。到秋天他拒绝教皇在他的领地上宣布对路易的判决。

但是，当他表现出自己才是对帝国利益的忠诚维护者，并很可能在日耳曼进行谈判以确定他作为帝国代理主教的权力时，卡斯特鲁奇奥也朝完全不同的方向发展。[6]比萨和阿拉贡王国关于西西里的战争进入到最后阶段。卡斯特鲁奇奥与基伯林派城市之间的关系早已紧张，从而也可以预见到阿拉贡与卡斯特鲁奇奥将建立联盟。这一联盟到1323年末由这个时期最有意思的政治人物实现了，这就是红衣主教纳波莱奥内·奥尔西尼（Napoleone Orsini），他与卡斯特鲁奇奥和阿拉贡国王詹姆士都有关系。1324年初卡斯特鲁奇奥派遣大使到巴塞罗那开启会谈，根据红衣主教的建议，这场会谈旨在使其在比萨战争期间或者更长时期为阿拉贡国王服

务。通过这一计划的实现带来了无法预知的后果。一股公开反对
教皇的新的政治力量本应深刻改变圭尔夫派和基伯林派之间冲突
的性质。联盟还是没有成功实现。但这并不是因为卡斯特鲁奇奥
缺乏要求和决心,以至于托斯卡纳地区基伯林派领袖放弃了帝国 25
的事业而转为新的领主服务。这一计划的失败是由于,对于阿拉
贡国王而言太过于大胆,如果可能的话,他急切想要将他与比萨的
战争限制在对撒丁岛的征服上。

阿拉贡计划一失败,卡斯特鲁奇奥就迫切地与日耳曼国王进行会谈。这些会谈在1324年5月29日结束。他确定了自己作为卢卡的帝国代理主教的位置。他对蓬特雷莫利行使领主权从1321年就已开始,而被任命为帝国代理主教则使这一领主权变得合法。他还使自己成为皮斯托亚城乡地区的帝国代理主教,过去他只是这里的"帝党"(*pars imperialis*),即皮斯托亚流亡者的代理主教。这等同于向仍然独立的公社和作为保护者的佛罗伦萨的宣战。最终,为进一步支持卡斯特鲁奇奥,路易国王撤回了卢卡判决,亨利七世在那个判决中惩罚托斯卡纳地区所有的圭尔夫派城市。

但是如果基伯林派领袖接受了皇帝对他在托斯卡纳斗争的任命,圭尔夫派的反对者则加以婉拒,他们记得1324年4月30日教皇针对卡斯特鲁奇奥的第一道禁令。自此以后,对手们相互称呼"皇帝叛党"(*rebelles sacri Romani imperii*)和"教皇叛党"(*rebelles sanctae matris ecclesiae*)。

这个时候战争开始了。1325年3月5日卡斯特鲁奇奥征服了皮斯托亚,同年9月23日,在阿尔托帕肖(Altopascio)附近赢得对佛罗伦萨的重大胜利。卡斯特鲁奇奥的胜利引起了轰动,因为似乎给予基伯林派在托斯卡纳地区一个决定性的优势。在这个突如其来的威胁面前佛罗伦萨毫无设防,它转向意大利最重要的圭尔夫派势力求助,在1325年12月23日推选那不勒斯国王罗伯特的儿子——卡拉布利亚公爵查理——为城市的领主。卡斯特鲁奇奥这时显露出了他的最终目的。在1326年3月9日,他接受了基伯林派和佛罗伦萨地区"帝党"统帅之职。

从这些事件可以看出，卡斯特鲁奇奥如何看待巴伐利亚的路易
26 对意大利征服。他在托斯卡纳的事业也进入到关键时刻，不再以皮斯托亚这个单独的要塞作为目标，而是剑锋直指圭尔夫派的中心佛罗伦萨。他需要一个类似于佛罗伦萨在那不勒斯国王那里寻求到的支持。临近1326年末，卡斯特鲁奇奥与意大利北部的基伯林派遣使去见日耳曼国王，催促后者加快实施其计划已久的意大利征服。路易决定顺从他的意大利党羽的压力，于是在1327年1月4日写信给卡斯特鲁奇奥告知这一意向。尽管卡斯特鲁奇奥不能够像伦巴第领主(*signori*)那样亲自参加路易在特伦托(Trent)召开的会议，他也派出了一名全权大使作为代表，他依然与国王保持联系，直到九月份，在自己领地的入口处，蓬特雷莫利亲自拜见了他。

路易发现，托斯卡纳的局势错综复杂。这种复杂情况主要是由卡斯特鲁奇奥造成的，他的合并策略不仅威胁到了圭尔夫派的佛罗伦萨，也威胁到了基伯林派的比萨。帝国境内这个最忠实的城市，曾经作为亨利七世的主要支持者，虽然向路易进奉钱财和表示忠诚，但拒绝他进入城市，明显地是由于担心随同国王前来的还有强大的卡斯特鲁奇奥，这可能使城市的自由遭到致命打击。路易无法接受这样一种有条件的屈从，由此引发战争。比萨在它最残酷的宿敌佛罗伦萨那里找到了支持。一个月的围城战之后，比萨在1327年10月11日投降了国王，但只是承认了国王而非卡斯特鲁奇奥。但三天以后，由于很可能是由卡斯特鲁奇奥策动的一场民众暴动，他也进入了城市。

比萨不再是独立的政治力量，卡斯特鲁奇奥在朝向控制托斯卡纳的道路上迈了一大步。他企图被任命为比萨的领主，但颇为失望，然而在引领国王前往卢卡时，他收到了很丰饶的回报，被封为卢卡、皮斯托亚、沃尔泰拉(Volterra)的世袭公爵，以及帝国的"城市行政长官"(*Gonfaloniere*，1327年11月11日)。

这个封号是否使其成为帝国的诸侯，这一点尚存疑点。但是卡斯特鲁奇奥的新职位就真正含义而言，无论如何都不能被理解为

纯粹形式上的。可以确定的是,根据帝国法律此时在意大利还没 27
有世俗的诸侯,也不可能将德国的体制适用于意大利全然不同的情况。实际上,我们看到卡斯特鲁奇奥行使了有极度重要性的权利,即官职象征和封建授权仪式(*mixtum et merum imperium*)。他对这些权利的行使如今被新的头衔所确认。公爵(dux)的头衔本身并没有很大的重要性,重要的是,这些头衔使他拥有的权利具有了继承性。一个帝国代理主教可以被解职,而卡斯特鲁奇奥的新头衔则使其升到世袭领主的位置,拥有包括三座城市的广阔领地。他因而拥有了诸侯般的权威,将其置于其他意大利君主之上。

皇室特权的措辞显得含糊不清,很可能不是偶然所致。直接承认卡斯特鲁奇奥作为帝国的诸侯,应该是意大利的一个改革,这样会创造一个先例,从而激起基伯林派其他领袖的羡慕。承认卡斯特鲁奇奥的权威等同于日耳曼诸侯的权威并赐予他公爵的头衔,这在封建等级中是仅次于皇室的最高级别,同时却避免了"元首"(*princeps*)的称号。但是卡斯特鲁奇奥的同时代人忽视了帝国法律的精确,将其视作和称作诸侯。[7]

很有意思的一点是,11 月 17 日的宪法(*constitutio*)任命卡斯特鲁奇奥为"帝国旗手"(*Vexillifer imperii*)。这个头衔从未出现过在帝国法律中,应该是对"教会旗手"(*Vexillifer ecclesiae*)的模仿,这个称号从 13 世纪末以来由教皇所授予。[8]国王还授予卡斯特鲁奇奥一个新的徽章,允许他将维特尔斯巴赫(Wittelsbach)的徽章与自己的徽章一起画在盾牌上。这里他可能也跟从了教皇的做法。尽管我们没有权威的文件证实这一点,维拉尼提供的证据却不容置
疑。[9]授予徽章和任命"帝国旗手"对于日耳曼的政治制度史都是非 28
常重要的,因为这些行为在此处首次得到了证实。国王在这些问题上均模仿了教皇,努力使他最重要的党羽获得殊荣,也为帝国法律接受教皇创设和使用的头衔打好了铺垫。

卡斯特鲁奇奥引导国王从卢卡到皮斯托亚,指给他看那些同佛罗伦萨作战的地方。但是他很不情愿地不得不暂时停止对佛罗伦萨的征战,对于皇室特权的授予配以勉强的仪式,在 12 月初陪同

国王从比萨前往罗马。维拉尼对于这次难忘的远征作了细致入微的描述,卡斯特鲁奇奥政治地位的重要性在其中展现得非常清楚。纵然维拉尼出于对巴伐利亚的路易的鄙夷,而衷心尊崇卡斯特鲁奇奥并抬高他的地位,尽管圭尔夫派对他的城市中危险的基伯林派敌人充满仇恨,甚至美化了他的某些方面,但是,关于罗马征服的事实却仍较为真实地证实了他的叙述。皇帝对卢卡公爵大量赐予了最重要的职位和荣誉。根据惯例,拉特兰伯爵参加了圣彼得教堂举行的加冕仪式。这是一位教廷官员;当时负责此职的贝内代托·加埃塔尼(Benedetto Gaetani)则逃离了城市。为了遵从传统的习惯,路易废除了教皇职位,建立了一个帝国体系内的类似职位,并任命卡斯特鲁奇奥及其后代永世担任此职。[10]从这样一个为临时所需而做的僭越,出现了后来的帝国职位即帕拉丁伯爵。[11]加冕之后,路易为卡斯特鲁奇奥封了骑士。当晚,宣布了其子阿里戈和罗马基伯林派的首领夏拉·科隆纳(Sciarra Colonna)之女的婚
29 约。次日,他被任命为罗马元老。皇帝给予卡斯特鲁奇奥的独一无二的重要性,最充分地体现在这些给他的殊荣之上。

然而,卡斯特鲁奇奥并未因为自己在罗马获得的尊位而变得盲目,他意识到托斯卡纳是其权力的基础。因此在初次得到佛罗伦萨重新征服皮斯托亚的消息后,他就毫不犹豫地班师回府。皇帝并不反对;他并不能强迫卡斯特鲁奇奥留在自己身边,而且他也担心托斯卡纳地区其他的圭尔夫派的胜利会阻碍他返回日耳曼。卡斯特鲁奇奥的迅速行动很可能挽救了罗伯特国王和那不勒斯王国,使他们免遭路易的一次进攻。如果没有卡斯特鲁奇奥的军队和西西里许诺的援助,他们很可能感到因自身过于疲弱而无法抵御。

皇帝在罗马停留了数月,停止了军事行动,同教廷的谈判变得愈加激烈,尤其是受到其方济各幕僚帕多瓦的马西利乌斯(Marsilius of Padua)的影响。同时,卡斯特鲁奇奥积极地实施其充满活力的计划。他攻占了比萨,在1328年4月29日丝毫没有考虑皇帝及其帝国代理主教的情况下,通过其雇佣军胁迫市民,拥护

他为这个城市为期两年的领主。皇帝别无选择,只好认可了这一武力行动,在 5 月 30 日通过一个全权大使任命卡斯特鲁奇奥为比萨的帝国总代理主教。由此卡斯特鲁奇奥为其已有的诸多头衔又增加了一项新的帝国头衔。

他接下来的目标是重新占领皮斯托亚。8 月 4 日他到达那里,这一天正是皇帝被迫离开罗马的日子。佛罗伦萨人和卢卡公爵都认定他是要反对佛罗伦萨,根据卡斯特鲁奇奥以往的承诺,征服佛罗伦萨需要两个月时间。惊慌失措的佛罗伦萨人向罗伯特国王寻求帮助。但是此时,路易也突然改变了主意,折向南加入了西西里的军队,最终开始了针对那不勒斯王国的行动。

皇帝的决定对于卡斯特鲁奇奥来说不啻沉重一击,他本来指望 30
依靠皇帝的帮助而征服佛罗伦萨。他现在也意识到了皇帝的相对弱势,仅仅数月前他还利用其篡夺了比萨的领主权。但是即使在那时,皇帝的权威和权力看似非常牢固,然而卡斯特鲁奇奥也只是按照自己的利益行事,丝毫不尊重帝国法律,同时希望利用路易达到其征服佛罗伦萨的计划。既然他的计划被打乱,而路易也抛弃了他,难怪他比以前更不尊重帝国的利益。因此没有理由怀疑维拉尼的陈述,即卡斯特鲁奇奥决定放弃帝国的事业,开始秘密与佛罗伦萨谈判。不过,这些谈判刚刚开始,就因为卡斯特鲁奇奥之死而停止。

就在他在托斯卡纳最强大的盟友去世的消息传来时,皇帝到达比萨。在这里他得知卡斯特鲁奇奥有计划的背叛。最后,他一定清楚地意识到了他在意大利的统治基础是何等的脆弱,他大力提拔到最高位置的人,他希望利用最显耀的称号、荣誉和特权将其系之于帝国的人,却如此轻易地忘记了对赐予他如此之多特权的皇帝的忠诚。路易也反过来否定了他曾经的诺言,拒绝承认卡斯特鲁奇奥之子对于公爵头衔及领地的权利,而一年前才刚刚将这块领地作为世袭权利授予其父。

要研究像卡斯特鲁奇奥这样的人物,就要更清楚地理解意大利在 14 世纪初的政治形势。霍亨斯陶芬王朝的崩溃摧毁了这个半岛的最高法律来源，将所有人置于其下的法律秩序荡然无存了。可以说，意大利被碎片化了。一种新的统一只能等待极其缓慢地再次形成。个人、家庭、阶级、公社，都要选择符合其利益的立场。然而最终每个政治权威都还是要被法律赋予合法性，不管其源头有多么地荒谬。圭尔夫派投向教皇；更明确地说，圭尔夫派的公社
31 诉诸习惯法，即使其习惯法实际上不过是对传统的帝国法律秩序的一系列的违背。

圭尔夫派那时自视为“保守派”。但对诸如卡斯特鲁奇奥这样出身草根而平步青云的统治者而言，情况则有所不同。他们的权利建立在他们自己获得的实际（*de facto*）权力而不是建立在传统的领地之上的。在大多数情况，他们在自己的公社中利用共和的外壳取得了权力。但是一旦攀登上权力巅峰，他们就必然会努力在采取民主之外获取权威，而原则上这又总是可能被撤销的。

领主（如其中最重要的就是维斯孔蒂和斯卡拉）总是要寻求这种合法性，正是由于这个原因，大多数领主都是基伯林派，即将其权威建立在帝国法律之上。可以确定，卡斯特鲁奇奥由于家庭原因是反对圭尔夫派的，但是这并不是他成为基伯林派的唯一原因，他的领主地位使他不得不与帝党结盟。如此我们便可看到他在事业道路上每前进一步，就要随即转向日耳曼国王以对其所获之物得到法律认可。通过研究皇室分别在1315年、1320年、1324年和1327年的权利授予，我们能够看到他迅速升上权力之巅。但在评价其真实意义时，我们必须承认，卡斯特鲁奇奥被授予的权力没有一样不是他已经获取的。

基伯林派自称为帝党。但是，卡斯特鲁奇奥的道路清楚地显示，他们丝毫没有从实际上代表帝国，例如，他在1315年他的模棱两可的行动在当时是由于帝国悬而未决的选举；他在1323到1324年希望与阿拉贡王国结盟；他在生命最后时刻与佛罗伦萨的秘密谈判。正是基伯林派领袖这最后一次未能预料的立场变化，使皇帝确信他已经无法再在“帝党”内寻求到支持了。巴伐利亚的路易进行了尝试但归于失败。实际上，基伯林派当然需要一个虚构的

帝国,而非真实世界中的权威。皇帝们提供给他们理论上的合法
性,这也正是所有的统治者都需要的;但他们却无意在任何重要的 32
政治体系中成为皇帝的附庸。但丁批判了同时代的基伯林派,认为他们败坏了帝国理想,将其堕落成为一种党派标签,他大声抱怨:

> 基伯林派啊,要追求成就,
> 在另一面旗帜下;与正义
> 相割裂的,总非优秀的旗手。[12]

他的责备对于卡斯特鲁奇奥,以及其同时代的所有基伯林派领主(*Signori*)都依然有效。圭尔夫派称他们为暴君,通过这一称呼不仅强调了他们的专制,也突出了他们的统治的非法性。

他们统治的非法性从客观上说是真实的,因为所有这些领主权都是建立在暴力基础之上的,而不是统治者在之后获取的虚构的权利。而且对于卡斯特鲁奇奥个人忠诚的定罪进行质疑,定其罪名为"他为了帝国和其公社而行动"[13]是错误的。卡斯特鲁奇奥生活在历史的转折点上,他将其行为仅视作按照传统的帝国规范行事,而不管它们偏离了这些规范有多么远。他拥有帝国的行政长官的头衔,这在当时的环境下正是属于他的头衔。然而实际上,他是一种新的王侯和雇佣军长官(*condottiere*),已经部分地符合于后来马基雅维利赞扬的那种类型。

注释:

1. 卡斯特鲁奇奥在其遗嘱附录(日期为 1327 年 12 月 20 日)中使用了这一称号。
2. *Monumenta Germaniae Historica*. *Constitutiones*, ed. J. Schwalm, VI, 285, nr. 383.
3. 关于卡斯特鲁奇奥的两本现代传记是 F. Winkler, *Castruccio Castracani, Herzog von Lucca* (Berlin, 1897)和 C. Magnani, *Castruccio* (Milan, 1926)。将卡斯特鲁奇奥放入历史背景中的研究见 R. Davidsohn,

Geschichte der Stadt Florenz。亦见 E. Lazzareschi 关于卡斯特鲁奇奥的文章中附加的书目(*Enciclopedia Italiana*, IX, 384)。

4. Const., VI, 382, nr. 464.
5. 他的名字并未出现在保存完好的亨利七世的公文中。见 *Const.*, IV。
6. 见阿拉贡大使的报告, H. Finke, Acta Aragonensia (Berlin and Leipzig, 1908), II, 606, nr. 389; 608, nr. 391; 621, nr. 395。
7. 例如,甚至在卡斯特鲁奇奥去世后,卢尼贾纳的总代理主教官邸的日期为 1329 年 1 月 21 日的文件中以 *illustris princeps* 提及卡斯特鲁奇奥(*Const.*, VI, 452, nr. 544)。
8. 见 C. Erdmann 的文章, *Quellen und Forschungen aus italienischen Archiven und Bibliotheken*, XXIX, 239。
9. 见 Fr. Bock 的文章 *Archivalische Zeitschrift*, 3. Folge, VIII, 52。
10. 关于这一任命的文件只是从 1328 年 3 月 14 日才开始的(*Const.*, VI, 316, nr. 415)。
11. 见 Ficker, *Forschungen zur Reichs-und Rechtsgeschichte Italiens*, II, 112。
12. *Paradiso*, VI, 103—105.(诗句译文参考黄国彬译注:《神曲·天堂篇》,北京外语教学与研究出版社,2009 年。——中译者注)
13. Giovanni Villani, *Cronica*, X, 86: *Biblioteca classica Italiana* (Trieste, 1857), s. XIV, nr. 21, I, 328.

3. 瑞士联邦加入神圣同盟：教皇朱利乌斯二世的一封未公布法令（1512年3月17日）[*] 33

普林斯顿大学图书馆的夏埃德（Scheide）藏品包括许多从11世纪到18世纪的文件，其中有一份特别值得关注。它对于理解意大利文艺复兴时期国际关系史中最有意义的时期之一提供了新的视角，在这个时期，神圣同盟在1511—1512年同法国国王路易十二发生战争，教皇朱利乌斯二世则将瑞士联盟引入到这场战争中来。我们将要讨论的这份文件是教皇于1512年3月17日在罗马的圣彼得大教堂发布的，其中朱利乌斯对法国反对教皇的叛乱分子施以绝罚，同时警戒瑞士人如同法国国王路易结盟则施以绝罚。为了正确理解这份至今未发表的教皇法令，有必要简要介绍一下迄其发表时发生过的事件。[1]

在1511年10月4日，教皇朱利乌斯二世，阿拉贡国王费尔迪 34
南以及威尼斯共和国成立了一个“教皇需要的并声称最为神圣的同盟，因为它的建立完全有利于教会”[2]。这一同盟所谓的目的是“维持神圣教会和神圣教皇的尊严，收复博洛尼亚及其他属于神圣罗马教会但被其敌人占据的领土”[3]。然而实际上，朱利乌斯二世旨在一个更大的目标，并非仅仅是重建他对于教皇国的权威。他的最终目标是，将意大利从法国的“蛮族人”手中完全解放出来。他非常清楚一个事实，那就是反对教皇的“叛乱分子”，即博洛尼亚

---

* 重印自 *The Journal of Modern History*, XX(1948), 123—132。

的本蒂沃利奥(Bentivoglio)家族和费拉拉的阿方索(Alfonso)公爵一直都有法国国王撑腰,后者通过占有米兰公爵领地和同佛罗伦萨共和国结盟在意大利获得非常有利的战略位置。由于教皇本人力量太弱而无法突破路易十二的强权,他求助于与西班牙和威尼斯的联盟,同时也努力将英格兰的亨利八世和日耳曼皇帝马克西米安拉进来。英格兰不久之后在1511年10月17日就加入了神圣同盟,而马克西米安却继续坚持亲法政策,这是由于它与威尼斯多年来存在着利益上的冲突。

但是,如果说著名的1511年神圣同盟是欧洲强国反对法国的大联合,并且其真实意图是削弱法国权力尤其是将法国军队从意
35 大利驱除出去,那么我们就必须认识到,这个目标并没有明显而且正式地被写入同盟国间协议的文本,结果在1511年秋发展成一种相当奇怪的局面。尽管神圣同盟的军队在意大利北部开始了几次三心二意的战役,针对的是博洛尼亚和费拉拉的领主及法国驻米兰总督领导的法国盟军,[4]这一敌对性的正式公开并没有引起各强国之间外交关系的断绝。恰恰相反的是,在教廷和法国宫廷以及威尼斯等,大量公开或秘密的谈判在进行着,或是努力寻求一个全体和平的基础,或是在敌对双方阵营中的成员之间单独达成协议。[5]

在1512年最初几个月里,形势到了愈加紧要的关头。与上一年秋季敌对的缓慢展开相反,这一年一二月份战事变得越来越严峻。最初由法国领先得胜,到3月中旬看似肯定的是法国在伦巴第的将领富瓦的卡斯东(Gaston de Foix)决定开启一个大规模的攻势,意在破坏神圣同盟的军队。[6]同时,在外交方面也有许多举动。在2月和3月初,路易十二一再努力与教皇缔结和约。和谈在位于布鲁瓦的法国宫廷举行,阿拉贡作为调停人。[7]同时也在罗马的教
36 廷举行和谈,是由亲法国的红衣主教牵头的。[8]和平决议无法实现。最后,3月17日在罗马似乎进行了最后一次努力,罗马贵族多梅尼科·马西莫(Domenico Massimo)连续两次拜见朱利乌斯二世,并且催促他以罗马人民的名义与路易达成和解。教皇的答复含糊其辞而且谨慎,明显可见教皇与法国之间利益和目的的冲突无法调和。[9]

3. 瑞士联邦加入神圣同盟：教皇朱利乌斯二世的一封未公布法令（1512 年 3 月 17 日）

当朱利乌斯和路易进行这些和谈时，双方同时努力将对方的同盟拉到自己的一边。教皇试图通过调解马克西米安同威尼斯的矛盾而拉拢他到同盟阵营，[10]路易也秘密地给予威尼斯非常有利的条件使其中立。[11]到 3 月末，情况变得明了，路易无法将威尼斯拖离同盟，而朱利乌斯却成功地调和了威尼斯和皇帝的关系。因此到了 1512 年春，法国发现自己处在极度危险的境地，它受到教皇、威尼斯、西班牙和英国迫近的攻势的威胁，面对这种可怕的联合，它甚至也无法继续依靠唯一强大的同盟——哈布斯堡王朝皇帝——的支持。[12]

在那个时代的欧洲，除了上述提到的六个国家，还有第七个国家，那就是瑞士联邦，至少从军事的角度看，它可以列为强国。意大利的局势越紧张，瑞士是否加入和加入斗争双方的哪一边就变得越重要。甚至自从法国在 1494 年侵入意大利时起，瑞士雇佣兵 37
就在为法国国王服务。但当 1510 年路易十二没能更新他与瑞士联邦的盟约时，朱利乌斯二世利用这一契机使自己获得了当时最好的士兵的支持。在 1510 年 3 月，他签订了一份协议，以教皇每年给予津贴作为条件，责成瑞士人在此后五年中任何教皇要求帮助的时候负责保护教皇，而且瑞士在没得到教皇得知和首肯时不得与第三方结盟。[13]由于这一 1510 年的协议为期五年，首先看似的就是在神圣同盟的战争爆发之初，瑞士必须站在教皇的一边作战。但是，尽管在 1511 年 12 月他们参加了对伦巴第的法国人的远征，[14]瑞士不再自视为教皇事业的合法同盟，因为据他们宣称，朱利乌斯并未完全兑现 1510 年条约中资金方面的条款。[15]

正如 1512 年的事件所显示的那样，神圣同盟和法国当然都努力赢得瑞士联邦的军事支持，而瑞士当然也努力利用有利的形势使自己的利益最大化。[16]他们积极听取来自两个阵营代表的建议，但同时他们也明确表示，他们的服务要付出很大的代价才能获得。在法国宫廷人们认识到“路易国王对敌人的所有胜利都是基于瑞士的支持”。[17]但法国派往瑞士议会的特使在许多次协商会之后，最 38
终在 3 月 24 日被告以“如此巨大和不合理的”资金要求，[18]法国特使不得不要求休会以提请路易的新指示。[19]当与法国进行这些协商时，瑞士议会决定派往威尼斯一个庞大的外交使团，在那里会见一个同胞即红衣主教和教皇使节马塔埃乌斯·斯基内（Mathaeus Schiner），[20]与其和威尼斯人讨论续签和执行之前与教皇朱利乌斯盟约的可能性。[21]在红衣主教斯基内于3月26日到达威尼斯后，他与瑞士使团的会谈随即就开始了。[22]

1512年3月的大问题就是，瑞士最终是与法国还是神圣同盟结盟。事实上，对当时迅速变化的外交情况最为精明的观察者之一的布尔戈斯的安德里亚（Andreas of Burgos），当时被派往法国宫廷，他明确宣称，未来形势的发展很大程度上取决于瑞士的决定。在一封3月15日从布鲁瓦寄往奥地利的玛格丽特的急件中，他详细地记述了过去几周发生的微妙的外交博弈，并传达了来自意大利的消息，认为法国军队很可能即将攻击神圣同盟军队。[23]此后安德里亚继续说道："人们每日等候着来自瑞士的消息，大部分都是
39 发生在那里的事件。"（L'on attend de jours en jours nouvelles de ce que s'ensuyvra en Suysses, de quoy depend en grand partie ce qu'adviendra d'estre.）

布尔戈斯的安德里亚描绘的关于1512年3月中旬的欧洲情况，为我们理解教皇朱利乌斯1512年3月17日法令的内容和目的提供了完美的答案，因为朱利乌斯在这份文件中着重关注了两个完全不同的问题，一个是针对法国在意大利军队的战争，一个是瑞士对神圣同盟和法国的态度问题。

对于第一点，教皇悲愤地控诉路易十二及其军队对埃斯特（Este）和本蒂沃利奥（Bentivoglio）家族的不间断的支持。根据朱利乌斯，这一援助迄今打破了他和他的同盟阿拉贡的费尔迪南国王所作出的所有努力，他们想要粉碎费拉拉、博洛尼亚领主的"暴政"，并在被"侵占"了的罗马教会的领土上重建教皇的权威。为了挽救这一处境，教皇号召"路易国王的将领们和那些在费拉拉、博洛尼亚城市里以及属于罗马教会的其他土地上为他们而战的人"，从法令颁布之时六日内撤出这些领土。为了防止法国不遵从教皇

的这一法令，将会迫其接受教皇绝罚以及教会的其他最严厉的惩罚。

在使用这些教会武器反对法国军队时，教皇也根据相应的义务
行动，在其组建神圣同盟时就要承担这些义务。联盟的条款之一
规定，教皇必须“严厉谴责和用宗教手段惩罚任何反对同盟，不管
是什么权威或阶层，也不管是属于宗教的、世俗的还是王室的……
在意大利之内以及之外”[24]。在神圣同盟同路易十二的军队或多或 40
少公开而直接的对抗五个月之后，当教皇最终实施了这一绝罚的
威胁时，他也清醒地意识到法国的将军们不会受其宗教权威的很
深影响，当然也不会自动遵从其命令。更可能的情况是，通过法令
的发布，朱利乌斯想要结束这场未正式宣布的战争，并且将法国在
意大利的军队公开列为教皇的敌人。

这种看法认为，法令是对法国在意大利势力的正式宣战。这种解释如果是正确的，那么其发布日期3月17日是非常有意思的。因为就像我们刚才看到的那样，正是在同一天，多梅尼科·马西莫最后一次试图努力使法国和教皇达成和解。从我们的新材料中能够得出结论，即那一天教皇不仅给予马西莫的恳求一个含糊的回答，而且还决定与法国公开决裂。然而，对于这一决裂，我们也应当注意到，朱利乌斯只是对法国驻意大利军队的将领而并非国王本人施行了绝罚。在通篇法令中，朱利乌斯极其尊敬地提到“基督最亲爱之子，法国最基督教化的国王”，形成鲜明对比的是，他把费拉拉的阿方索和本蒂沃利奥家族的成员谴责为“邪恶之子”。作为意大利文艺复兴时期外交规则的大师，这种规则中最微妙准则的专家，朱利乌斯知道如何留下后路以备可能与法国国王的和解。

那么究竟是什么特别的原因推动着教皇在那个特别的时刻通过绝罚而对法国军队“正式”宣战？这个问题带着我们进入文件的第二个方面，即与瑞士态度的问题以及在威尼斯进行的外交和解。

无论教皇那时是否得知法国对威尼斯秘密建议，我们都无从得 41
知什么。我们唯一知道的就是，在3月19日及其后法国给予威尼
斯总督和议会一些提议，期望分别缔结和约。[25]在3月23日，威尼

斯议会从威尼斯驻罗马大使处收到急件，得知教皇“发布一道法令，对那些为法国服务或提供帮助的均予以绝罚”[26]。次日，3 月 24 日，教皇驻威尼斯使节呈上确定的提议，即威尼斯与皇帝马克西米安之间协议的签订，同时告知威尼斯议会决意将朱利乌斯“驱逐去法国”。[27]如果教皇实际上知道法国与威尼斯的秘密协议，那么他发布的法令正好能够使威尼斯留在神圣同盟的阵营内。但是即使我们排除了这种可能性，毫无疑问，教皇通过对法国军队的绝罚，也向威尼斯告知了他此后想发动意大利战争，而且规模要比此前更为全面和坚决。因此，当朱利乌斯于 3 月 28 日在威尼斯议会前宣称，将会竭尽全力“将蛮族人从意大利赶出去并将瑞士带回（神圣）同盟”，这个时候红衣主教斯基内——用他自己的话说是“言谈如一个善良的意大利人，尽管生为一个蛮子”（即瑞士人）——无论如何都要根据朱利乌斯的想法和指示行动。[28]

斯基内于 3 月 28 日在威尼斯议会前的演讲中的最后这部分和其他相关的内容，应与朱利乌斯针对瑞士问题的 3 月 17 日法令联
42 系起来。在提到法国反对他的敌对举动时，教皇说他从多处渠道得知，路易十二正竭力煽动瑞士人站在法国一边反对朱利乌斯及其同盟阿拉贡的费尔迪南国王。这一控诉明确显示，教皇完全知道瑞士议会之前法国和瑞士缔结的协约。在其法令中，教皇忆及 1510 年 3 月以后他与瑞士联邦之间的联盟，他提醒瑞士人他们的许诺和法律规定，并认为仍然有效。因此他以绝罚相威胁，禁止瑞士人与路易缔结盟约，不允许给予路易以及任何教皇和其同盟的其他敌人以军事援助。他甚至要求瑞士人不要进行会谈，也不要与法国国王的军队有任何直接或非直接的接触。

毫无疑问，这些与瑞士问题有关的部分被放入 3 月 17 日的法令中，尤其带有特定的和实际的目的。它们将要被红衣主教斯基内用于其在威尼斯与瑞士联邦使团的会谈。我们得知谣言在瑞士传播，为了使教皇与法国国王和解。[29]从教皇的角度来看，这些谣言非常危险，因为它们能够为瑞士同法国缔结协议轻易找到一个借口。为了正式辟谣并同时证明教皇与法国在意大利的势力的最终决裂，红衣

主教斯基内只有出示 3 月 17 日的法令，并向瑞士使者指出教皇对法国将军和军队施以绝罚的事实。但是更进一步，教皇的谈判代表利用对瑞士施行绝罚的威胁，对瑞士联邦的使团施以很大的压力，因为他认为，以这一宗教惩罚作为武器对于虔诚的瑞士人还是很有效的，在别处则由于太过于频繁使用而使这一武器生钝甚至失效。

可以肯定的是，斯基内与瑞士使团在威尼斯的会谈中最关键的一点，就是要满足瑞士联邦的资金要求。法国使团与瑞士议会 43
在苏黎世同步进行的会谈中也是面对如此问题。红衣主教斯基内于 3 月 28 日在威尼斯议会的演讲中巧妙地提到了这一点，他说道："我们知道那些瑞士人生的是什么病。金钱之药会令他们很快痊瘉。"[30]但是红衣主教太精通外交事务而无法使用其他的方式，如更为虚无缥缈和无关紧要的辞令。

起初，斯基内许诺给予一些特别的、标志性的荣誉，譬如赐剑。但是最终，在整整一个星期的会谈之后，他直接告知瑞士代表教皇 3 月 17 日的法令。根据这个使团的官方报告，他在 4 月 2 日通知他们"教皇已经得知法国大使出现在瑞士，以及建立法国—瑞士联盟的提议。如果缔结这个协议的话，教皇一定会像曾经对待法国人那样开除瑞士人的教籍"。[31]这个最终的威胁似乎扭转了会谈的局面，因为就在同一日，4 月 2 日，在红衣主教斯基内同瑞士使团签订了一份盟约的草本。五天之后瑞士代表团准备离开威尼斯，将条约呈报瑞士议会以待批准。

在这之后形势发展很快。当瑞士使团仍在返回的路上时，4 月 11 日法国军队在富瓦的卡斯东的率领下在拉文那战役中战胜神圣同盟的军队。这时朱利乌斯二世相信他的事业已经失败。但不久之后他就又恢复了勇气，决定继续战斗。对于事态的进一步发展更为重要的是，在 4 月 19 日瑞士议会上，瑞士人还没得知拉文那战役的结果，因而决定同教皇缔结盟约并在五月初展开同 44
法国的战争。[32]瑞士人在一场仅维持几个星期的战役中，没有从神圣同盟的其他军队获得很多援助的情况下，征服了伦巴第地区的大部分，迫使法国军队全部从意大利撤出。[33]

所有这些戏剧性的变化仅仅发生在3月17日教皇对法国在意大利军队宣战之后的三个月里。6月22日朱利乌斯得知法国在意大利势力最终崩溃的消息。他欣喜若狂地宣称："我们胜利了。我们胜利了……上帝将欢欣赐予……那些他最终将他们从蛮族人的奴役中解放出来的虔诚的灵魂。"[34]但是朱利乌斯二世也非常清楚地记得，首先是瑞士士兵的力量使其实现了最珍视的愿望，即将意大利从法国手中解放出来。因此，在1512年6月6日，瑞士人从教皇处得到永恒的称号"教会自由的保护者"，而仅仅就在数月前，他们还曾遭受教皇将他们逐出教会的威胁。

附录 Text of the Bull（略）

注释：

1. 关于大体背景见 M. Brosch, *Papst Julius II* (Gotha, 1878); Ch. Kohler, *Les Suisses dans les guerres d'Italie de* 1506 *à* 1512 (Geneva and Paris, 1897); L. Pastor, The History of the Popes, Vol. VI (St. Louis, Mo., 1912); E. Gagliardi, *Geschichte der Schweiz*, Vol. I. (Zurich, 1920); W. Oechsli, *History of Switzerland*, *1499—1914* (Cambridge, 1922); H. Nabholz, *Geschichte der Schweiz*, Vol. I (Zurich, 1932); F. Ercole, *Da Carlo VIII a Carlo V* (Florence, 1932); and M. Darcy, *Louis XII* (Paris, 1935)。
2. 见 Bernardo da Bibbiena 致红衣主教 Giovanni Medici 的信函，Rome, Oct. 4, 1511："Conclusa, stabilita, ferma e sancita si è stasera la lega, la quale Nostro Signore, per essere fondata e fatta tutta a beneficio della Chiesa, vuole e comanda che si chiami Santissima."（发表于 A. Desjardins, *Négociations diplomatiques de la France avec la Toscane* [Paris, 1861], II, 548)
3. 见教皇致美第奇的信函，Oct. 5, 1511, ibid., p. 551。关于神圣同盟条约的全文，见 T. Rymer, *Foedera*, VI, part I (The Hague, 1741), 23—24。
4. Cf. Brosch, pp. 237—240; and Pastor, VI, 395.
5. 见外交通信汇编，由各大国外交官在1511年10月和12月之间发送：Lettres du Roy Louis XII, avec plusieurs autres letters, memoires et instructions écrites dupuis 1504 jusques et compris 1514 (Brussels, 1712，以下引用为 Lettres du Roy Louis XII), III, 80—105。
6. 见 Bernardo da Bibbiena 致 Medici 的信函，Rome, Mar. 19/22, 1512,

3. 瑞士联邦加入神圣同盟:教皇朱利乌斯二世的一封未公布法令（1512 年 3 月 17 日）

Desjardins, II, 576; cf. the letter of Gaston de Foix, Mar. 8, 1512, *Lettres du Roy Louis XII*, III, 196—197; M. Sanuto, *I Diarii* (Venice, 1886), XIV, 49; and cf. Pastor, VI, 396—398。

7. *Lettres du Roy Louis XII*, III, 175 and 193—196; and Sanuto, XIV, 49.
8. 见 Sanuto, XIV, 24; F. Guicciardini, *La storia d'Italia*, Book X, chap. II (ed. A. Gherardi [Florence, 1919], II, 418); O. Raynaldus, *Annales ecclesiastici* (Rome, 1663), XX (1512), Nos. 23 and 24; cf. Kohler, p. 302。
9. 见威尼斯驻罗马大使的外交通信，Mar. 17, 1512，被 Brosch 引用，pp. 242—243 and 357, n. 8。
10. 见 Pastor, VI, 383—384 and 412—413; and H. Kretschmayr, *Geschichte von Vendig* (Gotha, 1920), II, 439。
11. Cf. Sanuto, XIV, 38—39 (Mar. 19), 47 (Mar. 22), 51 (Mar. 23), 61—62 (Mar. 30), and 78 (Apr. 2); and Kohler, pp. 312—313.
12. 对这一情况做出描述的同时代文件，见 e. g., *Lettres du Roy Louis XII*, III, 119, 149—150, and 208; Desjardins, II, 573; Sanuto, XIV, 48 and 76; and see also Kohler, pp. 297—298。
13. 见 Kohler, pp. 151—153; and Gagliardi, I, 250。
14. 关于这场远征见 Kohler, pp. 229—280; Gagliardi, I, 252—253; and Nabholz, p. 303。
15. 见 Kohler, pp. 192, 203—205, and 288—292。
16. 关于瑞士与法国以及与神圣联盟的这些谈判见 esp. Kohler, pp. 286—305。
17. Jean le Veau 致 Margaret of Austria 的信函，Blois, Jan. 29, 1511; "... sur laquelle resolution est fondée toute la victoire du Roy contre ses ennemys" (*Lettres du Roy Louis XII*, III, 133)。
18. 根据布尔戈斯的安德里亚在 3 月 22 日的外交通信，瑞士人"demandent choses si grandes et desraisonnables que jamais le Roy ne le fera si ce n'est par autre extreme necessité" (*Lettres du Roy Louis XII*, III, 206)。
19. Cf. Kohler, pp. 293—297.
20. 关于斯基内见 C. Wirtz, "Akten über die diplomatischen Beziehungen der römischen Curie zu der Schweiz, 1512—1522", *Quellen zur schweizerischen Geschichte*, XVI (Basel, 1895), esp. Xiii-xix; A. Buechi, 'Korrespondenzen und Akten zur Geschichte des Kardinals Schiner,' *Quellen zur schweizerischen Geschichte*, Sec. III, Vol. V. (new ser., 1920); and A. Buechi, 'Kardinal M. Schiner als Staatsmann und Kirchenfürst,' in *Collectanea Friburgensia*, Vols. XXVII and XXXII (1923 and 1937)。
21. Cf. Kohler, pp. 292—293 and 311.

22. 关于这些谈判，见 esp. Sanuto，XIV，57—79 and *passim*（Mar. 26—Apr. 2）；and Kohler，pp. 313—319。
23. *Lettres du Roy Louis XII*，III，197.
24. "Item， quod Sanctissimus Dominus noster teneatur et debeat contra quoscumque，quavis auctoritate vel dignitate ecclesiastica vel mundana dtiam regia fulgentes et praeditos，hujusmodi ligae et foederi se opponentes，eis auxilium consilium et favorem praestantes tam in Italia quam extra，censuras et poenas ecclesiasticas fulminare et publicare，prout et quotiens opus fuerit."（Rymer，VI，Part 1，23）
25. 比较 Sanuto，XIV，38—39，47，51，61—62 and 78；亦见 Kohler，pp. 312—313。
26. "（Soa Santita）... ha fato una bolla che scomunicha tutti chi è a soldo di Franza e chi li dà aiuto，etiam sguizari si con lui saranno，et asolve tutti quelli che li va contra in servizio di la Chiexia e di colpa e di pena，benedicendoli etc."（Sanuto，XIV，49；cf. Also Kohler，p. 318）
27. "... di la bona mente dil Papa in concluder questo acordo e cazar francesi."（Sanuto，XIV，52）
28. "[Schiner] parlando per tanto come bon italian，licet sia nasuto barbaro，*vol far ogni suo poter che se caza barbari de Italia，et far li elvetii sia con la liga.*"（*ibid.*，p. 58）
29. Buechi，`Kardinal M. Schiner,` *loc. cit.*，XXVII，283.
30. "... cognoscemo la malatia di essi elvetii，quali con danari si risanano presto."（Sanuto，XIV，58）
31. 见出席苏黎世会议的瑞士外交使节的外交通信："Uff frytag vor dem palmtag [i. e.，Apr. 2] hat unser gnaediger herr [i. e.，Schiner] uns anzoigt，das Im brieff und Bullen kommen syen von baebstl [icher] H[eiligkei]t，wie das baebstl. Ht. Vernommen habe，das die franzoesische Botschaft in unserm land lige und da ein Vereynung mit uns machen welle；wo das bescheche，ist Sin Heiligkeit der Meynung，uns in bann zu thun mit allem fluch wie dann die Franzosen darinn sind."（*Amtliche Sammlung der älteren Eidgenössischen Abschiede*，III，Part 2 [Lucerne，1869]，606；cf. V. Anshelm，*Berner Chronik*，III [Bern，1888]，306）
32. 比较 Kohler，pp. 320—324；and Buechi，"Korrespondenzen"，*loc. cit.*，pp. 139，No. 174，140，No. 175。
33. 见 Kohler，pp. 333—399。
34. Account of the papal master of ceremonies，Paris de Grassis，as quoted by Pastor，VI，416.

4. 在雅典的威尼斯人和1687年帕台农的毁灭[*] 50

1683年9月12日,围困维也纳的土耳其军队被帝国和波兰联军挫败。联军由洛林公爵查理(Duke Charles of Lorraine)和波兰国王约翰·苏比尔斯基(King John Sobiesky)率领。这一事件标志着东西方关系的转折点。在经历土耳其长达三个多世纪的入侵和征服之后,现在轮到西方人采取攻势了。接下来的两个世纪里,西方人一直占据上风,土耳其人几乎被完全赶出了东南欧。哈布斯堡王朝皇帝、波兰、威尼斯共和国以及其他强国在教皇的支持下结成联盟,标志着这一反击的开始。威尼斯人有充分的理由加入反土耳其联盟。在整个16及17世纪,他们看到自己在地中海东部的地位越来越受到土耳其进犯的威胁。因此,他们迫不及待地投入与奥斯曼帝国的战争,同时在达尔马提亚海岸和希腊对敌人展开了攻势。从1685年到1687年间的三场战役中,威尼斯主帅弗朗西斯科·莫罗西尼(Francesco Morosini)成功地征服了整个伯罗奔
尼撒,从此威尼斯在这片土地上的统治一直持续到1714年。 51

然而,不管这份成就有多么伟大,更遑论这是威尼斯历史上最后的辉煌,当中一段千古憾事使得莫罗西尼攻打希腊所立下的赫赫战功,在世人心头却留下了无尽沉痛:那就是1687年9月,莫罗西尼率领军队登陆比雷埃夫斯(Piraeus)并征服雅典。在政治史学家的眼里,此事件不值一提,因为威尼斯军队占领雅典不到半年时

---

* 重印自 *American Journal of Archaeology*, XLV (1941), 544—556。

间旋即便放弃了它。但这一次“毫无意义”的远征却令人们深刻铭记。因为在1687年9月26日，在围攻雅典卫城的过程中，威尼斯军队炸毁了帕台农神庙，造成了无法挽回的破坏。

那么，帕台农神庙是在怎样的具体情况下被毁坏的呢？最近一百年间，这桩疑案被频繁提起，但是迄今为止还没有一致答案。在其新作《威尼斯人在雅典（1687—1688年）》（*The Venetians in Athens, 1687—1688*）中，詹姆斯·莫顿·佩顿（James Morton Paton）先生就此问题提供了新的资料理据。此外，还有其他的一些原始资料未被研究帕台农神庙损毁细节的早期专著采用。而佩顿提供的新史料让人觉得，有必要对这个讨论已久的问题再次进行探讨，以期找到答案。除此之外，在本章进行这样一次探讨时，我还希望表达一下我从佩顿先生的研究中获益匪浅的感激之情，他的研究在很大程度上为我达成目标提供了帮助。

1835年，利奥波德·兰克（Leopold Ranke）发表了一篇题为“威尼斯人在摩里亚”（Die Venezianer in Morea）[1]的文章。兰克主要关注1687年至1714年威尼斯人短暂统治伯罗奔尼撒半岛期间对该地区的管治，在简单回顾1685年至1687年那场战役的章节里，他也不可避免地述及雅典的沦陷。兰克看来，这次沦陷应被视为“一场灾难而绝非一次意外幸运”。因为在此事件中，“世界上最瑰丽的遗迹，或许也是史上最完美建筑物之雕梁画栋，由于遭逢一次不
52 幸意外而受到毁坏”。当其文章重刊时，兰克在脚注处说明了，他所使用的史料来自于那时一位名叫穆阿佐（Muazzo）的威尼斯军官的记述。[2]

兰克秉笔直言，帕台农神庙的毁坏是归因于“一次不幸意外”。相比之下，威尼斯历史学家罗马宁（S. Romanin）就显得有些闪烁其辞。在《威尼斯文献史》（*Storia documentata di Venezia*）中，关于帕台农神庙被土耳其人改建为弹药库，继而一枚轰炸雅典卫城的炮弹恰好落于其上等等情况，罗马宁都只是轻描淡写一笔带过。他在结语中写道，威尼斯主帅莫罗西尼（Morosini）“怀着对威尼斯的美丽和艺术油然而生的情感”（gentilmente allevato al bello, al sentiment artistic in Venezia)，情不自禁地疾呼："哦，雅典！哦您所孕育的文化，如今却沦落至此！"（O Atene, o delle arti cultrice, quale sei ora ridotta.）[3]通过讲述他从一本18世纪流传下来的莫罗西尼传记[4]中找到的这则小轶事，罗马宁显然认为，威尼斯人对于他们亲手造成的破坏也同样嗟悔不已。

兰克和罗马宁的描述，其实都存在着所引典据不足的问题。不管是他们抑或他们之前的学者，都没有把有关1687年围困和攻克雅典及其卫城的第一手史料搜集完整。收集所有有用信息，正是拉博得伯爵（Comte de Laborde）写作《15、16和17世纪的雅典》（*Athenes aux XVe, XVIe et XVIIe siecles*）的时候致力完成的任务。在文中他非常详细地记录了帕台农神庙崩毁的来龙去脉。[5]拉博得伯爵对这个问题的兴趣与古迹研究学者并不全然一致，正如他在其著作第二卷的致词中所说："怀着深深的愤慨向各国的汪达尔人、毁坏者、掠夺者、修复者致意。"（Aux vandales, mutilateurs, spoliateurs, restaurateurs de tous les pays, hommage d'une profonde indignation.）然而，撇开他对"那枚可恨的炸弹"（cette detestable bombe）[6]以及导致最后这场灾难之相关事件所抱持的道德义愤，拉博得伯爵努力试图公正评价那些应该对此灾难负上咎责的历史人物；就算是在评价司令官柯尼希斯马克伯爵（Count Koenigsmarck） 53
时，他也不愿对其加以"严厉指责"（un trop amer reproche）。[7]然而，这位法国学者的结论是，帕台农神庙崩毁的原因不是什么"不幸意外"，而是由于蓄意破坏。拉博得伯爵采用的原始资料主要来自一位服役于威尼斯远征军、名为苏别尔沃尔斯基（Sobiewolsky）的德国军官日记中的陈述。[8]这本日记记载道，威尼斯人从一个敌方逃兵那里探获情报，得知被围困的土耳其人把帕台农神庙用作库存武器弹药之所，威尼斯人遂将神庙当作他们轰炸的目标，数次失误后，他们最终成功地击中了它并将之炸毁。在他所讲叙的故事的最后，拉博得伯爵还谈道，这座惨遭摧毁的历史遗迹的宏壮，令威尼斯军官们深为赞仰。但同时，拉博得伯爵指出，正是悔恨使得莫罗西尼拒绝"对这项罪行承担责任"[9]，由此他再次表达了他对炸毁神庙行为的道德谴责。

拉博得伯爵的论文引发的反响迥异。1871 年，阿道夫·米夏埃利斯（Adolf Michaelis）出版了《帕台农神庙》（*Der Parthenon*）一书，书中他对 1687 年围困与攻克雅典的经过详加描述。[10] 我们可以肯定的是，米夏埃利斯没有像拉博得伯爵那样进行道德审判，但是他对前因后果的阐述与这位法国学者大同小异。[11] 米夏埃利斯也同样认为，敌军叛逃者所提供的火药库就在神庙之内的情报，使“威尼斯人明确了攻击目标”，因而才令神庙遭到“致命一击”。[12]

兰克自然无法接受这样的观点。米夏埃利斯的书出版几年之后，兰克重刊了他那篇论述威尼斯人统治伯罗奔尼撒半岛的文章，而且全文只字未改，他仍然坚持把帕台农神庙被毁坏的原因归咎
54 于“一次不幸意外”。他仅仅在原有的脚注中添加了一段话以反驳拉博得伯爵的观点。[13] 兰克把他自己引用的论据（威尼斯军官穆阿佐的记述）与拉博得伯爵采用的史料（德国军官苏别尔沃尔斯基的日记）进行了扼要对比，然后他得出的结论是，与穆阿佐的叙述相比，苏别尔沃尔斯基的日记记叙则属于“一种历史的摄像机”（ein kameradschaftliches Historchen）。因此，他才认定苏别尔沃尔斯基讲述的故事版本应当被弃之不管，而“毫无疑问，穆阿佐的版本更应获得采信”。在兰克反驳拉博得伯爵对毁坏神庙的行为有所诘责的论述里，有一处敏感的地方让人不能不注意到，那就是如果我们采信苏别尔沃尔斯基的话，某一位不知名的德国炮兵就得对神庙的炸毁负上罪责。所以兰克反唇相讥道：“我们德国人都很有良知，这份荣耀敬谢不敏。”

拉博得伯爵没有想要提出这种民族话题；在他看来，真正应该对 1687 年的这场灾劫背负罪责的，并非个别国家和人民，而应是整个“笃信基督教的欧洲”。[14] 但是，就如同兰克所感受到的拉博得伯爵的文章对德国的国家荣誉有所诋毁那样，一位意大利学者也同样从该文中看到了对威尼斯的“诽谤”。1881 年，阿夸·朱斯蒂的安东尼奥（A. Dall'Acqua Giusti）发表论文“1687 年在雅典的威尼斯人”（I Veneziani in Atene nel 1687）[15]，既回应了拉博得伯爵的

书籍和文章，也是为了保护作为“欧洲文明救星”（salvatrice della civilta dell’Europa）的威尼斯免受“新的抨击”（la nuova invettiva），即指控她蓄意夷毁了伊克提诺斯（Ictinus）的惊世之作。[16]在简洁地描述了围攻雅典卫城之战的开端以及炮轰后，阿夸·朱斯蒂便面临最关键的问题：该怎样去描写那枚决定胜负的炸弹落在帕台农神庙上炸得它仅剩残垣这部分细节呢？“这是蓄意而为抑或纯属偶然呢？自是纯属偶然。”[17]他所引用的论据主要是三名威尼斯远征军军官的记述，其中之一便是穆阿佐。[18]阿夸·朱斯蒂认为，苏别尔沃尔斯基的证言与他人的证言完全不一致，而如果仅仅采用它，则绝难令人信服，所以完全可以将之弃置不顾。他还指出，由于弹道学在当时尚未有长足发展，所以根本不能指望一枚在远距离外向高空发射的炮弹能瞄得如此精准，不偏不斜恰恰击中了神庙中心
唯一的防守薄弱之处。阿夸·朱斯蒂说道：“依我看那位炮兵技术 55
之精准实在太神奇了。”[19]因此，阿夸·朱斯蒂的评断是，拉博得伯爵积极收集各种可获资料，固然为解决帕台农神庙毁坏这一历史疑案做出了卓越贡献，但是，据说此人对威尼斯人心怀成见，这致使他仅仅依赖于苏别尔沃尔斯基的日记，而忽略了其他的可信度更高的证言，因此未能将他收集到的所有资料加以正确使用。[20]

自从阿夸·朱斯蒂的文章问世后，关于帕台农神庙毁坏原因的问题不再被孤立研究。研究者们必须把它与更多的相关事件相结合，比如要结合威尼斯或者雅典的历史。但是，他们都不再从基本的原始资料中进行求证，而是满足于找到一本早期专著，然后就全盘接受专著中的结论。由此，我们找到了这样一批学者，他们与兰克以及阿夸·朱斯蒂的观点一致，将帕台农神庙的损毁归咎于“一次不幸意外”。这批学者包括菲尔迪南·格雷格罗维乌斯（F. Gregorovius）[21]、哈兹利特（W. C. Hazlitt）[22]和克莱茨迈尔（H. Kretschmayr）[23]。而另外一批学者则赞同拉博得伯爵和米夏埃利斯的论述，相信炸毁神庙是有目的有预谋的行动。支持这一观点的学者有米勒（W. Miller）[24]、杜阁（M. L. D’Ooge）[25]和福耶尔（G. Fougères）[26]。最后，还有一批学者，他们的做法完全回避了这个问

题，只是简单地直叙事实，说帕台农神庙是在 1687 年那场围城之战中被毁坏的。这些学者以芬利（G. Finlay）[27]和布朗（H. C. Brown）[28]为代表。

56 针对帕台农神庙毁坏的二次文献所进行的这项调查清晰反映出，关于这一事件的载述，在研究此问题的学者们当中，明显存在两种截然不同的取向：其一是穆阿佐和他的威尼斯军官同僚们的记述，其二则是德国军官苏别尔沃尔斯基的记录。显然这两种记载相互矛盾。因此学者们选择采信其中一种，就必得摒弃另一种，除此似乎别无他途。不过，我却认为，这个两难困局是可以打破的。穆阿佐和苏别尔沃尔斯基的载述并不是记录这个历史事件唯一的史料，如此一来，我们自然可以将之与其他原始史料进行比照。通过查阅我们所掌握的完整材料，我们不但可以确定一些能被所有史料一致印证的事实，并且判断不同原始史料的总体价值。如果史料记载的具体细节相互间有出入，我们还可以据此来评估其可信度。

1687 年 10 月初，攻下雅典卫城大约一周之后，威尼斯主帅弗朗西斯科·莫罗西尼向威尼斯城飞递了捷报。[29]他陈述了 9 月 21 日威尼斯人成功登陆比雷埃夫斯，与此同时土耳其人撤军到雅典卫城并拒绝了威尼斯军队的招降。莫罗西尼继续写道："因此，有必要对最卓越的将军大人柯尼希斯马克施以援手而攻下城池，23 号清晨两个炮兵连队出发了。一队有七门大炮，另一队则有四门迫击炮用以折磨被围困者。"（Fu percio partito di necessita dar di mano ad invaderlo col furore dell'eminentissiomo signor generale Konismarch, si principo la mattina dei 23 con due batterie, l'una di sei pezzi di cannone, e l'altra di Quattro mortari da bombe a tormentar gli assediati.）[30]根据莫罗西尼所言，当地的地形特点给轰炸雅典卫城带来了极大困难。"来自圣费利切（即 Antonio
57 Mutoni，圣费利切伯爵，当时任威尼斯迫击炮部队的指挥官）的命令不停地进行炮击折磨着城里野蛮人，如果看到高处落下一个人的话就非常兴奋，26 号夜里，随着幸运的一击，点燃了一处装满火药的仓库,火焰止不住地翻腾,整整两天都在焚毁着居民区,带来了极大的破坏以及愤怒和悲伤。"(Col getto poi delle bombe continuatosi a flagellar dal sopra intendente Costi di S. Felice l'interno del barbaro luogo, s'ebbe il contento di vederne fra le alter cader una, la sera del 26, con fortunate colpo, mentre acceso un deposito di buona quantita di polvere, non pote piu estinguersi la fiamma, che ando serpendo, e per due intieri giorni diroccando l'abitato coll'apportar loro notabili Danni e crucciose mestizie.)[31]但抛开这场灾难不谈,莫罗西尼在捷报中说,被围困的土耳其人英勇顽抗,直到他们明白,期待城外威尼斯人会自行停止进攻不过是种徒劳的奢望,他们才最终放弃了这座要塞。

在这份捷报里,有几处颇值关注。第一处是,莫罗西尼没有只字片语自表功绩,而是将进攻方略以及最后的成功全部谦让给了登陆部队指挥官柯尼希斯马克伯爵。我们可以根据这个事实做出这样的假设:莫罗西尼是想通过否定他自己在这次战役中的责任,把因为帕台农神庙崩毁而可能招致的谴责嫁祸他人。但是我不这么认为。莫罗西尼在字里行间清楚明白地表示出他对战役中起到关键作用的那"幸运一击""深感满意"。那么在他眼里,这个"幸运一击"("fortunate colpo")是否仅仅只是一次幸运的偶然?当然不是。因为这一击是系统轰炸的结果,而系统轰炸持续了好几天,其目的就是为了实现正中目标。最后,我们还应该留意到,在这份捷报里莫罗西尼只是简单说起有一个弹药库被炸毁,但丝毫没有提及帕台农神庙的崩毁。

第一份关于攻陷雅典的报告发出大约一周后,莫罗西尼向威尼斯发出了第二份报告。[32]报告中他告知威尼斯上议院,他已经任命庞培伯爵(Count Pompei)为这座破败要塞的地方长官。"若将其从废墟中清除出来,从腐尸的恶臭中净化出来,只有通过投掷密集的炸弹,毁坏这座敬奉给密涅瓦而又被不虔诚地改造成了清真寺的神庙。"(da cui s'applica di fronte a farlo sgombrar dalle rovine, e renderlo purificato dal fetore de'putrefatti cadaveri, sendone piu di trecento periti di sesso diverso dalla sola prodigiosa bomba che causo la desolazione del maestoso tempio dedicato a Minerva，e che in empia moschea s'era convertito.)。[33]

58 关于那次“震撼人心的轰炸”的后果，从这第二封信里我们得到了更多细节：是它摧毁了帕台农神庙，导致超过300人死亡，当中有男有女。

柯尼希斯马克伯爵作为威尼斯军队副帅，并没有将在他指挥下完成的这次攻城的情况向威尼斯方面作出汇报。[34]但是，我们所掌握的一份来自他的一位随从的证言，将他在那个关键时刻的感受一展无遗。这份证据是一封长信中的一部分，信是柯尼希斯马克伯爵夫人的女伴兼朋友安娜·阿科耶尔姆(Anna Akerhjelm)于1687年10月18日在雅典写给她住在瑞典的兄弟的。[35]有关段落如此记述道：“这个要塞(指雅典卫城)坐落在山上，据说由于无法使用地雷，所以它是最难进攻的。这座美丽的神庙已存在将近三千年(原文如此)，并被世人尊崇为密涅瓦神庙，将军阁下(指柯尼希斯马克伯爵)万分不愿将它摧毁。但一切无可避免地发生了。炸弹最终命中目标，这座殿堂永远不可能再矗立世间。”[36]

从以上引用的史料中，我们清楚了解了威尼斯军队两位最高统帅的行动与感受。他们的使命就是要通过夺取卫城这一战略要地，进而成功攻下雅典。鉴于土耳其人负隅顽抗，也囿于其他方式——比如逐步消耗敌军的有生力量——都不奏效，两位指挥官迫
59 不得已对这座堡垒发动大规模轰炸。轰炸收到了预期效果：其中一枚炸弹摧毁了帕台农神庙内的弹药库，它造成的破坏是如此巨大，以致在短短两天后土耳其人随即宣布投降。帕台农神庙及其壮丽让世人赞颂，尽管以毁坏神庙的惨痛代价才换来的胜利，使莫罗西尼和柯尼希斯马克伯爵内心都怀着极大的歉疚，但是从军事的角度出发，却有着充足的理由去赢取这份胜利快感，正如同莫罗西尼在捷报里所流露的那样。

现在我们该分析一下记载围攻雅典之战的第二组文献了，也就是威尼斯军官们的报告。首先，我们来看看《关于威尼斯军队离开

科林斯和攻占雅典的行动的报告》(*Relazione dell'operato dell'armi venete dopo la sua partenza da Corinto e della presa d'Atene*),它出自一名亲身参与了攻城的佚名军官的手笔。[37]在他对轰炸行动的描述里,这位作者将大炮与迫击炮的不同作用进行了鲜明区分。大炮的发射得到准确定向,迫使敌方炮火很快沉寂了下去。至于迫击炮,这位作者在报告中宣称:"炮弹并不能对要塞构成任何破坏,我不知道是否迫击炮射程的问题,抑或其他原因,穆勒托尼(也就是穆托尼,圣费利切伯爵)也想不出什么幸运的办法来,他能力有限,言多于行。"(Le bombe per il contrario non fecero alcuna danno alla fortezza, non so se per la troppa distanza de'mortari, ovvero per altra causa, non avendo il Moltoni, nemmeno quest'anno avuta fortuna di levare della mente di molti il concetto della sua poca abilita e la credenza ch'abbia piu parole che fatti.)该报告还记述道,柯尼希斯马克伯爵把穆托尼(Mutoni)召去,严厉训斥他效率低下。可是斥责过后,穆托尼的努力对战局依然毫无裨益。柯尼希斯马克感到,尽管莫罗西尼的维护使得穆托尼一直能安于其位,但现在是时候将他撤换了。"但是就在他(指柯尼希斯马克)施行惩罚之时,一枚胡乱随意发射出去的炮弹却落到要塞里的帕台农神庙,点燃了那里日常仓储的大量火药。"(Ma nel punto ch'era per farne la consegna, una bomba gettata a capriccio e senza regola ando a cadere sul tempio di Pallade dentro alla fortezza e diede il fuoco a molta polvere che per giornaliero deposito tenevano in quell loco.)[38]该报告随后进一步记录道:"要塞中有奉献给保护神雅典娜的神庙,薛西斯的愤怒和发射到被围困者阵营中的炮弹劫后余生的部分,只剩下了外立面的一小部分。"(In fortezza si vede il tempio dedicato a Pallade Protettrice, ma quello che resto illeso dall'ira e furore di Serse e rimasto rovinato dalle bombe gettatevi in questo assedio, non essendo restato in piedi che una piccolo parte della facciata.)对于这
最后一点我们应该注意到,关于神庙损毁的情况,该报告中说只 60
剩下"外立面的一小部分"就显得有些夸大其词了。我们甚至还

可以进一步指出作者文字中的前后矛盾。起初他说只有一枚炸弹在帕台农神庙内爆炸，但到了后面部分，炸弹的数目在他笔下莫名地增加，说是“有多枚炸弹击中了它”。不过，最值得留意的是，这份报告提到，那枚起到关键作用的炸弹是被“胡乱随意地”投射出去的。

这个说法在另外两份材料中同样也能找到。1688 年 6 月 8 日，一名威尼斯军官在雅典被攻克近三个月后到达该城。当天他写了一封信，信中说：“对要塞的征服却要赖于一枚碰巧落在密涅瓦神庙的炮弹，就在土耳其人作为避难所储藏了所有财富和所有军需品的地方燃爆了，正好被抛在最高的聚集物上，虽然如此，但却不能使我欣喜若狂地亲眼目睹这一切。”(La conquista pero della piazza si deve ad una bomba caduta a caso nel tempio di Minerva, ove i Tturchi come asilo aveano riposte tutte le loro ricchezze ed il bassa tutta la munizione da guerra, la quale accesa, fè precipitosamente cadere quell'altissima mole, la quale, benche caduta, non ha potuto non farmi restare estatico in contemplarla.)[39]

尽管这位军官所知道的情况都是些道听途说的消息，不过我们还有第三份证词来自于另一位威尼斯军官弗兰西斯科·穆阿佐(Francesco Muazzo)，他曾亲眼目睹了征服雅典的全部经过。在他所写的《1648 年到 1696 年威尼斯与土耳其战争史》(*Storia della Guerra tra li Veneti e Turchi dal* 1684 *a* 1696)中，穆阿佐详细记述了夺取雅典卫城的那场战役。和报告的佚名作者一样，穆阿佐声称，对这座堡垒展开的轰炸进行得是如此糟糕，柯尼希斯马克伯爵不得不“公开地责备炮兵指挥官穆勒托尼，嫌他太自命不凡，将职责抛给经验老到的总督莱安德罗。由于使用了正确的武器，很快起到了作用，9 月 27 日随意打在了密涅瓦神庙上，打倒无与伦比的建筑和雕塑。这里由无数圆柱支撑着庞大的穹顶，还有驻军负隅顽抗，以及其家眷和武器弹药。随着炮弹的降落一切都灰飞烟灭……”(corregger pubblicamente il Moltoni, directtor delle batterie, il quale per allora deposta le presunzione, lascio la cura al governator

Leandro assai provetto, benchè suppeditato dal fasto ambizioso dell'altro. Adoprate le macchine da mani piu destre, fecer immediate l'effetto dentro la rocca, ed il 27 settembre casualmente penetro una per l'unico foro della superficie del tempio di Minerva, decantato per architettura e scoltura impareggiabile, sostenuto negli archi massicci da raddoppiati corsi di smisurate colonne, alla divota sussistenza di cui (fatto meschita) la guarnigione tenea ricovrate le sostanze, le famiglie e le munizioni da guerra. Al cader della bomba s'accese la
polvere. . .)[40]这场灾难使被围困的土耳其人极为沮丧,并且令他们 61
看到想解除城外的包围已是毫无希望,因而最终放弃了抵抗。

现代学者们是依据以上引用的三份史料陈述,才将帕台农神庙的损毁归因于"一次不幸意外"的。在赞同或者反对这种结论以前,我们必须对这三份史料做更严密的推敲。由于在1688年所写的那封信里,该作者只是简单说一枚炸弹意外落在了密涅瓦女神之殿上,因此我们无法对这一份史料进行更深入的分析。但是在上述报告以及穆阿佐的记载中,我们都能找到详细信息去了解在那关键的一击之前所发生的相关事件。这两份史料都指出,威尼斯军队对久攻不下的雅典卫城展开了一系列有计划、有步骤的轰炸行动。大炮充分发挥了它的威力,而迫击炮的轰炸则毫无战绩。穆阿佐和报告的作者一致把这个过失归咎给威尼斯"炮兵"(bombisti)指挥官圣费利切伯爵安东尼奥·穆托尼(Antonio Mutoni)的无能。从拉博得伯爵和佩顿(Paton)收集的资料中我们知道,穆托尼是凭借着声名远播的弹道学专家身份,才在1685年被任命为威尼斯迫击炮部队指挥官的。但是,他的新理论和新发明在1685年和1686年的战役中却不太管用。[41]因此在这方面,穆阿佐和报告对穆托尼的指责,由各自独立的证人证言得到了支持,并且确认了这样的事实:在威尼斯军队里面不少军官都认为穆托尼根本不胜任他的职务,只不过是主帅莫罗西尼的偏袒保护,他才得以安于其位。[42]

另一方面,我们也必须留意到,有一个重要细节在穆阿佐和报告当中出现了有趣的分歧。报告记述说，当“一枚被胡乱随意投射出去的炮弹”击中帕台农神庙内的弹药库时，穆托尼正要被撤换。换言之，当这枚决定战争胜负的炮弹被发射的时候，穆托尼仍然还
62 居原职。但按穆阿佐的说法则不然。穆阿佐说，被柯尼希斯马克伯爵召去训斥一番后，穆托尼便将炮轰任务的实际指挥权转交给了他麾下的莱安德罗。穆阿佐接着又说：“在更灵活把握战机的指挥下，那些武器（指迫击炮）对堡垒内敌人的打击立竿见影，而且在9月27日，一枚炮弹很意外地击穿了密涅瓦神庙屋顶上唯一的罅洞。”穆阿佐的这最后一句话叫人困惑，乍一看似乎有些不合逻辑。如果在莱安德罗的指挥下，迫击炮的发射取得更高的命中率，那最后成功的得来又何以是“意外的”呢？唯一可能的解释是，穆阿佐觉得，神庙建筑表面坚固无比，而那枚炮弹却恰恰击穿了“唯一的罅洞”，能做到这一点纯属巧合。[43]

我们接受了这个解释，不等于就同意了兰克和阿夸·朱斯蒂文章中的观点，认为依据现存的三位威尼斯军官对有关细节的一致记述，就可以断定帕台农神庙的损毁是意外。因为其中一位军官，也就是1688年那封信件的作者并没有亲眼目击炮轰神庙的经过，而且他的记述也语焉不详。至于对战局起决定作用的那枚炮弹是不是在穆托尼的指挥下击中神庙的，另外那两份材料的记述也并不一致。此外，报告说击中帕台农神庙完全出于偶然。但穆阿佐则说，唯一的意外是击中了整座建筑最脆弱的部分。我们还应该牢记，这些史料让我们了解到，对“炮兵”(bombisti)指挥官穆托尼的评价，威尼斯军队里存在着两派观点，其中一派唯柯尼希斯马克伯爵马首是瞻，而另一派则趋从于莫罗西尼。不可否认的是还存在着这样一种可能，那就是报告的作者和穆阿佐都带有某种成见，他们把炮轰取得的最后胜利仅仅归结为意外使然，是想由此来否定穆托尼的功绩以及迫击炮的作用。

63 除了这三位威尼斯军官的记述外，我们还掌握着描述征服雅典之战的其他材料，它们由两名服役于远征军的德国军官所撰写。第一份材料的出处是一名汉诺威军官所写的日记，这名军官在

1686—1687年希腊战争期间服役于威尼斯军队。[44]这位无名作者在日记中详细记述了9月21日威尼斯军队登陆比雷埃夫斯的经过，此次登陆是整场围攻雅典卫城之战的开端，其间还尝试过用地雷轰炸堡垒。包围卫城的第二天下午，“人们试着投射了第一枚炮弹，效果很不错，于是又投射了4枚，使用了各种不同的炮弹，都起到了良好的作用，击中了他们的堡垒，造成了很大的伤害”。[45]第三天，以大炮和迫击炮展开的轰炸持续了整整一天：“auch wurden unterschiedliche Bomben hinein geworfen, welche guten Effect thaten, in dem unterschiedlishe auf ihre Bolwerke gefallen und groszen Schaden gethan。”[46]到了9月26日，作者在日记里写道：“清晨重启了炮火和炸弹的攻击，但许多炮弹打偏了；大约傍晚时分，一枚炮弹打进了美丽的密涅瓦神的庙宇，引爆了守军自己储存的弹药，由此引发一连串爆炸，就这样，经此重大一击，这座美丽的建筑完全损毁……”[47]猛烈的炮火又持续了两天，直到摧毁了整座神庙。“乃至于仅有两面砌墙存留下来，这实在令人遗憾，因为它是世界上最罕有、宝贵的建筑之一……”[48]9月28日，除了妇孺外，共有500名战士的土耳其防卫部队放弃了这座堡垒。

这份材料对于炮轰雅典卫城始末的描述和之前三位威尼斯军官的相比，存在着很大差异。依照这名来自汉诺威的日记作者所言，当第一枚炮弹成功击中堡垒后，炮轰雅典卫城之战由此展开，这一系列的炮轰行动持续了整整两天，而一下炸毁了帕台农神庙的“那不幸的一炮”成就了整个行动最后也是最重要的一击。这位 64 作者提到的有许多炮弹偏离目标的细节，增加了其日记手稿的可信度，因为即使是在缜密计划的炮轰行动里，也不可避免会出现许多的失误。

另一名德国军官的记述则载于*Marschroute des Hessischen Regimentes so nach Morea geschickt worden*，此人名叫梅杰·苏比尔沃尔斯基(Major Sobiewolsky)，1687年战争爆发时他正是威尼斯后备军的一名中尉。在材料中苏比尔沃尔斯基述道，9月22日他所在的团开始兴建工事，并且命令炮兵连就位。与此同时，他手下的战士们开始在雅典卫城坚硬的岩石层挖坑埋设地雷。此举在苏比尔沃尔斯基看来是徒劳无益的。正当此时，苏比尔沃尔斯基继续记述道："从堡垒里来了一个归降我军的逃兵，他还带来消息说，堡垒里的敌军主帅将所有的弹药以及其他贵重物品，都转移到那座被称为密涅瓦神殿的庙堂中存放，而且达官贵人也同样移居殿中，因为他们坚信，凡基督徒必然不会做出任何有损神殿之事。获知内幕后，我军不少迫击炮的发射转而瞄准了神庙，但一直未能损它分毫，其中一个重要原因是神庙较高处的大理石屋顶有些倾斜，起到了一定的保护作用。不过，一名来自吕内堡的中尉自告奋勇负责把炮弹往神庙里发射，这个办法果然奏效。一枚炮弹击穿了神庙（的屋顶），分毫不差地打中了土耳其军的弹药库，神庙中部被炸毁，里面所有储存物都埋于砖石之下，土耳其人顿时惊惶失措起来。"[49]

65 梅杰·苏比尔沃尔斯基的"描述"是拉博得伯爵和米夏埃利斯刻画帕台农神庙损毁经过的关键依据。但是，兰克和阿夸·朱斯蒂对它的态度却是断然否定。在评价这份史料的价值之前，我们首先应该明白，苏比尔沃尔斯基并没有为他自己或者为其他任何人，甚至没有为他所在军团的战士夸耀战绩。他没有像 1527 年进攻罗马之战当中的本韦努托·切里尼（Benvenuto Cellini）那样，把杀死波旁王朝统帅（Constable of Bourbon）带来的荣耀都说成自己的功劳。既然苏比尔沃尔斯基对个人成就全然不以为意，他自然没有必要刻意杜撰什么，也就是说他的日记就是纯粹地记录事实，其中不掺杂任何价值判断，如此说来他的记述自然应当得到采信。

但除了内里隐含的这一点合理性之外（inner plausibility），还有其他的独立证据可以在一定程度上证明苏比尔沃尔斯基日记的正确性。按苏比尔沃尔斯基的说法，是一名来自吕内堡的军官发射了那枚具有决定意义的炮弹。现在，我们来看一看布伦瑞克-吕内堡公爵欧内斯特和威尼斯共和国之间签订的合约正文，该合约订明了 1684 年由公爵向威尼斯派遣三个军团共计 8 百人的相关内容。合约的第十段是这样订立的："共和国为这支部队提供必要的火炮和弹药,并赔偿武器和士兵的损失。”(L’artiglieria necessaria per queste Truppe con li bombardieri e la munition di Guerra sara fornita in ogni luogo dalla Republica a sue spese ed ella fara risarcir le armi rotte e perdute in fattion alli soldati.)[50]这一合约条款证明了,那名吕内堡军官所属的军团所拥有的装备还包括了迫击炮。

此外,还有几份由韦尔内德(Verneda)草拟的炮轰雅典卫城计划书,此人是威尼斯远征军中的一名工程师,他也参与了攻打雅典之战。[51]除了那成百上千落在卫城之中和城外的炮弹,我们看到了
那枚决定性炮弹的威力,它一下便炸翻了帕台农神庙。由于韦尔 66
内德已经指明了所有炮弹运行的轨迹,所以我们便可以追溯到那枚炮弹的发射点。根据韦尔内德的其中一份计划书,[52]发射这枚炮弹的炮座所在位置非常接近“布伦瑞克亲王的军团”(Quartieri del Reg[imen]to del Principe di Bransuich),也就是苏比尔沃尔斯基口中吕内堡军官所属的军团。

最后,当时的编年史作者克里斯托福罗·伊凡诺维奇(Cristoforo Ivanovich)撰写的“反土耳其正统联盟的历史”(Istoria della Lega Ortodossa contro il Turco)[53]一文的说法,也在一定程度上证实了苏比尔沃尔斯基所说的故事。伊凡诺维奇先是详述了炮轰堡垒是如何开始的,继而写道:“莫罗西尼殿下被告知在密涅瓦神庙中发现了土耳其人的弹药及其家眷,全都被置于堡垒之中,圣费利切伯爵命令其炮兵向这处地方发射。由此,在那个堡垒内部产生了一些混乱,炮弹落地距离各不相同,直到不再落在堡垒之外,其中一枚炮弹击中神庙的侧面而摧毁了它。”(Avvertito Sua Eccellenza trovarsi nel Tempio di Minerva le monizioni de’Turchi insieme con le loro principali donne e figli, stimandosi ivi sicuri per la grossezza delle mura e volti del detto tempio, ordino al Conte Mutoni che dirizzasse il tiro delle sue bombe a quella parte. Nacque sino dal principio qualche disordine nel getto delle medesime, che cadeano fuori, e fu per l’inegualita del peso che si trovò in 130 libre di svario dall’una all’altra; ma pratticatosi il giusto peso non andò piu fuori alcuna, si che una di quelle colpendo nel fianco del tempio fini di romperlo.)[54]紧接着,伊凡诺维奇便描述了那一炮的“可怕后果”。下一个段落里,“历史”讲述了9月28日那天威尼斯人是如何击溃一心想要解围城之困的土耳其军的。在同一天,炮兵指挥(*Proveditor di Campo*)多尔芬(Dolfin)强化了大炮和迫击炮的攻势,竭力“迫使土耳其军投降(di necesitar i Turchi alla resa)”。伊凡诺维奇又写道:“圣费利切伯爵从一名希腊人那里得知有一处房间有一些阿加将军女眷聚集,于是集中火力进行攻击。对方没有得到任何援助,绝望之下于当日22点挂出了白旗。”(Anertito il Mutoni da un Greco che in una casa erano ritirate alcune donne dell'Aga diresse i tiri alla medesima e una bomba fece si fiera stragge di quelle che atterrita tutta la Fortezza, desperate anco del soccorso fuggato, convenne esporre bandiera bianca per rendersi, e fu lo stesso giorno a ore 22.)[55]

67 伊凡诺维奇的叙述似乎与苏比尔沃尔斯基的说法一致,威尼斯军获悉敌军的弹药库就在帕台农神庙之内,遂将此建筑作为炮轰目标。如果说伊凡诺维奇早已看到过苏比尔沃尔斯基的日记,这完全是无稽之谈,所以,他肯定是从其他渠道获得了同样的信息,比如有可能是解甲归田的威尼斯战士们将战况传播了开去。因此,苏比尔沃尔斯基的说法自然是得了这一独立凭据的支持和确证。只可惜,伊凡诺维奇对整个事件的记述总体而言可信度有限。[56]与其他史料包括莫罗西尼本人的评价不同,伊凡诺维奇将战争胜利视作是莫罗西尼超卓的个人功绩。这自有他的道理。或许正如佩顿先生所理解的那样,伊凡诺维奇“无非是想颂扬主帅之英勋”[57]。然而,当我们读到他记述说,帕台农神庙内的弹药库被炸,是因为莫罗西尼得知该弹药库的所在后指挥威尼斯迫击炮部队朝神庙开炮,再读到后文中以几乎完全相同的文字记述说,同样是由于获得了特别情报,威尼斯人精心策划了一场屠杀,许多土耳其妇女断送了性命。而这个小片段在其他史料中却均未记载,至此我们对伊凡诺维奇可靠性的信心真的动摇了。佩顿先生也指出,伊凡诺维奇对毁坏神庙的那些炮弹进行重复记述，事实上是因为他"没有意识到关于那枚'神奇的炮弹'（prodigiosa bomba）引起的灾难的两种叙述版本……实际上是指同一件事"[58]。

尽管情节上的这点混淆使伊凡诺维奇记述的围攻雅典卫城经过无法再令人采信，我们还是能够很有把握地推出一个结论：在威尼斯曾流言四起，传闻帕台农神庙的崩毁是精心策划的炮轰所
致。[59]这些流言的出现自然是使苏比尔沃尔斯基的说辞得到了支 68
持。但是撇开这两份独立史料在这细节上的记述如出一辙不谈，我不得不说这些材料都有一定的真实性，但都还不是确凿证据。

不过，就算完全不去理会这些具体细节，鉴于不同见证人众口一词，我们还是可以确定以下情况属实：

（1）1687年，土耳其人被迫将雅典城让予威尼斯远征军，之后退守雅典卫城这座要塞。

（2）威尼斯军队的两位最高统帅弗朗西斯科·莫罗西尼和柯尼希斯马克伯爵，都不欲陷卫城人民于战争的惊恐之中，于是开战前向土耳其守城军队劝降，但是土耳其方面拒绝投降。

（3）因此，尽管内心极不情愿，但出于战事之需，两位威尼斯主帅下令，自9月24日始，向卫城发动大规模炮轰。由于该城城基所用的岩石坚硬无比，所以起初想要用地雷炸毁这座堡垒的尝试最终宣告失败。

（4）在炮轰行动开始后，与大炮的威力相比，迫击炮一时之间还没有发挥出它的作用。不过，最终，在攻城的第三天也就是9月26日，一枚（迫击炮）炮弹击穿了帕台农神庙的屋顶，并且炸毁了神庙内的一个大型弹药库。剧烈爆炸不仅令许多人葬送了性命，还引发了一场大火，迫使土耳其守军在两天后投降。

（5）虽然威尼斯人因为帕台农神庙的毁坏而深感疚悔，但是他
们亦对本国军队能速战速决而无比兴奋。当他们透过《威尼斯报 69
告》（*Reporti di Venezia*）以及其他官方、半官方公开文件向整个欧洲公布已成功攻取雅典的喜讯时，他们并不觉得有必要道歉。[60]

根据这些不同的事实，看来帕台农神庙的毁坏绝对不是什么

“不幸意外”。因为在土耳其人拒绝投降后，威尼斯人决心要给他们点颜色看看，彻底击垮他们的抵抗意志。于是雅典卫城里的所有建筑物都成了威尼斯军队攻击的目标。当时，在卫城有限的范围内最宏伟也是最引人注目的建筑物便是帕台农神庙，它也就顺理成章地成为了威尼斯军炮火袭击的主要目标。[61]圣费利切伯爵安
70 东尼奥·穆托尼身为炮轰行动指挥官，一开始没有能够顺利达成任务，威尼斯军队中他众多的竞争对手纷纷指责他难担重任。这一点在穆阿佐和报告的佚名作者的记述中皆有案可稽，他们二人的记述也是令人们将帕台农神庙的损毁认作“意外”的主要依据。但是，我却认为，穆托尼被指责能力欠佳这个细节恰好证明了，当时威尼斯军中存在共识，认为要对卫城展开正面火力攻击完全可行，而且这样做也是势在必行的。所以，帕台农神庙最后被击中并非意外事件，而是几乎不可避免的结果，从军事的角度看，它也是威尼斯军队对雅典卫城展开大规模炮轰的预期目的。如果说当中带有“运气”的成分，那么，这份运气对于威尼斯军中每一位炮兵连军官而言，都可以说是可望而又可及的，并且他们都有一定的能力让它降临到自己身上。因此，从这一层意义而且也只有从这一层意义出发，我们才可以理解莫罗西尼在其捷报中所言，把他的胜利归因给“一枚神奇的炮弹”的“幸运一击”(the “fortunate colpo” of “una prodigiosa bomba”)。

注释：

1. *Historisch-politische Zeitschrift* ii, Berlin, 1835.
2. *Historisch-politische Zeitschrift* ii, Berlin, 1835, p. 425.
3. S. Romanin, *Storia documentata di Venezia* vii (2nd, reprint. Edit., Venice, 1914), p. 491.
4. A. Arrighi, *De vita et rebus gestis F. Mauroceni*, Padova, 1749.
5. (L. E. S. T.) Comte de Laborde, *Athènes aux XVe, XVIe et XVIIe siècles*, 2 vols., Paris, 1854; C. De Laborde, *Documents inédits ou peu connus sur l'histoire et les antiquités d'Athènes*, Paris, 1854, pp. 128—196, 214—239.
6. De Laborde, *Athènes* ii, p. 149.
7. L. c. ii, p. 139.

8. 参见 de Laborde，l. c. ii，p. 151. n. 1。
9. L. c. ii，p. 175.
10. A. Michaelis，*Der Parthenon*，Leipzig，1871，pp. 61—65.
11. 参见 Michaelis，l. c.，p. 61，n. 251。在该书附录三（pp. 345—347），Michaelis从有关雅典卫城围攻战的最重要的史料中做了摘录翻印。
12. L. c.，p. 62.
13. L. Von Ranke，sämmtliche Werke xxxxii，Leipzig，1878，p. 297.
14. 参见 de Laborde，*Athènes* ii，pp. 149 ff。
15. *Archivio Veneto* xxii，1881，pp. 251—270.
16. L. c.，p. 251.（伊克提诺斯，公元前五世纪的建筑师，被认为负责设计了帕台农神庙。——中译者注）
17. L. c.，p. 259.
18. L. c.，pp. 259 ff.
19. L. c.，p. 266.
20. L. c.，pp. 267 ff.
21. *Die Geschichte der Stadt Athen im Mittelalter* ii，Stuttgart，1889，p. 420.
22. *The Venetian Republic*；*its Rise*，*its Growth*，*and its Fall*（410—1797）ii，London，1900，p. 279.
23. Geschichte von Venedig iii，Stuttgart，1934，p. 347；cf. pp. 626 f.
24. `A History of the Acropolis of Athens，` AJA. Viii，1893，pp. 548 f.
25. *The Acropolis of Athens*，New York，1908，pp. 321 ff.
26. *Athènes*，Paris，1923，p. 167. Also in all later editions of Baedeker's Greece.
27. *A History of Greece from its Conquest by the Romans to the Present Time* v，Oxford，1877，p. 185.
28. *Venice*，*a Historical Sketch of the Republic*，New York and London，1893，p. 378. Cf. H. C. Brown，*The Venetian Republic*，London，1902，p. 177；H. S. Zwiedineck-Suedenhorst，*Venedig als Weltmacht und Weltstadt*，Bielefeld and Leipzig，1899，p. 180；C. Diehl，*Une république patricienne*，Venise，Paris，1915，p. 280.
29. 这份报告印于 de Laborde，*Athènes* ii，p. 157，n. 1。
30. L. c.，p. 158，n. 1.
31. L. c.，p. 158，n. 1.
32. 印于 de Laborde，*Athènes* ii，p. 162，n. 1。
33. L. c.，p. 162，n. 1.
34. 在这个国家可惜没有 A. Schwencke 著作的副本，*Geschichte der hannoverschen Truppen in Griechenland*，*1685—1689*，Hannover，1854，

"该书中在柯尼希斯马克的信件里可以看到关于围城的最重要的消息", Ranke, *Sämmtliche Werke* xxxxii, 297, n. 1; on Schwencke, see also de Laborde, *Athènes* ii, p. 139, n. 2. On Otto Wilhelm Graf von Koenigsmarck, see Krause's article in *Allgemeine Deutsche Biographie* xvi, Leipzig, 1882, pp. 532 ff。

35. 瑞典语原文和一份法语译本,见于 de Laborde, *Athènes* ii, pp. 276 ff。

36. "Fästningen ligger pa ett berg, som säges wara det slemmaste att bemäktiga sig ty ingen mine kunde göras: huru nödigt Hans Excellens wille förderfva det sköna tempel som uti 3000 är har statt och kallas Minerva Tempel, men det hjelpte inte, bomberna gjorde sin werkan och kan det tempel aldrig i denna werlden mer upprättas"; l. c. , p. 276.

37. 摘录见于 de Laborde, Athènes ii, p. 145, n. 1。

38. De Laborde, l. c. ii, p. 145 ; supplemented by Paton, l. c. , p. 73, n. 17.

39. De Laborde, *Athènes* ii, p. 188, . 1.

40. De Laborde, l. c. ii, p. 143, n. 1.

41. 见 de Laborde, *Athènes* ii, p. 141, n. 2; 尤其是一个德国军官信中的如下部分:"Le comte Felice est un sot, il nous fait plus de mal avec ses bombes qu `à l'ennemi. "比较 Paton, l. c. , p. 72, n. 17。

42. 见 Paton, l. c. , p. 72, n. 17。

43. 关于 Muazzo 的"unico foro della superficie del tempio",见雅典卫城的一张设计图,由一位不知名艺术家绘于 1670 年,并复制于 H. Omont, *Athènes au XVII siècle*, Paris, 1898, pl. XXIX。

44. 由 L. Dietrichson 出版,"Zum zweihundertjährigen Gedächtnis der Zerstörung des Parthenon", in *Zeitschrift für bildende Kunst*, xxii, 1887, pp. 367—376。

45. L. c. , p. 369.

46. L. c. , pp. 369 ff.

47. L. c. , p. 370.

48. L. c. , p. 370.

49. "但是这里发生了这样的事情,一个从柏嘉(Castell)来的倒戈士兵,带来了这样的消息,堡垒里的长官把所有的火药储备包括其他最重要的物品都储入了那座名为密涅瓦的神庙之中,贵族们自己也藏身于此,因为他们相信基督徒不会让神庙受到破坏。因此不同种类的臼炮都瞄准了神庙,但并没有炮弹能造成伤害,这主要是因为神庙顶被大理石所覆盖并由此得到了保护。但是一名来自吕内堡的中尉愤怒地向神庙投射炮弹,其中一枚穿入了神庙,并且恰好引爆了土耳其军的火药库;然后神庙中心就被炸毁了,里面的所有物品都被砖石所掩埋,土耳其人顿时一片慌乱。"详细记载参见 Michaelis，*Der Parthenon*，p. 346，n. 18。

50. 载于 de Laborde，*Athènes* ii，p. 75，n. 1。
51. 载于 de Laborde，*Athènes* ii，passim，以及 H. Omont，*Athènes au XVIIe siècle*，Paris，1898，pls. XXXII—XXXVII. 关于 Verneda，见 de Laborde，ii，p. 180，n. 2。
52. 这份计划书被复制于 de Laborde，l. c. ii，after p. 182。
53. 见 *The Venetians in Athens 1687—1688*；*from the Istoria of Cristoforo Ivanovich*；edited by J. M. Paton，Cambridge，Mass.，1940。
54. Paton，l. c.，pp. 10 ff.
55. Ibid.，l. c.，p. 11.
56. 见 Paton，l. c.，pp. 69 ff。
57. Ibid.，p. 69，n. 9.
58. Paton，l. c.，p. 70，n. 11.
59. 然而在威尼斯军队中至少有一人对炮轰的最后胜利邀功。在1687年11月8日，Matteo del Teglia，佛罗伦萨人 *Maestro di Posta* 从威尼斯写一封信到佛罗伦萨，我们从中发现如下的话："La sorte di questo attaco toccò al Signore Rinaldo Buchett，o di vero La Rue，piantando esso la prima e la seconda batteria di commissione del suo Prefato（sic?）Conte di San Felice，che gli sortì felicemente，doppo alquanti tiri a vuoto；per lo che ne riportò la gloria meritata."（摘自 Paton，l. c.，p. 70，n. 10）Del Teglia 的朋友 La Rue 正效力于 Mutoni 麾下（见 Paton，l. c.），不管他的声名是否合法，当然都无法断定。这段文字的主要价值在于，它证实了匿名的汉诺威日记作者和 Sobiewolsky 关于雅典卫城遭到有计划轰炸的记述。
60. 见 Reporti di Venezia 的1687年11月22日和12月6日的记述（摘自 de Laborde，*Athènes* ii，p. 146，n. 1，and 176，n. 2）。——在1687年秋季，当完成对伯罗奔尼撒的占领之后，关于这次远征的官方记述被在威尼斯以如下题目印行：*Ragguaglio giornaliero delle trionfanti ed invittissime armate Venete maritime e terrestri con suoi acquisti distintamente descritti fatti contro la Potenza Ottomana...，seguiti l'anno 1687*（In Venetia，1687，per G. Albrizzi in Campo dalla Guerra a S. Zulian.）。当这份报告正在公布时，占领雅典的消息传到威尼斯；出版者立即决定在书的末尾插入一小段关于这个事件的记述；关于该文本见 H. Omont，"Une relation Vénitienne du siege d'Athènes"，in *Revue des etudes Grecques* viii，1895，p. 258。在威尼斯出版之后，很快 Ragguaglio giornaliero 被翻译成英文，题目为：*A Journal of the Venetian Campaign. A. D. 1687. Under the conduct of the capt. General Morosini，providitor gen. Cornaro，general Coningsmarch，general Venieri，etc.*（从意大利语原文译出，从威尼斯发

送并按照威尼斯共和国的规定印行。Licensed，decemb. 16，1687. R. L. Estrange，London；printed by H. C. and sold by R. Taylor，near Stationers-Hall，1688)；关于围攻雅典卫城的描述被插入到 pp. 38 ff. ——这时的威尼斯政府对宣扬威尼斯军队的胜利有着极大兴趣，并且积极主动地支持多印刷发行，既以书的形式也以小册子的形式，都是为了达到这一目的；这些出版物中的一些甚至被配以战争和围攻情景的插图；关于这一行为，见 de Laborde，l. c. ii，98—109；H. Omont，*Ahtènes au XVIIe siècle*，pp. 10 ff.（见 XXXII—XXXVII 的描述）。

61. 雅典卫城的岩石高地非常小，从东到西扩展到最大时不到 1050 英尺，从北到南不到 450 英尺。在狭窄的空间内，帕台农神庙占据了相对较大的位置，因为它的台基长 210 英尺，宽 99 英尺。

第二部分
彼特拉克研究

5. 彼特拉克的《十四行诗与情歌》简介[*1] 73

彼特拉克的生活和创作为我们展示了一个文学声望发生彻底转变的典范事例。后世人对彼特拉克的评论竟与其在同时代人中的名声如此悬殊，简直匪夷所思。

在今人的想象中，彼特拉克的名字总是与劳拉联系在一起：劳拉，

> 那位美丽的少妇。
>
> （《歌集》第127首）

不过这一传统可追溯到数世纪以前；事实上，就在彼特拉克死后不久，这一声名便开始传扬开来。在彼特拉克一代代的仰慕者中间，他首先是劳拉的情人、《歌集》（即《十四行诗与情歌》。——中译者注）的作者。诗人从青年时期便开始创作，不厌其烦地吟咏他的挚爱。不管是在意大利人还是其他国家人中间，有关彼特拉克的上述 74
意象和声名数世不辍、历久弥新，恰如14世纪末英国诗人乔叟（Geoffrey Chaucer，约1343—1400）在《坎特伯雷故事集》中所描绘的那样：

> 桂冠诗人弗朗西斯·彼特拉克，
> 以他甜美华丽的辞藻，

---

* 本篇原载彼特拉克《歌集》（*Sonnets and Songs*），Anna Maria Armi 译，蒙森撰写前言（New York：Pantheon Books，1946），pp. xv—xliii。

> 把整个意大利照耀成一个诗国。

彼特拉克以圆熟的意大利语进行诗歌创作，从而为世界文学做出了不可磨灭的贡献，且同时丰富、规范了本国的语言。研究文艺复兴时期文学的史学家将彼特拉克称作“意大利语之父”，当然享有同一盛誉的还有14世纪的另两位佛罗伦萨作家但丁和薄伽丘。

此外，后世人还认为彼特拉克在另外一个领域同样有开拓之功。彼特拉克的《歌集》着实开创了一种崭新的诗歌体裁，即“彼特拉克体”，这种体裁在其死后旋即在意大利和其他国家广为流传。这就是备受彼特拉克珍爱的十四行诗，经彼特拉克的创作，这种文学体裁臻于完善，以至数世纪以来从不乏仰慕者和仿效者。英国维多利亚时期曾有作家加布里尔·哈维（Gabriel Harvey，约1545—1630）在其1593年出版的《赘述》（*Pierces Supererogation*）中明言：“意大利、法国和西班牙最出色的诗人在很大程度上已经彼特拉克化了，哪怕其中最精致、最圣洁的诗人亦甘愿做他的学生，因为就形式上的创新和语言表述的精美而言，彼特拉克确实为人师表。”仅文艺复兴时期，这种“彼特拉克式”的诗人就包括英国的托马斯·威亚特爵士（Sir Thomas Wyatt，1503—1542）和萨里子爵亨利·霍华德（Henry Howard, Earl of Surrey，1517—1547）、法国以皮埃尔·德·洪萨（Pierre de Ronsard，1524—1585）为首的七星诗社（La Pléiade）诗人。

不过与后世评判迥然不同，彼特拉克的同时代人却认为他最大的贡献在其拉丁文作品，而不是他的意大利语诗歌。

75 1341年，正是他的拉丁文史诗《阿非利加》（*Africa*）而不是他的《歌集》为时年37岁的彼特拉克赢得了罗马卡皮托桂冠诗人的头衔，这可谓时人品位不同于今的一个明证。根据14世纪的传统，这是古代尚在世的诗人所能获得的最高荣誉。在彼特拉克的同时代人看来，他的作品凸显了古典理想，所以比任何其他诗人都更适合这一古典头衔。彼特拉克在自己的作品《阿非利加》和《牧歌》（*Carmen Bucolicum*）中刻意模仿维吉尔的《埃涅伊德》（*Aeneid*）和《牧歌》（*Eclogues*），简直成了当世的维吉尔。此外，他还书写了大量有关道德哲学的文章和数百封广为流传的书信，其内容和格调令时人将其常与西塞罗相提并论。那不勒斯的罗伯特贤王(Robert the Wise)恳请彼特拉克将其《阿非利加》题献给自己，德意志的皇帝查理四世后来也请求他在《名人传》(*De viris illustribus*)中题上自己的名字，后者是彼特拉克的一部主要历史著作，书中追溯古罗马数位政治家、军事家的生平事迹，目的在激发同时代人奋起。

彼特拉克众多的拉丁文作品只有一个目的，那就是教导同时代的意大利人不要把古罗马的伟大政治家、文学家视作业已逝去的时代的人物，而要将其当作活生生的榜样甚至作为未来时代的先驱。彼特拉克认为，只有意大利人，而不是“野蛮”的法兰西或德意志人，才有资格继承拉丁文化的遗产，而接受了这份来自古罗马的遗产，他的意大利同胞就能获得精神上的统一。带着这种动机，彼特拉克书写了大量拉丁诗文和书信，以唤醒同时代意大利人心中的这份遗产。

正是在这个意义上，彼特拉克可谓站在了意大利文化重要转变的开端，即那场“古典文化的复兴”或“人文主义”崛起的伟大运动。他注定要引导并激发这种新观念，比如通过痴迷地撰写“纯正”的 76
古典的拉丁诗文，通过毫无倦怠且颇为成功地搜寻古典文稿，然后辅以天才的文本勘定。不过与后世许多人文主义学者不同的是，作为“人文主义之父”的彼特拉克学习拉丁文绝非是为了寻幽好古，因为在他看来，这种语言就是一种媒介，而历史上最了不起的美学、学术和政治传统正是通过这种媒介得到了永恒的完美表达。对于彼特拉克在其同时代人当中得到的赞誉，雅各布·布克哈特在其名著《意大利文艺复兴时期的文化》中有如下的表述：“彼特拉克在当今大多数人的心目中主要是一位伟大的意大利诗人，然而在他同时代人的心目中，他的声誉却更多地基于这样一个事实，即，他是古代文化的活的代表。”

鉴于同时代人及后世人对彼特拉克生平事业的评价存在如此分歧和多样化，我们似乎有必要考察一下彼特拉克本人对自己及自身工作的理解。对于这样一个问题，答案其实很容易找到。事实上，彼特拉克已经非常清楚地意识到他的人生和事业的独特性。因此，他在《歌集》中的第一首十四行诗中写道：

> ……我已经意识到，在这片土地上，
> 人们将我的成名看作传奇一般。

就在彼特拉克书写这两行诗句之时，他的声名已经如日中天。他恰切地意识到，在同时代的意大利人和外国人看来，他的成就及迅速崛起的荣耀简直就"像是一段传奇"。他自然希望后世人准确地理解这段"传奇"的意义和价值，因此大约在1351年，他干脆书写了一封信，题目就是"致后人书"(To Posterity)。后来他把这封
77 信稍事修改，编入了他的第一部称为《寻常旧事》(*Familiares*)的书信集，这样便确保了该信能够为后世读者传阅。

这封信的目的就是要告诉后世读者"我究竟是个什么样的人，我的作品是何种命运"。有关彼特拉克前半生的事迹，再没有比这封名为"致后人书"的信交待得更清楚的了。

他首先介绍了自己的外貌长相："小时候我的体格并不是很强壮，但却很灵活好动。我不敢自夸相貌出众，不过青年时代的我也不乏迷人之处。我的皮肤健康，不甚靓丽也不算黝黑，双目炯炯有神，我的视力本来好好的，但到了60岁却意外地戴上了眼镜，令我非常不快。"

简单介绍外貌之后，彼特拉克开始讲述自己的人生传奇："我只不过是个寻常的凡俗之人，个子不高，出身不算高也不算低……我的父母都是受人尊敬的佛罗伦萨人，但却时常流离失所，财产很有限，说实话，甚至濒于贫困。正是在父母流浪异乡之际，我出生在阿雷佐(Arezzo)这个地方，记得是在1304年7月20日凌晨，是个星期一……出生后的第一年，准确地说是这一年的大部分时间，我是在阿雷佐度过的。随后六年，我随母亲搬到了距离佛罗伦萨大约14英里远的茵西萨(Incisa)，那里有我父亲的一个庄园。八岁我是在比萨度过的，九岁及此后几年又搬到阿尔卑斯山口的高卢(Transalpine Gaul)，位于罗讷河(Rhone)的左岸。那座城市名叫阿

维农，罗马的教皇就住在那里，正是基督教会耻辱地流浪异乡之地……我少年时代的大部分时光是在那强风吹动的河岸边度过的，好在有父母亲的精心照料，不过也有长久离家的经历。比如，这一时期有四年的时间我是在阿维农东部小城卡庞特拉(Carpentras)度过的。在这两个地方，我学会了一点儿语法、辩证法和修辞，不过是这一时代学龄儿童所学到的那点儿东西，的确不敢自夸有多少知识。此后，我又离家赴蒙彼利埃(Montpellier)学习 78
法律，前后为时四年；又有三年在博洛尼亚学习民法典，此时有许多人觉得我若坚持下去定会有所成就。不过我却放弃了习法学业，此时父母也不再管我。我做出此项决定倒不是因为我不尊重法学的权威地位，况且法理中有我追寻已久的古罗马的气息。我放弃法学是因为当时法律的都是些恶棍，简直是在糟踏法律。如此操弄法律，我也会变得厚颜无耻，根本无可能公正无私，因为这份正直，我会在法律界不名一文，所以我选择放弃了学而无所用的学业。因此，在我22岁这一年(1326年)，我又回到了阿维农，这个虽在异乡但我自童年起便生活于斯的家，毕竟习惯乃人的第二天性。”

接着，彼特拉克叙述了他在阿维农如何结识了许多杰出人士并得到后者的庇护和资助。在这些杰出的庇护人当中，彼特拉克特别提到了科隆纳(Colonna)，一罗马豪门的家族成员，当时这家人住在教廷里面。不过，彼特拉克却未交待他放弃法律之后曾一度步入教籍，虽非教士却可兼领圣俸。此时的他已成为一位“学者”，恰如乔叟在《学者的故事》开场白中所介绍的那样。

在这一时期，彼特拉克继续讲道：“年轻的我萌生了一股遍游法、德的欲望，虽当时编造了其他一些借口，称欲造访名士，但真实的原因却是我游览世界的热情。我首先来到了巴黎，然后便急切地试图比较此前的耳闻与自己的真实所见。巴黎归来，我来到了罗马，这个我从儿时便憧憬已久的城市。在罗马，我遇见了我深爱的斯特凡诺·科隆纳(Stefano Colonna the Elder, 1265—约1348)，作为一家之长，他品德高尚，极富古代英雄的风范，他对我慈爱有加，视若亲子一般。”

79 1337年，彼特拉克从罗马游历归来，决定定居沃克吕兹(Vaucluse)，据《致后人书》记载，原因如下：“我无法抗拒发自内心的对阿维农的厌恶，那是个多么令人乏味的城市。因此，我努力地寻找，试图在附近找到一个避难的港湾，于是发现了沃克吕兹(距阿维农有15英里)，此地山谷狭长、幽静喜人，万泉之源的索尔格河(the Sorgues)即发端于此。我被此地的美景所吸引，所以把自己的藏书都搬到这里。要讲述此后多年我在这里的所作所为，那可就话长了。简单地说，我几乎所有的作品都是在此完成、动笔或构思，且作品的数量如此之多，以至稍加整理都是件累人的工作。”

紧接着，彼特拉克的传奇故事到达了其事业的顶峰，即受封桂冠诗人：“当时我正在沃克吕兹赋闲，说来也怪，就在同一天，罗马市议会和巴黎大学校长的邀请信几乎同时到来，前一封邀我去罗马，后一封邀我到巴黎，都是要我接受桂冠诗人的头衔。我当时年轻气盛，总觉得自己该当此衔，不然那些如此出众的人物怎么会有如此决议呢？但我还是迟疑了一阵儿，仔细掂量了一下二者的分量孰轻孰重，而根本忽视了自己是否真的才华出众的问题。我写信向乔瓦尼·科隆纳(Giovanni Colonna，1295—1348)枢机主教咨询。他当时离我住的地方很近，所以我寄信虽已在傍晚，但第二天早上九点之前便收到了回信。遵照他的建议，我决定接受罗马市的邀请，我给他的两封感谢信至今犹在。出发之时，像所有年轻人一样，我虽深知自己评判自己的作品肯定存在偏见，但却依然对能够受到邀请感到沾沾自喜：他们若是觉得我不该获此殊荣，肯定也不会邀请我。因此，我决定先赴那不勒斯见见那位杰出的哲学王罗伯特——我们这个时代唯一一位热爱知识和美德的国王——听
80 听他对我的看法。他对我的高度评价以及对我的盛情款待真令我异常兴奋，哪怕是读者了解到其中的细节也自然会感到兴奋。闻听我此来的目的，国王异常欣喜，认为我对他的信任——岂知这对我而言是一种不可多得的荣誉——是他的荣幸，因为我在那么多称职的评判者中间选择他来评判我的成就。还用多说吗？我们在多

次谈话之后，我把自己书写的《阿非利加》诗稿拿给他过目，他非常高兴并肯定我将该诗题献给他，我当然不能拒绝，也不愿拒绝这一盛情。后来，他定下时间邀我正式访问，整整一天从早到晚我们都呆在一起。但一天的时间终归太短，所以此后两天我们依然是促膝长谈。这样，三天的谈话之后，他断定我该当桂冠诗人的盛誉。他表示希望能够在那不勒斯亲自为我授予桂冠并肯定我的同意。但我对罗马的热情终于胜过了国王的恳请，国王看出我意已决，所以特意派遣信使到罗马市议会传达他对我的高度赞誉。国王的评价确与很多有识之士的评价不谋而合，尤其符合我自己的心愿。不过时至今日，我却不能认同罗伯特国王的评判，虽然当时我心神往之、他人盛誉之，因为显然，国王对年轻气盛的我的爱护远远超过了他对作品本身的评判。所以抵达罗马之后，我虽有些自惭形秽，却相信众人的评判，于是得到了诗人的桂冠，还有参加仪式的罗马市民的热情欢呼。有关这一话题，我还有一些书信加以详述，诗歌体和散文体的都有。”

《致后人书》显然是一封反思的信件，反思获得桂冠诗人头衔的经历，彼特拉克在信尾的结论有一种幡然醒悟的感觉：“桂冠没有为我带来知识，反倒找来不少人的妒嫉，但在此终归说来话长。”

想来彼特拉克在完全成熟后曾真心悔过“年轻气盛”时追求桂 81
冠“虚名”的轻狂，这一点可能是真的。但同样不容置疑的是，他受封桂冠诗人并被公众和官方赞誉为“伟大的诗人和历史学家”这事件本身即为其后来的创作带来了极大灵感。他在《致后人书》中讲到自己离开罗马之后便决心完成拉丁史诗《阿非利加》的创作，因为这是他获得赞誉的最大成就：“我已经意识到自己获得的殊荣，所以下决心全力以赴，以不至使世人觉得我徒有虚名。于是有一天，当我徜徉在山间之时，突然觉察到瑞吉欧(Reggio)横跨恩萨河(Enza)地带的一处名叫塞尔瓦皮阿纳(Selvapiana)的小森林，森林的美景令我愕然，《阿非利加》的诗稿顿时溢于笔端。我似乎从中找回了久已消逝的热情，当天便急就数行，此后每天续写不辍，直到有一天我回到帕尔玛。在那里……不需数日就大功告成，其时的热情奔放令我今日想来都不绝惊叹。”在《阿非利加》的最后一部诗稿中，彼特拉克毫不犹豫地加入了如下预言式的诗行，桂冠之风又起，“为罗马人千年所未见”。

彼特拉克拉丁文史诗巨作的最终完成得益于桂冠诗人头衔的刺激，这一点是非常肯定的。不过我们在此先撇开《致后人书》不说，彼特拉克最有名的意大利语诗作《我的意大利》也有可能是在这一荣誉的启迪下构思的。[2]诗中呼吁意大利实现统一，是说给意大利的诸侯们听的：

各位诸侯，美丽的意大利
的命运已经交到你们手上……

彼特拉克，作为一位诗人而非政治家，竟成为其国人的心声传
82 递者，警示意大利的统治者意大利人共有的“尊贵的拉丁血缘”并恳请他们不要雇佣“野蛮的”佣军以至“毁灭地球上最美丽的国度”，这本身即别有深意。要重振古罗马的雄风，彼特拉克首先寄希望于当代意大利的和平和统一：

道德即将奋起，旧债旋即会付清，
因为意大利人心中的勇武尚在。

值得回味的是，马基雅维里在《君王论》中同样“呼吁将意大利从野蛮人的手中解放出来”，其末章正是引用了彼特拉克的上述诗句。

此时的彼特拉克刚刚受封桂冠诗人不久，不只被人视作意大利最伟大的诗人而且是意大利古代辉煌的唤醒者，所以此时比任何其他时刻都更有理由发出上述呼吁。正是这种精神状态激发了《我的意大利》的创作灵感。这首诗的主题是民族团结，堪称意大利的第一首国歌。由于这首诗饱含的炽烈感情，读者——无论是来自哪个国度——均不由自主地受到其感染，所以竟成为人们表达自己对祖国情感的永恒诗句：

我的心渴望这片热土！
这是我蜗居的家园。
这片土地赋予了我生命，滋养了我，
我对它一往情深、矢志不移。
这里有我慈爱的母亲，她用自己宽广的胸襟
庇护着全家的每一个人。

这可谓是爱国之情在西方世界历史上的第一次深切表达。特别值得指出的是，正是这样一位生于斯却不得不四处流浪的诗人才能够更加真切地体会到民族团结的至关重要，因为这一渴望在时人的对立和纷争中早已不见踪影。

彼特拉克的"传奇"故事至1341年春已在整个意大利 83
(Capitoline)传扬开来，诗人创作的最高潮期也正是这一时段。从艺术的角度看来，彼特拉克在《致后人书》中对受封桂冠诗人之后十年的叙述非常简略并至1351年戛然而止且以后从不再提及，这种做法是合情合理的，因为与其前半生的神采飞扬、如日中天相比较，其后半生的叙述无论如何精彩也只能算是虎头蛇尾。还有，若过多叙述后半生，那只能是日渐浓重的悲观情绪伴随挫折、迷茫的记录。他寄予厚望的意大利的和平和统一注定无法实现，无论是寄希望于意大利诸侯、罗马平民保民官考拉·迪·里恩佐(Cola di Rienzo，约1313—1354)还是德意志皇帝查理四世。他曾强烈呼吁多位教宗从阿维农返回罗马，可最终杳无音信。彼特拉克凭借诗人的热情在多首拉丁文或意大利文的诗作中怒斥阿维农乃法兰西化的教廷，是一个令人憎恶的城市，比如他在《歌集》(第138首)中唱道：

苦痛和骚乱的源头，
谬误和异端邪说的渊薮，
旧日的罗马堕落成邪恶伪善的巴比伦，
致使世人蒙受冤屈无数。

彼特拉克自1337年起便常在沃克吕兹躲避世乱，甚至在此找到了心灵的宁静和创作的灵感，但由于这个地方离阿维农这个可憎的城市很近，以至影响到诗人对此地的情感。因此之故，彼特拉克决定告别在法长达四十余年的旅居生活返回意大利。

彼特拉克在意大利北部度过的余年充满了动荡和不安。他在
84 任何一个地方也未能久居，哪怕是在故乡佛罗伦萨，哪怕佛罗伦萨大学因其好友薄伽丘的举荐邀其供职。意大利的很多诸侯都以他能够接受他们的热情款待为荣，其中包括米兰的豪门维斯康蒂家族以及威尼斯的贵族统治者。彼特拉克的朋友中有民主共和倾向的一些人开始厌恶他结交权贵的做法，认为代表罗马共和的辉煌先驱不应与当代的"暴君们"搅到一起。彼特拉克对这种抱怨并不在意，因为他认为自己绝不是任何诸侯的臣仆或工具，也绝不会屈从任何违背自己信念的做法。他没有任何官职的束缚，处于完全独立的状态，只为文学事业而活，只思复兴古代恒久不变的治世基准和普世价值。

据一则古老的记载，彼特拉克是在1374年7月18日深夜在工作中溘然长逝的，地点是帕多瓦附近阿克瓦(Acquà)乡间住所的资料室。

考察彼特拉克1554年编定的全集不难发现，其中拉丁文稿和书信差不多是包括《歌集》和《胜利》(*Trionfi*)在内的意大利语诗歌篇幅的二十倍。由此可以想见，彼特拉克的拉丁文稿不止在篇幅上超过其方言作品，而且肯定在作者的心目中分量更重。他在《致后人书》中详细介绍了自己的拉丁文稿，包括已经完成的和刚刚开始构思的，但却只字未提意大利语的《歌集》。这一忽略显然不是偶然漏失的缘故，因为该信中有如下一段交待："我的心智与其说敏锐倒不如说是更多平衡。我从事各种健康有益的研究，但尤其青睐道德哲学和诗歌。多年来，我对后者有所忽视，这是因为我更喜爱圣哲文学。在研习圣哲文学的过程中，我感到一种莫名的快乐，虽然有时我也会鄙视它，于是便弄些诗文聊以遣兴。在众多学

问之中，我虔心古典知识。我身处其间的世道总令我感到乏味；要 85
不是因为在古典知识中寻得挚爱，我倒宁愿生在其他任何一个时代。”

这一段文字再清楚不过地表明彼特拉克更重视自己哪一方面的创作了。在他自己看来，同时代人的评判当然更为恰切，而后世人的判断显然是错误的。他寄希望为后世所铭记的是他“虔心古典知识”的一面，而不是他的意大利诗文。

彼特拉克倾心人文的意识并不是说他对意大利文的创作毫无认同。他在临死前两年曾在一封信中虽称自己用方言创作的诗歌不过是“雕虫小技”，记载了“年少时的轻狂”，并表示希望后人“会忘记这些文字，如果可能的话哪怕他自己也会忘记的”，但从彼特拉克遗世的记录看，他本人在编辑和保存这些诗文的过程中确曾倾力亲为。在中年之际，彼特拉克决心把“散落的诗稿”(即《歌集》第一卷)收集成册，在后半生亦曾不断修编润色以期近于完美。

彼特拉克不断修编润色诗稿最明显的证据是其对诗稿曾进行的大量修正并在边角添加了相当多的注释，这份遗稿现保存在梵蒂冈图书馆。下面举例加以说明。在名为“宙斯和凯撒”(Non fûr ma' Giove,《歌集》第 155 首)的十四行诗的页角，彼特拉克写道：“我曾试图调整四段诗的顺序，把第一段四行诗和第一段三行诗后置。但最终考虑到起始的乐音特点我还是放弃了，因为那样(调整顺序)的话实音就跑到诗的中央而首尾皆空音了，这不符合修辞的规律。”

另一首诗(《歌集》第 199 首)的页边注清晰地表现出了彼特拉 86
克的创作习惯：“1368 年，”他写道，“8 月 19 日，星期五，夜不能寐，已过午夜时分。最后我还是忍不住从床上爬起来，偶然看到这首二十五年前所作的诗。”彼特拉克曾煞费苦心地筛选以最终确定哪首诗值得刊入诗集，这一点清晰地表现在名为“欲望激励我”(Voglia mi sprona,《歌集》第 211 首)的诗的角注中：“真不可思议。这首诗我在先前曾划掉过，准备弃之不用的，而今多年后偶然重读却又割舍不下并重新抄录放到属于它的位置上。但不久以后，在

27 日傍晚，我又修改了结尾的几行，现在差不多算定型了。”

限于篇幅，本章不可能一一指证彼特拉克诗集的编定次序及出版前的各种调整。这里须指出的是，尽管彼特拉克曾扬言其诗稿本无足轻重，而事实上，他一直到生命的尽头也从未抛弃“年少时的轻狂”经历，相反，他从未间断修正、编定诗稿的工作。他总是不停地修改、润色，直到自觉艺术上的完美。这一点也有明确的证据：在他修订的诗稿文本的角注中时常会出现“很满意”(placet)这样的词句。如果我们有理由怀疑彼特拉克否认自己对自身创作的意大利文诗稿没有兴趣口是心非的话，我们同样有理由怀疑他奉劝后世读者“忘记这些文字”时的诚意。他从研习心爱的古典知识的经验中早已得知，一部作品能够留芳后世取决于作品本身确有特色，而不论作者选择哪方面的题材。他之所以不间断地修订诗稿力求完美，肯定是希望获得读者的青睐，不论是当代读者还是后世读者。

彼特拉克最终编定的诗集共有 366 首，其中十四行诗 317 首，打情诗(canzoni)29 首，六行诗(sestine)9 首，叙事诗(ballate)7 首，
87 短诗(madrigal)4 首。诗集没有特别的名称，在意大利语中称为“歌集”(Canzoniere or Rime or Rime Sparse)。与但丁特地将诗献给贝娅特丽琦并取名“新生”(La Vita Nuova)的做法不同，彼特拉克只是很随意地称之为“意大利抒情诗选”(Rerum vulgarium fragmenta)、“杂诗”或“方言杂诗”。这一缺失倒也并非偶然，因为不同于但丁的《新生》，彼特拉克的《歌集》确实没有一定的主题而只是一些“零散的诗歌”，作者本人在其“序言”中也是这样称呼的。其中的长诗大致有关政治、宗教和道德，而绝大多数十四行诗是吟咏对劳拉的爱情。诗人没有按形式对诗歌进行分类，也从未将有关劳拉的十四行诗“排序”，当然其中确有一些组诗之间的关系更密切一些。

彼特拉克最优美的诗是他的抒情诗，比如《温柔的精神》(Spirto gentil)、《我的意大利》、《美丽的处女》(Vergine bella)，但他的天才是在十四行诗中得到了最完美的表达。事实上，十四行诗并非彼

特拉克所创，这种诗体在他创作之前很久即已有先例，尤其是在“甜美诗体”(dolce stil novo)诗人的笔下更是步入高潮，尤其是但丁。不过，比之先前的践行者，彼特拉克的创作使得这种传统诗体的形式更加完美、内容也更加多样。这种短小的诗歌体裁只能容许一个观念、一种情绪或一类情感的表达，而观念和情感又不能虚脱或是转瞬即逝，必须纳入到极严格的框架体例。在彼特拉克的笔下，这种形式和内容的高度平衡、情感和思想的完美和谐达到了前无古人后鲜有来者的境地。他那无与伦比的创作为其赢得了十四行爱情诗大师的美誉，以致意大利内外均不乏慕仿者，后者甘心 88
情愿做他的弟子，将自己创作的十四行诗称作“彼特拉克体”。

在十四行诗的辉煌创作过程中，彼特拉克对音色的把握也堪称一绝，意大利诗歌从此以音调和谐著称于世。值得一提的是，意大利语 sonetto 和 canzone 的词根分别就是“音”和“歌”。这种词源关系清晰地告诉我们，这两种诗歌体裁是要音调和谐的，所以诗人必须兼具音乐和文学才能。彼特拉克可谓完全具备音乐天才。当时的佛罗伦萨传记作家菲利波·维拉尼(Filippo Villani, 1325—1407)指出：“他弹奏七弦竖琴好极了。他的声音高亢圆润，甜美中透露出一种迷人的风采。”彼特拉克在临终遗言中特别提到自己拥有的引以自豪的几种财富，其中就有“七弦竖琴弹得很好”。

在《歌集》的编定稿中，有一首十四行诗附有这样的注释：“这两首诗还得重来一遍，一边唱着(cantando)，还须变调。——这时已是10月19日凌晨。”这条注释再清楚不过地表明彼特拉克对诗歌音乐性的高度重视以及他构建诗歌音乐性的方法。读者只要能够用意大利语高声吟诵彼特拉克的十四行诗和情歌，便会不由自主地受诗歌浓郁的乐感所感染，然后欣然领悟维拉尼的恰切说明：“彼特拉克诗歌的音乐节奏异常甜美，即使最严肃的听众也难以抵挡。”彼特拉克最优美的诗歌中的圣母颂经意大利文艺复兴时期最伟大的音乐家帕勒斯特里那(Palestrina, 约1525—1594)谱曲，即《宗教性牧歌》(Madrigali Spirituali)。

彼特拉克《歌集》中绝大多数诗歌的主题是吟咏诗人对劳拉的

爱恋。因此,自16世纪以来就有不少编定者把《歌集》分成两部
89 分,第一部分是《圣母劳拉之生》,第二部分是《圣母劳拉之死》,后
一部分始自名为《唉,美丽的脸庞》(Oimè il bel viso)的十四行诗
(《歌集》第267首)。这种划分虽不一定得到彼特拉克的认同,但
无疑彼特拉克十四行诗最重要的主题是围绕着“生前和死后”的
劳拉。

劳拉究竟是什么人?对众多研究彼特拉克的研究者而言,这一问题恐怕比其他任何问题都更有意思,同样,这一问题一直牵动并挑战着公众的想象。

可问题是,彼特拉克在《歌集》和他的拉丁文著述中对劳拉何许人及其个人的生活境况交待的非常少。彼特拉克对这一生命中至关重要的人物的审慎突出表现在他的《致后人书》中。在信中,彼特拉克非常详细地谈到许多好友的事迹,不过对他最贴心的人的介绍却简而又简,只有一句话:“年轻的时候,我曾感受到一种刻骨铭心的依恋之情,至今不忘且感荣幸之至。要不是痛苦但不失功用的死亡熄灭了这一爱恋的火焰,我恐怕还要更长久地经受感情的折磨。”其中的矜持和超脱是显而易见的,也令人感到不解:彼特拉克在自传体的书信中为何对生命中至关重要的劳拉选择轻描淡写的处理?他书写此信显然是要后世读者去阅读的。同理:为何在同一封信中,彼特拉克为何对其《歌集》的意义和价值加以贬低?诗作的主题正是他对劳拉的爱恋。

在他心中没有装着后世读者而只是为保存记录书写之时,彼特
拉克实际上留下了很多有关劳拉的记载。他有一个习惯,就是把
自身生活中最细腻的情感记录在阅览室中他最喜爱的一本书的扉
页上,这就是他有关维吉尔研究的手稿。其中有这样一条记载:
“劳拉贤淑靓丽,长久以来一直是我多篇诗作吟咏的主题。她最初
90 闯入我的眼帘是在我相当年轻的时候,即1327年4月6日清晨,
地点是圣克莱尔教堂(St. Claire)。就在同一城市,1348年同月同
日的同一时刻,这盏耀亮的光熄灭了,当时我碰巧在维罗纳,对自
己的命运还一无所知!啊!这一不幸的消息是我的朋友路易

(Louis)写信告知我的，信到达时已是 5 月 19 日，而此时我已经到了帕尔玛。她那圣洁、靓丽的躯体在她去世的当天傍晚就平躺在方济各会的教堂，但我敢肯定，她的灵魂——恰如塞内加赞颂阿非利加努斯(Africanus)——已经返回她由斯而来的天堂。在书写这几行文字的时候，我感到了一种痛苦的甜蜜，也算是对痛苦往事的记忆吧，尤其是身处此地，我怎能令我的双眼移开这苦痛的文字，我想，此生的快乐从此不再，回想这许多年的岁月倏忽而过，是不是我早该逃离这个世界了？有上帝的庇佑，这本来对我是很容易的一件事，尤其当我真诚勇敢地回望往日空虚无谓的希望，还有那不可预见的问题。”

不过，即便在如此深情隐秘的记录中，彼特拉克依然未交待劳拉究竟何许人，在其他任何文稿中亦如是。事实上，他一直严守这个秘密，以至最亲近的好友也开始怀疑：所谓“劳拉”(Laura)是否想象中的某个爱恋的对象呢，这个名字可能代表了彼特拉克人生的最高追求，是“桂冠”(laurel)而非真实的劳拉之名，毕竟，这是能代表诗人至高荣耀的标志。事实上，彼特拉克本人确实很喜欢玩味“Laura”这个名字与拉丁语及意大利中“Laurel”这个词的异同。1336 年，在写给好友隆贝兹(Lombez)主教贾科莫·科隆纳(Giacomo Colonna)的信中，彼特拉克对他编造恋爱传奇的指控提出辩驳：“你说我编造了‘劳拉’这样一个人物是要找个可资谈论的对象，从而让众人谈论我；但事实上，我的心目中并没有‘劳拉’这么一个人，我刻意追求的是诗人的桂冠，对此，我长久以来孜孜不倦的努力可作凭证；还有，我被这个会喘气的‘桂冠’的魅力所迷惑，所有这一切都是编造出来的，诗歌中的情感是编造的，而叹息更是矫揉造作。关于这一点，怎么说呢，我真希望你的玩笑是真 91
的！我真的希望这一切都是矫揉造作而不是疯狂至极的表露！但相信我，要长久地装疯卖傻确实不是件容易的事，而要徒劳无益地努力工作，目的就是要装疯，就更是疯狂至极。虽然我们无病可装病，但实际上的形容枯槁、面色苍白却是装不出来的。对于我的枯槁和倦怠你是知道的，恐怕你是在拿我染病这事开玩笑吧，苏格拉底曾借'反讽'消遣自我,而与你相比,苏格拉底倒有所不及了。"

这封信足以说明彼特拉克的爱恋是货真价实的,不过值得注意的是,即使在这种场合,他仍然无意透露半点儿有关劳拉的身份细节。彼特拉克对劳拉身世的沉默旋即引发了有关劳拉的传奇,数世纪以来有关这一传奇的猜测甚至有增无减、愈发繁荣,其中有浪漫而不着边际的想象、假称学术的研究以及真假虚实的混杂品。要追溯这一传奇的来龙去脉很可能引人误入歧途。这里只说一点,现代学术认为,"历史上的"劳拉很有可能是普罗旺斯贵族奥蒂伯特·德·诺威(Audibert de Noves)的女儿,后来嫁给了修斯·德·沙德(Hugues de Sade),彼特拉克遇见她已是她结婚两年后的事情了。

彼特拉克爱上了一个膝下子女若干的有夫之妇这种说法只是个假说,与流传已久的两个一往情深的恋人的浪漫传说不符,所以一直遭人质疑。其实,所谓"真实的"劳拉并不重要。不管她的人生经历究竟如何,哪怕了解清楚了也无助读者理解彼特拉克《歌集》的"背景",无助理解该诗集经久不衰的魅力何在。假如彼特拉克没有烧毁他早期的大量诗作——他自己是这么说的——情况可能就完全不同了。最终编定的诗集没有一定的叙述框架或顺序,后世读者试图由《歌集》的线索构建出一个浪漫故事的努力也同样付诸东流。

92 关于彼特拉克与劳拉之间的关系,严肃的读者所能知晓的都在他一本名为"我的秘密"(Secretum)的书中,该书假借圣奥古斯丁为教父,采取两个人对话的形式进行忏悔和自我剖析。彼特拉克开始写作该书是在1342年,当时劳拉还在世,待完成该书,劳拉已经去世好几年了。书中写道:"无论我本身如何渺小,我的一切成就都是经由她取得的。如果说我获得了一定的声名和赞誉,没有她高尚的情怀将美德的种子播撒到我的心房,那么一切在我都是不可能获得的。"劳拉的心,彼特拉克说,"闪耀着天堂的爱恋,完全不识凡间的恩怨。她是道德完美、至极至善的典范。她的音容仪态和炽烈的目光是凡间的人不可能具备的"。彼特拉克特别强调说,他“爱恋她的灵魂总胜于贪欲她的肉体”，但同时承认，在青春和爱恋的驱动下，“偶尔也会萌生不甚光彩的想法”。

但两个人之间的纯情关系因劳拉之故最终得以保全，因为她“丝毫不为恳求所动，也绝不受美言的支配，她坚守着妇人的尊严，坚不可摧，虽然青春年少的我们之间的情愫绵绵，足以令意志至坚的人难以把持。女人身上的这种来自性格的力量提醒男人自身行为的检点。面对她的仪态端庄和威严，我也只得勉力维持贞节，一有她的榜样，二有她的责备。最后，她见我超越樊篱走向堕落(显然是与另外一个女人之间的韵事)就静静地走开了，从未不依不饶。”

最终彼特拉克还是战胜了自我。他在对话中向圣奥古斯丁保证说：“我终于认清自己所求所欲的是什么了，由不安分走向坚定。而她却能坚定不移、始终如一。我对她坚守妇德愈是了解得更多，就愈发敬佩。假如当初我对她毫不妥协的做法还有些怨愤，那么现在的我对她却心存感念，满心的欢喜。”因为精神的缘故，彼特拉 93
克对劳拉怀有一种深切的感激，关于这一点他在《我的秘密》和《歌集》中的十四行诗中都有流露：

我感谢她明确和理智的决定，
她甜蜜而端庄的面容使我深思，
即使激动发疯，却也不再自残自戕。

(《歌集》第 289 首)

《我的秘密》中带有自传性质的叙述是正确理解彼特拉克与劳拉之间关系及劳拉形象的最有价值的线索，这些又进而反映到《歌集》中。要清晰把握上述引文，读者还须铭记这不是一般性质的私人记录，而是放到与自己精神和良知向导的圣奥古斯丁想象的对话之中，由此足见其神圣和庄严。在这种近乎自白的对话中，彼特拉克自然要彻底坦白，哪怕自己确曾有过越轨的行为和心理也不得隐瞒。这一文本提供了我们急于了解他与劳拉之间关系细节的外在旁证，其实这完全是出于偶然。

另一点特别值得关注的是，彼特拉克在文本中描绘了这样一种关系：两个人有着完全不同的境界，行为举止也完全不同。他只不过是个凡人，胸中燃烧着男人的激情和欲望，而劳拉却超凡脱俗，心中充满天堂的爱恋；他个性和情感千回百转、动荡不安，而她却不为所动、始终如一。至于这种爱恋的高潮，彼特拉克受到劳拉完美道德的启发终于把持住自己的欲望，并在她的指引下追求灵魂的救赎。

94 如同他在《我的秘密》中向圣奥古斯丁的告白一样，彼特拉克在《歌集》的抒情诗中向世人宣布：

> 从这些零散的诗句中，
> 诸君可以听到我心灵的哀叹。
>
> （《歌集》第1首）

在《歌集》中，他为我们展示的是爱的痴狂：男人去说、去感、去行动甚至变化莫测，而女人却娴静不语、被动地接受这份爱，因此成为理想的典范，所以坚定不移。

不过这种理想的爱人却不是想象出来的，也绝非是编造的。彼特拉克仿佛是在驳斥人们对"真实存在的"劳拉的怀疑，所以在《歌集》中反复述说一系列的时间片断，他如何初次与劳拉见面，劳拉又是如何撒手人寰。显然，彼特拉克有十足的理由在诗歌中述说各个事件发生的具体日期，他那富于乐感的耳朵绝对不会让平板的人物挤入韵律齐整的诗行。

此外，彼特拉克还试图通过其他方式让读者相信劳拉的真实存在。他描写她的外貌，金发明眸，或将其置入大自然的美景之中，她"行走在绿草中间，轻盈少女踩踏着细碎的花瓣"。只不过这种外貌描写的文字相当有限，因为她那迷人的美貌远远超出了诗人的笔力所能描绘，他这样坦陈：

> ……我有心赞美你，却又捉襟见肘，勉为其难，

所以每当我思量我才能的时候，
我写着写着就不由自主地停住了笔端。

（《歌集》第 20 首）

彼特拉克觉察到会有人批评他在诗中把劳拉描绘成超凡脱俗，他的赞美也会因此显得虚假造作，但他完全顾不了这么多，因为他知道，哪怕自己使用最瑰丽的语言也根本无法表达胸中的真实的思恋（《歌集》第 95 首）。

终于，劳拉被赋予了某种完全理想的色彩，彼特拉克在一首十 95
四行诗中的描绘简直与其在《我的秘密》中的叙述如出一辙：

也许大自然从天堂的什么地方
从哪位神仙的头脑中得到奇想，
进而创造了她美丽无比的娇容，
并向世人展示了上苍的无限技巧和能量？

（《歌集》第 159 首）

彼特拉克对劳拉如此崇高美妙的构想和表达令人想到了柏拉图的相关构思，同时也清晰表现出劳拉“真实”形象在诗人心目中的升华：她俨然变成了美的概念的代名词，从《歌集》中的诗作不难发现，她更成为了良善和道德的化身。最终，劳拉在彼特拉克的一首十四行诗中，经诗人的

灵魂见她
升入天堂，与天使共舞，
直至至高无上的上帝脚下。

（《歌集》第 345 首）

劳拉已经升入“上界天堂”，而彼特拉克却依然滞留人间。他爱恋的对象是理想的天堂，他自身的感情却为凡俗人所共有。从

诗人 23 岁时在阿维农的教堂初见劳拉到她 21 年后辞世，再到诗人自己去世，这是他一生激情的焦点所在：

> 爱你将使我永远不会感到疲倦，
> 圣母，只要我还活着，我就立下誓愿。
>
> （《歌集》第 82 首）

彼特拉克经历了一位恋人所能经历的各种情感，从高度的升华到深深的绝望。不过，在这种类繁多的情感中，只缺失一种普通的恋爱都必然经过的高潮历程，那就是诗人对肉体结合的赞颂。彼特拉克对劳拉的爱未能实现通常意义上的满足，这一点必须放到
96 《歌集》的整体格调中才能领悟。总的来说，《歌集》吟咏的是爱的悲情和苦痛之美、渴望而无法得到的情感、对克制的反抗、恋人之间撕心裂肺的苦楚以及满怀忧郁地接受命运的安排。在《歌集》中，所有这些恋人间感受的情绪得到了永恒的表达。正因为劳拉形象的被理想化，才造成后世无数读者从劳拉身上看到自己恋人的影子，并在诗人思绪的精妙表达中找到了共鸣和爱的回声。

在歌咏恋人这一方面，彼特拉克明显受到普罗旺斯游吟诗人和意大利"甜美诗体"传统的影响，但在表现自我和人性这一方面，他却接受古典拉丁诗的指引，与前者殊为不同。在整个《歌集》中几乎每一篇都或多或少地显露出古典拉丁诗的痕迹，比如形式和内容、修辞和比较、象征、寓言的使用等。彼特拉克全身心地认同（对此他非常清楚）旧日伟大的罗马诗人，他全面地吸收，竭力地模仿但同时又有所创新。《歌集》的光耀和丰富内涵很大程度得益于他对古典文献的钻研。因此说，彼特拉克的人文主义研究是其诗歌创作的先决条件。

有一次，彼特拉克引人注目地将自己比作双面孔的罗马门神亚努斯(Janus)，因为他觉得自己也不时地瞻前顾后。彼特拉克的这种比附恰是其人生观的写照。他常常翘首凝眸回望古罗马的辉煌，从中索得庄严和灵感并将其投入到自身的创作。他把自古罗

马帝国灭亡至自身时代之间的一千年称作“黑暗”时代；整个一生，
彼特拉克都在希望旧日的“复兴”能够终止凡间的衰落并迎来一个 97
崭新的美好时代。他在《我的意大利》及其他众多诗歌中都表现出一种强烈的希冀，但最突出的还是在其自认最伟大的作品《阿非利加》中。在这部史诗的结尾，诗人说道：“我注定要生活在风云变幻的风暴之中。但你们却可能——我真心希望你们活得更长——生活在一个美好的年代。这种淡忘的睡眠不会持久；一旦黑暗被驱散，我们的子孙会再次迎来纯净的曙光。”

在某种意义上，后世人可以接受彼特拉克的自我评判，亚努斯这一形象确实象征着他在历史上的地位。彼特拉克的世界观有两重内涵、两个时代。不过，他有关亚努斯的说法还是稍显简略；事实上，他要比双面的亚努斯高明一些。我们可以考察一下 1336 年彼特拉克登临沃克吕兹附近的温托索山的一些细节，时年 32 岁，这是他一生中最有名的事件之一。登山返家后不久，彼特拉克在一封书信中谈到了此次经历的印象，称此次登山“最主要的是受一种欲望的驱使，即饱览绝顶奇观”。作为古典学者，彼特拉克知道古人曾有过类似举动，而整个中世纪却从未有人仅为了好奇心和兴致登临绝顶，所以此次登高乃是效仿古人。他在叙述中详细描述了他和他的兄弟登临过程中遇到的种种困难，其间曾有一个年老的牧人告诫二人，但他们还是不顾一切奋力向上并最终攀临绝顶。彼特拉克用以下的文字描写了会当凌绝顶的所见所感：“清风拂煦、美景尽收，我站在那里，简直惊呆了。回首远望，天上的云朵尽在我的脚下。比照此山，虽声名不及圣山（Athos）和奥林匹亚山，但却比有关后者的传说真实得多。远眺意大利——我的心纯然
系之……我喟然慨叹，一股强烈的愿望攫住了我，我要去看在那里 98
的朋友、我的祖国。”

就在彼特拉克为阿尔卑斯山的美景感到愕然之际，“一个新的想法”突然闯入他的大脑，使得他收敛了他观察外在世界的兴致，转而审视自己和自己的过去。他首先想到了劳拉，说：“我曾经的至爱，现在却不再爱——不，我在撒谎，我依然深爱着她，只不过多

一些节制、多一些温和、多一些懊悔。”接着他又说：“我满脑的思绪，思前想后，一会儿是世俗之物，一会儿是灵魂的提升，就像我的身体登高一样，于是我想到了奥古斯丁的《忏悔录》……我总是随身带着的那本有着无限魅力的小书。我翻开书页，试图读点什么，什么都可以……上帝可以作证，也请听我说话的人相信，我恰好读到如下的字句：‘人们登山远眺，或到海边观潮，或沿河溯源，或惊叹大海之阔、星际之奇，却唯独忘记了自我。’我愈发愕然，叫我的兄弟暂时不要打扰我，因为他还不尽兴，想让我再多读几句。我合上书，对自己此时此刻竟贪恋世俗之物感到气恼——哪怕从异教哲学家那里我也早该领悟这世间最可让人钦羡的是灵魂，凡间之物论价值无出其右者。因此，在领略了山间美景之后，我把心绪转到了自我，从那以后一直到我们回到山脚下，我没有再说一句话。”

从彼特拉克有关温托索山之行的叙述我们不难发现他性格上的复杂以及思绪、情感和兴趣上的多样。他是新时代的骄子，总试图发现世界之美，试图重新体验一下已经被淡忘数世纪之久的经历。他是人文主义者，不仅热衷古典艺术和文学、罗马史和罗马哲
99 学的精粹，还努力复兴古代先贤的智慧，为现在和将来指引方向。他是意大利的爱国者，心里总惦记着祖国的团结和繁荣。他热爱劳拉，踟蹰于人间的真情但渐渐学会了战胜自我。不过最终，他却发现自己很难摆脱曾哺育他成人的中世纪基督教传统，很难摆脱他向来崇敬的伟大向导圣奥古斯丁。所以，在其崭新经历的最高潮处，彼特拉克面对凡俗的世界闭上了眼睛而转向了灵魂的精神世界。

彼特拉克的个性有很多方面，并在其有关登临温托索山的叙述中得到了戏剧般的展示，而在《歌集》中，这一切再次被重新表达。二者本质上是一致的，但后者更神采飞扬、变化多样。这里仅举几个突出的例子以示说明。彼特拉克在叙述登高经历的结尾因读到圣奥古斯丁的《忏悔录》陷入精神性的沉思，作者虔诚地伏倒在圣母马利亚的跟前：

请把我引见给你的儿子，
真正的人，至真的上帝，来自天堂的
赞许会让我的灵魂得到永恒的安慰。

彼特拉克生活在一个西方文明转型的时代，由中世纪转向现代。他的观点和文学创作充分反映了时代变革的特点。他的作品中既有中世纪的特征，又含括预示未来世界的新观念。彼特拉克的传记作家英国人艾德华·塔特汉姆（Edward H. R. Tatham）称其为“现代文人第一人”。彼特拉克对人的兴趣、对人性问题的探讨是他“现代”的一面，使他有别于中世纪的作家。他的所有作品，无论诗歌还是散文，有一个共同的主题，那就是人的精神和智识、情感与艺术。

彼特拉克不只关心一般意义上的“人”，而且特别关注作为个体人的种种境遇，比如他常以古代为镜审视个体，把每一个体都看作当代舞台上的一名演员。更重要的是，彼特拉克热衷审视自我和自我的个性。

“在中世纪”，雅各布·布克哈特写道，“人类意识的两面——内向的审视和外向的观察——均掩蔽在一层纱幕之下，或沉睡，或在半梦半醒之间。这层纱幕是用信仰、虚幻和幼稚的遐思编就的，整个世界和历史就被罩在这样一层奇怪的眩幕之下。”彼特拉克是最早试图撕破这层纱幕的人之一，他通过不断的自我分析、自我描绘以求充分地理解自我，他的一系列作品《致后人书》《我的秘密》和《歌集》就是明证。从这个意义上说，彼特拉克可谓现代人文主义的缔造者。

注释：

1. 在此要感谢好友小傅雷蒂（George W. Freiday, Jr.）提出的多种宝贵建议和富有见地的批评。

   文中所引《致后人书》（“Letter to Posterity”）及叙述彼特拉克登临温托索山（Mont Ventoux）的信件来自塔特汉姆（Edward H. R. Tatham）译：《弗朗西斯·彼特拉克：第一个现代文人；生平与信件（1304—1247）》

(*Francesco Petrarca. The First Modern Man of Letters; His Life and Correspondence, 1304—1347*),共两卷,London: The Sheldon Press,1925/26。

2. 参阅蒙森:"彼特拉克诗《我的意大利》问世时间考"("The Date of Petrarch's Canzone *Italia Mia*"),*Speculum*, XIV (1939), 28—37。蒙森认为,《我的意大利》肯定是在1347年以前创作的,甚至可能是在1341至1342年之间,即在彼特拉克1341年4月8日获得桂冠诗人称号之后的几个月。

6. 彼特拉克作为桂冠诗人的早期形象* 101

梵蒂冈图书馆的罗西收藏(Rossi Collection)中有一批15世纪的插图手稿,对研究彼特拉克肖像的人有一定的价值。[1]

这批手稿涵括彼特拉克在其重要历史著作《名人传》(*De viris illustribus*)中谈到的二十三人的传记。在其中最后一部传记,即《凯撒传记》(f. 178r)的结尾,留有一则有关彼特拉克之死的注释,与诗人死后该书的帕多瓦抄本非常接近。[2]该注释之后的篇章是薄伽丘书写的有关格丽塞尔达(Griselda)的故事,由彼特拉克翻译;最后两页是两则有关大、小西庇阿(Scipio Africanus)的隽语,是弗朗齐斯科·达·菲亚诺(Francesco [102] da Fiano, 1340/1350—1421)在15世纪初作为"二十英雄"系列的标题书写的,用来做弗 102
里尼奥特林西宫(Palazzo Trinci in Foligno)Sala dei Giganti的衬饰。[3]

该《名人传》抄本在文本结束的地方简短交待说这一部分罗西收藏乃接受1418年"来自那不勒斯"的指令。[4]遗憾的是,文稿第一页底部中央位置有关最初的主人及其纹章的文字因损毁而变得模糊不清。不过,该手稿很有可能后来被多米尼克·卡普拉尼卡(Domenico Capranica, 1400—1458)红衣主教购得,他在遗嘱中将此手稿连同另外一部彼特拉克的手稿捐赠给了卡普拉尼卡大学。[5]

文稿中有很多人名的首字母缩写。根据其风格,提泽断定文稿

---

* 据《彼特拉克研究》(Studi Petrarcheschi), II (1949), 101—105重印,由小尤金·F. 赖斯翻译。

1．罗马梵蒂冈图书馆（Cod. Rossianus 526，fol. 1r）：作为桂冠诗人的彼特拉克

可能来自威尼斯或帕多瓦。[6]其中有三个首字母不同于其他，因为其中有人像的组成部分。比如缩写字母R表示罗慕洛(Romulus, f. 2r)的传记，由执戟武士的胸像表示；缩写字母G表示朱利乌斯·凯撒(f. 93r)的传记，由白马骑士组合而成。这两幅图示人物完全是中世纪的格调，但作者的意图却无疑在展现罗马的第一位国王和罗马帝国的创建者。

第三个缩写字母比其他两个都要大。画面显示彼特拉克《名人 103
传》序言的第一行字"历史上的杰出人士"(Illustres quosdam viros)，其中字母I是镀金的竖条，周围装饰着紫色的叶子，形成一个蓝色的背景，中间是一留有胡须的人像，身着紫袍，脚下一双紫色的鞋，眉毛上装点着桂枝。[7]该图的显要位置和眉头的桂枝显示，图中的人物肯定就是彼特拉克。[8]

现在的问题是：在多大程度上这幅图像表现了真实的彼特拉克肖像。当然，我们一开始就可以排除任何有关彼特拉克实际外貌的说法。要做到这一点，我们可以拿罗西收藏的彼特拉克图像与毫无疑义的彼特拉克画像进行比较，如他早期文稿里的小型画像(巴黎收藏版，Lat. 609 F[9]及梵蒂冈收藏版，Lat. 3198)[10]或佛罗伦萨新圣马利亚教堂斯特洛奇小教堂(Strozzi Chapel)中由纳尔多·迪·西昂内(Nardo di Cione)绘制的彼特拉克壁画像。[11]这些肖
像——画得像不像诗人本人谁也不敢说[12]——有一个共同的特征： 104
肖像中的彼特拉克根本没有胡子。肖像与罗西收藏中的图像之间其他的相异之处且不说，图像中凸显彼特拉克飘逸长须的做法足以说明画家不是在描绘真实彼特拉克的长相，而意在表现一种理想人物的外形，正如后世画家卡斯塔诺(Castagno)和根特的查斯图斯(Justus of Ghent)所作的一样。[13]

这幅图像虽然对人们了解彼特拉克的外貌没什么帮助，但为研究彼特拉克肖像的学者提供了一点重要启示：画家无疑是想把彼特拉克塑造成一位桂冠诗人的形象。桂冠和紫袍是毫无疑义的。画家，或那位不知名姓的指令抄录文稿的那不勒斯主顾，之所以选择代表皇室的紫色是要表现彼特拉克1341年在首都罗马受封桂

冠诗人一事。彼特拉克受封的当天确实穿着那不勒斯的罗伯特国王给他的衣袍，他在一首拉丁文诗作中曾充满自豪和感激地说："那一天，我穿上了皇室的衣衫。"[14]

105 此外，1418 年，时人肯定还记得彼特拉克死后是穿着一身"诗歌和历史大师"的紫色衣袍下葬的。[15]可能那位画家或指令作画的主顾也像彼特拉克一样，非常清楚古代在首都罗马加封或加冕的习俗。据苏埃托尼乌斯（Suetonius）说，多米提安（Domitian）皇帝就是"按照希腊传统穿着半高的靴子，身着紫袍，头戴金冠加冕的"[16]。

绘画家以及后世无数效仿绘画家的雕塑家，都把彼特拉克描绘成紫衣桂冠的形象，如拉斐尔的《诗坛》（Parnassus）、阿维农卡尔维特博物馆（Musée Calvet）及佛罗伦萨乌菲齐（Uffizi）的画像。[17]此类作品中最有名也是最早出名的一幅是《歌集》和《胜利》（*Trionfi*）手稿中的插图，现收藏在劳伦图书馆（Laurentian Library）。[18]不过，1418 年罗西收藏的小型画像要比所有这些早五十多年，因为劳伦图书馆的手稿是 1463 年抄录的。[19]比罗西收藏的早晚问题更有意思的是，彼特拉克作为桂冠诗人的画像还曾用来装点他的历史著作。显然，四百年前的人们还记得，根据 1341 年加封"桂冠特权"（Privilegium laureae）的说法，彼特拉克得到桂冠诗人的头衔乃因他是"伟大的诗人和伟大的历史学家"。

注释：

1. Cod. Rossianus 526, formerly IX, 216. 提泽（H. Tietze）：《维也纳-兰茨罗西手稿》（*Die Illuminierten Handschriften der Rossiana in Wien-Lainz*，莱比锡，1911）第 105 页注释 194 对此有描述。1924 年，该手稿经兰茨的耶稣会士之手转交到罗马，自此在梵蒂冈图书馆永久收藏。
2. "His gestis Cesaris cum instaret, obiit ipse vates celeberrimus Franciscus Petrarca, millesimo trecentesimo septuagesimo quarto, decimo nono Iulii. Arquade, inter montes Euganeos, deno ab urbe Patavi miliario."见 P. de Nolhac, "Le 'D viris illustribus' de Pétrarque", *Notices et extraits des manuscripts de la Bibliothêque Nationale*, XXXIV, 1 (Paris, 1891), 75, note。
3. "Epigrama Scipionis Africani superioris"以 Columen infirmum 两个字开头，

该文献后来发表在 L. Bertalot,"Humanistisches in der Anthologia Latina",*Rheinisches Museum für Philogie*, LXVI(1911), 72 f 中。"Scipionis Emiliani posterioris Africani epigrama"开头的几个字是 Altera lux patrie nitet。该文迄今尚未发表过,参阅前述所引 Bertalot, pp. 64 and 75; M. Salmi, *Bollett. d'Arte*, XIII(1919), 165, n. 1, 176, and 180; and A. Messini, *Rivista d'Arte*, ser. II, XIV(1942), 85 ff。

4. Cod. Rossianus 526, f. 178r:"... de Napoli fecit scribi hunc librum M° CCCC°XVIII."
5. Cod. Rossianus 715(formerly X, 95)中包含 *Familiari*,上面盖有 Domenico Capranica 枢机主教的印章。Cod. Rossianus 526 在 Collegio Capranica 图书馆 1657 年的表单中有如下的名称:"Francisci Petrarcae illustrium virorum gesta manuscript. in fol. pergameno."(Tietze, *op. cit.*, p. XII)
6. 见前述所引 Tietze, p. 105, nr. 194。G. Martellotti 当时正在编定《名人传》一书,他告诉我说 codex Rossianus 乃源自 1833 年的 codex Ottobonianus,后者曾由 Salutati 收藏。如此,源自佛罗伦萨一说可能更为可信。
7. [参见 Fig. 1.] 比较前述所引 Tietze, p. 106 中的重印版。
8. Tietze 发现了此幅人物图像并第一次将其刊印,但他却未能认出这就是彼特拉克,而简单地将其称为"ein bärtiger Mann",正因这一误断,所以后世很长时间无人将此图像与彼特拉克联系起来。
9. 参阅 P. de Nolhac, *Pétrarque et l'humanisme*, 2nd ed.(Paris, 1907), II, 250 ff.。最近刊印该画像的出版物有 N. Festa, *Africa*(1926)及 U. Bosco, *Petrarca*(1946), plate I。另可参阅 A. Ratti(Pope Pius XI), *Un antico ritratto di Francesco Petrarca all'Ambrosiana*(Milan, 1907), p. 11, Biblioteca Ambrosiana 中的小图像。
10. V. Rossi 在其 *Familiari* 的第二卷中有重印。
11. 在 Rossi and Bosco 刊定的 *Familiari* 第四卷中有重印。有关该画像的具体价值,可参阅 H. Keller,"Die Entstehung des Bildnisses am Ende des Hochmittelalters", *Römisches Jahrbuch für Kunstgeschichte*, III(1939), 336—338 and fig. 301。
12. 例如 cod. Paris. Lat. 6069 T(in Rossi, ed., *Familiari*, III); Bibliot. Marciana, Cl. VI n. 86(in de Nolhac, *op. cit.*, II); Bibliot. Trivulziana (Milan), cod. 905(reproduced in *Petrarca e la Lombardia*, Milan, 1904; cf. *ibid.*, pp. 322 ff.; Prince d'Essling and E. Müntz, Pétrarque, ses études d'art, son influence sur les artistes, ses portraits et ceux de Laure, l'illustration de ses écrits, Paris, 1902, p. 83); Darmstadt, cod. 101

(d'Essling-Müntz, op. cit., p. 65);以及帕多瓦的 Palazzo Vescovile 和 Sala dei Giganti 收藏的十四世纪末期的壁画(在 G. Billanovich's edition of the *Rerum memorandarum libri*, 1943, and in Rossi, ed., Familiari, I 中有重印)。有关彼特拉克的图像,除了上述 Prince d'Essling and de Nolhac 及 M. Fowler, *Catalogue of the Petrarch Collection in the Cornell University Library* (Oxford University Press, 1916), pp. 497—503 的画像表单之外,还可参阅 W. von der Schulenburg, *Ein neues Porträt Petrarcas* (Berne, 1918); F. Rougemont, "Ein neues Petrarca-Bildnis", *Imprimatur, ein Jahrbuch für Bücherfreunde*, VII (1936—1937), 22 ff.; and H. Keller, op. cit., p. 336, nr. 392。

13. Justus 和 Castagno 之前的画像在前述所引 Bosco, plates II and VI 中有重印。

14. Ep. Metri. II, 1, ll. 60—64 (D. Rossetti, ed., *F. Petrarcae poëmata minora*, Milan, 1831, II, 100):
"Tum regia festo
Vestis honesta die me circumfuse tegebat,
Et dominum referens, et tanti testis amoris,
Quan, lateri exemptam proprio, regum ille supremus
Rex dederat gestare suo."
见 E. H. Wilkins, "The Coronation of Petrarch", *Speculum*, XVIII (1943), 182 ff。

15. Cf. Billanovich, *Petrarca letterato, I. Lo scrittoio del Petrarca* (Rome, 1947), p. 340, n. 1.

16. *Domitian*, IV, 4.

17. 前述所引 d'Essling-Müntz, pp. 67, 69, and 73 有重印。有关其他画像和版画,见前述所引 M. Fowler, pp. 499—503 中的表单。

18. Cod. Plut. XLI n. 1, f. 8v, reproduced by d'Essling-Müntz, *op. cit.*, p. 71.

19. Cod. Plut. n. 1, f. 183r: "Finis sex triumphorum poete clarissimi Francisci Petrarche. Iacobus Marcarius scripsit in civitate Senarum. 1463." 参阅 A. M. Bandini, *Catalogus codicum manscriptorum bibliothecae Mediceae Laurentianae* (Florence, 1778), V, 97。

7. 彼特拉克论“黑暗时代”* 106

1883 年的《大美百科全书》这样写道：“就其广义来说，黑暗时代指 5 世纪蛮族入侵至 15 世纪学术复兴这段学术衰落时期，与中世纪大致相当。”[1]这一通俗作品中的说法不过众多中世纪学者观念的一种反映，比如，塞缪尔·梅特兰(Samuel R. Maitland，1792—1866)的著作就起名“黑暗时代”。这部 1889 年首度问世的著作发表了一系列文章，旨在说明“9、10、11、12 世纪宗教和文学的发展状况”，其中将 11 和 12 世纪视作“黑暗”时代，而这两个世纪从今人的观点看来却代表着中世纪的极盛期。在当今的学术界，所谓“黑暗时代”的说法要么必须完全废除，要么至少要限定其适用范围。1904 年，威廉·巴顿·科尔(William Paton Ker，1855—1923)在《欧洲文学的时期》这部论文集中指出：“以前，黑暗
时代和中世纪……曾是同义语，指称同一个时代。但后来学者们 107
对二者进行了区分，黑暗时代仅指中世纪的前半段，而中世纪(medieval)则常用来指代后来的几个世纪，从 1100 年到 1500 年。”[2]这一指称加以限定的词汇出现在 1909 年出版的新版《大美百科全书》中，称“黑暗时代”指“从公元 475 年罗马帝国陷落至 1137 年《查士丁尼的法学汇编》(Pandects)在阿马尔菲(Amalfi)被发现后的学术复兴之前的一段时间”[3]。1911 年问世的第 11 版《大英百科全书》也声称只有 5 至 10 世纪这一期间属于“黑暗时代”，但同时认为，“黑暗时代的存在是毫无疑义的”[4]。不过值得指出的

* 重印自 *Speculum*，XVII (1942)，226—242。

是，在最新版（第 14 版）的《大英百科全书》中“黑暗时代”这个词已经不再使用。相反，该书明确指出：“人们曾把黑暗的时代与光明的时代进行对比，且这种做法一度很时髦，但这种说法是没有道理的，恰如理想主义者想象出的所谓中世纪的复兴一样毫无道理。”[5]

由上述可见，我们若以通俗的百科全书作为确认一般公众的见解及其变化的话，那么所谓“黑暗时代”这样一个有关中世纪时期的概念注定是要消亡的。不过，“黑暗时代”的概念却有一段非常有意思的历史，露西·法尔加（Lucie Varga）在其专著中对此有详述。[6]法尔加女士的研究表明，所谓“黑暗时代”的说法从来都不是一个科学概念，而只是一个战斗的口号，“一种对中世纪世界观、生
108 活态度和文化的谴责”[7]。这一口号在启蒙时代最为流行，当时这种说法本身即预示着对“黑暗”时代及与其相关的各种价值观的公开宣战。[8]

但这一概念的历史比上述还要早得多，最初是文艺复兴运动中意大利的人文主义者提出的。[9]最近，佛朗哥·西蒙娜（Franco Simone）在一篇名为“文艺复兴的人文主义意识”（La Coscienza della Rinascita negli Umanisti）的论文[10]中强调指出，当时萌发了一种“创新的观念，附带的还有［前一个历史阶段］对古典文化的完全无知的观念”，“人文主义者为表达这一双重观念，使用了一个比‘重生’（rebirth）更常见的隐喻，即光明与黑暗的对比”[11]。这样的说法自然没有任何新意，因为整个中世纪的人们一直在使用光明与黑暗的隐喻，称耶稣基督为世界带来了光明，同时驱散了基督诞生前异教世界的黑暗。[12]正是在这样一种意义上彼特拉克照搬了这一旧有的说法，称西塞罗（Cicero）在“黑暗结束之前、充满谬误的长夜”中便已死去，未能等到“真明世界的曙光”[13]。

不过彼特拉克同时还说：“在谬种丛生之中却依然闪烁着天才的光亮，虽四处阴霾和灰暗，但他们的目光依旧犀利敏锐；因此，我
109 们不应怨恨他们所犯的错误，而要同情他们生不逢时才对。”[14]彼特拉克的这席话充分说明了他整个一生对待古典诗人和思想家的态度，以及他为自身事业证明的思想基点。但彼特拉克这席话的重

要性却超出了其自身的适用范围，诚如西蒙娜所言，这一说法标志着“一个重要时刻，黑暗与光明的隐喻由此失去了其原有的宗教价值，而被赋予了一种文学内涵”[15]。这一概念旋即被人进一步引申。薄伽丘、维拉尼（Filippo Villani，1325—1407）、吉贝尔蒂（Lorenzo Ghiberti，1378？—1455）等将但丁、乔托（Giotto，约1266—1337）、彼特拉克等开创的文学艺术的“重生”与此前文化上的黑暗做并置处理，形成鲜明的对照。[16]伴随这一由宗教观念到世俗观念的转变，旧有隐喻的内涵被颠倒过来：一直被视作“黑暗时代”的古代现在变成了“光明”时代，所以必须要“恢复”；而古代之后的岁月因此陷入了蒙昧时代。

此后，“黑暗时代”的说法已不限于文艺复兴时期文学艺术家的圈子，人文主义史学家更是拓展了这一概念的使用范围，借此从一般意义上为自身所处的时代在历史进程中的地位正名。近来，沃勒斯·弗格森（Wallace K. Ferguson，1902—1983）著文“人文主义者的文艺复兴观”，对文艺复兴时期的历史断代问题进行了探讨，[17]并在结论中指出，“人文主义者……一般认为，古代文明伴随罗马大帝国的陷落步入了一个衰落期，衰落进而导致了一段野蛮黑暗的历史”[18]。

在此，我们显然有必要弄清究竟是哪一位人文主义者最先使用了“黑暗时代”这一概念作为历史分期的标准的，因为这原本是修辞的用语蕴含着截然分明的历史断代。学者们往往指证说彼特拉克的著述暗含着这一概念。[19]但有关这一点迄今尚无定论。[20]不过 110
我个人认为，有关这一问题还是可以找到足够的证据加以推断的。要解决这一问题就必须研究彼特拉克主要历史著作《名人传》中相关概念的形成过程，既涉及彼特拉克对历史的总体认识，又须探讨“黑暗时代”在其中发生的作用。

1349年，彼特拉克在一封从帕尔马寄出的信中追忆了他早年在心爱的沃克吕兹独居时度过的幸福时光以及这一时期的大量文学创作。[21]信中详细列举了写于此地的大量诗歌和文稿，然后接着说：“再没有哪个地方给我带来更多的悠闲和灵感。独处之际，我努力把各国各个不同时代的名人传记搜罗到一起。”[22]在沃克吕兹搜罗的结果是《名人传》的最终问世。

我们甚至有可能确认这一写作计划萌生的大致时间。该书的构思不应早于1337年，那一年彼特拉克搬到了沃克吕兹居住。彼特拉克在另外一处曾说《名人传》的构思是在《阿非利加》完成之
111 前，[23]而后者的出版是在1338年耶酥受难节(Good Friday)那天。[24]据此我们可以推断《名人传》的最初构想是在1337至1338年之间。

彼特拉克既然着手为“各国各个不同时代的名人”作“传”，其中包含的人物自然不会少，计有犹太人、东方人、希腊人和罗马人，这些人物既有真实的一面，又有神化传说的一面。最初的版本自人类的始祖亚当始，终于凯撒。[25]

然而几年以后，原有的计划发生了重大变更。在彼特拉克始创于1342—1343年间的《我的秘密》中，[26]圣奥古斯丁对诗人说：“你梦想后世扬名，因此之故……你欲撰写从罗慕洛王(King Romulus)至提图斯皇帝(Emperor Titus)的历史，这是要耗费大量时间和精力的工作。”[27]这句话表明，截至1342—1343年间，彼特拉克已不像五年前设想的那样要撰写“各国各个不同时代的名人”的历史。[28]此时他已经把范围和主题限定在罗马的第一个国王罗慕洛中经罗马
112 共和国时期至罗马帝国的头一百年这一时段。

彼特拉克更改了原有的写作计划究竟是何故？我们能否认为他这样做是因为意识到这项任务“过于庞大，自己无能为力”？[29]当然彼特拉克绝不会因为外在的一些困难就轻易更改写作计划，甚或丢弃已经写就的《圣经》和希腊名人的部分。更为合理的解释是此时的彼特拉克对历史概念有了新的认识，而这种认识要求对原有计划进行调整。检视彼特拉克1337至1342—1343年间做出此项重大更改的可能原因发现，诗人一生中最重大的事件之一就发生在这一时段，即1341年4月8日彼特拉克在首都罗马受封桂冠诗人。问题是：彼特拉克新的历史观的形成是否与此次罗马受封有关呢？

要回答这个问题，我们必须考察彼特拉克与罗马的关系。[30]从儿时开始，彼特拉克对罗马“这座无与伦比的圣城”心驰神往。[31]而1337年当他第一次来到罗马并目睹了这座旧日辉煌的圣城的残垣断壁之时，他百感交集，简直无法用语言表达当时的情感。[32]本来在 113
正常情况下彼特拉克非常善于描述旅行见闻，比如他在1333年到德国旅行时就曾写下两篇游记，其中包括作者自绘的科隆市的精彩画像，[33]但莅临罗马这座一生向往的城市，此情此景竟然令他无言以对，想起来真是令人惊诧不已。当然，彼特拉克对科隆和罗马截然不同的反应很容易解释。他到德国只不过是作为一个普通的“游客”，兴致在赏奇景、观异俗，而对于罗马，他感觉自己来到了“这座我曾多次读到、多次写到过且除非英年早逝至死还会更多地书写的城市”[34]。所以说第一次来到罗马便给彼特拉克留下了极深的情感，当时竟无法找到合适的词汇加以表达，只能留待日后长久的思考之后才可释怀。[35]

彼特拉克1341年再度来罗马却是一段完全不同的经历。有关受封桂冠诗人一事，他在唯一的一封信中有所描述，且不过了了而已。[36]但这次他确实谈到了他对罗马给带来的真实感受。请看彼特 114
拉克当年年底在写给好友托钵修士乔瓦尼·科隆纳(Giovanni Colonna, 1295—1348)的信中是如何表述的。[37]彼特拉克最初是在阿维农得见乔万尼的，此后一直与其保持通信，后来这位来自科隆纳家族的才子来到罗马，削发为僧。1341年彼特拉克来罗马之时，乔瓦尼经常陪伴他在该市四下漫步。回顾二人在罗马漫步的情景，彼特拉克在信中一开始便写道：“好孤单的罗马漫步。”(Deambulabamus Rome soli.)在对古代各哲学流派略加品评之后，彼特拉克接着写道：“我们一起在这座因巨大而略显空旷的城市散步，其时城里的人还是很多的。我们在市内和周围漫步，几乎每走一步都会有某种食物令我们沉思良久，总有聊不完的话题。”[38]然后，信中叙述了二人在罗马漫步所至的具体地点。值得注意的是，彼特拉克谈到最多的是异教罗马时代的伟人和重大历史事件，尤其是罗马共和国时期，只有一小部分涉及皈依基督教以后的罗马帝国:这里不同人事的比例足以表明彼特拉克的兴趣所在。[39]更加引人注目的是,彼特拉克在信的一开始便说:“我们读哲学、诗歌、历史时总要有基督的福音回响在耳畔、荡漾在心间,只因福音在我
115 们方能得智慧和幸福。缺少福音,多知亦无异增添愚昧和痛苦。福音乃最高的真理,世间万物都要以此为参照;福音乃一切真知和人类劳作的基础。”[40]不过在此却出现了前后自相矛盾的痕迹:一方面,彼特拉克否认世俗之时的内在价值,声称万事万物须以永恒的宗教真理为参照;但另一方面,他却将重点差不多全部放在了异教时代的罗马上面,以致忽略了基督教的永恒之城。[41]

在列举了罗马的历史古迹之后,彼特拉克严厉地批判了当代的罗马人,称他们根本不懂得罗马和罗马的可贵。在他看来,这种无知是非常可怕的。彼特拉克问道:“熟知罗马人一旦认清罗马,罗马必然再度崛起?!”[42]在宣泄了自己的情感之后,彼特拉克继续回忆他与乔瓦尼·科隆纳的罗马漫步:“围绕巨大的城围走累了,我们常在戴克里先(Diocletian)的浴所稍事休息。有时候我们竟爬上旧日曾金碧辉煌的建筑的穹顶之上,那里的空气格外清新,视野特别开阔,也更多宁静和令人向往的孤独。在此,我们不谈商旅、私事甚或公共事务,我们为此流的眼泪已经够多了。我们在颓坏的城墙上行走,然后坐下,残垣瓦砾就在我们的脚下。话题常转到历史问题上,我们两个人之间似乎多有分歧,你多谈你拿手的现代
116 史,而我则更钟情我的古代史。古代指罗马接受基督教之前发生的那些事儿,为后世历代罗马皇帝所景仰,而现代则指自那时到现在发生的一切。”[43]

这封信令现代读者感到惊讶的是,诗人更多的是以一种历史的而非美学的观点审视罗马和罗马的景观,而且这种历史的观点还相当独特。其独特个性在彼特拉克回忆他与好友在戴克里先浴室穹顶上的谈话时则达到最高潮,此时整个城市的废墟在两人的脚下散布着。读至此,读者很容易忆起吉本(Edward Gibbon,1737—1794)在《回忆录》(*Memoirs*)中讲到的宏大历史的概念:“(1764年)10月15日,傍晚时分,我坐在都城的高墙之上,赤脚的修士正

在朱庇特的神庙里念诵祷文，我的历史观就此开始形成。原打算只写该都城的衰落，我读书和思考都是照此准备的；但几年的时间过去，几次被其他的嗜好打断，我的思虑开始转向整个罗马帝国的衰落史。”[44]对吉本这位“遗址浪漫”（Ruinen-Romantik）时代[45]的骄子而言，罗马遗址见证了“人类历史上最伟大、最令人震撼的景
观”；[46]遂由此着手探讨并描述罗马的衰落历程。至少从彼特拉克 117
的信看来，他对此的反应完全不同于吉本。在彼特拉克看来，罗马的废墟见证了罗马和罗马人旧日的辉煌。“原本微不足道的事物”，他感叹道，“绝无缘堆积成伟大的废墟；……它绝无可能从高处跌落，因为它本已在谷底”；[47]因此，彼特拉克的兴趣点在罗马共和国（Republica Romana）的崛起和辉煌。吉本认为罗马从此已一蹶不振，而彼特拉克则主张罗马有复兴的希望，条件是“罗马人一旦认清罗马”。

如此解读彼特拉克1341年的书信便可见此时的他已经形成一种新的历史观。对于我们这些讲求逻辑的史学家而言，如果确能证实彼特拉克对古罗马的倾心直接源自其在罗马受封桂冠诗人并被接受为他心仪已久的法律上的罗马公民（civis Romanus）一事，那就再欣慰不过了。[48]但仅凭我们手中简单的几种材料，还不可能确证此事。[49]不过凭彼特拉克1341年写给好友乔瓦尼·科隆纳的这封信，我们还是可以得出如下结论：这是他第一次公开声言自己的兴趣主要在异教时代而非基督教时代的罗马并因此在“古代”与“现代”之间画上了一条泾渭分明的界线。他在信中差不多总是谈罗马古典时代的遗迹，其后不久，在《我的秘密》中，他又称自己的
《名人传》仅限于“罗慕洛至提图斯”这一时段。 118

彼特拉克再次提到同样的历史断代是在1359年写给科隆纳家族的另一成员的一封信中，即阿加皮托·科隆纳（Agapito Colonna，？—1380）。[50]这次写信的目的是要为自己辩护，因为阿加皮托责备彼特拉克忘恩负义、目中无人并把他当作虚荣的典型。彼特拉克反驳说他从未有上述任何举动，并且在其著作中从未提到过阿加皮托这个名字，“倒不是我缺少感激之情，实因毫无缘由”。[51]彼特拉

克接着说:“不过我确实提到过当代的一些名人,我不愿说原本应把您的名字加进去(唯恐盛怒之下担上阿谀奉承的恶名,哪怕是平心静气之时我也不会这样做的),但可以肯定的是我不该忽略掉您和您叔叔或父亲的名字。我自然不希望少许几位名人的名字导引我的写作,进而述及整个黑暗时代。出于主题和精力的考虑,我已决定将我的历史著述限定在本世纪以前的范围。”[52]

与上述1341年的信件和《我的秘密》相吻合,彼特拉克在这封1359年的信中称已决意将自己的历史研究严格限定在某个时段之内。与此同时,他为自己叙写历史时段之后的时代定了性,即“黑暗”(tenebrae)时代。

那么彼特拉克称之为“黑暗”时代究竟是何用意呢?在他看
119 来,黑暗是否意指历史学家缺少必要的资料以至无法阐述呢,还是因为整整一千多年的时间“整个欧洲的灯火都已熄灭”呢?带着这后一另类解读,我们便触及了彼特拉克历史观形成过程中的一个核心问题,因为该解读中的“黑暗”一词蕴含着彼特拉克对这一长时段历史鲜明的价值判断。

要解决这一问题,我们还须考察彼特拉克在其他著作中的说辞。在《阿非利加》的第二部当中,大西庇阿(Scipio Africanus)的父亲曾对儿子预言罗马的未来。路西乌斯·西庇阿(即小西庇阿,Lucius Scipio,公元前280年卒)打断他的预言并述说韦斯巴芗(Vespasian,69—79年在位)和提图斯的统治时代。“我不想”,他说,“再往下说,因为来自西班牙和阿非利加的异族将会夺走我们历尽千辛万苦建立起来的帝国,权杖和荣耀尽失。有谁堪忍受这群人渣夺得最高的统治权?这群当初从我们的剑下侥幸逃生的可鄙的残渣余孽!”[53]

彼特拉克在1351年写给德意志国王查理四世的信中表达了类似的看法。[54]信的第二部分是罗马(Roma)与查理的对话。她(指罗马)向后者详细描述了罗马共和国的崛起直到奥古斯丁时代:经过数百年艰苦的努力和斗争,罗马人终于奠定了帝国的根基,建立的永久和平。至此,罗马的叙述戛然而止,她特别强调说再不愿提那

“令人伤神的”衰落故事，“一切都在倒退”，还是留待查理自己
看吧。[55]

彼特拉克对“异族”出身的罗马皇帝治下的这段历史不感兴 120
趣，对非罗马各国统治者的历史也毫无情绪。“这些人的名字”，他
在第二版《名人传》的序言中写道，“都很不起眼，鉴于其时间跨度
太长，所以被整个删除掉。”[56]与此相关，值得注意的是彼特拉克此
前的一封信(写于1333年)中称查理大帝(Charlemagne)不过是“一
个叫查理的国王，蛮族人给他加个绰号‘大帝’，之后竟斗胆与庞贝
和亚历山大平起平坐”[57]。彼特拉克在这封信中和其他地方贬低查
理的官位和民众赞誉，[58]实际上表达的不只是他对一个人的威势：
这表明他对以查理为最突出代表的整个欧洲中世纪体制的蔑视，
查理竟敢自诩罗马帝国的继任者。彼特拉克对帝国一统的观念并
无异议，据此帝国体制从罗马人那里传到拜占庭人、法兰克人最后
是日耳曼人的手里，这一点由《阿非利加》中路西乌斯·西庇阿的
预言得到证实，[59]只不过不同于中世纪的政治理论家和历史学家，
彼特拉克对这一承统充满鄙夷。在他看来，罗马帝国“在这些蛮族 121
人的手里被毁坏、削弱并最终葬送了”[60]。

从上述片断可以清晰地看出，彼特拉克对整个古代晚期至中世
纪的罗马帝国史不屑一顾，因为在这一时段整个西方世界落入到
“野蛮”民族的手里，甚至罗马和罗马人都沦为被统治者。正因为
整个历史发展令彼特拉克充满了鄙视和悲伤，所以他在自己的所
有作品中有意识地自始至终地采取了漠视的态度。他在书信中反
复提到古代晚期的巨大阴影，却对中世纪的人物三缄其口。其《四
书集成》(*Rerum memorandarum libri quatuor*)中的一半以上的事例
取自罗马史，五分之二的事例来自希腊史，其余来自“更为晚近”的
时代，差不多都是14世纪的，而对中世纪的主体部分不置一词。[61]
同样，在《胜利》中，仅有的几个中世纪人物都是传说中的或与诗歌
或与彼特拉克自身所处的时代有关。[62]要领会彼特拉克的独特立
场，读者只需比较一下但丁在《神曲》中描绘的完全不同的图景，后 122
者的作品中通常把古代和中世纪的人物一并处理，借以代表人类

的邪恶和美德。[63]

我个人认为，彼特拉克历史观的最确切表达莫过于他自己在《对匿名高卢压迫者的歉意》(*Apologia contra cuiusdam anonymi Galli calumnias*)中所说过的话："历史若不赞颂罗马，那还叫什么历史？"[64]这一独特的史观，加之精警犀利的拉丁文表述，只是在彼特拉克晚年才最终成型的。但显然，这一史观的构思却要早得多，始自14世纪40年代，当时他正着手第二版《名人传》的写作。彼特拉克在自己的历史著作中只谈罗马人的历史而排斥任何罗马之外的部分，这一做法与其在其他各类文稿中的表述是完全一致的，在他的书信和诗作中，他同样不超出《名人传》中为自己画定的时段。

彼特拉克在历史选材上的这种前后一致的做法表明，他对历史研究时段的限定绝非仅仅出于外部原因，他之所以这样做是出于原则的考虑。这种限定乃基于一个明确的价值判断：对罗马的赞颂本身即对应着对罗马之外"蛮族"国家和民族的谴责。早在1341年，彼特拉克便在"古代"史和"现代"史之间画定了一条截然分明的界限，后来他又称罗马帝国陷落后至其自身所处时代之间的时段为"黑暗"时代。在彼特拉克看来，其之所以"黑暗"乃因其毫无价值，而不是人们不了解这段历史。将这段历史从人们的记忆中抹去，这自然是愈快愈好的事。至少彼特拉克本人是在身体力行，力图将其淡忘。

123 彼特拉克这一观念的重要性在于它已远远超过他本人生活写作的态度问题。该观念是我们理解彼特拉克个人价值标准的一个关键线索，但更重要的是，它令我们关注本章一开始提出的问题，即人文主义者历史断代的问题。

如上所见，彼特拉克将历史分为两个截然不同的时代并将基督教成为罗马帝国国教或罗马帝国在"蛮族"即非罗马帝王的治下走向"衰落"作为分界点。相比之下，中世纪的史学却基于与此完全不同的原理。[65]一方面，彼特拉克在修正了最初写作计划之后将自己的著作完全限定在"从罗慕洛至提图斯"的罗马这段世俗史之内,研究中世纪的史学家几乎无一例外地书写普世史(universal history),用贝奈戴托·克罗齐(Benedetto Croce, 1866—1952)的话说,是“一种基于其卓越程度的普世史,是与上帝共建并趋向上帝的历史”[66]。哪怕是最不起眼的修道院的编年史家记述自身修道院发展的历程亦不忘普世史的大框架,从上帝创世至其自身所处的年代。这一普世史的框架有明确的时代划分,要么是四世界王国(world-monarchies),要么是六阶段。[67] 这两种模式是哲罗姆(Jerome, 约 347—420)最初在《集注》(*Commentaries*)中设定的,评注的对象是但以理对精金和四兽雕像上的预言的解释(《但以理书》第 2 章第 31 节及以下;第 7 章第 1 节及以下部分)和圣奥古斯 124
丁的《上帝之城》(第 22 章)。两种模式的共同之处是都将世界及各国、各民族看作一个整体,这种观念本身即蕴含着普世性和历史发展的延续性。这一观念形成于希腊化时代,[68] 后为早期基督教最著名的史学家该撒利亚的优西比乌(Eusebius of Caesarea, 260—350)所接受。鉴于哲罗姆和圣奥古斯丁的权威,四世界王国和六阶段的模式成为中世纪所有普世史学家的圭臬,如塞维尔的艾西多尔(Isidore of Seville, 570—636)、比德(Beda Venerabilis, 约 673—735)、弗莱辛的奥托(Otto of Freising, 约 1114—1158)、博韦的文森特(Vincent of Beauvais, 1190—1264)等。迟至 17 世纪,不少世界史著作依然围绕着但以理的预言展开。[69] 根据这两种解释模式,最后一个历史阶段的开局与两个重要事件大致相吻合,一是凯撒或奥古斯都建立罗马帝国,另一个是耶稣基督的诞生。“因此”,孔帕雷蒂(Domenico Comparetti, 1835—1927)说,“历史被划分为两个截然不同的时期:先是一个漫长的谬误与黑暗期,接着是洗罪和真理期,两个时段中间立着骷髅地的十字架(Cross of Calvary)”[70]。

在这样一个背景下,彼特拉克的历史断代便显现出极大的差异:他划分历史时段的思路可谓完全不同。因为彼特拉克仅专注于罗马这个国家,他对所谓四世界王国根本不感兴趣。从一开始,彼特拉克便认定罗马的崛起是在共和时期的伟人领导下实现的,而中世纪史学家对罗马帝国建立以前的历史时段几乎不予关注。[71]

彼特拉克不想叙述那段“令人伤神的倒退的故事”(*Fam.*, x, 1),
125 因此在他看来罗马帝国“衰落”的时刻就此打住,而中世纪史学家则由此一直叙述到自身所处的时代:在后者看来,罗马帝国依然存在,虽然统治权由罗马人“转移”到了其他民族的手里。

彼特拉克以“帝国的衰落”为分界点并因此不顾传统的标志性事件,包括帝国的建立和耶稣基督的诞生,这样便开启了一种新的历史断代。这种思路不同于先前的中世纪或“希腊化”史学传统,而且还有了一个新的称谓——“人文主义的”,[72]后者构成了意大利人文主义者大多数史学著作的潜在基垫,[73]其中最为突出的要数弗拉维奥·比昂多(Flavio Biondo, 1392—1463)的《罗马帝国衰亡史》(*Decades historiarum ab inclinatione imperii*),跨度为410年至1440年这一时段。正因如此,人们常把这种新的断代思路的起源归结到15世纪中叶。[74]不过,是彼特拉克首先把历史研究限定在“帝国衰落以前”(usque ad declinationem imperii),所以我们有理由认为是他预先为15世纪意大利的人文主义者做好了铺垫。

围绕上述彼特拉克有关“古代晚期”历史断代的说法还有另外一个问题。人文主义者的目的就是要用一种新的历史断代即“古代”(ancient)、“中世纪”(mediaeval)、“现代”(modern)取代旧有的
126 历史划分。[75]我们能否把彼特拉克与这种新历史划分的思路相联系呢?我认为是可能的。当然,彼特拉克从未直接谈到这种三分法。如上所述,他只谈到过“古代”和“现代”史。[76]所谓的“现代”只能按照他自己的思路加以解释,即他所处的时代仍是自罗马帝国“衰落”以来的一部分。所以他的时代仍属没落时代:彼特拉克在书信中曾反复强调这一点。事实上,在一封很早的信中,彼特拉克就曾痛切地表达过对自身时代感到的强烈悲观情绪:“照现在的情形看,我只能说我们的时代只会世风日下,不过虽说如此,我却难以想象未来会恶化到什么程度。”[77]如同他那个时代的许多人一样,彼特拉克是个悲观主义者,原因就在于他内心过于理想了。用内心崇高的理想考量自身时代的实际情形,他很难摆脱绝望,虽说他所谓的绝望还不能完全等于没有任何希望。他所谓的“黄金盛世”自

然是在古代，但他还能够依稀幻想"黄金盛世"来日的再次临世。因此，在写给教宗乌尔班五世（Pope Urban V，1362—1370年在位）的一封信中，彼特拉克表示相信耶稣基督愿意看到罗马圣座再度"始为金色的世界"（pro aurei saeculi principio）。[78]同样，虽使用少有宗教色彩的语言，彼特拉克还曾向罗马平民保民官考拉·迪·里恩佐（Cola di Rienzo，约1313—1354）和德意志皇帝查理四世发出强烈呼吁，敦促他们接过古代罗马的遗产、沿着古代伟大楷模的路径行进，如此，他们自会重建往日的辉煌。彼特拉克从事历史研究也是怀抱着同样的信念，[79]因为他相信"罗马人一旦认清罗马，罗 127
马必然再度崛起"，他整个一生的事业就是要让同时代人认识到这一圣城往日的伟大传统。彼特拉克虽然不时流露出悲观情绪，但他却坚信存在某种精神重生的希望，而这一重生将会遏制住衰落的势头并迎来一个"崭新的时代"。彼特拉克在其自认为最伟大的作品中曾慷慨激昂地表达过这一热望：在《阿非利加》的结束语中，诗人这样写道："我注定要生活在风云变幻的风暴之中。但你们却可能——我真心希望你们活得更长——生活在一个美好的年代。这种淡忘的睡眠不会持久；一旦黑暗被驱散，我们的子孙会再次迎来纯净的曙光。"[80]

《阿非利加》的诗行非常明确地表示出彼特拉克的历史断代观。他认为在古代曾有过一个"纯净曙光"的时代，接着是一个"黑暗"时期，后者一直延续到诗人自身所处的时代。因此，在彼特拉克看来，至少截至自身所处时代的历史可以划分为两个部分；不过他却憧憬着一个"美好的年代"，或可谓第三个时代的构想。这一点在他《书信集》（*Epistles*）的一封信中表现得更加清晰，他责备命运让他出生在这样一个令人悲伤的时代，他表示希望自己宁愿生活在此前或此后的岁月；他说："过去曾有过一个令人幸运的时代，未来可能还会复归，而夹在二者中间，身处我们这个时代，则注定要承受凄苦和耻辱的双重困扰。"[81]在这些诗行中，彼特拉克非常清 128
楚地区分了三个时代：幸运的往昔和可能重现的未来，而夹在"中间"的时代还尚未结束。对15世纪的人文主义者来说，历史断代问题就简单多了。在他们看来,新时代业已开始,正是因为14世纪出现了一大批艺术家和诗人,其中包括彼特拉克。他们对三个时代的事实已不抱任何怀疑:一个“中间”的时代分隔开了古代的黄金盛世和“现代”的“文艺复兴”。[82]如果硬要彼特拉克明确宣告一个新时代的开启就显得有些要求过分了,虽然他不时流露出类似的主张,[83]但他那种含蓄的表露的确为15世纪学者明确提出这一观念铺平了道路。正是从这个意义上说,现代史学断代的三分说可追溯到彼特拉克。

彼特拉克一生有关黄金盛世再临的企盼随其自身境遇及当时的情绪而有所变化,但他从不怀疑罗马帝国衰落后的岁月是一个
129 “黑暗”时代。通过上述梳理,我们将这一观念的诞生与彼特拉克联系到一起,其意义远非确定一个历史断代的日期所能涵盖。意大利“新生”(rinascita)的整个观念是与此前蒙昧时代的观念密不可分的。生于“复兴”时代的人们认为这是一个革命的年代,他们要摆脱中世纪的历史和传统,并坚信他们已经与过去决裂。用彼特拉克的话说,他们认为自身所处的时代“黑暗已被驱散”且已再度置身“纯净的曙光”,其榜样是古代,而“中世纪不过是一道低谷或一段下坡路”[84]。

从现代人的观点看,要在文艺复兴和既往时代之间画上一道截然分明的界限是不大可能的一件事。不过我们却须记得约阿希姆森(Paul Fritz Joachimsen, 1896—1897)曾经表述过的一个基本事实,即“如果说文艺复兴有某种能够团结所有人的力量,那就是人们都感觉到生活在一个崭新时代”[85]。正是这一“新时代”的观念区分了意大利的文艺复兴与加洛林和奥托时代或12世纪的种种“复兴”。这些时代确实可能经历了某种古典学的复兴,但那时的人们却并未有与此前的往昔彻底决裂的愿望。[86]身处新时代的观念是意大利文艺复兴所独有的,正是由于有了这种观念,人们才会谴责中世纪并斥之为“黑暗”时代,而彼特拉克则是这一文艺复兴思想的源头。所以说作为“人文主义之父”的彼特拉克同时也是中世纪等同“黑暗时代”说的始作俑者,这一结论是合乎逻辑的。

注释：

1. *Op. cit.*，I, 186.
2. *Op. cit.*，p. 1；cf. *ibid.*，p. 1 ff.，在此，科尔引述了17和18世纪几位作家的话，借以阐明其有关“黑暗时代”的观念。其他引文均自 *A New Dictionary on Historical Principles*，III（Oxford，1897），34。
3. *The Americana*，VI（New York，1909/10），“黑暗时代”词条，后来的版本均如是照搬。
4. *Op. cit.*，XVIII，411 and 412.
5. *Op. cit.*，XV，449.
6. L. Varga，Das Schlagwort vom “finsteren Mittelalter”（Vienna－Leipzig，1932）.
7. Varga，*op. cit.*，p. 2；cf. *ibid.*，p. 138.
8. *Ibid.*，pp. 113 ff.
9. *Ibid.*，pp. 36 ff.
10. 刊载在 *La Rinascita*，II（1939），838—871；III（1940），163—186。
11. F. Simone，*op. cit.*，III，169 f.
12. 比较 Varga，*op. cit.*，pp. 5 ff.；Simone，*op. cit.*，III，177 ff。
13. Petrarca，*De sui ipsius et multorum ignorantia*，ed. M. Capelli（Paris，1906），p. 45：“... paucis enim ante Cristi ortum obierat oculosque clauserat，heu! quibus e proximo noctis erratice ac tenebrarum finis et ueritatis initium，uereque lucis aurora et iustitie sol instabat.” Compare Petrarch's remarks on Aristotle，*ibid.*，pp. 40 f.
14. “Nullo enim modo diuinarum illis uerum ueritas apparere illis poterat，quibus nondum uerus sol iustitiae illuxerat. Elucebant tamen inter errores ingenia，neque ideo minus uiuaces erant oculi quam－uis tenebris et densa caligine circumsepti，ut eis non erranti odium，sed indignae sortis miseratio deberetur”；*Apologia contra cuiusdam anonymi Galli calumnias*（in *Opera omnia*，Basel，1554，p. 1195）；quoted by Simone，*op. cit.*，III，182.
15. Simone，*op. cit.*，III，182 f.
16. 比较 Varga，*op. cit.*，pp. 44 ff.；W. Goetz，“Mittelalter und Renaissance，” *Historische Zeitschrift*，CII（1907），pp. 31，53 f。
17. 发表在《美国历史评论》，XLV（1939），pp. 1—28. Published in *The American Historical Review*，XLV（1939），pp. 1—28。
18. Ferguson，*op. cit.*，p. 28.
19. 比如可参阅莱姆（W. Rehm）著：《西方思想中罗马的衰落》（*Der Untergang Roms im abendländischen Denken*），莱比锡，1930年版，第45页；弗格森，*op. cit.*，p. 7. Cf. e. g.，W. Rehm，*Der Untergang Roms im*

abendändischen Denken（Leipzig，1930），p. 45；Simone，*op. cit.*，II，842 f.；Ferguson，*op. cit.*，p. 7。

20. 比较 Varga，*op. cit.*，pp. 41 f.："Petrarca und... Coluccio Salutati... bezeichnen im allgemeinen noch nicht das von ihnen abgelehnte Jahrtausend mit der Metapher der Finsternis；wohl aber sprechen sie，trotz aller Verehrung fir die Antike，vom 'finsteren Heidentum'... Bei Petrarca und Salutati ist somit die Verteilung von Licht und Schatten auf die Geschichte fast ausschliesslich vom christlichen Standpunkt aus bestimmt."

21. Fam.，VIII，3（ed. V. Rossi，*Le Familiari*，II，158—161）. 有关彼特拉克书信的书写日期仍存在争议，本文引证均自 E. H. Wilkins，*Modern Discussions of the Dates of Petrarch's Prose Letters*（Chicago，1929）的参考文献。

22. Fam.，VIII，3（ed. Rossi，II，160）："Nullus locus aut plus otii prebuit aut stimulos acriores：ex omnibus terris ac seculis illustres viros in unum contrahendi illa michi solitudo dedit animum."

23. *De contemptu mundi*，Dial. III（in *Opera omnia*，Basel，1554，p. 411）. Cf. P. de Nolhac，"Le 'De viris illustribus' de Pétrarque"，*Notices et extraits des Manuscrits de la Bibliothèque Nationale*，XXXIV，1（Paris，1890），61 f. 有关彼特拉克的历史观，可参阅 G. Koerting，*Petrarca's Leben und Werke*（Leipzig，1878），pp. 592—617；H. W. Eppelsheimer，*Petrarca*（Bonn，1926），pp. 77—96；L. Tonelli，*Petrarca*（Milan，1930），pp. 253—266。

24. N. Festa，*Saggio sull'Africa del Petrarca*（Palermo-Rome，1926），p. 4 ff.

25. 彼特拉克的《名人传》在 19 世纪末才被 P. de Nolhac 发现，后者刊载了其中的一些片断，见 *op. cit.*，p. 110 ff.；比较 P. de Nolhac，*Pétrarque et l'Humanisme*，II（2nd edit.，Paris，1907），1 ff。

26. 比较 L. Tonelli，*op. cit.*，pp. 122 f。

27. *Opera omnia*（Basel，1554），p. 411："... famam inter posteros concepisti，ideoque manum ad maiora iam porrigens，librum historiarum a rege Romulo in Titum Caesarem，opus immensum temporisque et laboris capacissimum aggressus es."

28. R. Tatham，*Francesco Petrarca*，*the First Modern Man of Letters*；*His Life and Letters*，II（London，1926），p. 66，Tatham 认为，彼特拉克最初只是书写了"从罗慕洛王至提图斯皇帝统治期间一些罗马勇士和政要的生平"，而"后来——不知从何时起——他的书写计划有所扩展，要囊括各个时代、各个国家的名人纪事"。据 Tatham 称（ii，66，n. 3）："（彼特拉克)曾在 1349 年撰写的 *Fam.*，VIII，3 中间接提到较长的书写计划；既然 *Secret* 是在 1342—1343 年间完成，所以上述改变当发生在这两个日期之间”。这一论断是不正确的：Tatham 未能认清，彼特拉克在 *Fam.*，VIII，3 中谈到的并不是他 1349 年正在撰写的书，而是指他生活在 Vaucluse 那段快乐时光构想的一系列计划。

29. 比较 P. de Nolhac，in *Notices et extraits* ...，XXXIV，1，p. 109，该文称彼特拉克“a fini par abandonner un sujet trop vaste et trop au dessus de ses forces，pour se consacrer de préférence *à* l'histoire romaine. Sur ce terrain，pour lui，les sources abondaient，et il était soutenu dans son ceuvre par le sentiment d'un hommage rendu *à* des aïeux directs，aux ancêtres et aux modèles de la patrie italienne qu'il rêvait”。Cf. P. de Nolhac，Petrarque et l' Humanisme，II，2；E. C.（arrara），Petrarca，in Enciclopedia Italiana，XXVII（Rome，1935），p. 13：“Poi l'audace disegno giovanile gli si venne restringendo ai personaggi romani da Romolo a Tito.”

30. 有关这一点可比较 Tatham，*op. cit.*，I，328—348；该文大量引述彼特拉克有关罗马的信件，即 *Fam.*，II，9，12，13，14；VI，2；VIII，1。

31. *Fam.*，II，9（ed. Rossi I，96）：“... de civitate ... illa，cui nulla similis fuit，nulla futura est”；translat. by Tatham，I，331.

32. 彼特拉克 1337 年在“Rome，idibus Martii，in Capitolio”给他的资助人 Giovanni Colonna 枢机主教的信中写道：“Ab urbe Roma quid expectet，qui tam multa de montibus acceperit? Putabas me grande aliquid scripturum，cum Romam pervenissem. Ingens michi forsan in posterum scribendi materia oblata est；in presens nichil est quod inchoare ausim，miraculo rerum tantarum et stuporis mole obrutus”；*Fam.*，II，14（ed. Rossi，I，103）；translat. by Tatham I，338. Cf. *Senil.*，X，2（in *Opera omnia*，Basel，1554，p. 963）。

33. *Fam.*，I，4 and 5（ed. Rossi，I，24—31）；比较 P. Piur 刊定的相关信件的注释，见 K. Burdach，*Vom Mittelalter zur Reformation*，VII（Berlin，1933），161—174。

34. *Fam.*，II，9（ed. Rossi，I，96）：“... hec cursim attigi，ut intelligeres non parvipendere me regine urbis aspectum，de qua infinita perlegi et ipse multa iam scripsi，plura forte scripturus，nisi primordia mea precipitata dies mortis abrumpat”；translat. by Tatham，I，331.

35. 比较 Tatham，*op. cit.*，I，338 ff。

36. *Epist. metr.*，II，1，ed. D. Rossetti，*F. Petrarchae poemata minora*，IIn（Milan，1834），p. 1 ff.；see also *Fam.*，IV，7，8，9，13；*Africa*，IX，237 ff. Cf. Tatham，*op. cit.*，II，104—156；A. Marpicati，“L'incoronazione del Petrarca in Campidoglio”，*Annali della Cattedra*

Petrarchesca，VII（Arezzo，1937），1—25.

37. *Fam.*，vi，2（ed. Rossi，II，55—60）；其中部分由 Tatham 翻译，见 *op. cit.*，I，343—346。有关该信书写的日期还存在争议，而且也无法确认该信所说的究竟是彼特拉克第一次还是第二次前往罗马的经历。不过，L. Foresti，*Aneddoti della vita dil Petrarca*（Brescia，1928），pp. 81—84 毫无疑义地证实了"la lettera fu invero scritta in cammino per la campagna di Parma il 30 Novembre 1341"（*op. cit.*，p. 82）；F. E. H. Wilkins，*A Tentative Chronology of Petrarch's Prose Letters*（Chicago，1929），p. 6（under November 30）。

38. "Vagabamur pariter in illa urbe tam magna，que cum propter spatium vacua videatur，populum habet immensum；nec in urbe tantum sed circa urbem vagabamur，aderatque per singulos passus quod linguam atque animum excitaret"（ed. Rossi，II，56；translat. by Tatham，*op. cit.*，I，344）.

39. 在 Rossi 版 *Le Familiari* 的信件中，这一比例是 10∶1：第 47—105 行谈异教的罗马，第 106—111 谈信奉基督教之后的罗马。

40. "Sic philosophica，sic poetica，sic historias legamus，ut semper ad aurem cordis Evangelium Cristi sonet：quo uno satis docti ac felices；sine quo quanto plura didicerimus，tanto indoctiores atque miseriores futuri sumus；ad quod velut ad summam veri arcem referenda sunt omnia；cui，tanquam uni literarum verarum immobili fundamento，tuto superedificat humanus labor."（ed. Rossi，II，56）；translat. by Tatham，*op. cit.*，I，344.

41. 在此，将 1341 年的信件与彼特拉克 1352 年写给 Barbato da Sulmona 的信件（*Fam.*，XII，7；ed. Rossi，II，28）两相比较颇有趣味："Id quidem quod non in ultimis adversitatum numeras，ut me Rome non inveneris，divinitus factum reor，ne si congredi licuisset，non templa Dei devotione catholica sed Urbis ambitum lustraremus curiositate poetica，non anime curam agentes sed negotium literarum，quod licet sit iocundissimum pabulum intellectus，nisi tamen ad unum verum finem redigatur，infinitum quiddam et inane est."

42. *Fam.*，VI，2（ed. Rossi，II，58）："Quis enim dubitare potest quin illico surrectura sit，si ceperit se Roma cognoscere?"

43. "Solebamus ergo，post fatigationem quam nobis immensa urbs ambita pepererat，sepius ad Termas Dioclitianas subsistere，nonnunquam vero supra testudinem illius magnificentissime olim domus ascendere，quod et aer salutaris et prospectus liber et silentium ac votiva solitudo nusquam magis. Ibi de negotiis nichil omnino，nichil de re familiari nichilque de publica，quam semel flevisse satis est. Et euntibus per menia fracte urbis et illic sedentibus，ruinarum fragmenta sub oculis erant. Quid ergo? Multus de historiis sermo

erat，quas ita partiti videbamur，ut in novis tu，in antiquis ego viderer expertior，et dicantur antique quecunque ante celebratum Rome et veneratum romanis principibus Cristi nomen，nove autem ex illo usque ad hanc etatem.”（ed. Rossi，II，58)；比较 Tatham's translation，*op. cit.*，I，345。该信的其余部分谈及文艺和机械技术发端的问题。

44. D. M. Low，*E. Gibbon*（London，1937)，p. 184 有引证；可比较《罗马帝国的衰落》一书结尾的用词，与此相类。
45. 比较 W. Rehm，*Der Untergang Roms im abendl? ndischen Denken*（Leipzig. 1930)，pp. 120 ff。
46. E. Gibbon，*The Decline and Fall of the Roman Empire*，末页。
47. “Minutarum rerum ruina magna esse non potest；procul absunt ab hoc metu；nunquam cadet ex alto，qui in imo iacet；Roma igitur ex alto cecidit，non cadet Auinio”；*Apologia contra cuiusdam anonymi Galli calumnias*（in *Opera omnia*，Basel，1554，p. 1180)。
48. 在 *Apologia contra cuiusdam anonymi Galli calumnias*（in *Opera omnia*，Basel，1554，p. 1185)中，彼特拉克自豪地宣称："Sum uero Italus natione et Romanus ciuis esse glorior.”在其荣膺桂冠诗人称号之后不久 1342 年 1 月 5 日的一封信中，彼特拉克称罗马为“in qua civis（sum)”；*Fam.*，IV，12（ed. Rossi，I，185). Cola di Rienzo 在 1347 年 7 月 28 日的一封信中称彼特拉克为其“concivis”（ed. K. Burdach，*Vom Mittelalter zur Reformation*，II，3（Berlin，1912)，p. 85。
49. 也有一种可能，即彼特拉克在赴罗马之前已有这一想法，而荣膺桂冠只不过强化了他认定的信念，即罗马史至关重要。
50. *Fam.*，xx，8（ed. J. Fracassetti，*Epistolae de rebus familiaribus*，III，28—34)。
51. “Caeterum nusquam ibi，nusquam alibi hactenus tuum nomen inserui，destituente quidem materia，non affectu.”（ed. Fracassetti III，30)
52. “Quamquam si illustres aevi nostri viros attigissem，non dicam te，ne tibi，quod placatus non soleo，iratus adulari videar，at certe nec patruum nec patrem tuum silentio oppressurus fuerim. Nolui autem pro tam paucis nominibus claris，tam procul tantasque per tenebras stilum ferre：ideoque vel materiae vel labori parcens，lon͂ge ante hoc saeculum historiae limitem statui ac defixi.”（ed. Fracassetti，III，30 f.）
53. Ulterius transire piget；nam sceptra decusque
Imperii tanto nobis fundata labore
Externi rapient Hispane stirpis et Afre.
Quis ferat has hominum sordes nostrique pudendas

Relliquias gladii fastigia prendere rerum; *Africa*, II, 274—278 (ed. N. Festa, p. 40); cf. *Africa* II, 255 ff.

54. *Fam.*, X, 1 (ed. Rossi, II, 277—284); 比较这封信的 P. Piur 版本,见 K. Burdach, *Vom Mittelalter zur Reformation*, VII (Berlin, 1933), pp. 1—11。

55. "... voti compos, omnia sub pedibus meis vidi. Inde sensim nescio quonammodo, nisi quia mor-talium opera decet esse mortalia, in labores meos irrepsit aliena segnities, ac ne lacrimabilem ordiar historiam, quorsum res redierint, vides." (ed. Rossi, ii, 282)

56. "Quis enim, queso, Parthorum aut Macedonum, quis Gothorum et Unnorum et Vuandalorum atque aliarum gentium reges ab ultimis repetitos in ordinem digerat, quorum et obscura semper et iam senio deleta sunt nomina?" (ed. P. de Nolhac, in *Notices et extraits de la Bibliothèque Nationale*, XXXIV, 1 [Paris, 1890], p. 112)

57. "... Carolum regem quem magni cognomine equare Pompeio et Alexandro audent"; *Fam.*, I, 4 (ed. Rossi, I, 25).

58. 见 canzone "Il successor di Carlo" (in *Le Rime sparse e i trionfi*, ed. E. Chibrboli, Bari, 1930, n. 27, p. 22), 及"Trionfo della Fama" (ed. Chiòrboli, *op. cit.*, p. 376, v. 163)的第一个版本。有关查理曼的家族姓氏,可比较 P. Lehmann, "Das literarische Bild Karls des Grossen vornehmlich im lateinischen Schrifttum des Mittelalters", *Sitzungsberichte der Bayerischen Akademie der Wissenschaften, philosoph.-histor. Klasse* (Munich, 1934)。

59. Vivet honos Latius, semperque vocabitur uno
Nomine Romanum imperium; sed rector habenas
Non semper Romanus aget; quin Siria mollis
Porriget ipsa manum, mox Gallia dura, loquaxque
Grecia, et Ilricum: tandem cadet ista potestas
In Boream: sic res humanas fata rotabunt; *Africa*, II, 288—293 (ed. Festa, p. 40).

60. 在 *Apologia contra cuiusdam anonymi Galli calumnias* 中,彼特拉克对罗马帝国有如下的说法:"quod licet inter manus barbaricas imminutum atque debilitatum et pene consumptum sit, Romanas inter manus tale fuit, ut omnia mundi illi admota pueriles ludi fuisse videantur et inania nomina." (in *Opera omnia*, Basel, 1554, p. 1187)

61. 比较 *Rerum memorandarum libri IV* (in *Opera omnia*, Basel, 1554, pp. 442—550)。该文献共 20 章,每一章都分三个部分,即罗马史、"外域"

(externi)和"晚近期"(recentiores)。全书大约 350 个词条,其中属"晚近期"的 30 条,属"外域"的 130 多条,剩下的 180 余条属罗马史。有关该书的总体评述,见 L. Tonelli, *Petrarca* (Milan, 1930), pp. 261 ff。

62. 《胜利》中提到的 400 多个名字中只有 14 个属于中世纪,计有:King Arthur, Charlemagne, Godfrey of Bouillon, Saladin, Admiral Ruggero di Lauria, Duke Henry of Lancaster, King Robert of Sicily, Stefano Colonna, Tristan and Iseult, Lancelot and Guenevere, Paolo and Francesca Malatesta da Rimini;比较 C. Calcaterra's edition of the *Trionfi* (Turin, 1923)中的姓名索引。

63. 比较 J. Burckhardt, *The Civilization of the Renaissance in Italy*, b. III, ch. 4:"在《神曲》中,(但丁)将古代世界与基督教世界并置处理,虽然二者的权威确有不同。正如中世纪早期的《旧约》和《新约》史中将典型事例(types)与反面典型(antitypes)并置一样,但丁也总是把基督教和异教的事例摆在一起,借以说明同一个道理。"

64. "Quid est enim aliud omnis historia quam Romana laus?" (in *Opera omnia*, Basel, 1554, p. 1187);比较 H. W. Eppelsheimer, *Petrarca* (Bonn, 1926), p. 77。

65. 比较 M. Ritter, *Die Entwicklung der Geschichtswissenschaft an den führenden Werken betrachtet* (Munich-Berlin, 1919); B. Croce, *Theory and History of Historiography*, translat. by D. Ainslie (London, 1921), pp. 200—223; H. von Eicken, *Geschichte und System der mittelalterlichen Weltanschauung* (4th edition, Stuttgart-Berlin, 1923), pp. 641—671; H. E. Barnes, *A History of Historical Writing* (Norman, 1937), pp. 41—98。

66. B. Croce, *op. cit.*, p. 206.

67. 有关这两种模式,参阅 H. F. Massmann, *Der keiser und der kunige buoch oder die sogenannte Kaiserchronik* (Quedlinburg-Berlin, 1854), III, 353—364; M. Ritter, *op. cit.*, pp. 84 f.; B. Croce, *op. cit.*, pp. 206, 213 f.; H. Spangenberg, "Die Perioden der Weltgeschichte," *Historische Zeitschrift*, CXXVII (1923), pp. 7 f.; G. Falco, *La polemica sul medio evo* (Turin, 1933), pp. 1—6; W. K. Ferguson, "Humanist views of the Renaissance", *The American Historical Review*, XLV (1939), pp. 5 f。

68. 比较 C. Trieber, "Die Idee der vier Weltreiche", *Hermes*, XXVII (1892), pp. 311—342。

69. 比较 E. Fueter, *Geschichte der neueren Historiographie* (3rd edition, Munich-Berlin, 1936), pp. 187 f., 288, 618。

70. D. Comparetti, *Vergil in the Middle Ages*, translat. by E. F. M. Benecke

(London, 1908), p. 174.

71. 比较 A. Graf, *Roma nella memoria e nelle immaginazioni del Medio Evo*, I (Turin, 1882), 230 f.: "Il periodo della storia romana che più sta a cuore al medio evo è il periodo imperiale... L'interesse per Roma repubblicana è, generalmente parlando, un frutto del Rinascimento avanzato." Cf. Comparetti, *op. cit.*, pp. 177 f。

72. 比较 A. Dove, "Der Streit um das Mittelalter," in *Historische Zeitschrift*, CXVI (1916), p. 210。

73. 有关人文主义者的史学观点,参阅 P. Joachimsen, *Geschichtsauffassung und Geschichtschreibung in Deutschland unter dem Einfluss des Humanismus* (Leipzig-Berlin, 1910), pp. 15—36; M. Ritter, *Die Entwicklung der Geschichtswissenschaft* (Munich—Berlin, 1919), pp. 125—204; B. Croce, *op. cit.*, pp. 224—242; H. Baron, "Das Erwachen des historischen Denkens im Humanismus des Quattrocento", *Historische Zeitschrift*, CXXXVII (1933), pp. 5—20; E. Fueter, *op. cit.*, pp. 1—36 (cf. the bibliography, pp. 607 ff.); H. E. Barnes, *op. cit.*, pp. 99—111; W. K. Ferguson, "Humanist views of the Renaissance", *The American Historical Review*, XLV (1939), pp. 1—28。

74. 比较 P. Joachimsen, *op. cit.*, pp. 22 ff。

75. 有关历史时段的划分,比较 K. Heussi, *Altertum, Mittelalter und Neuzeit; ein Beitrag zum Problem der historischen Periodisierung* (Tübingen, 1921); H. Spangenberg, "Die Perioden der Weltgeschichte", *Historische Zeitschrift*, CXXVII (1923), pp. 1—49。

76. *Fam.*, VI, 2 (ed. Rossi, II; 58).

77. *Fam.*, II, 10 (ed. Rossi, I, 98): "Sed, ut res eunt, in dies peiora conicio; quamvis iam peiora vix possim nedum timere, sed fingere"; cf. Tatham, Petrarca, II, 72.

78. *Senil.*, VII (in *Opera omnia*, Basel, 1554, p. 903): "Incipit, credo, Christus Deus noster suorum fidelium misereri, uult ut arbitror, finem malis imponere, quae multa per hos annos uidimus, uult pro aurei saeculi principio Ecclesiam suam, quam uagari propter culpas hominum diu sinit, ad antiquas et proprias sedes suas et priscae fidei statum reuocare."

79. 笔者将在另一部专著《彼特拉克的历史观和政治观》(*Petrarch's Historical and Political Ideas*)对此问题加以详述。(其实这部专著根本没动笔。)

80. *Africa*, IX, 451—457 (ed. Festa, p. 278): ... Michi degree vitam.
Impositum varia rerum turbante procella.
At tibi fortassis, si - quod mens sperat et optat -

Es post me victura diu, meliora supersunt
Secula: non omnes veniet Letheus in annos
Iste spoor! Poterunt discussis forte tenbris
Ad purum priscumque inbar remeare nepotes.

81. *Epist. Metr.*, III, 33 (ed. D. Rossetti, *F. Petrarchae poëmata minora*, II [Milan, 1831], 262)的开篇如下:

Vivo, sed indignans, quae nos in tristia fatum
Saecula dilatos peioribus intulit annis.
Aut prius, aut multo decuit post tempore nasci:
Nam fuit, et fortassis erit, felicius aevum.
In medium sordes, in nostrum turpia tempus
Confluxisse vides; gravium sentina malorum
Nos habet; ingenium, virtus et Gloria mundo
Cesserunt; regnumque tenent fortuna, voluptas;
Dececus ingenti visu! Nisi surgimus actum est.

82. 在专业的意义上使用“中世纪”一语是在 15 世纪中叶,参阅 P. Lehmann, “Mittelalter und Kuchenlatein”, *Historische Zeitschrift*, CXXXVII (1928), 200—206。

83. Cf. *Rerum memorandarum*, I, 2 (in *Opera omnia*, Basel, 1554, p. 448); “Ego ... uelut in confinio duorum populorum constitutus, ac simul ante retroque prospiciens ...” – Cf. N. Sapegno, “Petrarca e l'Umanesimo”, *Annali della Cattedra Petrarchesca*, VIII (Arezzo, 1938), 77—119; F. Simone, *op. cit.*, II, 843 f.

84. B. Croce, *op. cit.*, p. 201; cf. *ibid.*, p. 241.

85. P. Joachimsen, *op. cit.*, p. 24.

86. 有关所谓更早的“文艺复兴”问题,比较 E. Pazelt, *Die karolinische Renaissance*; *Beiträge zur Geschichte der Kultur des frühen Mittelalters* (Vienna, 1924); H. Naumann, *Karolinische und Ottonische Renaissance* (Frankfurt, 1926); C. H. Haskins, *The Renaissance of the Twelfth Century* (Cambridge, 1927)。可与 R. Simone, *op. cit.*, II, 867 的说法加以比较。

130 8. 彼特拉克和帕多瓦名人厅的装饰*

彼特拉克和艺术作为一个主题，赢得了对早期意大利文艺复兴时期的当代思想史感兴趣的学者们的经常关注。[1]彼特拉克一生对古典时代和他自己时代的艺术产生了浓厚的个人兴趣。他拥有乔托(Giotto)和西蒙娜·马尔蒂尼（Simone Martini)的作品，而且他还关注古罗马的考古遗址和其他遗迹。当时生活在意大利的最伟大的诗人把自己历练成了一位鉴赏家和收藏家，这无疑对“新”艺术大有助益，必然增加了其同代人对“新”艺术的特别关注。值得注意的是，尽管14世纪中叶以后彼特拉克的年轻的同代人发展出“一种对乔托及其学生的作品的不利的评论”，[2]彼特拉克却依旧保
131 持着他的原爱。有人恰当地评论彼特拉克对“古典文化的热诚而系统的科学劳作”，认为它“标志着艺术发展的最重要阶段之一”[3]。

然而，或许比彼特拉克对其时代艺术和古代考古学的个人兴趣更重要的是，他通过其文学作品灌输给了后代艺术家们许多思想观念。普林斯·戴斯林格(Prince d'Essling)和尤金·曼茨(Eugene Muntz)在他们规范的著作中就此主题得出这样的结论：“忽视了(这个影响)的历史学家便忽略了文艺复兴的最行之有效的因素之一。”[4]当然，最重要的是彼特拉克的长篇叙事诗《胜利》，它激发了艺术家们的想象力。所以，在整个文艺复兴时代，我们看到了大量的彼特拉克《胜利》式的述评。有些表现了他的整个诗集，有些则表现其中的一个单篇。[5]但是，普林斯·戴斯林格和尤金·曼茨认

---

* 再版自 *The Art Bulletin*, XXXIV (1952), 95—116。

为，彼特拉克的其他著作也对艺术创作产生了明确的影响。[6]

彼特拉克的主要历史著作《名人传》是一部罗马重要政治家和将军们的传记集。这部著作是一个特别有趣的案例。在多数情况下，彼特拉克是在去世后才产生影响的。而在这里，我们知道，他的这部著作在他活着的时候就被画师们改编了，彼特拉克本人亲眼见到了这一切。此外，我们还知道彼特拉克的贵族保护人弗朗切斯科·伊尔·维克乔·达·卡拉拉（Francesco il Vecchio da Carrara）出于何种动机在帕多瓦（Padua）宫殿里绘制表现这部历史著作的壁画。我们是从彼特拉克的忠实的学生隆巴多·德拉·塞塔（Lombardo della Seta）获知此情的，他被彼特拉克委任为其文学遗嘱执行人。[7]在彼特拉克逝去五年之后的1379年，隆巴多续完了 132
老师留下的未完成的《名人传》。在他的献辞序言中，隆巴多是这样谈论弗朗切斯科·伊尔·维克乔的："作为美德的挚爱者，您盛情款待了这些名人。您的爱不仅是发自内心的，而且还在您的宫殿里最炫丽的地方将其尽情展示出来。您沿袭古风，把他们粉以金色和紫色；您用雕像和碑文激起人们对他们的钦佩之情……您那敏锐的头脑通过最精致的图片的外在表现形式表达了出来。这样，您就可以永远凝视着这些您为其伟大功绩而热爱的人们。"[8]

如果按照彼特拉克的灵感，在弗朗切斯科·达·卡拉拉正式委托下装饰的帕多瓦名人厅保留了原样的话，我们就会有一个非常独特的机会，研究和领会一部重要的文学作品的精髓是如何通过绘画表现出来的。乍看之下，这些几乎完全毁坏的壁画似乎让我们失去了这样的机会。然而，存留下来的证据至少在某种程度上，足以让我们尝试重构最初的装饰风格。[9]

第一个问题是这些壁画的绘制时间。迄今为止，从14世纪40 133
年代晚期[10]到1370年之前[11]说法不一。然而，如果考虑到这样一个事实：彼特拉克将其《名人传》奉献给弗朗切斯科·达·卡拉拉在前，弗朗切斯科赞助壁画绘制在后。那么，就可能会比较准确地确定壁画的绘制时间。[12]包含献辞的那个是最终版本的序言没有注明日期。但是，对彼特拉克和弗朗切斯科·伊尔·维克乔两人关系的考察，使我们能够相当肯定地确定呈献此书的最早日期。因此，也会相应地确定装饰工作的肇始之日。

彼特拉克年轻的时候与弗朗切斯科的父亲贾科莫·达·卡拉拉（Giacomo da Carrara）关系非常密切。[13] 1350年，贾科莫被自己的家庭成员暗杀的消息传来时，彼特拉克极为震惊。在接下来的7年中，彼特拉克一直回避帕多瓦。只有到1358年，彼特拉克才重返这座城市。这时，弗朗切斯科·伊尔·维克乔已经开始执政。从那年起，彼特拉克再度频繁来到帕多瓦，每次逗留时间或长或短。最后，从1367年到他去世的1374年，彼特拉克一直居住在这座城市。他最常住的是帕多瓦附近的阿克瓦。在彼特拉克留居帕多瓦期间，他自然而然地结识了城市执政官。但是，从1361年的一封信件来看，彼特拉克与弗朗切斯科最初保持着相当正式的关系。[14]显然，只有在彼特拉克差不多成为卡拉拉公国的永久居民之
134 后，两者间才发展起一种真正的友谊。彼特拉克的大量信件表明了这点。一些信是彼特拉克直接写给弗朗切斯科的，而在另一些信中彼特拉克只是提及弗朗切斯科。这些信件都是在1367年到1374年之间写成的。[15]我们从这些信件中得知，王子努力以各种可能的方式表达其对诗人的敬重和仰慕。例如，他亲自给远行归来的彼特拉克接风，让自己的私人医生护理彼特拉克，他亲自拜访彼特拉克，转告他的一位最亲密的朋友的不幸消息；幸运的是，后来证实那条消息不属实。[16]他们之间不是君臣关系，而是人与人的平等关系。因此，他们的谈话呈现出完全坦率和热情的特点。[17]从彼特拉克一方来说，他非常尊重弗朗切斯科的治国风范，并且对帕多瓦的政治事务产生了极大的兴趣。[18]他甚至在去世前不久给王公写了一篇论文，在其中他以相当谨慎的方式，着手概述和讨论帕多瓦城市治理中的行政问题和任务。[19]彼特拉克在其最后遗嘱中的一条遗言最终表达了他对弗朗切斯科的感激之情。根据这条遗言，彼特拉克把他收藏的乔托的处女作留给了弗朗切斯科。[20]这份礼物象征着彼特拉克对弗朗切斯科的感激。彼特拉克晚年在帕多瓦和阿克瓦度过了美好的时光，因为“这些地方拥有一位非常明智的君

主。他关爱我，给我荣誉。他对我的爱不是君对臣之爱，而是子对父之爱。这既由于他本人对我的情感，亦是为了纪念曾待我为爱兄的他那宽宏大量的父亲”[21]。

彼特拉克和弗朗切斯科两人的亲密友谊结出了累累硕果。彼 135
特拉克重新开始了其《名人传》的写作[22]，弗朗切斯科则正式下令进行名人厅的壁画绘制工作。

彼特拉克对历史的兴趣追溯到其青少年时期。在1336年他首次参观罗马之后，就决心要以列传形式写一部各国和各时代的杰出人物的宏大的历史著作。[23]开始这项宏伟的项目不久，彼特拉克就明显地意识到他真正感兴趣的是罗马历史。于是他决定将写作范围限定在撰写“从罗慕洛到提图斯”[24]的所有著名的罗马政治家的传记。因此，从14世纪30年代晚到14世纪40年代初，彼特拉克撰写了罗马历史上的许多伟人的生平事迹。在这一短期的紧张的史学著作撰写之后，彼特拉克的兴趣完全转向其他方面，以至于他连这个有限的项目也没有完成。然而，尽管彼特拉克在撰写《名人传》方面做的实际工作些微，但是他却一直没有忘记这件事，并在其他著作及书信和谈话中相当频繁地提到它。[25]不过，尽管彼特拉克似乎继续保持对这部著作的兴趣，如果不是为了弗朗切斯
科·达·卡拉拉，他永远也不会最后尝试“编辑”那部著作。因为 136
我们从彼特拉克本人那里获悉，正是弗朗切斯科请求他“把零散的传记编成一本书的”。[26]在彼特拉克去世后，隆巴多·德拉·塞塔同样说过，把许多杰出人物的传记编辑成册是弗朗切斯科·伊尔·维克乔的“命令”。[27]很明显，我们应该感激弗朗切斯科·达·卡拉拉，由于他的倡议，彼特拉克的这本主要历史著作才得以最后校订，并以列传的形式传给后代。

如果从弗朗切斯科的决定性角色考虑，彼特拉克似乎理应让弗朗切斯科为其著作题词。但是，在彼特拉克看来，这最后的奉献实际上要比乍看之下的意义更深刻和更不寻常。因为当彼特拉克在1337年和1338年开始这项工程时，他根本没有奉献给王公的意思；相反，他公开宣布“我们今天的王公们仅适合作为讥讽作品的

素材，不适合作为历史著作的题材”[28]。15 年后的 1354 年，当德意志国王即后来的皇帝查理四世要求为《名人传》题词时，彼特拉克当面坦率地回答：“我以为，陛下您最终将会有幸得到这份礼物，值
137 得拥有这本书的标题表达的尊严。如果是那样的话，不会因为您炫丽的名字或者无谓的王冕，而只会因为您的功绩和美德，您才能最终在您的有生之年加入到伟大人物的行列中来，以便子孙后代阅读您，就像您阅读古人的事迹一样”。[29]彼特拉克不久就对查理四世的意大利政策感到了极端失望，他本来可能有过的让查理四世为此书题词的想法破灭了。彼特拉克也认为其一生中与他有联系的任何权势之人都不值得拥有这份荣誉。他将这个荣耀留给了其最后一位王子守候神——弗朗切斯科·伊尔·维克乔；在 1373 年的一封信中，彼特拉克确实称其为“卓越的人”[30]。

鉴于彼特拉克把这部著作的题词一事看得如此重大，所以他可能是在与弗朗切斯科建立了真正亲密的关系之后，才决定由后者题词。这种假设似乎是可信的。从彼特拉克的来往信件看，两人的友谊是在 1367 年以后才发展起来的。因此，1367 年最有可能是《名人传》最后一版序言的最早签署日期。既然彼特拉克重新开始这项历史性工程与王子在其宫殿里装饰图画艺术的想法有直接关系，[31]那么王宫装饰开始的最早日期可能会是 1367 年，这合乎推理。因为画家们必须知道要在宫殿里绘制的那些人及其人数，所以，彼特拉克肯定在同一时间就已经最后选定了那些罗马英雄。因此，我们可以假设，不但《名人传》中的 24 篇传记是由彼特拉克亲自撰写的，而且在他去世后由隆巴多·德拉·塞塔加上去的另外的 12 篇传记的写作计划也已经在 1367 年或之后不久就与弗朗切斯科·伊尔·维克乔商定妥当。[32]

138 到 1370 年，王宫厅堂的装饰工程进展如此迅速，以至于帕多瓦以外的地方也得知了这项工程。因为皮耶罗·波尼塞尼（Piero Buoninsegni）的《佛罗伦萨史》（*Florentine History*）中有一则佛罗伦萨的雇佣兵队长曼诺·多纳蒂（Manno Donati）死亡及其尸体在帕多瓦埋葬的公告。它提到“陛下（即弗朗切斯科·伊尔·维克乔）

把曼诺的肖像与其他著名的人物绘制在一起，以表彰他们的军事功勋”[33]。隆巴多写给彼特拉克的一封信中请求老师“将曼诺添加到名人之列……使他成为凡人中间当之无愧的人物”[34]。因为彼特拉克早就决定不在这部著作中写其同时代的人，所以他没有答应隆巴多的请求。但是很可能彼特拉克至少为曼诺的陵墓撰写了一个碑文。[35]然而，弗朗切斯科·达·卡拉拉却明确认为他的佛罗伦萨同龄人值得享有他赋予伟大的古代罗马将军们的同等荣誉，于是在其宫殿的一个厅里绘制了曼诺的画像，尽管不是在为古代英雄们保留的名人厅里。[36]至于大厅的装饰工程几时完成，没有必要进行冗长的讨论。最晚的可能日期是1379年1月25日。据隆巴多·德拉·塞塔自己所说，在这天他完成了《名人传》的续篇。[37]在隆巴多决定这个日期之前不久，他正开始写作最后一篇图拉真(Trajan)的传记。他致函弗朗切斯科·伊尔·维克乔说：“帕多瓦 139
的至尊之王，我明白，您急切地期待着此项工程完工，以便能简要有序地了解您眼中的那些伟大英雄的丰功伟绩。由于您把图拉真置于您的绚丽殿堂的犄角，因此，我准备把这位皇帝做为此项工程的最后一位来处理”。[38]

这样看来，帕多瓦卡拉拉宫殿里的名人厅里那些表现彼特拉克《名人传》中的伟大的罗马英雄们的生平事迹的壁画肯定是在1367年到1379年之间绘制的。

至于画在同一厅的一面小墙上的彼特拉克和隆巴多的肖像的日期，我们不太确定。尽管彼特拉克的肖像几经修整(图4)，它至今仍然保存在这个大厅里。根据某些学者的说法，彼特拉克的肖像实际上是由加列罗(Guariento)绘制的。[39]那么，它肯定是在画家加列罗去世的1370年之前完成的。有一个事实证实了这个推断，那就是，从1368年初到去世，即在殿堂的装饰工程开始的几年里，加列罗一直在帕多瓦工作。此外，绘出如此逼真的画像也在情理之中，因为在意大利的其他宫殿里保存有彼特拉克生前的画像。[40]然而，由于我们完全没有资料，包括了解内情的目击证人隆巴多·德拉·塞塔的资料，因此，似乎更有可能的是，在彼特拉克去世后

140 的1374年，甚至或者在隆巴多于1379年和1380年为彼特拉克的史学著作的续篇撰写了两篇序言以后，他的画像才被绘成。结果，有人就因此认为彼特拉克的画像是由14世纪的最后几十年活跃在帕多瓦的数位绘画大师所作，他们包括维罗纳（Verona）的阿蒂基耶罗（Altichiero）、帕多瓦的雅各布·阿维佐（Jacopo Avanzo）和朱斯托德·莫纳博伊（Giusto de Menabuoi）。[41]有人甚至认为彼特拉克的肖像作于15世纪初，原因是“它的手法仍然是哥特式的，尽管直线透视法的运用还欠熟练，画像却表现出了画家对这种画法已经有所了解，表明这是皮萨内罗（Pisanello）时代的作品”[42]。多数学者不赞同后一种确定日期的看法，[43]他们的论点似乎由一幅壁画所证实。那是米兰附近的威波多恩（Viboldone）修道院的教堂里的壁画，画中人物是教会神学家，其中一部分表现一位正在房间里学习的修士（图5）。无论从画家使用的那种特殊的透视法，还是从它的哥特式环境来看，这个修道院书房的整体布景酷似名人厅里的彼特拉克肖像的背景。威波多恩修道院的壁画是在1363—1365年间完成的，分到这项任务的是一名受到乔托的弟子们[44]的托斯坎派（Tuscan）强烈影响的画师；或者更具体地说，他是朱斯托德·莫纳博伊。[45]上述两幅壁画是否出自同一位绘画大师之手？只有通过比较更多的资料，才能得出答案。但是，绘画透视法的明显相似表明，帕多瓦的彼特拉克肖像与威波多恩修道院的壁画大约是在同一时间绘成的，也就是14世纪的最后三十几年。如果考虑那时的
141 帕多瓦的政治局势，似乎有可能更准确地决定画像的最晚日期。因为在1388年弗朗切斯科·伊尔·维克乔被米兰和威尼斯的联盟彻底击败，作为基安·加来西佐·维斯康提（Gian Galeazzo Visconti）的俘虏，他被判处死刑。维克乔的儿子弗朗切斯科·诺夫洛（Francesco Novello）在1390年重新征服了帕多瓦，但是直到1405年卡拉拉家族的最后倒台，他的政治和金融统治一直不稳定。这些外来的困难以及弗朗切斯科·诺夫洛本人对彼特拉克的文学遗产[46]根本不感兴趣这个事实似乎表明这个结论的合理性，即彼特拉克的肖像是在老弗朗切斯科执政时完成的，也就是在1388年

之前。[47]

与彼特拉克的肖像相对应的隆巴多·德拉·塞塔的画像也保存在名人厅里，但是后者在16、17世纪被完全重新绘制，所以无法确定它最初的风格和面貌。但也有一种说法，即在弗朗切斯科·伊尔·维克乔执政的1380—1388年期间，或许是对隆巴多完成彼特拉克的《名人传》的褒奖，就绘制了他的画像。[48]这种说法貌似合理。隆巴多的这幅画像绝不是在弗朗切斯科·诺夫洛统治时绘制完成的，这是确信无疑的。因为在米兰人占领帕多瓦期间，隆巴多曾效劳于占领者。1390年，当诺夫洛重掌政权时，隆巴多被迫流亡威尼斯，几个星期后在那里去世。根据他最后的遗愿，他应该被埋葬在帕多瓦附近的阿克瓦。但是，弗朗切斯科·诺夫洛非常痛恨隆巴多与维斯康提的合作，于是他命令将其尸体遣回威尼斯。[49]

本篇恰当地使用了“名人厅”这个名称，因为同一名称也出现 142
在1382年和1390年的两份帕多瓦的文件中。[50]这些官方记录中名人厅名字的使用最清晰地展示了当代人对宫殿装饰和彼特拉克的同名作品之间存在的密切联系的认识。

最早的关于名人厅的整体性描述来自专著《赞美帕多瓦》（*De laudibus Patavii*），它由米歇尔·萨沃纳罗拉（Michele Savonarola）在1446年或1447年写成。[51]米歇尔·萨沃纳罗拉提到卡拉拉家族的大宫殿那时已经变成了帕多瓦的威尼斯人总督的豪宅。他提到：“有两个用绘画精心装饰的大房间。一间名为‘底比斯厅’；[52]另一间比较大，也更壮观，称作‘帝王厅’；里面的绘图惟妙惟肖地展示了罗马将军（罗马皇帝）等人物及其业绩，用金色等最好的颜色绘制。这些作品由著名画师奥塔维亚诺和阿蒂基耶罗绘制。这的确是一个皇宫，适合皇帝。”[53]

后面将会讨论这一陈述的细节，这里只有一点需要马上澄清。 143
在谈论名人厅里的人物时，萨沃纳罗拉肯定不是说厅里只保存有“罗马皇帝”的绘图。[54]相反，他有意使用了这个词的两种意思，因为这样就能够表达“罗马将军的大厅”的鲜明的帝王或威严壮观的特点。对弗里奥的特林西宫（Palazzo Trinci in Foligno）中一个厅的观察确认了上述这个释义。这个厅里保存有非常类似的壁画系列，描绘的是罗马共和国和帝国时期的众多伟人。它在15世纪也被称作“帝王厅”。[55]

与名人厅相关的资料也见于阿诺尼莫·莫雷里阿诺（Anonimo Morelliano），也就是马尔坎东·米歇尔（Mancanton Michiel）所写的《设计作品记录》（*Notizia d'opere del disegno*）一书中，他的著作要比米歇尔·萨沃纳罗的晚一百年。马尔坎东提到：“根据凯姆帕格诺拉，雅各布·阿维佐在巨人厅的左面墙上绘制了朱古达（Jugurtha）被俘和马略（Marius）的胜利；右面墙上由帕多瓦的加利安托（Guariento）画出了十二凯撒及其战绩。安德烈·里奇奥认为，在那里工作的画师是阿蒂基耶罗和布雷西亚（Brescia）的奥塔维亚诺。那里有彼特拉克和隆巴多的画像，我以为，是这两人提供了上述绘画的主题素材。”[56]

144 在评议这个陈述时，必须要注意一点。关于彼特拉克和隆巴多的画像以及两人可能参与了选择绘画主题的选定等事宜，上述引用的马尔坎东·米歇尔的陈述的最后一句话仅仅表达了他的个人看法。然而，就其他壁画，米歇尔却明确表示他的叙述是建立在之前的两位帕多瓦权威人士的资料基础上的，他们就是杰罗拉莫·凯姆帕格诺拉（Gerolamo Campagnola，他的鼎盛期在15世纪后半期）和安德烈·里奇奥（Andrea Riccio，生卒年月是1470—1532年）。[57]里奇奥的资料证实或者简单重复了马尔坎东·米歇尔的陈述，即名人厅的装饰工作是由维罗纳的阿蒂基耶罗（约1385年去世）[58]和布雷西亚的奥塔维亚诺·普兰蒂诺（Ottaviano Prandino，盛期在1370—1420年）[59]完成的。相比之下，杰罗拉莫·凯姆帕格诺拉则把壁画归于两位完全不同的画师：加利安托（卒于1370年）和帕多瓦的雅各布·阿维佐（14世纪后半期是其艺术生涯的鼎盛时期）。[60]

前面曾说过加利安托在1368—1370年间活跃在帕多瓦。所以，他参加名人厅的装饰与这项工程的年代相当吻合。瓦萨里（Vasari）也持有同样看法。[61]加利安托在装饰工程启动不久就去世

了,这就是该项工程是由其他艺术家完成的原因。但是,鉴于我们
手头可用的文字材料不足,有关加利安托参与名人厅装饰的论点
只能是一种假设。此外,我们也不可能确定马尔坎东所援引的凯 145
姆帕格诺拉和里奇奥关于阿维佐、阿蒂基耶罗和奥塔维亚诺·普
兰蒂诺等人参与装饰工作的陈述是相互补充,还是相互矛盾。[62]重
要的是,马尔坎东·米歇尔本人没有在这些权威人物中作出选择。

另外一个疑问产生于凯姆帕格诺拉关于名人厅里保存有“十二
凯撒”的画像的陈述。因为《名人传》一书只包括四位罗马皇帝的
传记,所以,彼特拉克或者弗兰西斯科·达·卡拉拉从没有意图在
名人厅里彰显苏埃托尼乌斯著作中描绘的最先的十二位罗马皇
帝。因此,似乎更可能的是,凯姆帕格诺拉与其之前的米歇尔·萨
沃纳罗和之后的瓦萨里一样,知道那间厅称作“罗马帝王厅”,但是
他没有意识到这里皇帝一词指的是“将军”。结果,他就根据厅的
名字想到了所流行的苏埃托尼乌斯书中的“十二凯撒”的标题。凯
姆帕格诺拉是帕多瓦的本地人,他肯定应该知道宫殿里没有“十二
凯撒”的画像,所以如此的语言误解下的假设似乎提供给人们一个
非常简单的解释。这里有两种可能性:马尔坎东·米歇尔没有逐
字逐句地引述凯姆帕格诺拉的信件,所以,他本人应该对误解皇帝
一词负责;[63]凯姆帕格诺拉不了解绘画的真实主题,因为在他所处 146
时代之前,名人厅已经被毁坏了。

大约在15、16世纪之交,原先的卡拉拉宫殿的内部确实遭到巨大损失,以至于所有早先的装潢消失殆尽。遗憾的是,没有关于那次毁灭的原因和具体日期的文字资料保存下来。但是,1928年帕多瓦大学承担了修复名人厅的工程,这导致了某些新发现,从而有可能得出以下结论:“在15世纪之末和16世纪之始好像曾经发生过一次火灾,它毁坏了大厅的天花板,并且给墙上的图画装饰造成了无法弥补的损害。大火在绘有14世纪意大利文艺复兴时期壁画的城墙上留下了大量痕迹。”[64]在所有14世纪晚期的原作壁画中,明显只有一幅幸免于难,那就是彼特拉克的画像。即使这幅绘画也显然被损,因为它在16、17世纪曾得到部分修复。

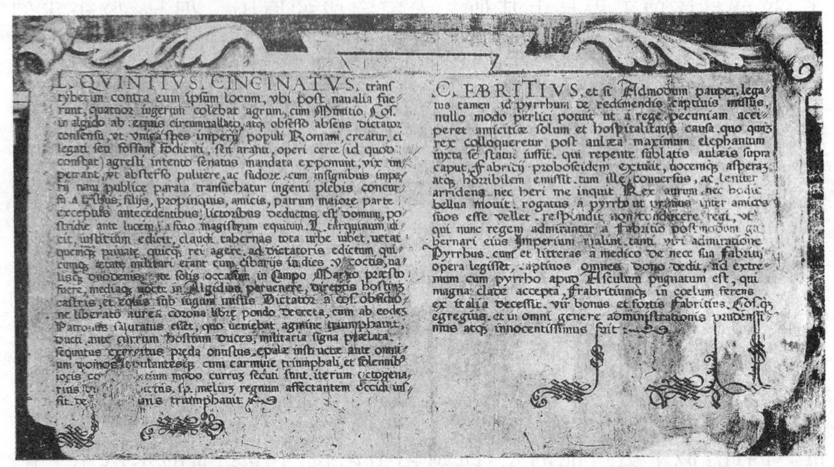

图 2　巨人厅:昆克提斯·辛辛那塔斯(**L. Quinctius Cincinnatus**)和法布里休斯·路西那斯(**C. Fabricius Luscinus**)的《颂德文》

图 3　巨人厅:凯撒传记中的塑像和场景:迁延者费比尤斯·马克西姆斯·儒里安纳斯(**Q. Fabius Maximus Rullianus**)、昆克塔托(**Cunctator**)和奥古斯都(**Augustus**)

图 4　巨人厅：彼特拉克

图 5　威波多恩修道院教堂里的壁画（局部）

图 6　达姆斯塔特（Darmstadt）国家图书馆，Cod. 101，fol. 1v：彼特拉克

图 7　佛罗伦萨，Bibl. Nazionale，Cod. Palat. 184（E. 5. 7），fol. 0v：彼特拉克

图 8　达姆斯塔特国家图书馆, Cod. 101, fol. 2v：阿穆利乌斯王（Amulius）；雷亚・西尔维娅（Rhea Silvia）；掳掠罗慕洛（Romulus）和雷穆斯（Remus）的士兵

图 9　Cod. 101, fol. 3r：母狼和孪生兄弟；阿拉・拉伦蒂亚（Ara Larentia）和孪生兄弟

图 10　Cod. 101, fol. 3v：罗慕洛（头戴王冠者）和一群农夫

图 11　Cod. 101，fol. 4r：罗慕洛攻击阿尔巴；阿穆利乌斯（Amulius）之死

图 12　Cod. 101，fol. 4v：罗马城墙建筑；罗慕洛和雷穆斯之争

图 13　Cod. 101，fol. 6v：罗马军队和阿尔巴（Alba）军队之间的霍拉蒂三胞胎（Horattii）和库力阿蒂三胞胎（Curiatii）

图 14　Cod. 101，fol. 7r：霍拉蒂三胞胎和库力阿蒂三胞胎之战（背景中的建筑遗迹与图 12 相似）

图 15　Cod. 101，fol. 7v：安科思・马流思（Ancus Martius）和贵族；敬拜神灵（朱庇特・斐勒特流士 Jupiter Feretrius）

图 16　Cod. 101，fol. 8r：卢克雷蒂亚（Lucretia）和贵族；布鲁图斯（Brutus）驱逐塔克文（Tarquinius）

图 17　Cod. 101，fol. 8v：柯克莱斯（Cocles）在台伯桥下；罢免辛辛那塔斯（Cincinnatus）

图 18　Cod. 101，fol. 9r：卡米拉斯（Camillus）大捷

图 19　Cod. 101，fol. 11r：卡米拉斯把高卢人逐出罗马

图 20　Cod. 101，fol. 14r：曼利乌斯·托克图斯（Manlius Torquatus）威胁保民官庞波尼乌斯（Pomponius）

图 21　Cod. 101，fol. 15r：瓦勒流斯·科威努斯（Valerius Corvinus）接受被征服者的旗帜和护盾

图 22　Cod. 101，fol. 18r：法布里休斯（Fabricius）和皮勒斯（Pyrrhus）的奴隶；引渡奴隶给皮勒斯

图 23　Cod. 101，fol. 19r：亚历山大（Alexander）的军队围困一座城市

图 24　Cod. 101，fol. 19v：亚历山大和大流士（Darius）两军交战

图 25　Cod. 101，fol. 20r：寻找大流士的尸体

图 26　Cod. 101，fol. 21r：亚历山大和一俘虏

图 27　Cod. 101，fol. 22r：亚历山大敬拜女神

图 28　Cod. 101，fol. 24v：汉尼拔(Hannibal)宣誓；哈米尔卡(Hamilcar)

图 29　Cod. 101，fol. 51v：克劳迪乌斯・尼禄（Claudius Nero）和利乌斯・萨利托纳（Livius Salinator）凯旋

图 30　Cod. 101，fol. 53v：P. 柯尼利厄斯・西・阿非利加努斯（P. Cornelius Scipio Africanus）凯旋

图 31　Cod. 101，fol. 54r：西庇阿・阿非利加努斯（Scipio Africanus）、马赛尼撒王（Massinissa）和汉尼拔

图 32　达姆斯塔特国家图书馆，Cod. 101，fol. 2r：《名人凯旋》

图 33　哈佛，霍顿（Houghton）图书馆，《上帝之城》（*The City of God*）手稿（约 1380 年），fol. 66v：该隐（Cain）和亚伯（Abel）；罗慕洛和雷穆斯

图 34　Cod. 101，fol. 5r，字头：努玛·庞培里乌斯（Numa Pompilius）

图 35　Cod. 101，fol. 7v，字头：安科思·马流思

图 36　Cod. 101，fol. 8r，字头：塔克文·苏佩布（Tarquinius）和朱尼厄斯·布鲁图斯（Junius Brutus）

图 37　Cod. 101，fol. 9r，字头：卡米拉斯

图 38　Cod. 101，fol. 8v，字头：霍拉休斯·柯克莱斯（Horatius Cocles）

图 39　Cod. 101，fol. 8v，字头：辛辛那塔斯

名人厅目前的装潢开始于1539年或1540年。[65]根据主门上的铭文,因为年代久远,当时的大厅几乎倒塌,所以决定"复原大厅的恢弘气势"。[66]两名杰出的帕多瓦公民负责选择主题素材,并决定绘制哪些英雄的画像,描绘他们的何种生活经历场景。为这项工程选定的绘画大师是多摩尼科·凯姆帕格诺拉(Domenico Campagnola)和斯特凡诺·戴尔阿尔泽赖(Stefano dall'Arzere)。乔瓦尼·卡瓦扎(Giovanni Cavazza)撰写了《颂德文》(*the eulogia*),当代最好的书法家之一弗朗切思柯德·普斯威格连尼斯(Francesco
147 de Puciviglianis)为绘画作品题词。因为塑像大于真人,大厅便即刻获得"巨人厅"之名,并一直沿用至今。[67]几经沧桑,巨人厅在1928年再次恢复原貌,现在它是帕多瓦大学的礼堂。

浏览巨人厅的历史,可以看出今天的巨人厅几乎完全代表了16世纪意大利文艺复兴艺术,而不是14世纪后期意大利文艺复兴艺术的作品。尽管如此,仍然有一个问题,是不是从目前这个厅的面目无法推测名人厅的原样呢?哪怕某些间接的相关方面?

解决这个问题最好的办法似乎是把旧厅里所陈列的那些彼特拉克的《名人传》所记载的英雄人物列举成单,然后将他们与16世纪陈列在巨人厅里的人物做比较。如果我们假设最初的名人厅里的画像与后者里所陈列的塑像一样,只被布置在两面长墙而不是短墙上,那么最初的名人厅里的画像应排列如下:[68]

克劳迪乌斯·马塞勒斯 (M. Claudius Marcellus)	罗慕洛(Romulus)
克劳迪乌斯·尼禄 (C. Claudius Nero)	努玛·庞培里乌斯 (Numa Pompilius)
利乌斯·萨利托纳 (M. Livius Salinator)	图鲁斯·霍斯迪留斯 (Tullus Hostilius)
柯尼利厄斯·西庇阿·阿非利加努斯 (P. Cornelius Scipio Africanus)	安科思·马流思 (Ancus Martius)

波尔奇乌斯·加图（监察官）
(M. Porcius Cato)
柯尼利厄斯·西庇阿·纳西卡
(P. Cornelius Scipio Nasica)
昆克提斯·弗拉米尼
(T. Quinctius Flaminius)
柯尼利厄斯·西庇阿·阿西亚提克斯
(L. Cornelius Scipio Asiaticus)
埃米利乌斯·保罗斯·马其顿尼
(L. Aemilius Paullus Macedonicus)
凯奇里斯·梅特卢斯·马其顿尼
(Q. Caecilius Metellus Macedonicus)
柯尼利厄斯·西庇阿·艾美米里阿那斯·阿非利加努斯
(P. Cornelius Scipio Aemilianus Africanus)
马略
(C. Marius)
庞培
(Cn. Pompeius)
朱利乌斯·凯撒
(C. Julius Caesar)
奥古斯都(Augustus)
韦斯巴芗(Vespasianus)
提图斯
(Titus)
图拉真(Trajanus)

朱尼厄斯·布鲁图斯
(L. Junius Brutus)
霍拉休斯·柯克莱斯
(Horatius Cocles)
昆克提斯·辛辛那塔斯
(L. Quinctius Cincinnatus)
福利乌斯·卡米拉斯
(M. Furius Camillus)
瓦勒流斯·科威努斯
(M. Valerius Corvinus)
曼利乌斯·托克图斯
(T. Manlius Torquatus)
德西乌斯·穆斯(P. Decius Mus)
巴比里乌斯·库瑟厄
(L. Papirius Cursor)
库利乌斯·登塔图斯
(M. Curius Dentatus)
法布里休斯·路西那斯
(C. Fabricius Luscinus)
亚历山大(Alexander)
皮勒斯(Pyrrhus)
汉尼拔(Hannibal)
费比尤斯·马克西姆斯·昆克塔托
(Q. Fabius Maximus Cunctator)

148 在展示巨人厅里的画像布局之前，有必要简要描述一下目前大厅的整体状况。[69]主门在北墙的正中，另一扇门在对面的墙上，靠近东南角。其他两面较短的墙上各有三个比较大的窗户，西面的那面墙上还有绘制四幅画像的地方，而东墙上只有两幅画像的空间。两面长墙各由壁柱分成15块镶板。每块镶板的上半部分包括1—3个站立的塑像——巨人，[70]画像下方的版块里包括相关历史场面的壁画，再下面则是长短不同的颂德文题词（拉丁语，tituli）。[71]每块镶板里的场景和铭文（或题图里）的数目总是与其中的画像数目一致。[72]

巨人厅里的画像布置如下：[73]

西墙

彼特拉克（窗户）	阿西尼乌斯·斯特拉 （Asinius Stella）（窗户）	瓦勒里乌斯·弗拉库斯 （C. Valerius Flaccusa）（窗户）

隆巴多·德拉·塞塔

南墙	北墙
查理大帝	罗慕洛（Romulus）
图里乌斯·西塞罗 （M. Tullius Cicero）	科尼利厄斯·克苏斯 （A. Cornelius Cossus）
阿迪鲁斯·热古路 （M. Attilius Regulus）	克劳迪乌斯·马塞勒斯 （M. Claudius Marcellus）
M. 朱尼厄斯·布鲁图斯 （M. Junius Brutus）	
狄奥多西 （Theodosius）	努玛·庞培里乌斯 （Numa Pompilius）
149 李锡尼·卢库勒斯 （T. Licinious Lucullus）	L. 朱尼厄斯·布鲁图斯 （L. Junius Brutus）
科尼利厄斯·苏拉 （L. Cornelius Sulla）	瓦勒里乌斯·普布利克拉 （D. Valerius Publicola）
庞培（Cn. Pompeius）	
君士坦丁 （Constantine）	图鲁斯·霍斯迪留斯 （Tullus Hostilius）

柯尼利厄斯·西庇阿·阿非利加努斯 (P. Cornelius Scipio Africanus)	瓦勒里乌斯·科威努斯 (M. Valerius Corvinus)
柯尼利厄斯·西庇阿·艾美米里阿那斯·阿非利加努斯 (P. Cornelius Scipio Aemilianus Africanus)	曼利乌斯·托克图斯 (T. Manlius Torquatus)
奥勒留·安东尼 (M. Aurelius Antoninus)	安科思·马流思 (Ancus Martius)
波尔奇乌斯·加图(监察官) (M. Porcius Cato)	(门)
波尔奇乌斯·加图·乌提森西斯 (M. Porcius Cato Uticensis)	
安东尼·皮乌斯 (Antoninus Pius)	塔克文·普里斯库斯 (Tarquinius Priscus)
昆克提斯·弗拉米尼 (T. Quinctius Flaminius)	昆克提斯·辛辛那塔斯 (L. Quinctius Cincinnatus)
克劳迪乌斯·尼禄 (C. Claudius Nero)	法布里休斯·路西那斯 (C. Fabricius Luscinus)
图拉真(Trajanus)	赛尔维乌斯·图利乌斯(Servius Tullius)
富里乌斯·卡米拉斯 (M. Furius Camillus)	巴比里乌斯·库瑟厄 (L. Papirius Cursor)
库利乌斯·登塔图斯 (M. Curius Dentatus)	埃米利乌斯·保罗斯·马其顿尼 (L. Aemilius Paullus Mecedonius)
提图斯(Titus)	朱利乌斯·凯撒(C. Julius Caesar)
塞多留(Q. Sertorius) (下面是门)	费比尤斯·马克西姆·儒里安纳斯 (Q. Fabius Maximus Rullianus)
马略 (C. Marius)	费比尤斯·马克西姆·昆克塔托 (Q. Fabius Maximus Cunctator)
韦斯巴芗 (Vespasianus)	奥古斯都 (Augustus)

东墙

(窗户)弗朗切斯科·沙巴雷拉(窗户) (Francesco Zabarella)	阿斯科尼乌斯·佩蒂安(窗户) (Q. Asconius Paedianus)

通过比较两个列单,我们发现巨人厅里由 44 幅画像组成的人物壁画系列中的 36 位名人中只有 27 位来自彼特拉克和隆巴多的

著作。论及遗漏问题，三位非罗马英雄（亚历山大大帝、皮勒斯和汉尼拔）被排除在外，可能因为 16 世纪的规划者们希望让他们的殿堂呈现完全的罗马特色。然而，对于另外六位人物的遗漏（霍拉休斯·柯克莱斯、德西乌斯·穆斯、利乌斯·萨利托纳、柯尼利厄斯·西庇阿·阿西亚提库斯、柯尼利厄斯·西庇阿·纳西卡、凯奇里斯·梅特卢斯·马其顿尼）似乎没有找到恰当的理由。另一方面，我们发现，出于各种原因，彼特拉克本人肯定没有把 16 世纪添加的许多人物真正作为名人考虑。所以，他有意把这些人排出在外。例如，塔克文·普里斯库斯和塞尔维乌斯·图利乌斯两位国
150 王、苏拉、波尔奇乌斯·加图·乌提森西斯和年轻的布鲁图斯。[74]根据彼特拉克著作的名称的确定含义，书中只包括伟大人物，也就是将军和政治家。[75]所以，尽管彼特拉克非常敬佩西塞罗，也确认他是当之无愧的罗马作家和思想家，但他不认为西塞罗是名人。此外，正如我们所看到的，彼特拉克和隆巴多把图拉真皇帝作为他们传记的最后一位皇帝；而 16 世纪的规划者们却另加了五位皇帝，他们是安东尼·皮乌斯、马可·奥勒留（Marcus Aurelius）、君士坦丁、狄奥多西和查理大帝。如果彼特拉克本人见到最后这位皇帝被收集到他的著作中，他会非常不高兴的，因为在其整个写作过程中，他一直避免为中古罗马帝国的奠基者们冠以“大帝”的称号。[76]如此，我们可以得出明确结论，16 世纪的巨人厅不是彼特拉克所意指的那种名人厅。

仔细观察巨人厅里的画像系列，我们发现罗马君主——国王或皇帝，都是一人占据一块镶板，而罗马共和国时期的人物塑像则总是两位甚至三位一组集中在一块镶板里。人们再次想知道彼特拉克本人是否赞许这种彰显君主制政府的统治者的布局。彼特拉克整体写作的主旨是，以画像的艺术表现形式尽可能同等地对待其眼中的罗马伟人。

在巨人厅，六位国王和那时的十位皇帝（包括朱利乌斯·凯
151 撒）是按照年代顺序绘制的，从东北角的罗慕洛开始，按顺时针方向排列。其他人物的画像的顺序不完全按照时间顺序排列，从整

体上看非常随心所欲。在这点上,巨人厅最有可能不同于原版的名人厅,后者似乎是按照时间顺序安排的。看看隆巴多关于图拉真在名人厅里的画像与其在同名著作中的文字描述的相同位置这点上的论述,事情就不言自明了。毋庸置疑,后者是按年代顺序安排的。[77]

因此,从数目、主题和画像的安排等三个方面的比较来看,巨人厅与名人厅的最初的装潢差别很大。最近修复名人厅的工程中的一些新发现证实了这点。修复工程中发现15世纪大火的毁灭性如此惊人,几乎抹去了除彼特拉克的画像之外的从前装饰的所有痕迹。因此,16世纪的工程是一次全面整修工程,而不是复原工程。

然而,除了所有这些否定性评论之外,必须提到另一点,我们至少可以从目前的巨人厅获取有关名人厅的非常重要的资料。因为,抛开所有具体的变化,最初的厅与今天的这间厅在整体格局和装潢外观上基本一致。16世纪装潢的最大特色是镶板的划分和每块镶板又分为英雄的画像、生活场景和题词(tituli)三部分。前面引述的有关旧厅的一些陈述清楚地表明,14世纪晚期的文艺复兴艺术家们已经使用过同样的格局。隆巴多·德拉·塞塔在其《名人传》续篇的装饰中,歌颂弗朗切斯科·伊尔·维克乔,因为后者在其宫殿里以“画像和铭文”赋予这些人以荣誉。[78]米歇尔·萨沃纳罗拉明确表示,帝王厅展示了“罗马将军们惟妙惟肖的画像和他们的丰功伟绩”,展示了他们生活中的光荣场面。[79]杰罗 152
拉莫·凯姆帕格诺拉也证实了壁画中历史场面的存在。他清晰地描述了其中之一,“阿维佐在大厅的左侧绘制了朱古达的被俘和马略的大捷”[80]。

关于隆巴多提到的题词,有一个问题,即它们是否由彼特拉克本人撰写。我们从隆巴多那里得知,弗朗切斯科·达·卡拉拉请彼特拉克将其大部头著作《名人传》“缩成简本”。[81]彼特拉克开始着手做这件事,以满足其王子朋友的愿望。但是,在彼特拉克去世之时,他才完成了此系列中的14篇传记。所以,这部概要,或广义上的摘要,不得不由隆巴多·德拉·塞塔完成。[82]隆巴多在其奉献给弗朗切斯科·达·卡拉拉的简本的献词中,他直截了当地描述了《概要》的特点。"我用笔写而不是绘制人物肖像,以便人们无需揣摩内心世界便可以从直线轮廓中看出人物的特点。"[83]

一种说法是,隆巴多的这一陈述似乎在《概要》的文字描述和名人厅的绘制肖像之间建立起某种类比,而后者或许仅仅是灰色单调的绘图。[84]此外,根据这个相似点,一些学者进一步断言,彼特
153 拉克和隆巴多特意撰写这些简短的传记,作为卡拉拉宫殿大厅里的画像和场景的题词。[85]

尽管这个假设相当诱人,但有两点使之不成立。首先,彼特拉克和隆巴多都未曾有过此类直接陈述。两人在这点上的沉默本身就相当说明问题。需要谨记的是,隆巴多极其明确地指出了彼特拉克的历史描述与弗朗切斯科·达·卡拉拉的图像再现之间所存在的其他方面的密切关系。[86]除了这个"保持沉默"的证据以外,《概要》所收集的传记的长度似乎也不支持上述假设,或者至少这些不可能是专门作为题词撰写的。我们仔细查看1581年版的《概要》,发现只有5篇传记相当短(12—18行字),三分之二的传记长约30—40行字,朱利乌斯·凯撒的那篇长达50行字。从镶嵌铭文的镶板的尺寸来看,每一行能容下的字数应该大致与印刷版的每行的字数相等,也就是说,每行约有10—12个字。然而,这样的30—40行字的题词读起来一定非常不方便,看上去也不雅观。所以,比较可能的情况是,彼特拉克和隆巴多撰写《概要》,以便弗朗切斯科·伊尔·维克乔和其他人能够利用它作为名人厅的袖珍指南。实际上,场景画面下的题词可能简洁得多,或许类似于锡耶纳大教堂图书馆的平托里奇奥(Pinturicchio)的壁画的铭文,这些壁画表现了教皇庇护二世(Pius II)的主要生平事迹。[87]

那么,虽然我们不可能重新建构名人厅里最初的题词,我们却
154 有幸利用那些曾经装扮了名人厅的罗马伟人的生平事迹的历史场景。因为从多纳托·德利·阿尔巴赞尼(Donato degli Albanzani)的彼特拉克《名人传》的译本手稿的许多彩图中,我们能够在某种程

度上了解这些失落的壁画的外观和主题。1400 年左右，多纳托在意大利北部，或许是为帕多瓦的帕帕法瓦（Papafava）家族翻译了这本著作。该译作的手稿现今保存在达姆斯塔特国家图书馆。它是 45 页羊皮纸的手抄本，长、宽各约 14 英寸和 9 英寸。[88]每页分为两栏，抄书人留出每页下部给彩图用。然而，总共只有 24 幅彩图，平均尺寸是 2.5×7 英寸；多数传记的以普通字体的字母开头，但其中有 7 篇传记以其主人公名字的字头图像开篇。[89]这份手稿扉页的反面是彼特拉克在其书房中的大幅画像（图 6）。文本首页的上方是《名人凯旋》（*Triumph of Fame*）的图画（图 32）。

朱利乌斯·冯·施罗塞尔（Julius von Schlosser）首先发现和描述了达姆斯塔特手抄本。他立刻指出扉页上的彼特拉克画像肯定不是原本，但它却非常精确地拷贝了保存下来的 14 世纪文艺复兴时期的诗人的画像。这幅修整不佳的画像被保存在现今的帕多瓦巨人厅里。[90]另外，施罗塞尔观察到，这份手稿是为与卡拉拉王朝关系[91]密切的一个帕多瓦家族撰写的。他得出结论，其他的彩图也可能源自最初的名人厅里的画像。总而言之，施罗塞尔明确表示，达姆斯塔特手稿中的彩图“使我们对（失落的）壁画的外观和内容有了一个粗略的了解”。[92]

此外，施罗塞尔还指出名人厅里最初的壁画中或许也有一幅表 155
现《名人凯旋》。[93]因为达姆斯塔特手稿中发现的这一主题的表现形式（图 32）酷似《名人传》的其他两本原稿的开篇装饰图案；后两者均在大约同一时间的帕多瓦写成：一本在 1379 年，另一本在 14 世纪末。[94]由于这三幅彩图相似，并且同出自帕多瓦一地，因此它们可能都源自卡拉拉宫殿里的一幅壁画。考虑到名人厅的整体布局，《名人凯旋》图画可能被绘制在东墙上，它的对面是包括彼特拉克和隆巴多的画像的那面比较短的墙。在中间的两面长墙上画的是女神和诗人——史学家眼中永垂不朽的人物的图像。

与此相关的另一个观察是，施罗塞尔和其他学者们认为，帕多瓦的这三幅彩图和后来的《名人凯旋》的图画作品都沿用了薄伽丘的《爱之景》（*Amorosa Visione*）中的“名人凯旋”的概念；艺术家们只

得依据薄伽丘的概念，因为彼特拉克在他的《胜利》中没有提供此
156 次大捷情节背景的准确描述。[95]必须补充的一点是，这三幅帕多瓦彩图及其拟想的名人厅里遗失的样本图至少在一点上不同于其他的“名人凯旋”图。后来的凯旋图总是表现英雄被男人和女人围绕，而这三幅出现在帕多瓦的手稿中的开篇装饰彩图表现的却只有男人（图 32）。理由相当明确，无论在这些手稿，还是在名人厅里，都没有给女人留一个合适的位子。只有当艺术家们开始在一般意义上表现《名人凯旋》，而不是用图像刻意描绘彼特拉克的史学著作的时候，他们才开始依据彼特拉克本人的《胜利》和薄伽丘的《爱之景》，在他们的绘画作品中表现女人。后一种表现方法的第一个例子是一个 1400 年左右的佛罗伦萨卡索奈长箱上（Florentine cassone）的《名人凯旋》图。尽管它与“达姆斯塔特彩图密切相关”，[96]它却从反向表明男人和女人同样关注名人。

现在我们转向分析名人厅里的图像，或者在某种程度上保留了原型图像的达姆斯塔特手稿里的“拷贝”图像中的历史场景，我们必须记住，它们是为表现彼特拉克的《名人传》中的主要情节场面绘制的。图画表现形式和历史文本叙述的对比确实表明，艺术家或艺术家们几乎总是描绘彼特拉克本人在其传记中核心描述，或者至少予以显著地位的事件。[97]

因此，就有这样的例子。图鲁斯·霍斯迪留斯王传记的一多半都在描述霍拉蒂三胞胎和库力阿蒂三胞胎之间的搏斗，[98]达姆斯塔特手稿有两幅插图表现这个场景（图 13 和图 14）。图 15 展示安科
157 思·马流思敬拜一尊神像，彼特拉克的文本中确定这是朱庇特·斐勒特流士神（Jupiter Feretrius）。在同一传记的其他段落中，彼特拉克特别强调了安科思·马流思王对宗教事务之关注。[99]另一幅彩图（图 17）表现霍拉休斯·柯克莱斯在台伯河游泳。彼特拉克在此篇传记的开头声明：“我对这个人的了解只有那场著名的和难以令人相信的古罗马木桩桥（*pons Sublicius*）防御战。”[100]辛辛那塔斯传记里的彩图（图 17）准确地描绘了当他“独自一人忙于耕田时”[101]，被元老院派出的使者找到的情景。细密画画家同样精确细致地绘

画了马库斯·瓦勒流斯·科威努斯(Marcus Valerius Corvinus)生活的巅峰时刻(图 21)。在苏爱苏拉(Suessula)战役后,他的士兵们“献给他敌方的 4 万块盾牌和 70 面旗”[102]。最后,年轻的汉尼拔宣誓抗击罗马人的图画(图 28)代表一个绝好的选择。因为正如彼特拉克本人在汉尼拔传记开篇时宣布的那样,这件事预示了他的整个职业生涯。[103]

很多时候,图画包含的细节与文本表明的特定事件惊人地吻合。例如,在布鲁图斯的传记中,彼特拉克讲述了卢克雷蒂亚(Lucretia)向其朋友吐露了她的悲伤生活,然后自杀身亡的故事。之后,彼特拉克继续写道:“其他人悲伤万分,放声痛哭;而布鲁图斯却显示出自己就是公众报复的领袖。”[104]彩绘师非常成功地表现了这个鲜明的对比:一边是观看卢克雷蒂亚自杀,并表现出同情的
旁观者;另一边是布鲁图斯的激烈反应和行动(图 16)。在同一幅 158
图像中,布鲁图斯的胸铠上刻着自由人三字,它反映彼特拉克在布鲁图斯传记开篇所作的陈述“布鲁图斯是自由的奠基者”。在许多表现罗马军人的凯旋场景的图画中,彩绘者通常画两匹马拉战车。但只有一个例外,那就是卡米拉斯凯旋,有四匹马拉车(图 18)。这与彼特拉克的叙述完全吻合。他说(显然没有任何古代资料来源的证实)卡米拉斯在取得首次大捷后,乘坐“四匹白马拉的金色战车”凯旋进入罗马城。[105]在曼利乌斯·托克图斯传记中,彼特拉克讲述曼利乌斯如何请求保民官庞波尼乌斯不要控告其父亲。他这样说:“旁观者们被支开后,只有曼利乌斯一人被允许留在现场。他突然把剑架在了保民官的头上。”[106]彩图(图 20)表现曼利乌斯以其剑恐吓保民官,而三名卫兵站在门外的情景,描绘非常准确到位。彼特拉克是这样叙述老西庇阿·阿非利加努斯的胜利的:“根据波里比阿(Polybius),西法克斯国王(King Syphax)被迫与其他战俘一起为胜利者的战车保驾”[107]。描绘这个场景的彩图(图 30)中那个头戴王冠的人的确是非洲人国王。

可以认为,图画表现形式和文字叙述之间的高度吻合完全是彩绘师仔细研习彼特拉克史学著作的结果。所以,没有必要假设这

是彼特拉克本人亲自指导的结果。然而，至少在一幅彩图的个案中，第一种解释显得欠缺。在罗慕洛的传记中，我们发现有一幅画，它表现的是罗慕洛和雷穆斯修建罗马城以及两兄弟间的争斗，
159 图画中的两兄弟对峙于建筑中的城墙的两侧（图 12）。罗慕洛杀死雷穆斯是两兄弟争斗的高峰，是众所周知的罗马历史事实之一。此外，从画师的角度来看，罗慕洛杀死雷穆斯的实际场面可能是一个有趣的主题，画师应该为之感到庆幸。但是，画师却没有选择描绘这个实际场面，这似乎有些奇怪。请注意，圣奥古斯丁的《上帝之城》的两份法文手稿中的彩图也绘制于 14 世纪晚期，它们表明了该隐杀亚伯与罗慕洛杀雷穆斯两件事之间的相似性（图 33）。[108]仔细研究彼特拉克《名人传》的两个版本就会发现帕多瓦艺术家们对这个著名事件的奇特描绘的原因。因为彼特拉克在较长文本中的罗慕洛传记中提及“雷穆斯被杀了”，但没有提到罗慕洛应该对其兄弟的被杀负责。[109]而在《概要》中，彼特拉克甚至省略了整个事件。[110]彼特拉克读过《上帝之城》，他自然知道圣奥古斯丁所描绘的这两例人人皆知的兄弟残杀事件的相似性：它们处于“世俗之城”的开端，是“第二个巴比伦”的肇始。[111]尽管彼特拉克了解这个史实，他却在这点上明显地背离了古罗马资料来源以及圣奥古斯丁的权威。[112]这就更值得注意了。既然彼特拉克如此特别地有
160 意忽视这个有名的历史事件，并不再强调其公认的重要性，因此他在其《概要》中就完全忽略了它。我们似乎可以同时做出这样的假设，彼特拉克以此暗示帕多瓦名人厅的艺术家们应该省去兄弟残杀的场面，仅仅绘制两兄弟的争斗即可。这个例子好像支持马尔坎东·米歇尔的陈述，即“彼特拉克提供了这些图画的主题内容”[113]。

关于其中七篇传记的字头小彩图（图 34—39），没有必要谈论什么。与描绘历史场面的图画一样，它们也具有以彼特拉克的著作文本为源的特点。举例说明：被彼特拉克在传记中称之为“立法者”[114]的努玛·庞培里乌斯王在图中手持一本书（图 34）。“在贾尼科洛（Gianicolo）附近修建了城墙的”安科思·马流思[115]在图中手捧

带城墙的城市模型(图 35)。画像中的农夫辛辛那塔斯身着典型的农夫衣裳(图 39)。乍看之下,人们可能会认为这些彩图是我们已经见到的厅堂里那些被置于历史场景图画上方的巨幅肖像的微缩复制品。但是,鉴于有些字头不包括个人的"画像",而是对历史情景的描绘(图 36—38)。因此,这个假设似乎不成立。

达姆斯塔特手稿中的彩图和那些假定遗失了的卡拉拉宫殿的壁画有一个特别有趣的特点,那就是某些历史场景中的建筑背景。R. 范·马勒(R. Van Marle)指出,14 世纪晚期的帕多瓦建筑的一个特点是,帕多瓦学派的绘画大师们关注表现建筑风格和结构。[116]但是,那个时期的其他帕多瓦绘画作品表现的多数建筑物似乎是地方的或者想象的大厦,而名人厅里的装潢明显地试图把罗马历 161
史场景安置在罗马城或者它的主要建筑物的背景中,就像它们在 1400 年左右的实际情形那样。

所以,在达姆斯塔特手稿的彩图中我们看到了下面的罗马建筑物。[117]图 11:三个明显的拱形门可以确定这是亚努斯拱门(Janus Quadrifons 或 Arco di Giano)。图 12:圣天使城堡(Castel Sant'Angelo)、罗马竞技场(the Colosseum)、梵蒂冈尖塔(the Vatican Obelisk)和亚努斯拱门。图 16:梵蒂冈尖塔、万神殿(the Pantheon)、亚努斯拱门。图 19:万神殿、梵蒂冈尖塔和一个圆柱,或许是图拉真圆柱,或许是马可·奥勒留圆柱。图 23:圣卡瑟瑞的尼科拉教堂(the Church of S. Nicola in Carcere)。[118]在图 11、12、16、 162
18 和 19 中的教堂采用了非写实绘制手法,所以似乎不可能识别出每个特定建筑物。[119]同样无法确定图 12、16、19 和 23 中的哥德式宫殿。因为对 14、15 世纪的图像表述和文学描述的研究排除了此建筑物为元老院宫殿的可能性;[120]同一研究似乎也不包括任何其他与这些图画中的建筑外观相似的建筑物[121]。

我们将会看到,所有可以确认的建筑物或有古典之源,或至少包括古代的元素,比如圣卡瑟瑞的尼科拉教堂吸收了两座异端神庙的遗留文化元素。[122]实际上,达姆斯塔特手稿中列举的建筑物包括了中世纪末仍然存在的最具代表性的古罗马古迹。其中最重要的有万神殿、罗马竞技场和圣天使城堡。梵蒂冈尖塔至少出现在三幅彩图中，这不仅因为它是整个中世纪唯一保留下来的罗马尖塔，而且更因为它与一些流行的民间神话有关。[123]根据《罗马奇观》
163 (*Mirabilia urbis Romae*)一书，中世纪的所谓尖塔是朱利乌斯·凯撒的纪念堂："装有他骨灰的石棺威严肃穆地安息在那里，正如整个世界在其终生服从于他一样，甚至在死后他仍要永远保持同样的地位。这就是目的所在。"[124]彼特拉克熟悉那个传统，因为在他的书信中，他谈到"置于铜狮上的那块惊人尺寸的石头代表皇帝的神圣，根据神话传说，上面放置着朱利乌斯·凯撒的尸骨"[125]。

一方面，梵蒂冈尖塔的出现或许是由于这个纪念碑与凯撒的神话有关；另一方面，彼特拉克的《名人传》的彩绘师在罗马竞技场的绘制上却绝对背离了同一中世纪传统。《罗马奇观》声称，罗马竞技场"的天穹全由镀金黄铜覆盖"。[126]这个陈述经常被重复使用。比如，与彼特拉克同时代的佛罗伦萨人法利纳塔(Fazio degli Uberti)的宇宙诗篇《环绕世界》(*IL Dittamondo*)中就引用了这个陈述。[127]相应地，在14世纪30年代绘制的两张地图[128]以及15世纪中叶的《环绕世界》的彩图版的原稿中[129]，罗马竞技场被画为穹顶。相反，15世纪帕多瓦的彩绘家却尽其最大可能还原罗马竞技场的原貌(见图12)。[130]

164 彼特拉克毕生都非常感兴趣于他所拜访过的城市的史迹，特别是罗马城的历史古迹。这在其书信和其他文学作品的众多段落中都表现出来。[131]在他的英雄史诗《阿非利加》(*Africa*, VIII, 862—951)中，他详尽地描写了迦太基大使在第二次布匿战争结束后到罗马所游览过的那些古迹。有人对彼特拉克的描述作出了恰当的评论，"它直接见证了彼特拉克对这些古迹的挚爱"[132]。考虑到彼特拉克的兴趣和学识，一个人往往会认为选择实际的罗马背景，甚至选定某些特定的古迹，并在名人厅里展示，是彼特拉克的建议。而彼特拉克也的确"提供了这些画像的主题内容"。另有一事实支持这个假设：彼特拉克在阿克瓦和帕多瓦安度晚年期间，常常在其家中雇佣抄书人和彩绘师。我们从写于1371年的一封信中得知此事。[133]我们可以得出

结论，彼特拉克经常给那些为其著作和他收集的其他人的著作制 165
作彩图的画家做明确指导。彼特拉克本人也有画家的禀赋。在《阿非利加》(III,140—262)的一段落中，他证明了自己能够制作一幅非常生动的古代神灵的相貌和特征属性的图画。[134]

普林斯·戴斯林格和尤金·曼茨指出，达姆斯塔特手稿彩图"最鲜明的特征之一"是，"建筑和服饰都明显是14世纪，而非古罗马的"。[135]这个观察是正确的。人们甚至可以更进一步地指出其中的幼稚的时代错误，即基督教堂的图画持续出现在非基督教徒的历史场景中。在这个方面，为彼特拉克《名人传》制作彩图的帕多瓦的彩绘家们仍然受到其时代的艺术传统的阻碍。因为，尽管"表现古代变成了14世纪西方插图画家们所喜爱的主题之一"[136]，但是这些人与多数同时代的画家一样，往往按照自己时代的风格描绘古代建筑物。[137]因此，14世纪文艺复兴时期的版画艺术家仍然不具备表现古代历史的原貌原型的能力，但是彼特拉克的诗文和史学著作却在这点上取得了巨大的成功。

但是，如果说名人厅的装潢者们的成就的确比不上后来的曼特尼亚(Mantegna)等绘画大师是事实的话，那么通过展现罗马城的一些最具特点的古代建筑，他们至少为创造一个特定的罗马背景
做过积极的努力，这是应该称颂的。这种努力还表现在两幅古代 166
庙宇的图画上(图15和图27)：我们看到在庙宇的神坛上放置着人们祭拜的裸体神灵塑像，艺术家们没有对此表示明显的异议。因为它们是作为典型的"古典"环境的表现，而不是许多中世纪绘画作品表现的圣徒生活或其他宗教主题中的异教徒偶像崇拜的案例。[138]此外，尽管达姆斯塔特手稿中的罗马政治家和勇士以及他们的战役和大捷对现代评论家来说不是如此的"古典"，但是，他们看上去比包括罗马历史彩图的所有当代手稿中出现的武装骑士们更豪放或侠义。[139]我们必须谨记一点，1400年左右的艺术家们仍然具有欧文·潘诺夫斯基(Erwin Panofsky)和弗里茨·萨克斯尔(Fritz Saxl)所描述的中世纪人们的一般心理："因为不能够像现代人一样理所当然地认识到古典形式和古典主题内容的统一，(中世纪的人

们)实际上有意避免两者的结合——因为我们应该懂得,把人们公认的两种分离的事物结合在一起对普通艺术家和普通观众来说均没有意义。"[140]

167 彼特拉克整个创作工作鲜明地表现出他为统一古典内容与古典形式和表现方法所作的刻意努力。在这点上,彼特拉克比当时的艺术家们更超前。尽管彼特拉克的尝试称不上完美,但是他的历史著作中的彩图至少反映了诗人的这种新方法。

还有一个问题。全欧洲的王公和贵族,甚至富有的市民们在他们的住宅墙面上绘制描写历史和神话人物和事件的壁画,这已经成为整个中世纪的普遍做法。在所选定的各种各样的主题中,有流行的传奇故事。比如,亚历山大大帝、特洛伊(Troy)和底比斯(Thebes)、亚瑟王和圣杯系列(Holy Grail),或者著名的《九吕氏春秋》(*the Neuf Preux*),后者包括希伯来人、非基督教徒和基督教徒英雄各三位[约书亚(Joshua)、大卫(David)和犹大马加比(Judas the Maccabaen);赫克托耳(Hector)、亚历山大大帝和凯撒;亚瑟,查理曼大帝和布戎的戈弗雷(Godfrey of Bouillon)];有时候,与它一起的还有《九女吕氏春秋》。[141]帕多瓦的名人系列是如何与这个传统融合的呢?大量相关资料提出类似问题,据此,我们认为应该对14、15世纪早期发生在意大利的最重要的装饰工程进行总体研究。

第一个例子似乎是乔托的作品。1332年左右,他为那不勒斯的罗伯特王绘制了多幅画,其中包括卡斯特努沃(Castelnuovo)的名人纪念堂的装潢。遗憾的是,这个作品在15世纪被毁掉了。[142]然而,这些壁画中的九位英雄与传统的九名人不一致;其中没有基督教徒,只有两名希伯来人(所罗门[Solomon]和参孙[Samson])和
168 七名非基督教徒[亚历山大、赫克托耳(Hector)、埃涅阿斯(Aeneas)、阿基里斯(Achilles)、帕里斯(Paris)、赫拉克勒斯(Hercules)和凯撒];或许他们的妻子的画像也在其中。[143]

几年之后的1340年,阿佐·维斯康提(Azzo Visconti)为其在米兰的新宫殿题词"一座宏大的宫殿……其中绘制的既有虚荣自负者,也有世界上杰出的异教徒王子们,比如埃涅阿斯、阿提拉

(Attila)、赫克托耳、赫拉克勒斯以及其他几位。但是其中只有一个基督教徒——查理曼大帝，然后就是阿佐·维斯康提"[144]。

根据瓦萨里，大约在弗兰西斯科·伊尔·维克乔·达·卡拉拉宫殿的名人厅装饰壁画的同时，阿蒂基耶罗在毗邻的维罗纳城装饰了"他们的巨大宫殿(德拉斯卡拉家族的)……并根据[弗拉维(Flavius)]约瑟夫斯(Josephus)的叙述，在殿堂里绘制了耶路撒冷战争的图画。在这项工程中，阿尔迪吉利(Aldigieri)表现了伟大的精神和判断力。他把一个场景分布到大厅的每面墙上，用一个单一的装饰将其环绕起来。在这个单一装饰的上方，他放置了一排纪念章，就像要比较两者一样。有人认为纪念章中有那个时代许多杰出人物的肖像，尤其是德拉斯卡拉家族的贵族(Signori della Scala)……弗朗切斯科·彼特拉克(messer Francesco Petrarca)的画像是众多卓越和博学人物的肖像中的一幅"。[145]根据瓦萨里《名人传》(*Lives*)一书中的同一段落，"雅各布·阿维佐和阿尔迪吉利两人共同完成了此厅堂的装饰工程。在上述图像的下方，他绘制了两幅最美丽的凯旋图。壁画也同样表现了非常高雅的艺术和良好的态度，以至于杰罗拉莫·凯潘格诺拉称，曼特尼亚屡屡称赞它们是非常少见的优秀绘画"[146]。

瓦萨里在其《名人传》中做了另一点评。大约同一时间(约1370)，乔托曾为罗马的奥希尼家族(the Orsini)的殿堂的一"名人厅"作画。[147]

大约在14世纪末，弗罗伦萨似乎出现了许多"名人"系列图。 169
据我们所知，14世纪的四位佛罗伦萨诗人[但丁、彼特拉克、泽诺比奥·达斯特拉达(Zenobio da Strada)和薄伽丘]的画像的制作是在法官和公证人联合会的委托下完成的。[148]另一绘画系列在"佛罗伦萨宫殿的小礼堂"，在尼诺斯(Ninus)、亚历山大、布鲁图斯、卡米拉斯、西庇阿和西塞罗等诸多古代英雄当中有佛罗伦萨诗人克劳迪安内斯(Claudianus)等的画像。人们认为，柯卢乔·撒鲁塔提(Coluccio Salutati)为这些画像撰写了题词。[149]根据瓦萨里，科西莫·美第奇(Cosimo Medici)的父亲乔瓦尼(Giovanni)委托比奇·

罗伦佐(Lorenzo di Bicci)“为美第奇家族的旧宅礼堂作画……那里至今依然可见的名人画像保存得相当完好”[150]。非常遗憾的是，所有这些佛罗伦萨壁画几乎都没有保留下来。

1407—1414 年间，塔蒂奥·迪·巴尔托洛(Taddeo di Bartolo)装潢了锡耶纳(Siena)的市政厅教堂。与我们有关的只是这座教堂的门廊。在这里，塔蒂奥不仅画了当代罗马的全景以及朱庇特、马尔斯、阿波罗和帕拉斯(Pallas)的肖像，而且还绘制了九位古代名人的画像(亚里士多德、凯撒、庞培、西塞罗、加图、库利乌斯·登塔图斯、西庇阿·纳西卡、卡米拉斯和西庇阿·阿非利加努斯)。画像下面用拉丁文记述他们的品德和业绩。除了布鲁图斯和拉里乌斯(Laelius)的画像以外，我们还可以看出正义、高尚、谨慎、刚毅和虔诚等美德象征；我们也可以看到圣克里斯托弗(St. Christopher)、犹大马加比和世尊的安布罗焦·圣赛东尼(Ambrogio Sansedoni)的艺术表象。乍看之下，非基督教和基督教元素的结合似乎奇怪和不协调。但是，这个结合的意义在一段用本地语言写的 15 行字的铭文中清楚地显示出来。它的开头是这样的：“尊贵
170 的摄政王者，如果您们想保证永久统治，看看这些(肖像)吧。”[151]这些过去的伟大的非基督教徒和基督教徒人物的画像以及他们的某些美德每时每刻提醒着每天去往锡耶纳市政厅的当政者们，他们要有道义职责。

大约在同一时间，即 1413—1424 年之间，温布利亚地区弗里奥的特林奇家族为了纪念从罗慕洛到图拉真共 20 位罗马政治家和将军，在他们的宫殿里建造了“帝王厅”。其中既有绘画，又有弗兰切斯科·达·非阿诺(Francesco da Fiano)撰写的拉丁文警句。[152]

最后，我们终于看到了一件《九吕氏春秋》和《九女吕氏春秋》的样板作品。它的日期是 15 世纪的第三个 10 年，地点在萨鲁佐(Saluzzo)附近的曼达城堡(Manta Castle)的一间厅堂。[153]它似乎是在意大利国土上保存下来的以中古侠士为主题的唯一典型的作品。它是由一名法国画师绘制的，发现于一直受法国文化强烈影响的皮埃蒙特(Piedmont)。因为在整个中世纪后期，这个《九吕氏

春秋》的特殊主题在法国比任何其他地方都更流行。[154]

当然,"名人"系列画像的绘制工作在15世纪的意大利各地继
续着。[155]其中保罗·乔威奥(Paolo Giovio)的收藏最重要和最知名, 171
他把保存有其画像收藏的博物馆称作"权能殿"。[156]

我们从上述全面研究中了解到,帕多瓦的名人厅与同一时期的其他"名人纪念堂"有一定的相似性。例如,帕多瓦画像的下方有题图里(tituli),在所有的佛罗伦萨的遗失的壁画、锡耶纳的市政厅教堂门廊里的壁画、曼塔城堡的壁画以及弗里奥特林奇宫里的壁画的下方都有题图里。[157]几乎可以确定的是,帕多瓦名人厅包括一幅名人凯旋图,北部意大利的两大王宫家族——米兰的维斯康提家族和维罗纳的德拉斯卡拉家族所装潢的殿堂也有名人凯旋图。

但是比这些相似性更重要的是,帕多瓦名人厅的绝对的罗马主
题内容似乎是独一无二的,[158]它在早期文艺复兴的意大利艺术史 172
上应该得到特别关注。我认为,这个独特性只有一个思想来源,那就是彼特拉克本人的构思。如前所述,彼特拉克起初想为"所有国家和所有时代的杰出人物"著书立传。这样的计划与惯常的中世纪的普世史概念相符。在他的《胜利》,特别是《名人凯旋》中,彼特拉克忠实地遵循这个传统。他列举了来自《〈圣经〉旧约》、古希腊—罗马、中古传奇故事的许多著名男女人物。但是,就他的历史著作而言,彼特拉克很早就决定只撰写一个时期和一个民族,那就是从罗慕洛到图拉真的罗马繁盛时代。彼特拉克在其最新近的一篇文字中简洁地阐述了他的这个新历史概念"所有的历史除了颂扬罗马,还能有其他什么呢?"[159]即使在这个有限的范围内,彼特拉
克也没有意向撰写罗马历史上所有杰出的人物。相反,他认为其 173
撰写计划中的那些名人必须是那些因为内在美德而扬名历史的人,他们的美德推动他们创造了值得后人纪念和效仿的伟大业绩。

我们在彼特拉克的最后一版《名人传》中读到的那些伟大的罗马英雄们体现了彼特拉克非常明确的价值观。可以确定的是,名人厅里的这些英雄人物的肖像以及肖像下方描述他们主要丰功伟绩的图片场景和铭文题图里,都旨在表现同样的规范特点。

当我们仔细观察在彼特拉克有生之年装潢的其他“名人纪念堂”的格局时，我们即刻发现它们都不符合彼特拉克的这个基本概念。维罗纳殿堂的装潢主题跟罗马无关，甚至根本是两码事；那里装潢的是弗拉菲乌斯·约瑟夫斯《犹太战史》(*Jewish War*)的图画和14世纪的政治和文学人物的画像。按照彼特拉克的名人标准，米兰城堡里绘制的人物，比如阿提拉和查理曼大帝，显然不符合条件。因为他们的力量来自命运女神(*fortuna*)的恩赐，而不是自身的美德(*virtus*)。[160]尽管彼特拉克赞赏乔托在那不勒斯的工作，但是他在其《通向叙利亚之路》(*Iter Syriacum*)中却只字未提乔托在卡斯特努沃绘制的奇怪的《九吕氏春秋》及其妻子们的图画，这似乎有些奇怪。[161]如果必须对此忽略有个说法的话，或许可以这样理解，彼特拉克认为那种选择英雄的方式纯属武断，所以不值得给予评论。为了表明拒绝与其格格不入的事情的态度，彼特拉克在其他有些情况下也采取了视而不见的做法。

174 在后来的“名人纪念堂”中，只有弗里奥特林奇宫的那个似乎与彼特拉克的想法相近。因为它只包括从罗慕洛到图拉真时代的罗马政治家和将军，并且我们发现这里绘制的20位名人的画像中有16位属于彼特拉克的名人系列。但是，彼特拉克认为其他四位人物中的三位显然没有资格作名人。他们是：自杀的加图·乌提森西斯、堕落的提比略和卡利古拉(Caligula)。

因此，帕多瓦名人厅与诸多意大利文艺复兴早期装潢的名人纪念堂相比，似乎鹤立鸡群。从这个角度来看，名人厅与《名人凯旋》以及对罗马伟人的画像及其丰功伟绩的描绘，所有这一切都表明，在名人厅里陈列彼特拉克的画像是尽在情理中的事，因为正是他赋予了这项具有鲜明统一特点的绘画工程以灵感。

彼特拉克在他的所有著作中都努力唤起其同时代的意大利人对罗马美德(*virtus Romana*)伟大化身的记忆。彼特拉克在其《名人传》的序言中宣称：“如果我没有错的话，史学家的一项富有成果的任务是让读者明白他应该效仿或者避免什么，为此我各自给出了诸多典型例子。”[162]

8. 彼特拉克和帕多瓦名人厅的装饰

在帕多瓦的弗朗切斯科·伊尔·维克乔·达·卡拉拉宫殿的名人厅里，彼特拉克那堪称典范的罗马历史概念通过罗马伟人的化身得以生动表达。隆巴多·德拉·塞塔写给下令进行此项独特的装潢工程的王子的文字也可以成为每位画像欣赏者的训诫："您热爱的这些人行为高尚，值得将他们永远铭记心间"。

注释：

1. 鉴于这篇文章所讨论的问题，作者不得不转向有些不属于他的研究领域。为此，作者非常感谢曾经给他提出了宝贵意见和建议的 B. Degenhart，E. Mandowsky，E. Panofsky 和 W. L. Woodfill 等朋友们，以及哥伦比亚大学文艺复兴研讨会的参会者（作者曾在 1950 年春将该文提交给研讨会）。作者也致谢帕多瓦的 Danesin 允许他引用图 2、3 和 4 中的照片。
2. M. Meiss, *Painting in Florence and Siena after the Black Death*, Priceton, 1951, p. 6, pp. 70—71；有关彼特拉克对乔托的评论，见 R. Salvini, *Giotto, bibliografia*, Rome, 1938（第 5 页上的注释 9—11）。
3. F. Antal, *Florentine Painting and Its Social Background*, London, 1947, p. 103.
4. [V. Massèna] Price d'Essling and E. Muntz, *Pètrarque: ses ètudes d'art, son influence sur les artistes, ses portraits et ceux de Laure, l'illustration de ses ècrits*, Paris, 1902, p. 60；也见 L. Venturi, 'La critica d'arte e F. Petrarca," L'Arte, xxv, 1922, pp. 238—244; L. Chiovenda, "Die Zeichnungen Petrarcas," *Archivum Romanicum*, xvii, 1933, pp. 1—61（及参考文献）。
5. 见 W. Weisbach, *Trionfi*, Berlin, 1919 一书的多处。
6. 见前揭 Price d'Essling and E. Muntz 的书的第 III 章（83—100 页）。
7. 关于 Lombardo，见 G. Ferrante，"Lombardo della Seta umanista padovano," Atti d. R. Istituto Veneto d. Scienze, Lettere ed Arti, XCIII, part II, 1933—34, pp. 445—487; G. Billanovich, Petrarca Letterato, Rome, 1947, 1, part III, 多处。
8. Paris, Bibliothèque Nationale, Cod. Lat. 6069 F, fol. 144r: " Hos non modo mente et animo ut uirtutum amantissimus hospes digne suscepisti, sed et. aule tue pulcerrima parte magnifice collocasti et more maiorum hospitaliter honoratos auro et purpura cultos ymaginibus et titulis admirandos ornatissime tua prestitit magni animi gloriosa conceptio, que cum similes sui ut supra dictum est reddat effectus, nec tui nec innate uirtutis oblitus in forma

ecxellentissime picture extrinsecus expressisti, quod intus ab arduo erat conceptum ingenio, ut assidue in conspectus haberes, quos diligere ob magnitudinem rerum studueras." D. Rossetti, *Petrarca*, *Giulio Celso e Boccaccio*, Trieste, 1828(pp. 226—232)中的隆巴多的前言部分多少有些差错,可以作比较。

9. J. von Schlosser 首先对这个问题做了最基本的探讨。"Ein Veronesisches Biderbuch und die hofische Kunst des XIV. Jahrhunderts", *Jahrbuch der Kunsthistorischen Sammlungendes Allerhochsten Kaiserhauses*, xvi, 1895, pp. 183—193。
10. A. Fitzgerald, "Guariento di Arpo", *Memoirs of the American Academy in Rome*, IX, 1931, pp. 170. - H. Keller, "Die Entstehung des Bildnisses am Ende des Hochmittelalters", *Romische Jahrbuch fur Kunstgeschichte*, III, 1939, p. 355, 确定壁画的日期在"1347—1365 年之间"。
11. P. de Nolhac, "Le 'De viris illustribus' de Pétrarque", *Notices et Extraits des manuscripts de la Bibliothéque Nationale et autres Bibliothéques*, xxxiv, 1891, p. 64, n. 3. 也见前揭 d'Essling and E. Muntz 的书的第 46 页。
12. 关于献书一事,见前揭 P. de Nolhac 的书第 63—65 页; G. Martellotti, "*Epitome e Compendio*," *Orientamenti Culturali*, II, 1946, pp. 209—211。
13. 有关彼特拉克与卡拉拉家族的关系,见 A. Zardo, *Il Petrarca e i Carraresi*, Milan, 1887; A. Gloria, *Documenti inediti intorno al Petrarca*, Padua, 1878; A. Medin, "Il Petrarca a Padua e ad Arquà," *Padova a F. Petrarca*, Padua, 1904, 第 3 页及以后各页。A. Limentani, "L'amicizia fra il Petrarca e i principi di Carrara," *Padova*: *Rassegna Mensile del Comune di Padova*, x, 1937; 前揭 G. Billanovich 的书的 I,第 297 页及以后各页。
14. 见 *Fam.* (ed. V. Rossi) XXIII, 20, §§5—6.
15. *Sen.* X, 2; XI, 2, 3 &17; XIII, 8; XIV, 1 & 2; XV, 5; *Epistola Posteritati*, ed. E. Carrara, *Annali d. Istituto Superiore d. Magist. Di Torino*, III, 1929, p. 308, §§40. 至于这些信件的日期,参照 E. H. Wilkin, *The Prose lettersof Petrarch*: *A Manual*, New York, 1951. 该书提供极有帮助的编年大事记和参考书目。
16. Sen, XI, 2; XIII, 8; Xi, 3.
17. 比较 Sen, XIII, 9; XIV,1 & 2。
18. *Sen.* X, 2; XIV, 2.
19. *Sen.* XIV, 1 (ed. V. Ussani, Padua, 1922).
20. G. Fracassetti, *F. Petrarcae epistolae de rebus familiarbus*, Florence, 1863, III, p. 541;这份文件的日期是 1370 年,不是 1361 年,见 R. Salvini, *Giotto* 一书的第 5 页上的注 11。

21. *Sen*, xv, 5.
22. 比较 Zardo 的前引书,第 180 页及以后各页;de Nolhac 的前引书,第 63 页及以后各页;Martellotti 的前引书第 209、210 页。
23. Fam, VIII, 3, § § 12.
24. 有关各种版本的 *De Viris illustribus* 编年史,特别参考 de Nolhac 前引书, pp. 61—109; E. Carrara, *Petrarca*, Rome, 1937, pp. 37—40; T. E. Mommsen, "Petrarch's Conception of the Dark Ages", *Speculum*, XVIII, 1942, pp. 228—234 [see above, pp. 106—129]; G. Martellotti, "Sulla composizione del De viris e dell'Africa del Petrarca", *Annali d. Scuola Normale Superiore di Pisa*, ser, II, x, 1941, pp. 247—262; "Patrarca e Cesare," *ibid.*, xvi, 1947, pp. 149—158; "Epitome e Compendio", *Orientamenti Culturali*, II, 1946, pp. 205—216. 在最近的一篇文章, "Linee di sviluppo dell'umanesimo Petrarchesco", *Studi Petrarcheschi*, II, 1949(pp. 51—80)中, Martellotti 教授试图表明"il piu vasto' De viris'(即包含圣经人物的那个版本) sarebbe posteriore a quello da Romolo a Tito" (op. cit., p. 53)。Martellotti 教授对这个论点的论述非常有趣(出于不同的原因,C. Calcaterra 也持有此观点,参见其 Nella selva del Petrarca, Bologna, 1942,第 415 页及以后各页)。但是,我希望在我即将出版的对彼特拉克史学著作的研究中,能够在另外的证据的基础上,重新确定 de Nolhac 的编年史的准确性。(见上书, p. 127, n. 79)。
25. 例如,*Rerum Memorandarum libri*, 1, 2, (ed. G. Billanovich, Florence, 1943, p. 273); *De vita solitaria*, 1, 10 (ed. Basel, Petrarch's Opera, 1581, p. 240); Invectiva contra medicum quondam, 1, II (同上书, p. 1095); Fam. VIII, 7, § §5; Ix, 15, § §; xix, 3, § §12—13; xx, 8, § §11.
26. 见彼特拉克《名人传》的最后序言(ed. Razzolini, Bologna, 1874, I, p. 2),下面文字引自 Cod. Paris. Lat. 6069 F, fol. 1r:"Illustres quosdam uriros, quos excellenti gloria floruisse doctissimorum hominum ingenia memorie tradiderunt, in diuersis uoluminibus tanquam sparsos ac disseminatos rogatu tuo, plaustrifer insignis, qui modestissimonutu inclite urbis patauine sceptra unice geris, locum in unum collogere et quasi quodammodo stipare arbitratus sum." G. Martellotti (*Orientamenti Culturali*, II, 1946, p. 207) 首次指出这个事实的重要性,与"名人"相匹配的词只出现在这个序言中;在这之前,彼特拉克总是谈论"杰出人物"。比较前揭 G. Martellotti 的书,第 210 页。
27. 见 Lombardo 的 *Compendium* 的续篇的前言(Petrarch's Opera, 1581, p. 502),下面文字引自 Cod. Paris. Lat. 6069 G, fol. 9v:"Iussisti enim multa et maxima quorundam uirorum facta prius quodam epithomate neque

prolixo neque artato, sed mediocri stilo declarari."

28. 见彼特拉克《名人传》的第一个序言,de Nolhac 前引书,p. 111, II. 22—24.
29. *Fam*, xix, 3, §§13:"Quod autern ad te, Cesar, ita demum hoc te munere et eius libri titulo dignum scito, si non fulgore nominis tantum aut inani dyademate, sed rebus gestis et virtute animi illustribus tete viris ascripseris et sic vixeris, ut, cum veteres legeris, tu legaris a posteris."
30. 见 *Sen*, xiv, 1 (ed. V. Ussani, p. 47) 的最后一句话。
31. 隆巴多的陈述,见前面的注 8。
32. 见 de Nolhac 前引书,第 64、65 页;G. Martellotti 的前引书,第 209、210 页下页。
33. P. Buoninsegni, *Historia Florentina*, Florence, 1580, p. 548 (ad. a. 1376):"... hauuta la vittoria ne venne a Padoua e dopo pochi gironi passo di questa vita e fu sepellito in Padoua con grandissimi hohori, e fecelo il signore dipignere in una sala fra gli altri huomini famosi in fatti d'arme." Sozomeno da Pistoia 在其 *Chronicon Universale* (ed. Muratori, *Rerum Italicarum Scriptores*, Milan, 1730, xvi, p. 1090) 中重复了 Buoninsegni 的陈述;也见 Scipione Ammirato, *Istorie Fiorentine*, Florence, 1848, III, p. 213. 关于曼诺·多纳蒂的死亡日期有争议;A. Zardo, *Il Petrarca e I Carraresi*, pp. 119—124, 认为曼诺·多纳蒂死于 1374 年,但是他的论证缺乏说服力。
34. 这封信是由 de Nolhac 编辑的,见其前引书第 103 页的注 3:"Hunc [ie. Manno] scilicet te intra opus Illustrium inserere rogo... Arripe, quaeso, illum tuum disertissimum calamum, quo soles strenuous illustrare viros, et hunc merito fac inter mortals eternum."
35. 见 de Nolhac 前引书, pp. 64, n. 3。
36. 见 von Schlosser 前引书, p. 185。
37. 见 de Nolhac 前引书, p. 73 (from Cod. Paris. Lat. 6069 F. fol. 195)。
38. Cod. Paris. Lat. 6069 F. fol. 194r, 见 de Nolhac 前引书第 81 页注 1:"Scio enim te, urbis Patavi inclite rector, tuorum clarissimorum heroum gradatim ut breviter acta cognoscas, huiusce opusculi avide finem exposcere. Ideoque ut in ultimo angulo tue venustissime aule Trayanum inter ceteros collocasti, ita et in hoc opere novissimum tradere perquiro..."
39. E. g. A. Moschetti, "Per un antico ritratto del Petrarca", *Padoua a. F. Petrarca*, Padua, 1904, pp. 8f.; A. Fitzgerald, "Guariento", *Memoirs of the American Academy in Rome*, Ix, 1931, pp. 176f.; V. Rossi 在其 Petrarch's *Familiari*, Rome, 1933 一书的第一卷中复制了彼特拉克的肖

像，并加上说明文字："forsedipinto dal Guariento"

40. 见 d'Essling & Muntz 前引书第 62 页及以后各页；A. Ratti (Pope Pius XI), *Un antico ritratto di F. Petrarca all'Ambrosiana*, *Milan*, 1907; R. Weiss, *Il primo secolo dell'umanesimo*, Rome, 1949, pp. 75—77, 81。
41. 例如，G. Cittadella 和 R. Van Marle 认为是 Altichiero 所作，分别见 G. Cittadella, "Petrarca a Padova e ad Arqua", *Padova a F. Petrarca*, Padua, 1874, p. 67, n. 3；R. Van Marle, *The Development of the Italian Schools of Painting*, The Hague, 1924, IV, p. 152。L. Coletti 认为是 Giusto 所作，见"Studi sulla pittura del Trecento a Padova", *Rivista d'Arte*, XII, 1930, p. 360; S. Bettini 认为是 *Avanzo* 所作，见 *Giusto de' Menabuoi e l'arte del Trecento*, Paduua, 1944, pp.71 & 123, n. 22。
42. Schlosser 前引书第 189 页和 d'Essling & Muntz 前引书第 64 页。
43. 特别参考 Moschetti 前引书第 8、9 页和 Fitzgerald 前引书第 176 页。
44. F. Wittgens, *Gli affreschi della Badia degli Umiliati a Viboldone*, Milan, 1933, pp. 29 ff.
45. Bettini 前引书，第 45—50 页；讨论中的全部壁画的复制品可见上书的插图 21。
46. Billanovich, *Petrarca letterato*, I, pp. 336—341.
47. 15 世纪初一位为彼特拉克的 *Rime* 一书的书稿作插图的人复制了帕多瓦的壁画像，这个事实足以表明帕多瓦的壁画受欢迎的程度(Florence, Biblioteca Nationale, Cod. Palat. 184 fol. ov; 见图 7。彼特拉克的肖像图的复制品发现于 15 世纪晚期撰写的 *Rime* 的另一部手稿中(Florence, Biblioteca Laurenziana, Cod. Strozz. 172 fol. 0r)。
48. G. Ferrante, "Lombardo della Seta umanista padovano," *Atti d. R. Istituto Veneto d. Scienze, Lettere ed Arti*, xciii, part II, 1933—1934, p. 457; Billanovich 前引书，I, p. 320。
49. 这个有趣的事件的文字证据最近由 Billanovich 发现，见其前引书，I, pp. 334 f。
50. 见 A. Gloria, *Documenti inediti intorno al Petrarca*, padua, 1878, p. 36(ad a. 1382): "in sala virorum illustrium"; 上书(ad a. 1390): "super podiolos iuxta salam novam illustrium virorum." Gloria 的文字材料提供了关于 14 世纪的卡拉拉宫殿的许多房间的装饰种类和内容的启迪性的认识。—在 14 世纪末撰写的 Galeazzo 和 Bartolomeo Gatari 的 *Cronaca Carrarese* 中，名人厅被称为"[la] grande salla de l'inperadori" (ed. A. Medin & G. Tolomei, in Muratori, *Rerum Italicarum Scriptores*, Citta di Castello, 1914, XVII, part I, p. 408, ad a. 1390)。
51. Ed. A. Segarizzi, in Muratori, *Rerum Italicarum Scriptores*, Citta di

Castello，1902，XXIV，part 15；专著的日期见前引书第 viii 页；对 Savonarola 有关帕多瓦许多艺术作品的陈述的可信度，见 Segarizzi 的评论，前引书第 44 页注 2。

52. 关于此厅，见 Schlosser 前引书第 184 页。

53. Ed. A. Segarizzi 前引书第 49 页："Cumque honoratas ascendis，podiola lodiam parte in superiori circuentia，columpnis marmoreis ac magnificis，que ad utranque curiam aspectum habent，etiam ornate invenis. Santque due amplissime et picturis ornatissime sale ad latera horum situate，quarum prima Thebarum nuncupatur，altera Imperatorum nominatur prima major atque gloriosior，in qua Romani imperators miris cum figures cumque triumphis，auro optimoque cum colore depicti sunt. Quos gloriose manus illustrium pictorum Octaviani et Alticherii configurarunt . Hec vero domus imperatorial est et imperatore gigna：cul camere，amena viridaria，ecclesia，officialium loca et advenarum hospitia quam magnifica minime desunt."

54. 至于 Gatari 在 *Cronaca Carrarese* 中使用的"la salla de l'inperadori"一名，见上面的注 50。

55. M. Salmi，"Gli affreschi del Palazzo Trinci a Foligno，" *Bollettino a'Arte*，xiii，1919，p. 160，n. 1.

56. Anonimo Morelliano (Marcanton Michiel)，*Notizia d'opere del disegno*，ed. T. Frimmel，Vienna，1888，p. 34："Nella sala di Giganti，segondo el Campagnola，Jacomo Dauanzo dipinse a man mancha la captituita di Giugurta，et triompho di Mario. Guariento Padoano Li XII Cesari a man dextra e li lor fatti. Segondo Andrea Rizzo ui dipinsero Altichierio et Octauiano Bressano. Iui sono ritratti el Petrarcha et Lombardo，I quail credo dessero l'argomento di quella pittura."

57. 关于杰罗拉莫·凯姆帕格诺拉，见 Milanesi 在瓦萨里的 *Vite* 中的评论，III，p. 385，notes 1 & 2，p. 643，n. 1，p. 636，n. 4；W. Kallab，Vasaristudien，Vienna，1908，pp. 347—354；Thieme-Becker，Kunstler-Lexikon，v，p. 451；关于安德烈·里奇奥，见 Thieme-Becker 前引书 XXVIII，p. 259。

58. Thieme-Becker op. cit.，I，p. 351；E. Sandberg Vavala，La Pittura Veronese，Verona，1926，pp. 156—189；L. Coletti，Rivista d'Arte，xii，1930，pp. 323—380.

59. Thieme-Becker op. cit.，xxvii，p. 346。

60. Thieme-Becker op. cit.，II，p. 270；L. Coletti，Rivista d'Arte，xiii，1931，pp. 303—363。

61. Vasari，*Vite*，ed，Milanesi，III，pp. 636f.："Guariero pittor padovano...

dipinse. la sala degl'Imperadori romani, dove nel tempo di carnovale vanno gli scolari a danzare." Vasari在这里没有提到米歇尔所列举的任何其他画师的名字。

62. 例如,A. Venturi, *Storia dell'Arte Italiana*, Milan, 1907, v, p. 929; A. Moschetti, Atti *e memorie d. R. Accad. d. Scienze, Lettere e Arti in Padova*, XL, 1924, p. 25; Fitzgerald. 承认加利安托的作者身份,见其前引书第176页和177页。相反,Schlosser和Van Marle则认为壁画的作者是阿蒂基耶罗和阿维佐,分别见各自的前引书第185页和126页。
63. 根据Campagnola或Marcanton Michiel的错误陈述,现代学者,包括Venturi前引书, V, (p. 929), L. Chiovenda, in Archivum Romanicum, xvii, 1933, (p. 10), 和H. Keller, Romisches Jahrbuch fur Kunstgeschichte, III, 1939, (p. 355)都谈论到卡拉拉宫殿里的"十二凯撒"画像。P. Schubring在Thieme-Becker前引书, I,第35页提到"Kaisersaal"; Van Marle错误断言"查理曼大帝……无疑也包括在帕多瓦阿蒂基耶罗绘制的伟人壁画大厅里",见其前引书IV,第43页。
64. 这段话译自一篇题为*Appunti sulla storia della Sala dei Giganti*的小册子,它由帕多瓦的一位名为R. Universita degli Studi的作者发表于大约1930年。帕多瓦大学的Carlo Anti教授很友好,他推荐并送给我一本。
65. 有关巨人厅的重建历史,见A. Moschetti, in *Padova a F. Petrarca*, Padua, 1904(pp. 9f.),上面注释64中所说的the *Appunti*,以及O. R. onchi, *Guida di Padova*, 1932。
66. Moschetti在前引书第9页中引述:"... aulam vestustate pene colapsam in hunc egregium nitorem restituit."
67. 我们最初是在Marcanton Michiel的*Notizia*中读到这个名称的(见前面的注56),它的成书时间是在1515年到1541年间。
68. 这个排列假定14世纪后期意大利文艺复兴时期的系列画像与16世纪的画像一样,都从西北角开始,即开始于大厅的右侧。
69. 见图1;这是东墙的照片;左上角是彼特拉克的肖像(见图4)。(由于技术原因,本篇省去了图1)
70. 见图3,中间的镶板上是,费比尤斯·马克西姆·儒里安纳斯和费比尤斯·马克西姆斯·昆克塔托,两侧的版块中分别是朱利乌斯·凯撒和奥古斯都;下面是这些人物的生活场景。
71. 见图2,这是昆克提斯·辛辛那塔斯和法布里休斯·路西那斯的颂德文或题图里。根据G. A. Moschini, *Guida di Padova*, Venice, 1817 (p. 197),这些题词发表于J. Zabarella, *Aula heroum*, Padua, 1671。
72. 见图3。
73. 这个排列中名字的组合不一,或一个,或三个,这表明每块镶板上可能有

一、二或三幅画像。

74. 彼特拉克在其《名人传》中添加或排除任何人，均表明其本人非常明确的价值判断，在下面对彼特拉克史学著作的研究中，我将尝试阐述这点。

75. *Invectiva contra medicum quondam*，1. II（in Petrarch's Opera，ed. Basel，1581，p. 1095）："Nihil ibi de medicis nec de poetis quidem aut philosophis agitur，sed de his tantum，qui bellicis virtutibus aut magno rei publicae studio floruerunt et praeclaram rerum gestarumgloriam consecuti sunt."

76. 例如，*Fam.* 1，4，§§7："Carolum regem，quem Magni cognomina equare Pompeio et Alexandro audent."

77. 见前面的注 38。

78. 见前面的注 8。

79. 见前面的注 53。

80. 见前面的注 56。

81. 隆巴多在其《概要》续篇的序言中写道："Nunc quodammodo，ut ita dixerim，eadem stipare compendiosius imperas commiseras，inuictissime eloquentie uiro，qui cum desiderio tui satisfacere lucubraret，terries elatus euanuit rediturus ad astra in eternum et lacrimabile funus."（Cod. Paris. Lat. 6069 G，fol. 9v）；比照 1581 年的巴塞尔版的 Petrarch's *Opera* 的残缺文本。

82. 有关《概要》，见 de Nolhac 的前引书，pp. 65 & 76f.，与 G. Martellotti，"Epitome e Compendio，" *Orientamenti Culturali*，II，1946，pp. 205—216。

83. Cod. Paris. Lat. 6069 G，fol. 9v："Itaque rei designabo ymaginem，non pingam，ut liniamentorum qualitas sine indolis specie considerari posit."

84. 见 Schlosser 前引书第 185 页和 189 页的注 4。

85. 这是 Schlosser 的假设，见他的前引书第 185 页以及 d'Essling & E. Muntz 的前引书第 46 页。

86. 见前面的注 8 和注 38。

87. 见 P. Misciattelli，*The Piccolomini Library in the Cathedral of Siena*，（Siena，1924）一书中的复制品。

88. Schlosser 对此手稿的描述，见其前引书第 185 页及其后各页。

89. 见图 8—31，34—39；其中的 10 幅彩图是由施罗塞尔复制的……（Cod. 101，fol. 6v，initial：这里省去了霍拉蒂）。

90. 比较图 4 和图 6。

91. 根据 P. P. Vergerio 的 *Vitae principum Carrariensium*（ed. Muratori，*Rerum Italicarum Scriptores*，Milan，1730，xvi，p. 117），帕帕法瓦家族是从卡拉拉家族分出的年轻一代。

92. 比较 Schlosser 前引书第 190 页；d'Essling & E. Muntz 的前引书第 47 页、

48 页；W. Weisbach, *trionfi*, Berlin, 1919，第 20、21 页。

93. Schlosser 前引书第 190、191 页。

94. 这两幅彩图的最新复制本，见 D. Shorr, "Some Notes on the Iconography of Petrarch's *Triumph of Fame*", *Art Bulletin*, xx, 1938, p. 101, figs. 1 & 2。然而，Shorr 夫人错误地认为它们貌似《名人传》的意大利文译本手稿的开篇装饰图案，实际上它们出现在 Cod, Paris. Lat. (and not Ital.) 6069 F & I 中。关于这些手稿和彩图，见 de Nolhac 的前引书，pp. 70f, 99f; E. Muntz, *Histoire de l'Art pendant la Renaissance*, Paris, 1889, I, 228; P. de Nolhac, Pètrarque et l'humanisme, paris, 1907, II, pp. 250ff. —P. Toesca (*Monumenti e Studi per la Storia della Miniatura Italiana*, Milan, 1930, p. 36) 认为两幅彩图由阿蒂基耶罗学派所作；Longhi 认为它们由 Giusto 所作(*Critica d'Arte*, v, 1940, p. 180, n. 4); S. Bettini 没有对它们的作者身份作出明确回答，*Giusto de' Menabuoi*, Padua, 1944, p. 142。

95. Schlosser 前引书第 191、192 页；Shorr 前引书第 103 页；Antal, *Florentine Painting and Its Background*, London, 1947, p. 368。

96. Shorr 前引书第 104 页，此书的第 102 页上的图 4 是大箱子的复制图。

97. 然而，应该注意，彩饰者明显地根据自己的意愿添加了一些场景。比如，鉴于厅里的镶板的尺寸，难于理解五 个场景中表现罗慕洛(图 8—12)和表现亚历山大大帝的生平(图 23—27)的两套是如何被调适在装潢方案中的。

98. Ed. L. Razzolini, *F. Petrarchae De viris illustribus vitae*, Bologna, 1874, I, pp. 40—44.

99. Ed. L. Razzolini, p. 50："... auctumque Feretrii Jovis templum"；比较前引书第 48 页；又见 *Compendium* 中马流思王的生活叙述(彼特拉克的 *Opera*, ed. Basel, 1581, p. 496)。

100. Ed. L. Razzolini, p. 54; *Compendium*, p. 497.

101. Ed. L. Razzolini, p. 58；比较前引书第 56 页和 *Compendium* 第 497 页。

102. Ed. L. Razzolini, p. 108; *Compendium*, p. 498.

103. Ed. L. Razzolini, p. 422："... a parte... aris applicitus et sacramento obstrictus esse iam tunc animo inimicum Romanorum et futurum rebus, ubi primum facultas affuisset."

104. Ed. L. Razzolini, pp. 50f. ; *Compendium*, p. 496.

105. Ed. L. Razzolini, p. 64："Camillus urbem est ingressus... currum aureum equis quatuor niveo candore trahentibus'; *Compendium* 有类似的陈述(见该书第 497 页)。

106. Ed. L. Razzolini, p. 102; *Compendium*, p. 499.

107. Ed. L. Razzolini, p. 610："Inter captives vero hostium ante currum actos

fuisse Syphacem regem Polybius scribit"；有关波里比阿，彼特拉克参考了 Livy，xxx，45。

108. 两幅彩图都是复制的，Comte A. de Laborde，*Les manuscripts a peintures de la Cite de dieu de Sain Augustin*，Paris，1909，III，pl. Vii；手稿从前由 Phillip Hofer 先生收藏在哈佛大学的霍顿图书馆（图 33）；比较 A. de Laborde 对手稿的描述，前引书，I，第 241—244 页。
109. Ed. L. Razzolini，p. 16："ceterum seu hinc orto certamine seu contempto fratris edicto remus nova moenia transcendens interficitur；sive imperii cupiditas sive ille iustitiae rigor fuit，variat enim in multis vetustissimae rei fides."
110. *Compendium*，p. 495.
111. Augustine，*De civitate Dei*，xv，5.
112. 在我即将出版的对彼特拉克史学著作的研究中有对这个问题的全面讨论。
113. 见前面的注 56。
114. Ed. L. Razzolini，p. 34："... primus apud Romanos legifer"；后来的有关国王的拉丁文和希腊语的书籍的研究见前引书第 38 页，"... de iure ponticio，... de sapientia conscripti."
115. Ed. L. Razzolini，p. 50："murusque Ianiculo circumductus."
116. Van Marle，前引书（vii），特别提到 Guariento，Semitecolo，Altichiero & Avanzo（第 40 页）；同前，IV，第 175 页。
117. L. Schlosser 在讨论达姆斯塔特手稿时没有评论图画场景的罗马背景，但是，E. Muntz 却根据 Schlosser 的再现，在其 *Bulletin de la Societe nationale des Antiquaries de France*（1899）中认出了一些建筑物，见第 350、351 页；又见 d'Essling & E. Muntz 的前引书第 48 页。比较 14 世纪晚期的帕多瓦艺术家们绘制的一组古纪念碑与路易斯四世（巴伐利亚人）的黄金诏书上的罗马城的再现，可以发现有趣之处，后者是在罗马举行的 1328 年帝王加冕仪式上绘制的。O. Posse 的复制品见 *Die Siegel der deutschen Kaiser und Konige*，Dresden，1909，I，pl. 50，nr. 8；W. Erben 的复制品见 *Rombilder auf kaiserlichen und koniglichen Siegeln des Millelalter*，Graz，1931，pl. III（有参考文献）。根据 W. Erben，从玉玺上可以认出下列古迹：罗马竞技场、万神殿、圣天使城堡、梵蒂冈尖塔、提图斯拱门、克斯提乌斯金字塔、马可奥勒留圆柱、奥古斯都墓，见其前引书第 61—68 页。
118. 关于这一特别的发现，见 T. E. Mommsen，"Un problema rigurdante la tpografia medioevale di Roma：S. Nicola in Carcere nell'anno 1400，" *Atti d. Pontif Accad. Romana d. Archeologia*，Rendiconti，xxiv，1949，pp.

309—315。(蒙森评论道,圣卡瑟瑞的尼科拉教堂或许是复制的,因为它是修建在一座古代庙宇上的基督教堂的例子。文章的结语如下:"Sembrera uncaso fuori del commune quello di trovare una miniatura primitiva che rappresenti una fra le chiese secondary e minori di Roma, perche queste si trovavano troppo adombrate da numerosi edifici d'interesse superiore, o religioso o artistico o storico. Quando il disegnatore padovano del 1400 si decise ad illustrare proprio questa chiesa, a preferenza di tante alter, avra dovuto fare tale scelta perche essa interssava per I suoi elementi antichi. Anche nelle alter sue miniature egli ha mostrato la stessa tendenza; perche si ricordera che la maggior parte degli edifici da lui indicati erano di origine classica. In tale senso, dunque, il modesto schizzo di San Nicola in Carcere costiuisce una notevole espressione del rinascente spirito unmanistico di quell eta.")

119. 也应该注意,图 16 中的两座教堂极其相似,两者的钟楼都在左侧,而图 12、18 和 19 中的教堂的钟楼在右侧。

120. E. Muntz 在 *Bullet. D. l. Soc. Nat. des Antiquaires de France*(1899),是这样谈论图 16 中的宫殿的:"un chateau crenele probablement le capitole."见第 351 页。然而,与这个确认相反的是 1328 年路易四世的黄金诏书上的元老院宫殿的图像;在前面的注 117 中已经提到。关于中世纪后期的先纳托利欧宫的外观,见 E. Lavagnino,"Ii Campidoglio al tempo del Petrarca", *Capitolium*, xvi, 1941, pp. 103—114。

121. 比较 C. Scaccia Scarafoni, *Le Piante di Roma possedute dalla Bilioteca dell'Istituto e dale alter Biblioteche Governative della Citta*, Rome, 1939 提供的参考书目。

122. 图 23 中的画清楚地表现出教堂一侧的 6 根爱奥尼亚圆柱。

123. 有关梵蒂冈尖塔的系列神话,见 R. Lanciani, *The Ruins and Excavations of Ancient Rome*, Boston and New York, 1897, pp. 549f。

124. 引自 F. M. Nichols 的 *Mirabilia urbis Romae* 的译本,London,1889, pp. 71f.;最好的拉丁文本见 H. Jordan, *Topographie der Stadt Rom im Allerthum*, Berlin, 1871, II, p. 625。

125. Fam, VI, 2, § §11:"Hoc est saxum mire magnitudinis eneisque leonibus innixum, divis imperatoribus sacrum, cuius in vertice Iulii Cesaris ossa quiescere fama est."见 M, Mercati, *Gli obelischi di Roma*(1589)他在讨论梵蒂冈尖塔时明显地提到彼特拉克的这一陈述,见第 239—244 页。

126. Nicols 前引书第 63 页;Jordan 前引书, II,第 638 页。

127. Ed. Jordan, 前引书第 391 页:"... come un castel che quasi tondo, coperto fu di rame..."

128. 地图包括在 Paulus Minorita 的两个版本的 *Chronicle* 手稿中；W. Holtzmann 的复制本见 *Jahrb. D. deutsch*，*Archaeolog. Instituts*，XLI，1926，pls. I & II；比较 G. B. de Rossi，*Piante iconografiche e prospettiche di Roma*，Rome，1879，pp. 81—86，139ff. ；Holtzmann，op. cit. ，pp. 56—66。

129. de Rossi 前引书第 88 页。

130. 在这方面，帕多瓦彩绘家有些像其同时代的米兰人 Leonardo da Besozzo，后者在 15 世纪早期画过一罗马全景。他力图在其中"di raffigurare Roma nella sua attualita intera"；见 F. Gregorovius，"Una pi? ata di Roma delineata da Leonardo da Besozzo Milanese"，*Atti d. R. Accad. d. Lincei*，1882/83，ser. III，*Memorie d. Class d. Scienze Morali*，xI，p. 210。也见 1328 年路易四世的黄金诏书上的罗马竞技场的图像（复制本见 Posse 前引书，I，pl. 50. nr. 8 和 Erben 前引书，pl. III）；另见出现在较早的德国统治者弗雷德里克 I、亨利 VI 和亨利 VII 的玉玺上的罗马竞技场图像（见 Erben 前引书，pp. 49ff. ，53f. ，71 ff. ，& pl. II）。

131. 例如，在 *Fam*，VI，2，§§5—15 彼特拉克提到达姆斯塔特手稿中彩图中的 4 幅，它们是梵蒂冈尖塔、圣天使城堡、万神殿和圆柱；进一步阅读 *Africa*（ed. N. Festa，Florence，1926），Book，VIII，vv。862—951；Ep. Metr. II，5（ed. D. Rossetti，*F. Petrarchae poemata minora*，Milan，1834，III，pp. 4—30）；*De remedies utriusque fortunae*，Book I，dial. 118（in Petrarch's *Opera*，ed，1581，pp. 99f. ）。

132. P. P. Trompeo & G. Martellotti，"Cartaginesi a Roma，" in P. P. Trompeo，*La scala del Sole*，Rome，1945，p. 58.

133. Var. 15（ed. G. Fracassetti，F. Patrarcae Epistolae de rebus familiar-ibus，iii，pp. 332f. ）："Soleo habere scriptores quinque vel sex；habeo tres ad praesens，et ne plures habeam，causa est，quia non inveniuntur scriptores；sed pictures utinam non inepti."

134. E. panofsky，*Hercules am Scheidewege*，Leipzig & Berlin，1930，pp. 11—18，esp. p. 14："Die Bildbescheibungen der Africa stehen zwischen ihren Vorlaufern und ihren Nachfolgern als ein Stuck echter RenaissanceKunst zwischen zwei Den*km*alern des Mittelalters."关于《阿非利加》中的上述段落，见 J. Seznec，*La Survivance des dieux antiques*，London(1940)一书的评论。见该书第 150 页。

135. 同样的观点也见 D'Essling & Muntz，前引书第 47、48 页，Schlosser 前引书第 190 页和 Weisbach，*Trionfi* 第 20 页。

136. F. Saxl，"Rinascimento dell'Antichita"，*Repertorium fur Kunstwissenschaft*，xliii，1922，p. 242.

137. C. Hulsen, *La Roma antica di Ciriaco d'Ancona*, Rome, 1907, pp. 37f.

138. Schlosser在其前引书第190页(还有D'Essling & Muntz, 前引书第86页)写道:"das archaologische Beiwerk gipfelt etwa in jenem S. P. Q. R"(在士兵的盾牌、胸甲和旗帜上以及罗马城门上都有,见图13、14、16、17、19 & 21)。但必须指出,这里例证选取极糟糕,因为对这个缩写的认识和应用完全没有"考古学"的意义,而是追溯到一个中世纪的传统。例如我们从GiovanniVillani, *Chronicle* 了解到此知识点,见L. Magnani, *La Cronaca figurate di G. Villani*, Vatican City, 1936, p. 23 & ibid., pls. VII, X, & XI。

139. 例如,李维《罗马史》最初一百年的手稿中的彩图,它写于1373年的威尼斯(参照G. Fogolari, "La prima deca di Livio illustrata nel trecento a Venezia," l'Arte, x, 1907, pp. 330—345);或者维拉尼*Chronicle*中的14世纪晚期的"古代"场景(Magnani 前引书)。也比较P. d'Ancona, *La Miniature italienne du Xe au XVIe siecle*, Paris, 1925(特别见20—48页上关于14世纪的各个流派的内容);E. Panofsky & F. Saxl, "Classical Mythology in Medieval Art," *Metropolitan Museum Studies*, IV, 1932/33, pp. 262f.; Antal, 前引书, 273, n. 33。

140. Panofsky & Saxl, op. cit., pp. 268f.; 参照E. Panofsky, "Renaissance and Renascences," *Kenyon Review*, VI, 1944, esp. pp. 219—222。

141. 关于这个"hofische Kunst",比较Schlosser, op. cit., pp. 156—194; P. d'Ancona, "Gli affreschi del Castello di Manta nel Saluzzese," *L'Arte*, VIII, 1905, pp. 94—106, 183—198; Antal, op. cit., p. 273, n. 33。

142. L. Ghiberti, *I Commentari*, II, 3, ed. O. Morisani, Naples, 1947, p. 33; G. Vassari, *Vita de Giotto*, ed. Milanesi, I, pp. 390f. 关于此工程的日期,见R. Caggese, *Roberto d' Angio*, Florence, 1922, I, p. 679。

143. 对比G. de Blasiis, in *Napoli Nobilissima*, IX, 1900, pp. 65ff.; P. Schubring, *Repertorium fur Kunstwissenschaft*, xxiii, 1900, pp. 424f.; Venturi, *Storia dell' Arte Italiana*, v, p. 448, n. 1.

144. Galvano Fiamma, *Opusculum de rebus gestis ab Azone, Luchino et Johanne Vicecomitibus*, ed. G. Castiglioni, in Muratori, *Rer. Ital. Scriptores*, XII, part 4, Bologna, 1938, p. 17; Schlosser, op. cit., p. 178.

145. Vasari, *Vita de Vittore Scarpaccia*, ed. Milanesi, III, p. 633; G. du C. de Vere, 英译本IV, pp. 54f.

146. Schlosser认为这些装饰品是为德拉斯卡拉家族的堪斯格诺里奥制作的,他死于1375年,见其前引书第180、181页。

147. Vasari, *Vita di Tommaso detto Giottino*, ed. Milanesi, I, p. 626; 对比P. Schubring, in *jahrb. D. Preuss. Kunstsammlungen*, xxi, 1900, p. 174。

148. L. Mehus, *Vita Ambrosii Traversarii*, 1795, pp. cclxvi, cccxxix f.; A. M. Bandini, *Catalogus codicum Latinorum Bibliothecae Mediceae Laurentianae*, Florence, 1776, III, col. 714.

149. Mehus, op. cit., pp. cclxvi, cccxiv; L. Bertalot, "Humanistisches in der Anthologia Latina," *Rheinisches Museum Fur Philologie*, Lxvi, 1911, p. 73, n. 2; Antal, op. cit., p. 273, n. 33。

150. Vasari, Vita di Lorenzo di Bicci, ed. Milanesi, II, p. 50; de Vere de 英译本第 67 页。

151. 见诗篇的开头两行和最后 4 行,它发表在 L. Schorn 翻译的 vasari 的 *Vite* 的德文译本的脚注(Stuttgart & Tubingen, 1832, I, p. 405, n. 1); Van Marle, 前引书, II,第 547 页和 567 页。

152. M. Salmi, "Gli affreschi del Palazzo Trinci a Foligno", *Bollettino d'Arte*, XIII, 1919, pp. 139—180; Van Marle, op. cit., VIII, pp. 320—326; A Messini, " Documenti per la storia del Palazzo Trinci di Foligno", *Rivista d'Arte*, XXIV, 1942, pp. 74—98.

153. P. d'Ancona, "Gli affreschi del castello di Manta nel Saluzzese", *L' Arte*, VIII, 1905, pp. 94—106, 183—198; Van Marle, op. cit., vii, pp. 190f.; C. Ring, *A Century of French Painting: 1400—1500*, New York, 1949, p. 202, n. 84 (来源出处:Jacques Iverny,约 1420—30 年)。

154. J. J. Rorimer & M. B. Freeman, "The Nine Heroes Tapestries at the Cloisters", *Metropolitan Museum of Art Bulletin*, N. S. Vii, 1949, pp. 244f. —关于皮埃蒙特菲尼斯城堡里的著名英雄和圣贤的壁画,见 d'Ancona, 前引书, pp. 94f.; Van Marle, 前引书, vii, p. 192; Ring, 前引书, p. 202, n. 85。

155. 例如, L. Bertalot 编纂的 "the Baedecker-Liste", *Rheinisches Museum*, Lxvi(1911)列举了 15 世纪晚期博洛尼亚的"Riformatori dello Stato della Liberta"大堂和 Belriguardo 的菲拉勒斯城堡里的装饰(第 73 页注 2);还可以加上帕多瓦的 Vitaliani 宫殿里的 Paolo Uccello 的"巨人厅",以及安德烈·德尔·卡斯塔格诺在佛罗伦萨郊外的乡村别墅里画的诸多男女名人的画像。也参照 M. Wackernagel, *Der Lebensraum des Kunstlers-in der florentinischen Renaissance*, Leipzig, 1938, pp. 154f。

156. 乔威奥对其收藏的描述见 *Elogia doctorum virorum*, Basel(1571)第 5—14 页,特别是第 12 页:"Publicatis ac in Musaeo tanquam augusto Virtutis templo dedicatis clarorum virorum tabulis, illae ipsae veluti spirants imagines aequissimo iure deposcunt, ut Musaeum quoque, sua sacrata sedes, eodem conditoris stylo describatur."

157. 颂扬那不勒斯的《九吕氏春秋》的诗篇不是装潢的一部分,但它们是在不久后撰写的。见 G. de Blasiis，*Napoli Nobilissima*，IX，1900，pp. 65f.；Schubring，*Repertorium fur Kunstwissenschaft*，xxiii，1900，p. 424。

158. 如果我们可以相信15世纪早期的有些尚无定论的锡耶纳传统，那么在14世纪还存在了另一种装饰，它描写的是罗马历史故事。A. Lisini编写的 *the Cronaca Senese attribuita ad Agnolo di Tura del Grasso detta la Cronaca Maggiore*（收集于 Muratori，*Rerum Italicarum Scriptores*，Bologna，1931—35，Xv，part Vi，p. 518）中包含下面陈述（1337年）："Sanesi avendo fatto el palazzo co' la prigioe nuova，e sopra la sala del conseglio fecero le camere de' Signori e d'altri famegli nella sala del Palazo dei mezzo，e fecelle dipegnare di fuore a storie romane di mano di maestro Ambruogio Lorenzetti da siena." E. von Meyenburg，*Ambrogio Lorenzetti*，Heidelberg，dissertation(1903)引述该段落（第16页），并在这方面提到瓦萨里的 *Vita di Ambruogio Lorenzett*（ed. Milanesi，I，p. 523）一书中的下述一段话："... e nel medesimo palazzo[i. e.，the palazzo Pubblico of Siena] fece otto storie di verdeterra，molto pulitamente"；根据 Milanesi，前引书第523页上的注4，那些罗马场景"furono dipinte nel 1345，ma da gran tempo sono perdute"。如果认为 Ambrogio Lorenzetti 的出处可靠和正确，那么他的另一段话解释了缺少绝对罗马主题内容这个事实"interess per il passato，nella duplice qualita di artista e di archeologo"。G. Rowley 在其"Ambrogio's Lorenzetti il pensatore"中对此作出评论（见 *La balzana*，xx，1927，p. 214）。关于 Ambrogio 对古典历史的兴趣，也见 von Meyenburg，前引书第13页；G. Sinibaldi，I Lorenzetti，Siena，1933，pp. 82f.；Meiss，前引书第157页。然而，应该注意的是，尽管 Lorenzo ghiberti 承认 Ambrogio 对古典历史的特别兴趣，但他在其 *Commentarii* 中没有提及那些所谓的"罗马故事"。既然从整体上看，古典主题内容非14世纪早期的文化本质所在，对 Ambrogio Lorenzetti 的作品的假设似乎相当令人怀疑；我和我的朋友 George Rowley 对此均表示质疑。

159. Apologia contra cuiusdam anonymi Galli calumnies（in petrarch's *Opera*，ed. 1581，p. 1076）："Quid est enim aliud omnis historia quam Rlaus?"

160. 关于"hominess fortunate"和"viri illustres"两种人之间的区别，见彼特拉克为《名人传》写的最后序言（ed. De Nolhac，前引书第112页，II，第69—72页）。

161. *Iter Syriacum*，ed. G. Lumbroso，*Atti d. R. Accad. d. Lincei*，1888，ser，IV，rendiconti，IV，398，II，232—234；G. de Blasiis，*Napoli Nobilissima*，Ix，1900，p. 65.

162. Ed. De Nolhac，op. cit.，p. 113："Hic enim，nisi fallor，fructuous histirici finis est illa prosequi，que vel sectanda legentibus vel fugienda sunt，ut in utramque partem copia supia suppetat illustrium exemplorum."

9. 彼特拉克和故事《赫拉克勒斯的选择》[*]

175 欧文·潘诺夫斯基的《十字路口的赫拉克勒斯》(*Hercules am Scheidewege*)一书向我们展示了,赫拉克勒斯之选择的古老传说如何在文艺复兴时期成为深受人文主义作家、剧作家和艺术家喜爱的主题,尤其在意大利和德意志地区。[1]这一主题在古代、文艺复兴及之后的时期备受青睐,然而在中世纪作家和艺术家的作品中却未曾出现。潘诺夫斯基认为,“这一主题仅在公元1400年左右的文学领域复兴”,它第一次出现在科卢乔·萨卢塔蒂(Coluccio Salutati)的著作《赫拉克勒斯的努力》(*De laboribus Herculis*)中。[2]潘诺夫斯基之所以这样认为,是由于“不仅彼特拉克和薄伽丘均未提到过赫拉克勒斯的决定,而且中世纪的神话作家波特瑞尔
176 (Berchorius)、比列纳(Villena)等也未曾提及这个故事”[3]。但就彼特拉克而言,潘诺夫斯基的上述观点需要修正,因为事实上彼特拉克了解这个故事。

可以确定的是,彼特拉克并未在人们料想的篇章——“赫拉克勒斯的人生”(Life of Hercules)中提到赫拉克勒斯的选择。这篇文章是彼特拉克的传记文集《名人传》(*De viris illustribus*)第一版中的一部分,它大约写于公元1337年或稍晚一些的年代。[4]虽然彼特拉克并未完成这部作品,但是如果他曾经打算讲述年轻赫拉克勒斯的决定,他在作品的一开始本应该提到。赫拉克勒斯的名字还多次

---

* 本篇重印自 the *Journal of Warburg and Courtauld Institutes*, XVI(1953), 178—192。

出现在彼特拉克的《备忘事务书信集》(*Rerum Memorandarum Libri*)[5]和他的日常通信[6]中,不过他也完全没有在其中提到赫拉克勒斯的选择。然而,彼特拉克于1346年开始著写的作品《论隐居生活》(*De vita solitaria*)却在不同的两处(1,4,2;2,9,4)对“赫拉克勒斯的选择”进行了细致的阐述。

在讨论这些篇章之前我们有一个必要的疑惑,就是为何这个古老的故事在整个中世纪被完全忽视。这种现象似乎相当奇怪,因为中世纪的学者们一定会在西塞罗的《论责任》(*De officiis*)中见过这个故事,而且一定会有人思考和发现它值得高度称赞的精神内涵。事实上,正如潘诺夫斯基所断定的,这个故事暗含着一种精神理念,从基督教的角度来看这种理念具有强烈的异教和世俗色彩,因此它不得不被悄悄地隐匿。[7]原因在于:首先,故事中有两条象征性的道路,从完全的世俗意义上,而非基督教关于善恶之永恒 177
意义的角度来看,它们分别是值得称颂的和邪恶的。其次,赫拉克勒斯具有基督徒所没有的权力,能够完全自由地和自主地选择人生的基本方向,而人们通常认为只有基督“他知晓弃恶择善”(《以赛亚书》7:15)。

潘诺夫斯基观察了中世纪艺术家们创作的许多关于美德(virtutes)和缺陷(vitia)的图画和雕塑形象,发现了这些艺术形象无论是作为整体还是个体,普遍都没有关于力量(virtus)或无力(vitium)的表达。潘诺夫斯基认为,这说明了中世纪艺术家们对赫拉克勒斯之选择的无言拒绝。[8]古代人认为,最高美德,即“美德女神”(the dea virtus),可以用一种人格象征来体现。但是这种形式并不为基督教神学家所接受。圣奥古斯丁在《上帝之城》中对此进行了详细的批判:“异教徒也把美德当作女神。假如她确实是一位女神,她一定比其他许多神灵更受人仰慕。但事实上她不是一位女神,而是上帝的恩赐,她属于上帝并且只有上帝才能将她给予他人。”[9]圣保罗指出,上帝的美德完全来自上帝的力量,它只能以基督为化身。[10]这完全符合基督教对“美德女神”这一异教观念的拒斥态度。潘诺夫斯基说:“中世纪思想从此不再从拟人化的角度,而是在形而上学的领域中寻找最高美德。”[11]然而，由于人类能够在尘世中获得个人的美德，这种美德可以通过尘世的人格化身来表现，例如生动真切的女性形象。[12]

178 奥古斯丁对最高的上帝美德，同尘世间各种主要的、神学的和其他美德之间的区分，鲜明地主导了几乎整个中世纪的艺术传统。任何想要背离这一传统，为最高美德创造形象的人，必须充分意识到这一行为的新奇性。因为在中世纪的语境中，上帝是代表最高美德的唯一形象。对于阅读过托斯卡纳作家和设计家弗朗切斯科·达·巴尔贝里诺(Francesco da Barberino)对其作品《爱的教育》(*Documenti d'Amore*，出版于1314年)所作的拉丁文评注的读者来说，上述特点便不会陌生。[13]弗朗切斯科·达·巴尔贝里诺界定了“三种美德”(自然的、精神的和肉体的)，并试图“表现普遍性的美德”。他指出，“一些人宣称，即使用形象来表述特定的美德是可能的，描述普遍性的美德也是不可能的”。虽然弗朗切斯科在“创作普遍形态”的过程中有一些障碍，但是他仍然描画出了一幅普遍性美德的草图。他承认自己在进行创作时，“怀着很多疑虑”，因为他意识到了自己提出的“这一形象的新颖性”。[14]

179 弗朗切斯科·达·巴尔贝里诺提出的普遍性美德的寓意形象保留了下来，并在很长时间内独树一帜。14至15世纪，意大利文学和艺术家们继续遵循中世纪的传统进行创作，只是在关于美德和邪恶这一方面具有了一些“特殊性”。[15]在《爱的教育》问世一个半世纪后，一位本名为安东尼奥·阿韦利诺(Antonio Averlino)，艺名是菲拉雷特(Filarete)——“美德之友”——的意大利人再次尝试设计一个最高美德的寓意形象，以区别于之前具有“特殊性”的美德的寓意形象。在菲拉雷特写于1460至1464年间的《建筑学论集》(*Trattato d'Architetura*)中，[16]他描述了一个想象的“善恶殿堂”，它位于未来城市斯弗金达城(Sforzinda)之中，殿堂的顶端还伫立着一个象征着美德的人像雕塑。菲拉雷特表示，自己曾经试图“通过阅
180 读和询问，来查找是否曾有类似的对美德与邪恶的表达方式，使美德与邪恶各自具有不同的表现形象。”然而，他讲道，“我尚未发现

这一形象”，尽管当时存在着很多关于四德和神学三德，或者七宗罪的图画或雕塑形象。[17]菲拉雷特认为，正如色诺芬(Xenophon)所言，美德和邪恶的真正的人格化身存在于赫拉克勒斯的选择这一故事之中。[18]菲拉特雷认为后世的寓意形象是“不尽如人意的”，因此他决定通过自己的思考和想象来“表现美德与邪恶，使其各自具有一个形象”[19]。这表明，在15世纪下半叶，为普遍性美德创造一个寓意形象的观念，如同弗朗切斯科·达·巴尔贝里诺在14世纪初写作《爱的教育》一样，都是一种“新鲜事物”。事实上，菲拉特雷本人也对自己的创新颇为得意，他称之为“一项空前的、有价值和纪念意义的事业”[20]。

值得注意的是，弗朗切斯科·达·巴尔贝里诺在讨论普遍性美 181
德的问题时，遵循了中世纪的传统，并避免在《爱的教育》中提及赫拉克勒斯的选择。而菲拉特雷在创作单一的或最高的美德与邪恶之形象时，恢复了这个故事。经过五六代学者的努力，人文主义研究取得了巨大进步，这使得菲拉雷特不仅能够讲述这个故事，而且可以将之追溯到色诺芬的《回忆苏格拉底》(*Memorabilia*)的希腊文版本中。[21]这一考察又把我们带回到了彼特拉克，他是继弗朗切斯科·达·巴尔贝里诺之后一代的学者。正是彼特拉克在其作品《论隐居生活》的两个段落中，复兴了这个故事。

第一段(1,4,2)写道：“我很乐意为年轻人们提出一些忠告，那就是，我们每一个人在进入成年阶段时，都必须认真严肃地思考人生的选择问题。从不偏离他曾经选择的道路，除非有重要原因或必然需要。赫拉克勒斯在成熟之际就是这样做的，苏格拉底的弟子色诺芬，以及西塞罗见证了这一事实。”[22]

彼特拉克不懂希腊语，色诺芬的作品也没有被译为拉丁语，因此比特拉克一定是在西塞罗的作品《论责任》(1,32,118；3,5,25)中见到了这个故事。彼特拉克渊博地引用了色诺芬的作品，他对色诺芬的认识都出自西塞罗，而不是其他了解《回忆苏格拉底》之
人。彼特拉克的作品中有许多这种间接引用的例证。 182

在第一段，彼特拉克只是用一种很寻常的方式指出了赫拉克勒

斯的决定,完全没有提及赫拉克勒斯在两种道路之间所作的特殊选择,西塞罗称这两种道路分别象征着美德(virtus)与享乐(voluptas)。有趣的是,在这一段后面的部分,彼特拉克表达了在基督教传统中,而非异教的古代传统中,寻找正确道路的问题:“如果一个毫无判断力之人,站在人生的入口,被神圣之光所启迪;如果他能够找到一条安全的道路,或者一条危险较轻并且易于避免的道路,他就应该永远地感激上帝。”[23]

在《论隐居生活》的第二段(2,9,4)中,彼特拉克谈论了过去的一些热爱隐居之人。在简短地讨论了罗慕路斯和阿基里斯之后,他说:“赫拉克勒斯也在孤独生活中得到了我在前一段(1,4,2)提到的,人生的正确规划。在道路的分界处,他经过了长时间的犹豫,最终抛弃了享乐之路,选择了美德之路,并在这条路上坚持不懈地前进,他不仅到达了人生荣耀的顶峰,甚至具有了神性的声望。虽然他的名望很高并名声远扬,但是如果追寻其根源,你会发现这正是在于孤独隐居。”[24]

183 在这一段中,虽然彼特拉克没有明确地引用西塞罗,但是他对西塞罗的借鉴痕迹比之前的篇章更加明显。毋庸置疑,西塞罗的文本引导了彼特拉克,使他指出,赫拉克勒斯进入了隐居生活,并在这样的生活中对正确的选择这一问题沉思了许久。和西塞罗一样,彼特拉克也称这两种道路为美德之路与享乐之路。此外,彼特拉克称赫拉克勒斯达到了“神性的声望”,这也类似于西塞罗的表述,“赫拉克勒斯的信仰为多数人所欣赏,这使他在上帝的身边得到了一个位置”[25]。

但是在《论隐居生活》的第二段中,彼特拉克使用了一个未曾
184 在西塞罗文本中出现的有趣用语,不过有些人认为,这仍然隐含着西塞罗的痕迹。西塞罗说(《论责任》,1,32,118)赫拉克勒斯“看见了两条道路”,彼特拉克则更详细地指出,这位英雄发现自己“正处于十字路口”,即处在两条道路的分界处。这一构想说明,彼特拉克运用“十字路口”这一特别术语,是因为他知道这一术语在表示两条道路的另一种传统象征方式中经常出现,这就是“毕达哥拉斯

字母”,字母Y源自古代并流行于整个中世纪。[26]例如,4世纪下半叶,塞尔维乌斯(Servius)在他的《维吉尔〈埃涅阿斯纪〉评述》(*Commentarii in Vergilii Aeneidos*)中写道:“正如我们所知,萨摩斯岛的毕达哥拉斯根据字母Y的形式划分了人类的生活。在早期的未知中,人类尚不明白美德与邪恶之分;但是在两条路的分界处,即以字母Y中向上延伸的两条轴线为标志,象征着自青春期以来,人类或是遵循左边所代表的邪恶,或是遵循右边所代表的美德。”[27]奥索尼乌斯(Ausonius)、圣哲罗姆(St. Jerome)和马西亚努斯·卡佩拉(Martianus Capella)均对这一由字母Y所代表的“十字路口”的象征意义做过类似阐述。[28]

然而,这一象征遭到一些早期的基督教神学家的强烈反对,例 185
如拉克坦修(Lactantius)在作品《神学法典》(*Divine Institutes*)中就表现出了这种反对。拉克坦修知道异教的哲学家们曾提到过这两条道路,“一条代表美德,另一条代表邪恶”,但是他反对这种说法,“这些人对于人类灵魂不朽的事实表现出无知或者怀疑,用世俗的荣誉或惩罚来评判美德与邪恶”[29]。拉克坦修还反对完全从世俗角度阐释字母Y的象征意义:“他们说人生就像字母Y,这种阐述方式使他们将两条道路的结果引向肉体和世俗生活。”[30]拉克坦修认为,诗人们或许比哲学家们对“十字路口”进行了更加正确的解读,[31]尽管如此,他仍然感到有必要去拷问“字母Y在这里有何必要性”,异教徒与基督徒关于正确生活的选择所持的观点完全不同。[32]因此他强调:“我们用一种完全不同于世俗哲学家们的方式阐述这两条道路:每一条道路上都有一位上帝指派的、具有神性的天使向导。负责美德与善行的受人尊敬,而负责邪恶与劣行的受人谴责。”[33]

虽然拉克坦修提出了一系列严肃的反对意见,但是基督教作家 186
们仍然经常回想起毕达哥拉斯字母。例如,塞维利亚的伊西多尔(Isidore of Seville)在其《词源》(*Etymologiae*)中宣称:“萨摩斯岛的毕达哥拉斯是第一个把字母Y作为一种人生范例的人。下方的轴线意味着年少时期的不确定性,尚未使自己归属于美德或者邪恶。

然而，到了十字路口，意味着即将进入青春期；右面的轴线陡峭，却通往幸福神圣的人生；左边的轴线更为平缓，却通往堕落与毁灭。”[34]伊西多尔对字母Y的传统概念的总结，或许正解释了这个字母自加洛林王朝时期到中世纪末期颇为流行的原因。正如马尼修斯(Manitius)所说，使用“到达毕达哥拉斯字母中的十字路口”这句话成为人们的一种普遍用法。[35]例如，帕尔马的弗利雅·撒林彼尼(Friar Salimbene of Parma)在他的《纪事》(*Cronica*)中说，他15岁进入方济各修会，“我来到了来毕达哥拉斯字母中的十字路口”[36]。在14世纪，理查德·德·伯利(Richard de Bury)在他的《书之爱》
187 (*Philobiblon*)中控诉了他所处时代中堕落的神职人员，他这样说道：“最后，你的人生屈服于邪恶，来到了毕达哥拉斯字母中的十字路口，你选择了左边的路，因此后退堕落，你抛弃了曾经选择的上帝的命运，而与罪人为伍。”[37]

彼特拉克熟知符号Y的传统解释。因此，他告诫一位从政的朋友不要对灵魂得救失去期望，“仿佛你已经选择了一条邪恶之路，即毕达哥拉斯所谓的左边之路”[38]。在一封书信中，彼特拉克劝告年轻的儿子乔瓦尼(Giovanni)要关心语法学家帕尔马的吉尔伯托·巴尔迪(Giberto Baiardi of Parma)。他写道：“这个男孩来到了他人生中的毕达哥拉斯的十字路口：务必多加谨慎，躲避危险。”[39]此外，彼特拉克在书信的其余内容中，论述了基督教信条中对于这两条道路的阐释，他首先引用了《马太福音》(vii. 13－14)：“你们要进窄门，因为通往灭亡的门是宽的，路是大的，进去的人也多；通往生命的门是窄的，路是小的，进去的人也少。”然而，特别的是，在引用了《旧约圣经》中一系列关于正确的人生道路的内容之后，彼特拉克还加入了“我们的诗人”——维吉尔的《埃涅阿斯纪》(*Aeneid*)中的两段文字。[40]在《诗歌体书信集》(*Epistle Metricae*)中的一封书信里，彼特拉克也讨论了人生的两条道路，“一条高尚而
188 艰难”，它通向永生，却几乎无人选择；而另一条道路通往“深渊”并抵向地狱，即通向永恒的死亡。“究竟是什么”，彼特拉克问道，“驱使着古老的萨摩斯岛的人们在人生的十字路口，轻蔑地背离左边

之路而选择了正确的道路？”[41]

关于字母Y之意义的最有趣讨论出现在彼特拉克写给扎诺比·达·斯特拉达(Zanobi da Strada)的书信中。他描写道：“那些即将进入人生之路的人们面临着一件重大的事”，那就是他们对“右侧那条陡峭狭长、荆棘丛生并岩石密布的道路”的选择。用基督教术语来说，彼特拉克认为这条路就是通往“理想生活”的窄路，他又引用维吉尔的话解释了左侧的路，那就是“惩罚罪恶之人并将其抛至无情地狱”的路。彼特拉克继续说道：“我们的维吉尔知晓这一点，毕达哥拉斯也知晓，当他追随着卡德摩斯的脚步，在头脑中深思着这个让他不断诉诸笔端，对人生充满意义的字母之时。”[42]

在这一段中，如同前一段那样，彼特拉克通过援引基督教和古 189
典传统，解释了毕达哥拉斯字母的象征意义。但是这一次，他还从一种完全个人的和全新的角度，评论了这一象征符号的意义。他认为，“这一字母的双角状形态，具有典范价值”。因为“右侧的角虽然更加狭窄，但通往天空星际；而左侧的角虽然更加宽广并且主导着趋势，却通往尘世凡间”。[43]彼特拉克的《日常熟事通信集》(*Familiari*)的编者维托里奥·罗西(Vittorio Rossi)睿智地指出，为了正确理解这一段，必须以领会彼特拉克语境中字母Y的内涵为前提，彼特拉克在一封书信中对这一字母做了解释：一条轴线的笔画纤细，微偏向右，但指向上方；左侧的轴线更为宽阔，但顶端的弧线偏向下方。[44]维托里奥·罗西对字母Y的详细解释，几乎与彼特拉克手稿中对这一字母符号的解释如出一辙。彼特拉克的这些手稿是写给佩尔西乌斯(Persius)等古代拉丁语作家的，他在其中表达了自己对这些作家写作这一字母的认同。在佩尔西乌斯等古代作家看来，挺直的主轴代表着“正确道路”，而左边的轴线分岔了，起先是以很小的角度分开，但后来也向上挺直延伸。[45]因此他们认
为，右边的道路陡直上升，而左边道路的坡度在起初很平缓，但之 190
后也趋于陡峭。然而，并不像彼特拉克概括的那样，这些古代作家们并不认为左边的道路最终会通往堕落。

虽然彼特拉克对字母Y的象征意义做了独特的解释，但是他

依然遵循了中世纪时期约定俗成的"十字路口"的概念。因为上述《日常熟事通信集》中的三封书信,以及《诗歌体书信集》中的几行文字清楚地表明,彼特拉克最初用毕达哥拉斯字母来代表道路的分界处这一概念,而在这里他并未涉及赫拉克勒斯的选择,也没有在这四个地方提到这个故事。但在另一方面,当他决定,只有一次,在他的作品《论隐居生活》中,也是初次在自古代以来的西方文学作品中,加入赫拉克勒斯的选择这个故事时,他想到了短语"在十字路口"。这一短语并未出现在他的引文出处,即西塞罗的《论责任》中,但由于"到达毕达哥拉斯字母中的十字路口"曾是一句广为流传的中世纪谚语,因而为彼特拉克所熟知。通过融合这两种在古代时就已有关联却并未完全结合的文学传统,彼特拉克成为了首位创造"十字路口的赫拉克勒斯"这一短语的人。这一创造在当时是一个十足的创新,但它最终成为了意大利和德意志地区一种流传甚广的谚语式表达。[46]

在科卢乔·萨卢塔蒂写给锡耶纳的乔瓦尼(Giovanni of Siena)的一封长信中,萨卢塔蒂评论了塞内卡(Seneca)的悲剧作品《狂怒的赫拉克勒斯》(*Hercules furens*),还在之后将这部悲剧编入了专著《赫拉克拉斯的努力》中,[47]并列入了这位英雄在年少时所做决定
191 的故事。萨卢塔蒂并未注意到,事实上这一故事已经在彼特拉克的《论隐居生活》中出现过。[48]萨卢塔蒂根据《论责任》第一卷的一个篇章了解到这个故事,而并未参考该书第三卷的一些篇章。他非常怀疑故事的真实性,因为他在对西塞罗的引用结束后写道:"这个故事是否真实,我无法确定。"他还在这句谨慎的话后面标注道:"一位最权威的人,巴西利厄斯(Basilius)可以证明",色诺芬和西塞罗讲述了这个故事,普罗迪克斯(Prodicus)解释了故事的精神典范价值。[49]对此,萨卢塔蒂还提到了圣巴西勒(St. Basil)的《论异教徒的著作》(*De legendis gentilium libris*)中的一个篇章,这部作品由莱昂纳多·布伦尼·阿雷提诺(Leonardo Bruni Aretino)译成拉丁文并献赠给他,因此为他所熟知。[50]关于对这一故事的其他论述,有趣且值得一提的是,像彼特拉克一样,萨卢塔蒂也将西塞罗对赫拉克

拉斯的选择这一故事的叙述与毕达哥拉斯字母的传统象征寓意结合起来,在他写给锡耶纳的乔瓦尼的书信中,也提到了"十字路口",彼特拉克也曾经这样写过。[51]

彼特拉克复兴了一个沉睡近千年的故事。虽然彼特拉克只提 192
到一次这个故事,但是这一个微小的进步不同以往。彼特拉克以往的写作习惯是一再在作品中,主要是他的书信中提及历史或神话人物形象,以及事件、故事和趣闻轶事,并从中提取精神内涵。至于彼特拉克为何暂时不提及这个故事,或许是因为事实上,他已经意识到了,从严格的基督教视角看来,这个故事是有些问题的。当彼特拉克写作《论隐居生活》时,他知道拉克坦修的著作,并且一定记得拉克坦修《神学法典》中的段落(6,3,9),拉克坦修在其中严厉地反对那些"将两条道路的结果与肉体和世俗生活相联系"的异教徒"。[52]毋庸置疑,拉克坦修也曾说,一条道路"通往美德",而在另一条道路上,"情欲与享乐猛烈地勾摄着人心"[53]。但是同时,拉克坦修明确指出了,在一位真正的基督徒眼中,"上帝为人类安排的两条道路的本质:一条道路是通过经历世俗的苦难迎来永恒的幸福;另一条路是通过享受世俗的幸福迎来永恒的苦难"[54]。在彼特
拉克的语境中,"十字路口的赫拉克勒斯"最终实现的目标是完全 193
不同的;因为"当赫拉克勒斯抛弃了享乐之路,拥抱了美德之路时,他到达了人类荣耀的顶峰"[55]。彼特拉克一定意识到了,对于拉克坦修和其他基督教思想家来说,"人类荣耀"仅仅代表着一种世俗意义上的善,而完全不是一种"出自于上帝的荣耀"[56]。因此,彼特拉克非常有意识地避免在作品中强烈地和频繁地强调"十字路口的赫拉克拉斯"这个故事。

虽然彼特拉克或许已经感觉到应该有所保留,但是无论是对于他作品中的整体语境,还是对于从中世纪到文艺复兴转型时期的思想史体系而言,他对这一故事的复兴在很大程度上是符合当时的客观条件的。因为这个故事所暗示的基本精神既是彼特拉克思想的基本特点之一,也是当时追随彼特拉克的几代人的思想特征:每一个人,在到达他人生道路的分界处这一重要节点时,都应该像

赫拉克勒斯所做的那样，选择右侧的正确道路，也就是美德之路，通过这条路他将获得美名。

诚如潘诺夫斯基所说，最高美德的概念在中世纪的道德体系中并没有恰当的地位，只是在15世纪时，“美德这一古代概念才作为一种世界上的完美状态被完全重新确立起来，并与基督教的教义信条相调和：它不再被视为一种对神圣的上帝的贬抑，而是相反
194 地，它深刻地印证了在宇宙的中心，存在着自由的人类——自由，不再是由于神恩的帮助，而是出于他天生的美德”[57]。在一定程度上，彼特拉克预先提出了后期人文主义者的思想观念，尽管他的思考还不成体系，因为古典的和基督教的理念经常并行于他的作品中，而尚未真正地融合在一起。[58]特别是他对美德概念的解释就是如此。一方面，在彼特拉克作品的许多段落中，他完全从中世纪传统视角出发界定了美德的概念。另一方面，他非常频繁地提出了美德的另一个概念，它明确地预示着后来意大利语的“美德”(virtù)概念。[59]例如，像后来的人文主义者一样，彼特拉克复兴了西塞罗提出的，美德源于“男性”(vir)一词这一表述，也就是说，美德是一种能够使人成为一名完全意义上的男性的品质。[60]彼特拉克写道：“通过美德的力量，杰出的男子征服了一切。”[61]对美德力量的强烈信念，体现在抒情诗歌《我的意大利》(*Italia mia*)的诗行中：“美德平息狂暴，美德带来武器……”，伴随着这首诗的韵律，马基雅维利正要完成《君主论》的创作。美德是彼特拉克的主要历史著作《名人列传》的基本主题。彼特拉克在这部作品的序言中明确表示，对于他来说，历史上的伟大人物就是美德的化身；他们之所以是“杰出的”，正是因为他们的美名“不是出于幸运，而是美德与荣耀的赏赐”[62]。

195 值得注意的是，彼特拉克并未表明美德的来源。他在一封书信中说道，这一美德“使男性作为国家永远的首领，并让他们永远生存于战争之中”[63]。毋庸置疑，彼特拉克知道《上帝之城》中的一个篇章，在那里，圣奥古斯丁谴责那些“将美德比作女神”的异教徒，[64]而且奥古斯丁也没有任何想要神化和崇拜这种美德的意图。然

而，在《名人传》中，彼特拉克从来没有——无论是明确地还是隐晦地——像圣奥古斯丁和其他基督教神学家一样，指出上帝是美德的来源。因此，彼特拉克没有对这一基本问题做出回答，即谁是驱动历史之力量的真正来源。通过这一遗漏，彼特拉克给他的读者留下了这样的印象，即他认为，一个真正“杰出的”人，是一个具有美德的人，他能够做出自己的决定，塑造自己的命运，他同时也是历史的创造者。这样的观念非常世俗化，并完全背离相信上帝主导历史的中世纪传统。就在彼特拉克之前的一代人，但丁，依然将罗马的伟人称为“在天意的指示下降临罗马帝国，这个天军多次出现的地方”[65]。

在“十字路口的赫拉克勒斯”这一故事中，如同《论隐居生活》中所言，这位选择了美德之路的英雄最终“上升到了人类荣耀的顶 196
峰”。美德与荣耀之间的密切关系和相互依存再次成为彼特拉克最青睐的思想主旨之一。关于这一主旨的表述多次出现在彼特拉克的作品中，尤其是他的历史作品中。通过对《名人列传》主旨的恰当解释，彼特拉克只称呼那些因个人美德而实现伟大事迹之人为“杰出的”人。[66]对彼特拉克而言，荣耀是“美德的同伴和使者”[67]。在他的一首抒情诗中，“荣耀”被描绘为“一位比太阳还美丽的女子”，她让美德的化身“更加使人愉悦”[68]。

值得注意的是，弗朗切斯科·达·巴尔贝里诺在《爱的教育》中，也通过普遍性美德提出了类似的观点：“美德增加每一位男子的美名。”[69]弗朗切斯科·达·巴尔贝里诺曾是自古代以来第一位尝试为最高的或“普遍的”美德创作一个形象的艺术家，而彼特拉克之后的一代学者复兴了这个古老的故事，“十字路口的赫拉克勒斯”被描绘为真正“杰出的”男性之代表，以及最值得称赞的男性典范。他能够通过个人自主的决定选择美德之路，借此他将上升到世俗荣耀的顶峰。一些崭新的思想观念开始形成。用潘诺夫斯基的话来说，“我们或许可以将这一伟大进程中的一个阶段，定义为对古代的复兴”[70]。而推进这些概念的后续发展，便是留给后世的文艺复兴作家们和艺术家们的遗产。

注释：

1. E. Panofsky，Hercules am Scheidewege und andere antike Bildstoffe in der neueren Kunst：Studien der Bibliothek Warburg，XVIII，Leipzig and Berlin，1930；另见 E. Tietze-Conrat，"Notes on Hercules at the Crossroads，" this *Journal*，XIV，1951，pp. 305—309。
2. E. Panofsky，*op. cit.*，p. 155；关于萨卢塔蒂的专著，见 Coluccio Salutati，ed B. L. Ullman，*De laboribus Herculis*，2 vols，Zurich，1951；同时参见 Coluccio Salutati，ed E. Garin，*De nobilitate legum et medicinae*，Florence，1947，pp. xxviii f。
3. E. Panofsky，*op. cit.*，p. 155.
4. Ed. by P. de Nolhac，"Le *De viris illustribus* de Pétrarque"，*Notices et extraits des manuscrits de la Bibliotheque Nationale*，XXXIV，Paris，1891，pp. 134—136；关于彼特拉克这部历史著作不同版本的年代问题，参见我这篇文章的参考书目："Petrarch and the Decoration of the Sala virorum illustrium in Padua"，*The Art Bulletin*，XXXIV，1952，p. 97. n. 24。（关于以上内容，参见上一章注释 24）
5. 见下述版本的《备忘事务书信集》索引部分；Francesco Petrarca，ed G. Billanovich，*Rerum Memorandarum Libri*，Florence，1943，p. 294。
6. 见下述版本的《日常熟事书信集》索引部分；Francesco Petrarca，ed V. Rossi and U. Bosco，*Le Familiari*，Florence，1943，p. 326。
7. E. Panofsky，*op. cit.*，p. 156.
8. E. Panofsky，*op. cit.*，p. 151f.
9. *De civitate Dei*，ed J. E. C. Welldon，IV，20A："Virtutem quoque deam fecerunt；quae quidem si dea esset，multis fuerat praeferenda. Etnunc quia dea non est，sed donum Dei est，ipsa ab illo inpetretur，a quosolo dari potest，et omnis falsorum deorum turba vanescet"；引自 E. Panofsky，*op. cit.*，p. 152；另见 *De civitate Dei*，IV，21 A，and V，12K。
10. I Cor. I. 24："... Christum Dei virtutem et Dei sapientiam."
11. E. Panofsky，*op. cit.*，p. 153.
12. E. Panofsky，*op. cit.*，p. 151ff；另见 E. Mandowsky，*Untersuchungenzur lconologie des Cesare Ripa*，Dissertation，Hamburg，1934，pp. 18 f.；A. Katzenellenbogen，*Allegories of the Virtues and Vices in Mediaeval Art from Early Christian Times to the Present Century*，London，1939。
13. Francesco da Barberino，*Documenti d' Amore*，ed F. Egidi，4 vols.，Rome，1905—27；关于弗朗切斯科·达·巴尔贝里诺的生平和作品，参见艾吉迪（Egidi）在《意大利百科全书》（*Enciclopedai Italiana*）上的文章：Egidi，in

Enciclopedia Italiana, VI, 1930, p. 141(附参考书目)。我在下文中关于《爱的教育》相关讨论的参考文献,主要得益于潘诺夫斯基教授在出版《十字路口的赫拉克勒斯》不久之后的发现。

14. Ed. Egidi, *op. cit.*, I, 66:"Sed primo quidem nobis videndum est et sciendum, quod tres species sunt virtutis: naturalis, spiritualis et animalis. Forma tamen virtutis, quam representare intendo, est moralis in genere, ut ad omnem se moralem hoc genus extendat, et ita diem dico de" vitiis, que consistunt in omnia. Nec obmicto, quamvis aliqui dixerint, quod licet possibile sit representare in figuris virtutes in specie, tamen in genere figurare virtutem impossibile videbatur, quin ad istam generalitatem figurandam procedam non in contentum illorum servorumque suorum gaudium aliquale. Et quia facto sei cuilibet fundaento, ut dicitur supra circa principium prohemii ibi ubi de amoris farma tractatur, igitur reservatis rationibus formarum et locorum hic designatorum infra loco suo antequam ad aliorum expositionem divertatur, et reservato etiam ipsius moralis virtutis tractatu similiter loco suo hic figuras ipsius generalis virtutis et vitiorum, secundum magna dubitatione represento." With the remark: "Vide illas: hic sunt",艾吉迪根据弗朗切斯科的原作,创作了一幅仿制的图像,收录在下述文章中:"Le miniature dei codici barberiniani dei *Documenti d' Amore*", *L'Arte*, V. 1902, p. 89。弗朗切斯科对美德和缺陷,以及二者的象征形象的其他讨论,见 Ed. Egidi, *op. cit.*, I, 72—76。
15. 关于 15 世纪早期德意志地区的相关手稿情况,参见 F. Saxl, "Aller Tugenden und Laster Abbildung," *Festscchrift für J. Schlosser*, 1926, pp. 104—121;尤其要注意邪恶攻击美德城堡的图像(同上,图 52);另见 E. Panofsky, *op. cit.*, p. 79。
16. 菲拉雷特的《建筑学论集》由冯·厄廷根编选自意大利原文和部分德语译文,见 Filarete, ed. by W. v. Oettingen, *Quellenschrifien für Kunstgeschichle und Kunsttechnik des Mittelalters und der Neuzeit*, N. F. III, Vienna, 1890。
17. 这段话的原文出自菲拉雷特著作的第 18 篇,并已由潘诺夫斯基公开出版,见 E. Panofsky, *op. cit.*, p. 188:"Si che immaginando io più volte, a che cose si potesse asomigliare questa virtù et domandando, se maialcuno di questi avessi il vitio ec l'altra la virtù, io non o ancora trovato che in una figura figurate fussono come impiù, come a dire le quattro virtù cardinali et le tre theologiche, et così i septe vitii principali, che chi a uno animale et chi a un altro et così ancora la virtù a varie figure asimigliate."此文的德语缩减版,参见 ed. by v. Oettingen, *op. cit.*, p. 500。

18. E. Panofsky, *op. cit.*, p. 189: "Vero è che Seneca [according to Panofsky, *op. cit.*, pp. 194 f., a misreading in the text for Senofonte] le discrive in forma di donna vestita di biancho e 'l votio pure in forma di donna molto adornata di begli vestimenti et figure, che in sonno venissono dinanzi a Ercole et vitio come la virtù, ogniuno gli profferiva de' suoi frucci et chi dolci et chi bruschi, et lui, come savio, prese più presto le bruschi che dolci."
19. E. Panofsky, *op. cit.*, p. 189: "Si che, vedute tutte queste similitudini et intese, non nella mente mi sodisfaceva, immodo che collo 'ngegnio mi missi a fantasticare et pensare tanto, che pure mi venne nella mente di figurare il vitio et la virtù in una figura sola ciascuna di per se, le quali stanno in questa forma, che qui narrerò et anche per disegnio potrete la sua forma vedere." 此文的其余部分,见 E. Panofsky, *op. cit.*, pp. 189—192;关于菲拉雷特的三幅建筑草图的复制版,见 *ibid.*, figs. 117—119。
20. *Trattato d'Architettura*, bk. IX, ed. v. Oettingen, *op. cit.*, p. 306: "Per la loggia dinanzi dalla porta, sotto il portico, io ò pensato quello a me pare ci stia bene: e sarà cosa degnia e memorabile, e non è ancora fatta in altri luoghi. Quello che a me pare, che ui stia bene, si è la Virtù e 'l Vitio, e nel modo ch'io l'ò figurato nel libro del bronzo." 另见 E. Panofsky, *op. cit.*, pp. 192—194;关于一些涉及普遍性美德之象征形象的,14 世纪末的亚里士多德著作法语抄本手稿具有的"隐秘特征"的研究,参见 E. Panofsky, *op. cit.*, pp. 150ff, 160, 193。
21. 菲拉雷特的叙述出自色诺芬,而不是西塞罗《论责任》的拉丁文本,这可以通过《建筑学论集》与《回忆苏格拉底》二者内容之间的对比清晰地显示出来。
22. 出自 Francesco Petrarca, translated by J. Zeitlin, *Life of Solitude*, Urbana, Ill., 1924, p. 133;原文出自:Francesco Petrarca, Opera, Basle, 1581, p. 234: "Optimum quidem esset, nisi consilii inopia iugis adolescentiae comes obstaret, ut ab ineunte aetae circa unum aliquod vitae genus apprehendendum unusquisque nostrum accuratissime cogitaret nec ab illo calle, quem semel elegisset, nisi magnis ex causis aut gravi necessitate diverteret. Quod initio pubertatis fecisse Herculem auctor Xenophon ille Socraticus testis est et Cicero";另一译本,见 Francesco Petrarca, translated by A. Altamura, *De vita solitaria*, Naples, 1943, pp. 36 f。关于此书的创作和手稿情况,见 B. L. Ullman, "The composition of Petrarch's De vita solitaria and the history of the Vatican manuscript," *Miscellanea Giovanni Mercati*, 1946, IV, 107—142。
23. Translat. by Zeitlin, *op. cit.*, p. 133;原文出自:Opera, 1581, p. 283:

"Cui autem in gressu viae huius, quando ut dixi, scintilla nostri consilii nulla erat, coneleste aliquod lumen affulsit, ut vel securum vel periculi minoris et facile remediabile iter arriperet, habet unde scmper Deo gratias agar."

24. Translat. by Zeitlin, *op. cit.*, p. 133;原文出自:Opera, 1581, p. 283: "Ipse Hercules in solitudine sanum illud consilium vitae cocpit, cuius libro prioe mentionem feci, quando velut in bivio diu multumque haesitans ad posttremum spreta voluptatis via semitam virtutis arripuit, quam indefesse gradiens non ad humanae modo gloriae verticem, sed ad opinionem divinitatis evectus est, quamlibet alte lateque ramos porrigat viri fama, si radicem quaeras, ad solitudinem erit animo recurrendum";参见 ed. by Altamura, *op. cit.*, p. 137。

25. 下面两段出自西塞罗的《论责任》,我用斜体标示出了彼特拉克改编到自己作品中的句子。*De officiis*, 1, 32, 118: "Nam quod Herculem Prodicus dicit, ut est apud *Xenophontem*, *cum primum pubesceret*, *quod tempus a natura ad deligendum*, *quam quisque viam vivendi sit ingressurus*, *datum cst*, *exisse in solitudinem* atque ibi sedentem *diu secum multumque dubitasse*, *cum duas cerneret vias*, *unam Voluptatis*, *alteram Virtutis*, *utram ingredi melius esset*, hoc Herculi 'Iovis satu edito' potuit fortasse contingere, nobis non item, qui imitamur, quos cuique visum est, atque ad eorum studia institutaque impellimur." *De officiis*, 8, 5, 25: "Itemque magis est secundum naturam pro omnibus gentibus, si fieri possit, conservandis aut invandis maximos labores molestiasque suscipere imitantem *Herculem* illum, quem *hominum fama* beneficiorum memor *in concilio caelestium collocavit*, quam vivere iin solitudine non modo sine ullis molestiis, sed etiam in maximis voluptatibus abundantem omnibus coppiis, ut excellas etiam pulchritudine et viribus." It may be noted that Petrarch, thouh following the text of Gicero in other respects, deviated on one rather personal point very markedly from his authority. For, whereas Gicero declared it to be "more in accord with nature to emulate Hercules and undergo the grestest toil and trouble for the sake of aiding or saving the world, if possible, than to live in solitude, not only free from all care but revelling in pleasures ...",彼特拉克高度赞扬隐居生活,他明确强调,"如果追寻赫拉克勒斯之美名的根源,你会发现它就在于隐居生活"(Translat. by Zeitlin, *op. cit.*, p. 125);上述两个段落的英文版见 W. Miller, *The Loeb Classical Library*, 1903, pp. 121, 293 f。

26. 关于这一概念,见:C. Pascal, "II bivio della via e la littera Pythagorae", *Miscellanea Ceriani*, Milan, 1910, pp. 57—67;进一步参见:C. Taylor, "The two ways in Hermas and Xenophon", *The Journal of Philology*,

XXI, 1893, pp. 247 ff; W. Schultz, "Herakles am Scheidewege," *Philologus*, LXVIII, 1909, pp. 488—499; A. Brinkmann, "Ein Denkmal des Neupythagoreismus", *Rheinisches Muesum für Philologie*, N. F. LXVI, 1911, pp. 616—625; J. Alpers, *Hercules in bivio*, Dissertation, Göttingen, 1912, passim; F. Dornseiff, *Das Alphabet in Mystik und Magie* (*Stoicheia*, VII), 1925, pp. 24, 172; E. Panofsky, *op. cit.*, pp. 44, 64—68; A. Friberg, *Den Svenske Herkules; Studier I: Stiernhielms Dikinig*, Stockholm, 1945, pp. 122—161(见法语摘要,第 264—266 页); 另见 *Thesaurus Linguae Latinae*, II, col. 2024 f., s. v. "bivium"。

27. Servius, *In Aeneid.*, VI. 136 (ed. G. Thilo, II, 30 f.): "Novimus Pythagoram Samium vitam humanam divisisse in modum Y litterae, scilicet quod prima aetas incerta sit, quippe quae adhuc se nec vitiis nec vitrutibus dedit; bivium autem Y litterae a inventute incipere, quo tempore homincs aut vitia, id est partem sinsstram, aut virtutes, id est dexteram partem sequuntur." 进一步参见 Persius, *Satirae*, 3, 56—57,但是"十字路口"一词在这里并未出现:"Et tibi, quae Samios diduxit littera ramos, / Surgentem dextro monstravit limite callem."

28. Martianus Capella, *De nuptiis philologiae et Mercurii*, 2, 102; Ausonius, *De literis monosyllabis* (348), 9; St. Jerome, *Epistolae*, 107, 6, 3 (ed. I. Hilberg, in *Corpus sciptorum ecclesiasticorum Latinorum*, LV, 1912, p. 297).

29. Lactantius, *Div. Instit.*, 6, 3, 1—2 (ed. S. Brandt, *Corp. script. eccl. Lat.*, XIX, 1890, p. 485): "Duae sunt uiae, per quas humanam uitam progredi necesse est, una quae in caelim ferat, altera quae ad inferos deprimat; quas et poetae in carminibus et philosophi in disputationibus suis induxerunt. Et quidem philosophi alteram uirtutum esse uolerunt, alteram uitiorum"; *ibid.*, 6, 3, 5: "Hi uero quia ignorabant ant dubitabant animas hominum inmortales esse, et uirtutes et uitia terrenis honoribus ant poenis aestimanuerunt"; translat. by W. Fletcher, *The Ante-Nicene Fathers*, VII, 1905, p. 164.

30. *Div. Instit.*, 6, 3, 6: "Dicunt enim humanae uitae cursum Y litterae similem"; *ibid.*, 6, 3, 9: "Ad corpus ergo et hanc uitam, quam in terra ducimus, fines earum uiarum rettulerunt."

31. *Div. Instit.*, 6, 3, 9.

32. *Div. Instit.*, 6, 3, 17: "Quid enim opus est Y littera in rebus contraiis atque diuersis?"

33. *Div. Instit.*, 6, 3, 14: "Has igitur uias longe aliter inducimus, quam induci

a philosophis solent，primum quod utrique praepositum esse dicimus ducem utrumque inmortalem，sed alterum honoratum，qui uirtutibus ac bonis praesit，alterum damnatum，qui uitiis ac mails.”参见 C. Taylor，*op. cit.*，p. 247；see *ibid.*，p. 256，在中世纪基督教的语境中，“人生的两条道路分别由关于善与恶的两个天使负责”，泰勒在这里对这一观念的背景进行了研究；另见 C. Pascal，*op. cit.*，pp. 59—61；J. Alpers，*op. cit.*，pp. 60—72，and W. Jaeger's remarks in *Göttingische Gelehrte Anzeigen*，CLXXV，1913，pp. 590 ff。

34. Isidorus，*Etymolog.*，1，3，7（ed. W. M. Lindsay，Oxford，1911）：“Y litteram Pythagoras Samius ad exemplum viate humanae primus formavit；cuius virgula subterior primam aetatem significat，incertam quippe et quate adhuc se nec vitiis nec virtutibus dedit. Bivium autem，quod superest，ab adolescentia incipit：cuius dextra pars ardua est，sed ad beatam vitam tendens：sinistra facilior，sed ad labem interitumque deducens”；伊西多尔用佩尔西乌斯的上述话语作为结论（注释 27），见 Persius，*Sat.*，3，56。

35. M. Manitius，“Beiträge zur Geschichte römischer Dicher im Mittelalter，” *Philologus*，XLVII，1889，p. 713，n. 3；see also C. Pascal，*op. cit.*，pp. 65—67；F. Dornseiff，*op. cit.*，p. 24；*Die Cambridger Lieder*，ed. K. Strecker，1926，pp. 22 nr. 3a，37 nr. 3b；H. Walter，*in Degering-Festschrift*，1926，pp. 299 nr. 8，302 f.

36. Salimbene，*Cronica*，ed. O. Holder-Egger，*Mon. Germ. Script.*，XXXII，1905—13，p. 38，lines 16—18：“... ego frater Salimbene，qui，quando perveni ad bivium Pythagorice littere，id est finitis tribus lustris，... ordinem fratrum Minorum intravi ...”；撒林彼尼（Salimbene）在《纪事》（*Cronica*）的另外四处也提到了这句话（pp. 166，l. 25 f.，187 l. 13 f.，265 l. 33 f.，277 l. 25）。

37. *The Philobiblon of Richard de Bury*，translat. by A. F. West，New York，1889，II，35；拉丁文本同上，I，33：“Tandem aetate succumbente mailtiae，figurae Pythagoricae bivium attingentes，ramum laevum eligitis，et retrosum abeuntes，sortem Domini praeassumptam dimittitis，socii facti furum”；另见韦斯特（West）的注解说明，同上，III，109。

38. *Famil.*，3，12，5：“Tu igitur ne desperes，quasi devium et，ut Pithagorici vocant，levum iter ingressus sis，aut quasi devium，quam geris，divine quam petis gratie sit adversa.”

39. *Famil.*，7，17，1：“Adolescentulum nostrum，consilii inopem et etatis agitatum stimulis，paterne solicitudinis ope complectere. Lam，ut vides，ad bivium pithagoricum vivendo pervenit；nusquam prudentie minus，nusquam

periculi magis est."

40. *Famil.*，7，17，11—13(其中的引文出自:Proverbs ii. 13; iii. 17; iv. 19 and 27; xv. 19: Psalm xxxv. 6; Liber Ecclesiastici，21，11; Jerem. 21，8; Vergil，*Aen.*，9，641 and 6，542—543)。

41. *Epistolae metricae*，3，32，ed. D. Rossetti，*Petrarchae Poëmata minora*，II，Milan，1831，p. 150，lines 1—15:

"Artibus ut variis agitur brevis orbita vitae
Et per mille vias metam properamus ad unam.
Ast iter optatum pariter non prendimus omnes，
Altum iter et durum; in primis nec mile gravatis
Corporea ascensus facilis scooulosaque saxis
Undique praerupits anceps via turbat euntes;
Undique terribiles lapsus atque undique mors est;
Per medium securus eas; hoc tramite pauci
Incedunt. Plures videas in valle profunda
Errantes passim coecos ad Tartata gressus
Ferre. Quid heu tantum fessis mortalibus obstat?
Quid Samii enis in bivio deflectere cogit
Ad laevam atque iter usque adeo contemnere dexturm?
Excelso stat vita loco，nos ima sequentes
Vergimus ad mortem."

E. Panofsky，*op. cit.*，p. 67，n. 1;潘诺夫斯基指出，彼特拉克在这里"自由地"引用了马克西米努斯的诗，见 Maximinus (or Pseudo-Vergil)，ed. A. Riese，*Anthologia Latina*，I，2，1906，p. 98 nr. 632;关于马克西米努斯，见 C. Pascal，*op. cit.*，pp. 54f。

42. *Famil.*，12，3. 5—6:"Sentis ... illud grande discrimen，illud grave negotium，quod intrantibus viam vite huius boicitur: longum iter asperumque，brave tempus et adversum; dexterior trames arduus angustus vepricosus scrupcus; ea nobis ad veram vitam scmita est; 'at leva malorum / Exercet penas ct ad impia Tartara mittit' [*Aen.*，6，542—543]; quod nec Maro noster ignorat nec Pythagoras ignorabat，dum Cadmi vestigiis insistens scripture supervacuam，sed vite utilem literam in incude ingenii mallearet."卡德穆斯和毕达哥拉斯是这些字母符号的创造者，关于这一情况，详见 F. Dornseiff，*op. cit.*，pp. 5 f.，8，13 f.，24，114，170。

43. *Famil.*，12，3，7:"Bicornis et exemplaris litera dextro cornu arctior tendit ad sidera，levo latior in terram curvata reflectitur; ea，ut aiunt，ad inferos est via，et illa quidem incessu letior ac dulcior，exitu mestissima atque amarissima

est, et cuius omnino nil possit miserie superaddi; dextrum vero iter ingressis ut labor ingens sic finis optimus."

44. 关于维托里奥·罗西的解释,见罗西译本的《日常熟事书信集》第3卷,第18页(其中仿写了彼特拉克手稿中的字母Y)。

45. 这出自佩尔西乌斯《讽刺》(*Satirae*)一文的译者在其译本中所作的说明,详见:Persius, Satirae, trans. J. Conington, Oxford, 1893, p. 61。

46. 例如,J. A. 哈赛(J. A. Hasse)创作了一部名为"十字路口的赫拉克勒斯"(*Alcide al bivio*)的歌剧,该剧于1760年上演,由梅塔斯塔希奥(Metastasio)撰写剧本(*Opere*, VIII, 1781, pp. 207—248);E. Panofsky, *op. cit.*, p. 134; *ibid.*, pp. 42, 48; 关于德语中"十字路口的赫拉克勒斯"这一表达的传播普及,见G. Büchmann, *Geflügelte Worte*, 1929, p. 194; F. Riedl, "Der Sophist Prodikus und die Wanderung seines 'Herakles am Scheidewege' durch die römische und deutsche Literatur", *Jahresbericht des Staatsgymnasiums zu Laibach*, 1907/8, pp. 34—46。

47. *De laboribus Herculis*, 3, 7, 1—4, ed. B. L. Ullman, I, 181—183 (see also 3, 15, 17, *ibid.*, p. 249); 萨卢塔蒂写给乔瓦尼的书信由厄尔曼编辑出版,出处同上,第二卷,第585—635页;关于《赫拉克勒斯的努力》原始版本的问题,见第2,26,59页(同上,第622和635页)。

48. 萨卢塔蒂知道彼特拉克的《论隐居生活》,例如,他曾在两封书信中引用了彼特拉克,一封写于1374年,另一封写于1405年(*Epistolario*, 3, 15, and 14, 19, ed. F. Novati, I, 180, and IV, 135);根据厄尔曼译本的索引,萨卢塔蒂在写作关于赫拉克勒斯的内容时,只参考了彼特拉克的一部作品(*De remediis utriusque fortunae*);萨卢塔蒂忽略彼特拉克《名人列传》中"赫拉克勒斯的人生"这一部分的原因,在于萨卢塔蒂所读的版本并不是包含古罗马人物传记的最初版本,而是之后的版本;参见G. Martellotti, "Il codice Ottoboniano 1883 e l'opera di Lombardo della Seta nella tradizione manoscritta del *De viris illustribus*," *Convivium*, 1947. pp. 739—752; G. Billanovich, *Petrarca letterato*, Rome, 1947, l, 322。

49. Salutati, *De laboribus Herculis*, 3, 7, 1, quoted the passage in Cicero's *De officiis*, 3, 32, 118, 引用的范围从"Herculem Prodicus dicit"至"utram ingredi melius esset"(西塞罗作品,见注释25),后接"Hec ille. Qund an verum fuerit, aliter compertum non habeo";之后萨卢塔蒂说道(3, 7, 2):"Miror tamen, licet hoc idem testetur maxime autoritatis Basilius . . ."(见厄尔曼译本,182页)

50. See Basilius, *Ad adolescentes de legendis libris gentilium*, 5, 12, ed. F. Boulenger, 1935, pp. 48—49; 布伦尼拉丁文译本的相关篇章,见E. Panofsky, *op. cit.*, p. 53;关于布伦尼的拉丁译本及其献赠给萨卢塔蒂的

情况，见 Coluccio Salutati，ed. F. Novati，*Epistolario*，IV，184，n. 1；cf. Ibid.，IV，516。

51. 萨卢塔蒂在讨论毕达哥拉斯字母时所用的资料与以下彼特拉克所用的资料相似：Persius，*Sat.*，3，56 f.；Sercius，*Ad Aeneid.*，6，136；Vergil，*Aen.*，6，541—543；see also *De laboribus Herculis*，4，part 2，ch. 9，3 (ed. Ullman，p. 572). 萨卢塔蒂写给乔万尼的书信内容如下(2，59，ed. Ullman，op. cit.，p. 635)："Cum itaque in illo bivio tum carnis sarcina ab illa virtutis ardua et arcta via deterreretur，et voluntate apud terrena rate，hoc est voluntate，relicta virtutem eligendo suggestionibus carnis superatis emersit."

52. 以上均见注释 30；关于彼特拉克对拉克坦修的了解，参见 P. de Nolhac，*Pètrarque et l'humanisme*，Paris，1907，I，183 f.，259 n. 3；II. 111，184，190 n. 4，211 f.；另见彼特拉克《备忘事务书信集》和《日常熟事书信集》中"拉克坦修"(Lattanzio)一词的索引，彼特拉克在多处参考和引用了拉克坦修的《神学法典》。

53. *Divin. Instit.*，6，6，1："Una est itaque uirtutis ac bonorum uia ..."；*ibid.*，6，4，10："Omnes ... quos cupiditas aut uoluptas praecipites trahit ..."

54. *Divin. Instit.*，6，4，12："Hae sunt uiae，quas Deus humanae uitae adsignauit：in quibus singulis et bona ostendit et mala，sed ordine praepostero atque conuerso. In sua enim monstrauit temporaria prius mala cum aeternis bonis，qui est ordo melior，in altera temporaria prius bona cum aeternis malis，qui est ordo deterior ..."

55. 见注释 24 所标注的正文。

56. St. John，*Vulgata*，v. 44："Quomodo vos potestis credere，qui gloriam ab invicem accipitis，et gloriam，quae a solo Deo est，non quaeritis?" St. Paul，*Epistle to the Hebrews*，ii. 6—9.

57. E. Panofsky，*op. cit.*，p. 164.

58. 潘诺夫斯基出色地描述了彼特拉克思想的这种特点，见 E. Panofsky，*op. cit.*，p. 165，n. 4；对于彼特拉克，他评论道："hier wie überall die Renaissance-Anschauung in einer eigentümlich zartvershleierten，man möchte asgen：noch nicht dogmatisierten Gestalt an den Tag treten läst."

59. 关于这一思想的相关历史，参见 E. W. Mayer，*Machiavellis Geschichisauffassung und sein Begriff virtù*，1912；I. Wyss，*Virtù und Fortuna bei Boiardo und Ariosto*，1931。

60. *Famil.*，23，2，28："At profecto sive 'a viro virtus'，ut vult Cicero [Tusc.，2，18，43]，sive a virtute vir dicitur，nil hac vere viro carius，nii amabilius esse potest."

61. Ed. E. Cocchia，in *Atti della R. Accademia di Archeologia*，*Lettere e Belle Arti*，N. S.，VII，Naples，1920，p. 148："Viri enim egregii virtutis ope vincurt omnia."

62. 见《名人列传》第一版的序言，ed. P. de Nolhac，*Notices et extraits des manuscrits de la Bibliothèque Nationale*，XXXIV，1891，pp. 110—114，esp. lines 69—72："Neque enim quisquis opulentus et potens confestim simul illustris est；alter enim fortune，alter virtutis ct glorie munus est，neque ego fortunatos，sed illustres sum pollicitus viros describere."

63. In *Famil.*，13，4，12，彼特拉克在这里列举了许多伟大的，却没有实现功绩的罗马的战争领袖，"nisi eos spectara virtus ... duces perpetuos reipublice debitos ac necessarios elegisset coegissetque sub armis evum agere"；see also，ibid.，the phrase："quisquis es，qui virtutis specie illectus eius contubernium concupiscis，scito rem te maximam optare neque parvo parabilem，sed que totum te poscat in precium."

64. 见注释 9。

65. Dante，*Convivio*，4，5，17："e manifesto esser dee，questi eccellentissmi cssere stati strumenti，con li quali procedette la divina provedenza ne lo romano imperio，dove più volte parve esse braccia di Dio essere presenti."

66. 见注释 62。

67. *Famil.*，9，11，3："Hoc nimirum interest，quod ut nos ipsos quos non vidimus amemus，natura est；ut alios，virtus facit et fama，virtutis comes ac nuntia"；另见 *Famil.*，1，2，25："... virtutem fama，ceu solidum corpus umbra，consequitur"（cf. Cicero，Tuscul.，1，45，109）；另见 *Famil.*，15，1，8；14，27；23，11，1；参见 *De remediis utriusque fortunae*，I，dial. 92（in Petrarch's *Opera*，ed. 1581，pp. 76 f.）。

68. *Le Rime*，CXIX，lines 1 and 60；E. Panofsky，*op. cit.*，p. 165，n. 4.

69. Ed. F. Egidi，*op. cit.*，II，240："Est igitur virtus illa，que cuiuslibet famam auget"；在对这部作品的评论中，弗朗切斯科·达·巴尔贝里诺也谈到了早期对"普遍性美德"的讨论（见注释 14）；参见弗朗切斯科对《爱的教育》的另一篇评论（艾吉迪编，第 3 卷，第 254 页）："Dicit Seneca in VIIIa epistula［*Ad. Lucil.*，79，11］：'Gloria ut umbra virtutis etiam invitos commitabitur.'"

70. E. Panofsky，*op. cit.*，p. 166.

197 # 10. 最后的心愿:彼特拉克晚年的一封信件*

“我曾经常常思索临终之事和死亡,这个常人不会考虑过多的
问题。”这是彼特拉克遗嘱中的第一句话,这份遗嘱写于 1370 年 4
月 4 日的帕多瓦。关于“临终之事和死亡”的问题确实让彼特拉克
思索了一生,他笔耕不缀地写下的无数篇章和书信就是明证。[1]更
198 加值得注意的是,彼特拉克在年近 66 岁时还未酝酿好一个正式的
遗嘱。[2]而在此前不久,他曾百般忧虑自己能否平安地活过 63 岁,
这是我们从他于 1366 年 6 月 20 日,也正是他 62 岁生日那天写给
薄伽丘的书信中得知的。[3]在这封书信中,彼特拉克回顾了奥卢斯
·格利乌斯(Aulus Gellius)、森索利努斯(Censorinus)、尤利乌斯·
费尔米卡斯·马特乌斯(Julius Firmicus Maternus)等古代作家们关
于数字的“非常古老的信仰”,即他们认为数字 7、9 都是不吉利的,
而由它们组成的数字 63 更是不祥。总之,彼特拉克总结这些学者
们的观点后得出了一个结论:“当人年近 63 岁时就极其危险,不是
遭遇大的不幸就是疾病,不管是思想还是肉体最终都会面临死
亡。”[4]面对这个结论,彼特拉克也理所当然的“有所表现”,用林恩
·桑代克(Lynn Thorndike)的话来说,“彼特拉克对自己在这一转
199 折之年的安全问题极度忧虑”[5]。在写给薄伽丘的书信中,彼特拉
克还表达了对占星术的明确怀疑。[6]然而无论怎样,这些忧虑最终
都未促使他充分认识到潜在的危机和起草遗嘱的必要性。

---

* 重印自《彼特拉克的遗嘱》,蒙森编译并作序(Ithaca, N. Y.: Cornell University Press, 1957), pp. 3—50。

实际上，彼特拉克在 1367 年 7 月 20 日，也就是他 63 岁生日那天曾写信对薄伽丘说，“这人生中最可怕的一年，无论它对别人来说曾经怎样或未来将会怎样，于我而言，我在个人生活中没有遭遇困境，而在公共生活中，我目睹了两件最幸运的事。”[7]他所谓的第一件事是塞浦路斯国王对亚历山大的征服，这只是一项短暂的成功；而另一件事对彼特拉克来说意义更加重大，那就是教皇乌尔班五世于 1367 年重返罗马。彼特拉克一生都在不断地致信历任教皇，热烈呼吁并恳求他们在基督教世界的传统中心地区重建教皇区。自然地，对于这一彼特拉克期盼已久之愿望的最后完成，他热情欢呼并宣称自己迫不及待地接受教皇乌尔班五世的邀请。[8]大约两年半之后，即 1370 年 4 月，彼特拉克决定实现这个夙愿——罗马之行。

在 1370 年 4 月 4 日这个特殊时刻，彼特拉克决定写遗嘱。彼特拉克在前一年秋天就重病缠身，他在 1369 年 12 月 24 日写给罗马教皇的书信中也提到了自己的病情。[9]那时他可能已经意识到，从意大利北部到罗马这段漫长而艰苦的旅行，对于他这样一位年迈之人而言的危险性。若彼特拉克确实有过这种担忧，这也是非常合乎情理的。因为彼特拉克在 4 月末启程后不久，就在费拉拉
(Ferara)病重，医生强制要求他返回帕多瓦，故他于 1370 年 5 月 8 200
日写信给乌尔班五世，告知了这次旅行失败的原因。[10]这次重病之后，彼特拉克的健康再也没有完全恢复。几个月之后，彼特拉克写信给朋友乔瓦尼·唐迪(Giovanni Dondi)并描述了他的近况：“这一年(1370 年)我的体力衰弱到没有仆人服侍就无法行动的地步；我成为一个可悲的累赘，不仅令别人反感也让我自己生厌。”[11]然而，彼特拉克的憔悴身躯并未阻挡他追求文学的热情，在生命最后的四年时光里他始终坚毅不屈。“我阅读、写作、思考；这就是我的一生，自年少时快乐就一直伴随着我”，他于 1371 年的一封书信中这样写道。[12]

在彼特拉克晚年的所有作品和书信中，或许 1370 年的遗嘱是最私人性的文件。他在遗嘱结尾写道(§30)：“我亲自书写”[13]，有许多迹象证实了这句话的真实性。遗嘱中所有涉及专业细节和法

律术语的地方，彼特拉克都同专业人员协商过，还有两名法律文书签署了这一文件（§31），因此我们发现遗嘱的文风和彼特拉克往常的措辞形式有一定差别。但是16世纪的文学评论家吉罗拉莫·卢赛利（Girolamo Ruscelli）坚持认为，“彼特拉克在遗嘱中刻意回避他惯用的典雅优美的语言来保持遗嘱文体的正式性”这一说
201 法是不太可信的。[14]卢赛利认为，只要略看这两名文书中任意一人在起草遗嘱前几周所写的文字，就会明显地发现这两名法学家所用的高度专业的法律文体，与彼特拉克在这里所用的拉丁文在语言和句法上的巨大差别。[15]而且还应该注意到，即使在如此严格的法律文件中，人文主义者彼特拉克依然情不自禁地至少在两处地方（§§1，5）提到了西塞罗的《论老年》（*De senectute*）。

不仅遗嘱的行文风格在很大程度上出自彼特拉克，而且遗嘱的总体结构也是他谋篇布局的。遗嘱的结构遵循传统形式，因此我们看到，彼特拉克在遗嘱的主要部分首先就葬礼以及他为教会和穷人所提供的物品做了安排（§§4－10），其后罗列了为朋友和仆从遗留的财产名单（§§11－24），最后将剩余的地产分配给了他的主要遗产继承人（§25）。如果遗嘱的终稿是由法律文书所代写的，那么他们一定会确保每项条款的位置和内容恰当无误。由于遗嘱是彼特拉克亲自书写的，他完全没有在意专业规矩，因而导致了至少三处缺漏（§§26－28，32），两名法律文书对其中的最后
202 一处做了联署证明。[16]在这份正式的法律文件中，彼特拉克也并未掩饰自己平日里非常个人的，有时甚至偏于幽默的文风。

遗嘱的引言部分即体现出这一特点，彼特拉克用惯有的方式解释了写遗嘱的原因。他说死亡或许会随时降临，而无遗嘱死亡可能会引起继承人之间的争执。考虑到这一点，他宣布（§1）：“说实话，我的财产非常微薄，这使我对分配它们略感惭愧。”虽然这是一句寻常之言，但值得注意的是，彼特拉克在遗嘱的其他段落中同样强调他的地产价值低廉。因此他在给朋友们的遗产名单中写道（§21）：“对于如此稀少的遗产，请我的上述朋友们不要责怪我，要怪就怪命运女神吧——若真有这样一位女神。”为了充分理解这句

有趣且随意，并对命运女神报之以怀疑的言论，我们必须聚焦于彼特拉克几年前写给医生托马索・德尔・嘉波（Tommaso del Garbo）的一封书信，因为彼特拉克在这封书信中对命运女神的问题做了详细讨论。在这一问题上，他认同拉克坦修和奥古斯丁的看法并总结道："命运女神本身并不存在。"[17]彼特拉克告诉朋友们，对于遗产的微薄，应该指责命运女神而不是他自己，其实际含义就是暗示他们，不要因为分得遗产的数量微少而怪罪任何人或任何事。然而最令人惊讶的是，他在遗嘱结尾对于地产稀少的说明，他写道： 203
"假如我很富有，我会另外起草一份遗嘱，就像那些疯狂的乌合之众所想象的那样。"

遗嘱结尾这一句非常蹊跷的话表明，彼特拉克似乎对于他的经济状况略显为难。彼特拉克通信集中的几处段落表明，他曾经意识到，自己传言中的财富曾引起当时一些人的嫉妒。[18]我们无从得知他的财富数量，而他的遗嘱也不能证明，因为遗嘱中并未详细说明剩余地产的价值。遗产中动产的总价值大约600金达克特，这在当时算是较大一笔财富，但也绝非巨额数目。还应注意到，彼特拉克在遗嘱中（§16）称其朋友隆巴多・德拉・塞塔（Lombardo della Seta）欠他134金达克特。他还在另一条款（§8）中提到，"因为一些其他的花销"致使他无力为帕多瓦大教堂购买一些地产作为遗赠。这些言论似乎表明彼特拉克并不是一个十分富有之人。众所周知，彼特拉克的收入仅仅来自教会圣职的薪俸。[19]厄内斯特・H. 威金斯（Ernest H. Wilkins）对彼特拉克的教职情况进行过深入研究，他总结道："彼特拉克早年的经济状况不甚稳定，他在这一时期对财富十分渴求"；几年之后，"他似乎已经比较富有了——虽然他还十分想另谋一份不会妨碍自由的职位……这时的他对巨额财富并没有什么欲求"[20]。

为了获得这一份补充性教职，彼特拉克如实地向当时担任阿维尼翁教皇秘书的弗朗切斯科・布鲁尼（Francesco Bruni）描述了他的经济状况。[21]他于1371年5月24日写给弗朗切斯科・布鲁尼的 204
这封书信极大地有助于我们了解彼特拉克的个人情况。彼特拉克的遗嘱写于这封信的前一年，而这封信澄清了遗嘱中的一些细节。“假如我说”，彼特拉克对弗朗切斯科说道，“我缺乏教士生活的一切必要条件，我应该是在说谎；但或许我并不是在说谎，因为我有比常人更多的熟识之人，所以我的负担比我所在教堂全体教士所承担的总量都多；我不知道是否应该通过一些技巧来回避这些人情方面的责任。”[22]彼特拉克经常不得不接待许多登门造访的宾客们，他写道，他需要大量仆从——“虽然我也渴望自己知道如何离群索居”——他一直雇佣着五六名抄写员，[23]还饲养了至少两匹马。[24]

从1390年的一份教皇公文中我们了解到，彼特拉克的教职之一，即帕多瓦教士职位的年薪俸大约是260达克特。[25]因此我们估计他每年的总收入大约是400多达克特。为了估量这一数字的意义，学者们考察了15世纪上半叶居住于威尼斯附近的一些显贵商人阶层的生活情况。安德里亚·巴尔巴里戈(Andrea Barbarigo)，他与家人享受一年舒适生活的费用与彼特拉克的年收入大致相当。[26]彼特拉克在写给弗朗切斯科·布鲁尼的书信中表示，他十分想承认自己有一笔可观的收入，但是他辩解道，自己的社会名望和文学活动迫使他雇佣了许多仆从和抄写员，他的收入只能够勉强
205 支付这些开销。他在1370年所写的文章《论无知》(*On His Own Ingnorance and That of Many Others*)中也用类似方式描述了他的个人情况，他写道：“我的收入一般，它不只属于我，而是与他人共享；我的财产数量并不可观，而是极其平常；他们知道我的财富确实不值得遭人嫉妒。”[27]彼特拉克说：“老实说，我的财富如此稀少和微薄，这使我对于将它们遗留给他人这件事略感惭愧。”他的这句话有些夸张，并且与遗嘱的内容相矛盾，因为从遗嘱可以看出，他的遗产还是非常有价值的。然而另一方面，彼特拉克的这一说法也是合理的，尽管表达方式有些强烈。正如他在遗嘱结尾所说的，“我并不像那些疯狂的乌合之众所想象的那样富有”。

在遗嘱的主要部分，彼特拉克安排了他的葬礼。他表示(§4)，葬礼要遵循宗教习俗，并且“不必浮华盛大，只要最大程度

的谦逊和尽可能的低调”。彼特拉克希望在自己死后,亲朋们只给他安排一个礼节性的葬礼即可。[28]他进一步要求(§5),“所有人都不必为我的死亡而痛哭流涕,只需为我向上帝祈祷即可”。我们会发现,他的这个要求结合了传统基督教观念,还有他在西塞罗作品中读到的古罗马诗人昆图斯·恩纽斯(Quintus Ennius)追悼诗文中的思想。[29]“至于葬礼的地点”,彼特拉克宣称(§6),“我并不太在 206
意,只要这一地点能够让上帝和那些承担这一任务的人们称意,我就满足了。”但是在这句话之后,彼特拉克却接着列举了他可能去世的七个地方,而且特意规定要被埋葬在这些地方的教堂中。

这个名单最为鲜明地体现了彼特拉克的特点。它显示出彼特拉克一生漂泊不定的状态,并且他希望将这种旅居的生活延续至晚年。彼特拉克说道(§6 g),有六个市镇是他“在意大利常去的地方”。通过翻阅他的旅行记录,我们确实发现,在订立遗嘱之前的十年间,彼特拉克在其中的五个市镇都或多或少呆过一段时间,它们就是就是米兰的两个维斯康蒂城、威尼斯的帕维亚、帕多瓦的卡拉拉镇,还有阿尔夸。[30]第六个地方是罗马,即彼特拉克于 1370 年打算去会见教皇的地方,实际上自 1350 年之后他就再未去过罗马。第七个城市,是彼特拉克不再常去的帕尔马,他坦率地承认(§6 h):“在很多年里,我是一个大教堂里无用并且常常旷职的副主教。”彼特拉克对外国尤其是法国的缄默态度,表明他不再打算出国游历,实际上自 1360 年出访法国之后,他就再也没有离开意大利。

彼特拉克要求被埋葬在教堂中,同时表达了自己对托钵修会的热爱之情(§6a, c, e)。他对四大托钵修会都很有感情,尤其是方济各会,他还在遗嘱中两次提到了这一修会(§§6 i,9)。

如果彼特拉克在帕多瓦去世,他希望自己被埋葬在圣阿戈斯蒂诺的道明会教堂而不是总教堂,虽然他是总教堂的神父。

在遗嘱最感人的一个段落中,彼特拉克解释了他的特殊心愿 207
(§6 a):“不仅因为这是一个使我的灵魂备感亲切的地方(圣阿戈斯蒂诺),还因为这里长眠着一位深爱我的人,得益于他虔诚的恳求我才能来到这里，他就是我记忆中最出色的人，曾经的帕多瓦领主——雅各布·达·卡拉拉(Jacopo da Carrara)。”彼特拉克的同辈和后世的学者都时常表达他们对彼特拉克的遗憾之情，认为彼特拉克总是竭力迎合当时的权贵们，甚至指责他非常善于通过夸张的恭维和虚伪的谄媚来讨好有钱有势之人。毋庸置疑，彼特拉克擅长社交，谙熟任何情况下的举止言谈。但是对于他真正钦佩的王公贵族，彼特拉克始终保持着忠诚，他对那不勒斯国王罗伯特(Robert)的态度就是一个很好的例证。虽然彼特拉克只是用了一些简单的文字来缅怀故去已久的雅各布·达·卡拉拉，表达自己对这位伟大领主的感激与忠诚之情，这些话却比其他任何文字都令人动容。彼特拉克的这些言论并不如他的书信一样广为流传，但它们是只有在彼特拉克去世之后才能公开的文字。[31]

如果彼特拉克在阿尔夸去世，他希望被埋藏于他准备建造的圣母马利亚小教堂(§6 b)。他在1371年写给弗朗切斯科·布鲁尼的书信中也提到了这个计划，根据书信的内容可知，这时彼特拉克已经开始了教堂的建设工程，并决定继续这一计划，“即使我要为此抵押或变卖自己的书籍”[32]。而实际上，他对布鲁尼提到的这个“小礼拜堂”终究未能建成。[33]彼特拉克最终被埋葬在阿尔夸的教会
208 堂区，他的女婿弗朗切斯科罗·达·布罗萨诺(Francescuolo da Brossano)于他去世六年之后在那里建了一个墓碑。虽然彼特拉克的计划没有实现，却值得关注，因为这个计划说明彼特拉克晚年特别崇拜圣母马利亚，他的虔信也体现在遗嘱中(§§3, 8, 18)。就在彼特拉克订立遗嘱的那一年，他亲自抄写了其《歌集》(*Canzoniere*)手稿中的诗歌“美丽的圣母马利亚”(*Vergine bella*)，他通过这一方式来表明这首诗歌将是他的收官之作。[34]在这首诗中，彼特拉克使用了一些特别的词语，它们可能来自《拉丁文圣经次经——玛拿西祷词》(*the Oratio Manassae regis Iuda*)。“我祈祷”，他在这首诗中说道，“我的心灵属于圣母马利亚”。[35]此外他还在遗嘱中向上帝祷告(§3)，“带着已归属于上帝的心灵”。我们无法确定他创作“美丽的圣母马利亚”的具体时间，但是根据上述分

析，我们或许可以推断出，彼特拉克创作这首诗歌的时间与订立遗嘱的时间应该间隔不久。可以肯定的是，圣母马利亚在彼特拉克晚年的思想中占据重要地位：因为他以赞美圣母马利亚的优美诗歌作为他抒情诗集的缀笔之作，并且希望在自己为圣母马利亚修建的教堂中永远地安息。

如果彼特拉克在米兰去世，他希望自己被埋葬在圣安布罗吉奥教堂，若他在威尼斯的帕维亚去世，则被埋葬在圣彼得教堂（§6 d，e）。彼特拉克的这一要求源于他对这些教堂长久而深厚的感情。
从 1353 年到 1359 年，这六年多以来，他一直居住在米兰圣安布罗 209
吉奥大教堂附近的一幢房屋中，为此他将自己称作“圣安布罗吉奥的房客”。[36]而圣彼得教堂中有圣奥古斯丁的墓碑，圣奥古斯丁与这座教堂结下了“神圣而真挚的友谊”；而且这座教堂还有波伊提乌(Boethius)的足迹。彼特拉克于 1365 年在帕维亚写给薄伽丘的书信中说道：“我愿与二位神圣而智慧的长者在此比肩长眠。”[37]

现在让我们转向遗产的分配问题，用彼特拉克的话来说（§7），“人们呼唤利益，即使它们常常是灵魂的障碍”。按照惯例，彼特拉克首先把一部分遗产分给了教会和穷人。遗嘱中最重要的条款（§8）是关于“每年为我的灵魂举行弥撒”，地点是在帕多瓦的大教堂，彼特拉克认为“弥撒能够为他带来好处和荣誉”。根据当时的习俗，彼特拉克希望通过向大教堂转让一些地产，确保弥撒所用物资的充足。这种做法存在着一些问题。首先，彼特拉克不得不承认，“由于一些其他的花销”致使他无力购买这样一块土地。此外，虽然到 1370 年为止，他多年以来几乎一直是领主弗朗切斯科·达·卡拉拉所统治的帕多瓦的居民，但是用法律术语来说，彼特拉克始终是帕多瓦的一位“外来人”，他在 1373 年写给弗朗切斯科·达·卡拉拉的讨论善治的文章中也坦率承认了这一点。[38]作为
外来人，彼特拉克若想要在帕多瓦获得任何一块地产，都需要获得 210
帕多瓦贵族的正式批准。[39]当彼特拉克正在起草讨论中的遗嘱条款时，他说道（§8），他只是获得了弗朗切斯科·达·卡拉拉的“口头认可”，而就在十天之后，即 1370 年 4 月 14 日那天，他收到了“伟

大而非凡的帕多瓦领主弗朗切斯科·达·卡拉拉的政令,同意他购买和获得帕多瓦领地内的土地所有权”[40]。虽然得到了官方的正式认可,但是彼特拉克并未购买一块土地,作为用于以后给他举办弥撒的捐赠物。因此,根据遗嘱中的另一个可选方案,彼特拉克为帕多瓦大教堂的全体教士捐赠了200金达克特。但是我们根据最近发现的一份文献可知,彼特拉克的女婿及遗嘱执行人弗朗切斯科罗·达·布罗萨诺曾就此时与帕多瓦教堂的教士们发生了一场持久的争执,后者直到1391年才最终得到了这份捐赠的遗产。[41]从那时起,帕多瓦大教堂每年都会在彼特拉克去世那天为他举行一场弥撒,15世纪上半叶的大量文献资料可以证实这件事。[42]

211 在为帕多瓦大教堂和其他小教堂以及“基督的穷人们”捐赠完遗产之后(§§9,10),彼特拉克对剩余的个人遗产做了统计,并罗列了一张遗产继承人的名单。首先是“伟大的帕多瓦领主”(§12),然后是“那些处境不如我的朋友们”(§§13—22),最后是仆从们,他还提到了其中两位的名字(§23)。有趣的是,我们可以将这份名单与彼特拉克的一封书信进行比较。彼特拉克于1350年曾写过一封书信,列举了他早年时期最亲密的十位亲人和朋友。[43]而在彼特拉克于1370年制定遗嘱之时,只有两位仍然在世,即薄伽丘和彼特拉克的的弟弟杰拉德(Gerardo)。除了这二人,遗嘱中的其他继承人都是彼特拉克晚年时最亲近的人。他们之间的密切关系使彼特拉克在情谊之外,还给予了这些亲友们额外的物质赠礼。

一位彼特拉克晚年时的重要朋友,却并没有出现在遗嘱中,他就是菲利普·德·卡巴索勒(Philippe de Cabassole)。[44]他们之间的友谊从1337年就开始了,那时彼特拉克住在沃克吕兹,而菲利普是卡瓦永主教,兼具精神和世俗领域的职权。二人的密切关系直到菲利普于1372年去世之时才终止。彼特拉克曾给菲利普写过许多诚挚亲切的信件,并将自己的《论隐居生活》(*On the Solitary Life*)赠予菲利普。在彼特拉克的书信《致后人书》(*To Posterity*)中,他明确说道:“现在菲利普是我生命中唯一在世的老朋友。”[45]即便二人拥有如此深厚的友谊，彼特拉克仍然在遗嘱中将菲利普遗忘了。或许最好的解释就是，彼特拉克觉得没有任何遗产能够配 212
得上这位挚友，因为菲利普在 1368 年已升任红衣主教，成为教会中身份最为显要的人物之一。

类似的情况还发生在彼特拉克晚年时的朋友，伟大的领主弗朗切斯科·达·卡拉拉身上，[46]"由于上帝的恩典，他并不缺少任何事物"，彼特拉克在遗嘱中写道（§12），"我也没有任何能够配得上他的物品"。然而，事实上，彼特拉克具有这样一件物品。他将"我珍藏的圣母马利亚的圣像，著名画家乔托的画作"留给了卡拉拉。除了西蒙涅·马尔蒂尼（Simone Martini），乔托是彼特拉克最为欣赏的14世纪艺术家。[47]因此彼特拉克指出，"乔托在当代享有盛名"[48]，他还说道，"乔托是我的同乡，我们时代的画坛名家，他用双手和天赋为我们创作了不朽的杰作"，特别是在那不勒斯皇家教堂。[49]

彼特拉克早年就通过他的维吉尔手抄本中的画饰，获得了西蒙
涅·马尔蒂尼的画作，这一抄本现藏于米兰的安布罗斯图书馆。[50] 213
然而乔托的画作是彼特拉克晚年时才得到的。根据遗嘱内容可知，乔托的画作是由"我的好友，佛罗伦萨的米歇尔·迪·瓦尼（Michele di Vanni）"送给他的。杰赛普·比拉诺维奇（Giuseppe Billanovich）[51]最近的研究表明，米歇尔·迪·瓦尼是佛罗伦萨伟大的奥比奇（Albizzi）家族的成员。他与彼特拉克于 1365 年在威尼斯结识，并很快成为好友，彼特拉克还曾经热情地把他介绍给薄伽丘："当我来到这里时"，彼特拉克写道，"虽然我们初次相识，但我确定他是个友善之人，米歇尔·迪·瓦尼；我们是亲密的朋友，我希望你们也能够成为这样的朋友。"[52]从这段话中我们可以推断出，彼特拉克那幅乔托的画作一定是这位贵族身份的新朋友于 1365 到 1370 年之间送给他的。[53]

彼特拉克把乔托的画作赠给了弗朗切斯科·达·卡拉拉并附言："愚昧无知的人无法理解这幅画作之美，只有真正的艺术家才会对这种美妙感到惊羡。"很久之前，彼特拉克的朋友薄伽丘在其

作品《十日谈》(*the Decameron*)中也表达了同样的思想,他写道:“所有画作都在迎合愚昧之人的眼光而非智者的思想;但乔托打破
214 了这种局面,点燃了早已熄灭数个世纪的艺术之光。”[54]彼特拉克于1370年表达了同样的想法,宣称乔托的作品主要是“为智者而非愚民而作”。但是在1375年左右,本维努托·达·伊莫拉(Benvenuto da Imola)在其作品《但丁神曲评注》(*Commentary on Dante's Divine Comedy*)中说:“乔托依然主导着艺术领域,因为没有人比他更加技艺精湛。即使有些优秀的艺术家指出,他有时也会在画作中犯一些严重的错误。”[55]关于这一评论的意义,米勒德·梅西(Millard Meiss)恰当地指出:“本维努托的评论……体现出当下人们对乔托绘画风格的批判”,这是由于,“14世纪中期的艺术风格和喜好经历了一次重大转变”。[56]事实确实如此,大部分的佛罗伦萨艺术家,用米勒德·梅西的话说,“都是反对乔托主义的”。[57]然而帕多瓦的情况迥然
215 不同,因为乔托主义传统在那里仍然繁荣。1370年左右,一群来自北方的乔托的追随者——维罗纳的阿蒂基耶罗(Altichiero)、帕多瓦的雅各布·阿方佐(Jacopo Avanzo)和古斯托·德·莫那布瓦(Giusto de' Menabuoi)——都改写过彼特拉克历史作品《名人列传》(*De viris illustribus*),并受弗朗切斯科·伊勒·维奇奥·达·卡拉拉(Francesco il Vecchio da Carrara)委托,为卡拉拉宫殿作画。[58]彼特拉克一定知道这些效力于帕多瓦的画家们,他们曾经创作了一些“艺术佳作”,彼特拉克非常欣赏其中一人的乔托主义作品,并为它的美妙感到“惊叹不已”。14世纪末盛行于帕多瓦地区的乔托主义传统深入人心,在彼特拉克去世20年之后,人文主义学者弗吉里奥(Pietro Paolo Vergerio)阐述了这一事实。弗吉里奥在1396年的一封书信中表示,“我们时代的画家们,虽然仔细观察着他人的作品,却只以乔托一人为典范”[59]。

彼特拉克把这件最特别而宝贵的、独一无二的礼物送给了他“伟大的领主”弗朗切斯科·达·卡拉拉。同时值得注意的是,在给那些“处境不如我的朋友们”分配遗产时,彼特拉克经过了十分周全的考虑,为每个人挑选了最适合和最符合他们心意的物品。

因此他恰当地将自己的两匹马送给了两位在帕多瓦忙于社会事务的朋友,并要求他们(§15)"仔细斟酌一下谁先挑选,谁后挑选"。其中的一位朋友博纳尼罗·达·维贡扎(Bonzanello da Vigonza)似乎在彼特拉克的作品和书信中没怎么出现过。但是我们从当时的 216
编年史[60]中得知,"卡萨·达·维贡扎"(Casa da Vigonza)家族在14世纪的帕多瓦声名显赫,[61]而且其家族成员科拉多·达·维贡扎(Corrado da Vigonza)的事迹在彼特拉克时代的阿尔夸地区广为流传,因为他曾经于1322年带领一群帕多瓦人来到阿尔夸并且烧毁了这里的城堡。三年之后,科拉多被尼科洛(Niccolo)和马尔西利奥·达·卡拉拉(Marsiglio da Carrara)捕获并在帕多瓦被斩首。[62]我们从编年史中还得知,彼特拉克的朋友博纳尼罗·达·维贡扎曾参加了弗朗切斯科·达·卡拉拉于1372年领导的反抗威尼斯的斗争,但最终失败并被威尼斯人关押。直到小弗朗切斯科·达·卡拉拉和彼特拉克经过多番和平努力之后,他和其他的帕多瓦贵族才被释放出来并重获自由。然而老弗朗切斯科·达·卡拉拉被迫于1373年回到了威尼斯。[63]

获得另一匹马的是帕多瓦人隆巴多·德拉·塞塔。彼特拉克与博纳尼罗·达·维贡扎的关系可能仅仅停留在社交层面,而他与隆巴多之间的关系则非常密切,隆巴多被认为是"彼特拉克晚年时最器重的门生"[64]。隆巴多是人文主义者,虽然他的才能和成就比较有限,但是他的名字却广为人知,因为他完成了彼特拉克未完成的两部历史作品,《名人列传》以及其节本——《概要》(*Compendium*)。隆巴多帮助彼特拉克管理财务,有时也充当他的职业经理人,这些情况在彼特拉克的遗嘱及其他文献中都有记载。彼特拉克去世后,作为其遗嘱执行人,隆巴多发挥了非常重要的作用,编辑并出版了彼特拉克的作品。他为这份报酬并不丰厚的工作鞠躬尽瘁,他将彼特拉克的作品复制并分发给彼特拉克的朋友 217
们以及对彼特拉克作品感兴趣的人们,他还亲自抄写了彼特拉克的一部分作品。[65]彼特拉克对隆巴多的效忠十分感激,因此他在1373年的一封书信中写道:"隆巴多不是用空洞华丽的言辞和阿谀奉承的态度,亦不是通过脆弱而短暂的友情,而是凭借实实在在的行动使我们之间的感情永存。”[66]在遗嘱中,彼特拉克对这位真诚的友人表达了喜爱和感激之情,他不仅留给隆巴多一匹马,而且还有一件珍贵的个人用品——“我的镀金银质小圆杯”[67],彼特拉克还为这件遗产标注了一段动人的话语(§17):“让隆巴多用此杯饮水,怀着喜悦之情,这定会比饮酒更令人愉快。”此外,彼特拉克还在1373年的一封书信中提到了隆巴多喜好喝水的习惯。[68]

彼特拉克也给费拉拉人托马索·邦巴斯(Tommaso Bombasi)
218 赠送了一件个人物品。[69]我们对彼特拉克的这位朋友知之甚少,大部分信息来自彼特拉克写于1364年的一封书信。彼特拉克在这封书信中描述了一场节庆,它为了庆祝成功镇压格雷特的叛乱而举行。[70]为了举办一个由24位年轻的维也纳贵族进行的马术表演,托马索·邦巴斯被从费拉拉召唤到威尼斯。彼特拉克希望“通过寥寥数语使后人记住这个人”,因此他在信中说,“如今威尼斯的托马索·邦巴斯就像昔日罗西乌斯(Roscius)在罗马一样声名远扬”;他还补充道:“我和他的关系就像西塞罗和罗西乌斯的关系一样亲密无间。”到1364年,他们的友谊已经维持了至少五年。虽然彼特拉克并未给托马索·邦巴斯写过任何一封书信,但我们从彼特拉克《歌集》手稿中的旁注得知,在1359年10月8日,以及此外的某个时刻,彼特拉克曾经将一些十四行诗的复本送给了费拉拉的托马索。[71]我们若将托马索在威尼斯的事迹同罗马著名演员罗西乌斯相比较,[72]托马索也堪称多才多艺之人,因为他曾一度集戏剧导演、演员、音乐家等职业于一身。彼特拉克把“我最心爱的鲁特琴”留给了托马索并叮嘱道(§20):“他或许会弹奏它,不为在短暂的现世卖弄才华,而为在永恒的天国赞美上帝耶和华。”

彼特拉克在遗嘱中还特意提到了另一件个人物品,即“我花100镑从威尼斯买来的神圣的祈祷书”。他把这本祈祷书留给了“日瓦尼(Givanni a Bocheta)神父——我们的大教堂的守护者”(§18)。日瓦尼出现在同样以“帕多瓦大教堂的门将(custos eccoesive maioris Paduanae)”为标题的一份1358年的帕多瓦文献中。[73]彼特拉克在两封书信中称他为“我的神父”[74]，在一封1371年的书信中，彼特拉克向他的家人描述了日瓦尼。他说道：“我有一 219
名令人敬重的神父，每当我身在教堂之时他都会悉心照料我。”[75]从这段话中我们看出，日瓦尼的职责就是照顾彼特拉克，有时也作为帕多瓦大教堂的神父代彼特拉克履行神职和管理工作。彼特拉克经常离开帕多瓦而且从来不践行圣职，因此这样一位神职服务人员对他来说必不可少。因此从他们的这种关系来看，彼特拉克把祈祷书留给日瓦尼再合适不过了。日瓦尼去世后，祈祷书“被保存在帕多瓦教堂圣器室，为后世的教士们所用”，后世的教士们也践行着彼特拉克的遗愿，代表他向上帝和圣母祈祷。[76]

彼特拉克在1362年到1367年之间定居于威尼斯，语法学家多纳托·德利·阿尔邦扎尼(Donato degli Albanzani)是他的好友之一。多纳托是意大利亚平宁的普拉托韦基奥地区的人，“他曾经是一位文学教师，现定居于威尼斯”，以上信息记载于彼特拉克的遗嘱中(§14)。[77]1366年，多纳托成为彼特拉克长孙弗朗切斯奇诺·
达·布罗萨诺(Franceschino da Brossano)的教父，但两年之后，弗朗 220
切斯奇诺和多纳托的一个儿子同时去世，这使得彼特拉克和多纳托二人悲痛不已并互相慰藉。[78]彼特拉克于1367年末或1368年初时离开了威尼斯，他把自己的藏书留给多纳托保管，[79]并赠予他自己的作品《论无知》。在这篇文章中，彼特拉克严厉地驳斥了一些威尼斯批评家的观点。后来，多纳托来到埃斯特王公家族的法庭效劳，14世纪末，他在费拉拉将彼特拉克的《名人列传》译成了意大利文。从彼特拉克的书信得知，多纳托非常关心自己欠彼特拉克的一些债务，因此他似乎从他们之间的友谊中得到过一些物质的好处。彼特拉克却认为，多纳托的这种担忧是“可笑的”，并宣称他并不确定是否“你曾经打趣地这样说，或是你弄错了我们之间的账目情况”[80]。彼特拉克还在另一封信中说道：“朋友之间的一项原则就是，在危急情况下应该慷慨解囊。”[81]怀着对友谊的这种观念，彼特拉克在遗嘱中免除了多纳托“对我的所有欠款”，与此同时，他还非常善意地说道：“我并不知道他欠我多少，然而无论如何，这些都是微不足道的。"

在遗嘱中,彼特拉克坦率地向薄伽丘致歉,因为他觉得给这位亲密的老朋友50金弗洛林实在太少。他说道(§19):"我很惭愧,将如此微薄的财产留给一位如此伟大之人。"但实际上,这笔遗产
221 并不像彼特拉克所说的那样少,而是意味着"很大一批物品"的一笔钱。薄伽丘知道这笔钱的价值,在1374年11月3日写给彼特拉克的女婿弗朗切斯科罗·达·布罗萨诺的一封信中,薄伽丘真诚地感谢了达·布罗萨诺将这笔财产转交给他的"慷慨之行"。[82]薄伽丘的朋友们知道他的贫困,"我也从未否认过这一事实",薄伽丘自己说道。他曾在寄给彼特拉克的一封书信中描述了他在1367年夏天离开威尼斯之时的情况:"尽管我很羞愧和为难,弗朗切斯科罗·达·布罗萨诺还是用他强壮有力的双手紧握着我枯瘦的手臂,并慷慨地塞给我一大笔钱。"[83]彼特拉克深知薄伽丘的艰难处境,为了不使薄伽丘感到窘迫,他并未直白地留给他金钱,而是非常圆通地给这份遗产添加了一段亲密的和私人性的标注,请求这位博学的朋友(§19)用这些钱去购买"一件在夜晚工作和研究时可以穿着的冬衣"。

彼特拉克在帕多瓦的朋友乔瓦尼·唐迪(Giovanni Dondi dall' Orologio)是著名的科学家和医生,[84]彼特拉克留给他50金达克特,
222 与他给薄伽丘的数目一样。然而,这两份遗产却有着不同的意义。与薄伽丘相反,乔瓦尼·唐迪是一个富有的人,因此彼特拉克并未明确要求(§22)他用这些钱去购买一件诸如保暖的斗篷这样实用的物品,而是让唐迪去购买"一个纪念性的小戒指戴在手上"。彼特拉克非常敬重唐迪,他在遗嘱中明确指出:"我本应把他的名字放在首位,而我却在最后才提到他。"在他们之间的交往中,彼特拉克从未使唐迪怀疑过自己对他的尊敬之情。此外,即使唐迪是"这一时代所有医生的领袖",彼特拉克也经常坦诚地向这位朋友表达自己对当时大多数医生的极度厌恶之情。[85]因此彼特拉克于1370年11月17日写信对唐迪说:"我看到了你的双重个性:一个是我的朋友,另一个是一名医生;作为朋友,我们志趣相投,心心相印;

作为医生,我们总是对许多重要问题有着难分伯仲的论战与交锋。"[86]

乔瓦尼·唐迪最杰出的成就之一,是他于1348年到1364年在帕维亚工作时发明的维斯康蒂宫殿塔楼上的时钟。根据林恩·桑代克的观点,乔瓦尼的这件作品不是一个普通的时钟,而是一个精巧的天文时钟,它比乔瓦尼的父亲雅各布·唐迪(Jacopo Dondi)先前为帕多瓦的卡卡拉宫殿所发明的时钟精密得多。[87]所有零件都由乔瓦尼亲自设计制作,用桑代克的话来说,它是"它不仅显示时
间,更标示着行星的运行进程"[88]。由于唐迪父子发明的这两个时 223
钟,唐迪家族获得了戴尔·奥罗吉奥(dall'Orologio)这一姓氏。①虽然这一姓氏现已不复存在,但乔瓦尼·唐迪所著的一部探讨机械时钟的作品《天象仪》(*Planetarium*)或《行星的运作》(*Opus Planetarii*)流传至今。[89]如果遗嘱中关于乔瓦尼·唐迪的相关条款是真实的,这说明彼特拉克借此特殊时机,表达了自己对这位朋友的科学成就的认可。彼特拉克写道:"乔瓦尼·唐迪,不仅是医生,更是天文学家中的佼佼者。他被称作戴尔·奥罗吉奥,这是由于他发明了天象仪,而无知的群氓认为那只是一个时钟。"[90]虽然这些言论的风格和说教式口吻非常具有彼特拉克的特点,但是这一版本的真实性一直受到高度怀疑。事实上,在其他版本的遗嘱中,无论是手抄本还是印刷本,均未发现这些言论。

彼特拉克在给仆人们分配遗产时也采用了传统的方式(§23),根据职位高低分别留给他们少量现金。他留给巴尔托洛梅奥·达·锡耶纳(Bartolomeo da Siena),也被称为潘卡尔多(Pancaldo)的仆从20达克特,同时坦率地告诫他(§23 a)"不要把这些钱用于赌博"。彼特拉克在这里的表述比较含蓄,因为我们发现,他曾在1373年的一封书信中称潘卡尔多为"十足的傻瓜"[91]。

正如前面提到的,彼特拉克在遗嘱的最后,在个人遗产名单上 224
加入了一些补充条款。其中的一条是(§27),"关于我在阿尔卑斯

① dall'Orologio,意大利文,意为时钟。——译者注

山另一边的一小块土地……它在沃克吕兹的村庄或城堡里……介于亲自或派人去那里的费用比土地本身的价值还高一些，因此我把它送给当地的医院以供他们救治基督的穷人们。”彼特拉克指出，如果这一条款由于法律障碍无法执行，就把沃克吕兹的这一小块地产留给“吉恩(Jean)和皮埃尔(Pierre)兄弟，他俩是已故的克莱蒙特的雷蒙德(Raymond of Clermont)之子。人们通常称雷蒙德为莫内(Monet)，他是我最忠实可靠的仆人”；如果兄弟俩或其中之一去世，“这块土地将以纪念莫内为名，遗留给他们的儿孙”。

提到这份可能会留给莫内子孙的遗产，彼特拉克想起了十五年来为他照料沃克吕兹“那几亩不毛之地”之人的功劳。[92]自彼特拉克于 1337 年居住在沃克吕兹起，莫内一直是他的全职家仆，他不仅为彼特拉克照料着那一小块土地，还为他照管着最贵重的财产——
225 彼特拉克的书籍。[93]莫内于 1353 年 1 月 4 日去世，次日彼特拉克写信给两位罗马红衣主教，并在信中叙述了他与莫内真挚亲密的主仆关系，他写道：“我坚信他是世间最忠诚的人。”[94]在他们相识十五年纪念日那天，彼特拉克宣称，莫内的房屋对他来说就是“一座象征着忠诚的庙宇”。[95]莫内去世多年之后，彼特拉克还在写给弗朗切斯科·布鲁尼的书信中提起了他，“他是忠诚的化身”。[96]在遗嘱中，彼特拉克给这位“最恭顺和忠诚于我”的管家分配了遗产。同样地，彼特拉克对另外一位故去已久，却使他深刻铭记之人表达了感激与喜爱之情。在遗嘱中，彼特拉克回忆起了伟大的领主雅各布·达·卡拉拉曾经带给他的关爱和友情。

补充条款最后是关于彼特拉克的弟弟杰拉多的内容(§32)，他是马赛附近的蒙特里欧修道院的加尔都西会修士。[97]虽然兄弟俩一直保持着密切的联系，但是在彼特拉克晚年的通信集《老年集》(*Seniles*)中，只有一封书信是写给杰拉多的。[98]这封书信大约写于 1373 年，而在四年之前，杰拉多曾要求彼特拉克“在遗嘱中为他留下一些钱以满足他的需要”[99]。这一要求与彼特拉克遗嘱中的条款
226 恰好相符(§32)，“我去世之后，我的继承人要将这件事写信告知我的弟弟杰拉多·彼特拉克……并且让他选择，他是希望一次性

得到100个弗洛林还是每年得到5个或10个弗洛林，悉听其便。”彼特拉克并未把1370年遗嘱补遗中的条款告知杰拉多，直到杰拉多于1373年左右再次向彼特拉克请求经济援助时，彼特拉克才决定回信给他的弟弟并同他商讨此事。在回信中，彼特拉克宣称他本来很乐意预先考虑并满足杰拉多的请求，“然而我以为，由于修道会的严苛纪律，曾经寄给你的一小笔钱并未送到你的手中。为了避免这种情况，我才没有寄钱给你。”[100]至于杰拉多曾要求的一小笔遗产，彼特拉克向他保证，他已经开始行动，并在遗嘱中留给杰拉多“你所要求的钱款数量的三倍”[101]。此外，他还询问杰拉多，是否需要立即将这笔遗产的一部分寄送给他，他解释道：“因为我们都更乐意由我来执行这件事，而不是我的继承人们。”[102]由于书信史料的缺乏，我们并不知道杰拉多是否对此表态。但是根据亨利·科钦(Henry Cochin)的档案研究，彼特拉克去世之后的第四年，即1377年，他留给杰拉多的一部分财产，大约20个弗洛林捐赠给了蒙特里欧修道院，作为举办弥撒仪式的经费，“为令人尊敬的弗朗切斯科，彼特拉克之子，近世最具才华的诗人”。[103]数个世纪 227
之后，蒙特里欧的加尔都西会依然在每年的圣米歇尔日(9月29日)为彼特拉克举行弥撒仪式。[104]

彼特拉克对剩余的地产做了安排，他说(§25)“我已经拥有的或即将拥有的所有动产和不动产，无论它们在哪儿”，都留给弗朗切斯科·达·布罗萨诺(Francesco da Brossano)。彼特拉克经常将弗朗切斯科称为弗朗切斯科罗，他是米兰人，早年在维斯康蒂担任行政职务，后来工作于卡拉拉。[105]他大约在1361年娶彼特拉克的女儿弗朗切斯卡(Francesca)为妻，二人有许多子女。自从彼特拉克唯一的儿子乔瓦尼(Givoanni)于1361年去世之后，彼特拉克思考了很久，最终于1370年制定正式的遗嘱，将他的地产留给女婿及其家人。彼特拉克很可能在1363年时就将弗朗切斯科罗·达·布罗萨诺视为了遗嘱执行人，他在当时的一封书信中写道：“我的继承人——如果他确实能够成为我所希望和决定的那个人——愿他的生命比我的长久。”[106]彼特拉克经常表现出对弗朗切斯科罗及其“小家庭”深切的喜爱之情，他在晚年时与达·布罗萨诺一家人相处融洽，十分亲密。[107]然而实际上，弗朗切斯卡和乔瓦
228 尼都是私生子，对于这一点，彼特拉克一向在通信中谨慎地避之不谈。乔瓦尼在世时，彼特拉克只是称他为“我们的男孩”或者“我们的年轻人”，抑或是更加隐晦的称呼。[108]只有当乔瓦尼去世以后，彼特拉克才叫他“我的乔瓦尼”。[109]同样地，彼特拉克将他的女婿称为“我的弗朗切斯科罗”[110]，或者更加亲昵的，“我们的卡古斯(Checcus)”。[111]彼特拉克从来不称呼女儿的名字，即使在1368年写信给多纳托·德利·阿尔邦扎尼，表达自己失去外孙弗朗切斯奇诺·达·布罗萨诺之痛时也没有这样做：“他是我一直以来最亲近的两个人的孩子”；他还对这位朋友写道：“他和我，以及他的父母同名，因此他算是我们家的第四个弗朗切斯科，他是我们生命的慰藉，全家人希望和快乐的源泉。”[112]值得注意的是，甚至在这样高度私人性的言论中，彼特拉克仍然含蓄地表达着他和弗朗切斯卡之子弗朗切斯奇诺之间的关系。[113]出于习惯，彼特拉克在遗嘱中也并未公然宣称弗朗切斯科罗为自己的女婿。同时，为了将遗产留给
229 弗朗切斯卡，他用含蓄的话语教导着弗朗切斯科罗(§25)：“我要求他——不仅是一位继承人，还要作为亲爱的儿子——将他所继承的财产分为两部分……一部分给自己，一部分送给另一个人，他知道我希望这个人是谁。至于另一部分的数量，他也要遵从我的意愿，这个意愿他同样了然于心。”

如果弗朗切斯科罗·达·布罗萨诺在他之前去世，彼特拉克规定(§29)：“若这样的事确有发生，那么我的继承人就改为之前提到过的隆巴多·德拉·塞塔。”我们知道，一方面，彼特拉克含蓄的言辞背后是对女儿的深切关爱，另一方面，彼特拉克与隆巴多的关系亲密。我们似乎可以断定，彼特拉克这样安排的原意，并不是将全部地产遗留给隆巴多，而是将他作为一个委托人，维护弗朗切斯卡及其子女们的利益。这一意图似乎也体现在彼特拉克写给隆巴多的标注话语中(§29)：“他充分理解我，在我生前他对我忠诚不贰，希望在我死后亦然。”不过这个补遗条款并未派上用场，因为弗

朗切斯科罗·达·布罗萨诺比彼特拉克和弗朗切斯卡都更加长寿。

在对彼特拉克遗嘱条款的这一研究的最后,我们要聚焦于一个
最值得注意的删节处。在彼特拉克的所有财产中,他最为珍视的
是他的书籍,他曾说:“我就像对待女儿一样呵护它们。”[114]彼特拉
克终生以极大热情,源源不断地购买和收集的书籍,也意味着一笔
巨大的物质投资。[115]除了留给日瓦尼神父的“伟大的祈祷书”
(§18),彼特拉克再没有在遗嘱中提到他的书籍。彼特拉克的沉 230
默似乎是一件更加值得注意的事,因为在八年以前,即1362年,他
曾经非常关心自己去世后,这些书籍的命运问题。[116]在1362年初,
薄伽丘曾建议他立刻永久地放弃自己所有的文学和学术作品,并
出售他的书籍。1362年5月28日,彼特拉克给薄伽丘写了一封长
信,极力劝阻这位朋友让他放弃所有研究作品的激进做法。然而,
薄伽丘坚持他的想法,而彼特拉克则希望保留书籍的处置权。彼
特拉克解释了自己的主张,他承认自己确实“渴望书籍”,[117]正如薄
伽丘曾说的一样。但更重要的理由是:“我不愿让像你这样一位大
师的作品被人散布各处,抑或被肮脏的手亵渎;因为我们虽然身体
分离,却心灵合一,所以愿上帝成全我的心愿,让我们的学术作品,
在我们死后一同归入神圣虔诚之处,以此来永远纪念我们。”彼特
拉克构想了这一计划,他告诉薄伽丘,“因为那个让我寄予厚望的
学术继承人,他已不在人世”。在这里,彼特拉克所指是已故于
1361年的儿子乔瓦尼。[118]

合并书籍的计划并未实现,因为薄伽丘克服了一时的情绪冲
动,决定单独保留自己的书籍。在1374年的遗嘱中,薄伽丘将他
的全部书籍留给了神父马提诺·达·西尼亚(Martino da Signa),马
提诺去世以后,这些书籍又被送到了佛罗伦萨的圣灵修道院。[119]薄
伽丘也许未曾忘记彼特拉克的建议,即学术作品不应该被散布各
处,而是被保存在“一些神圣虔诚的地方”。根据这一理念,彼特拉 231
克在向薄伽丘提议后,立即着手执行这一计划。1362年8月,他在
定居威尼斯不久后便开始同当地政府商谈,决定将书籍存放于那

里。[120]在提交给当局的一份计划中，彼特拉克指出，“愿传道者圣马可守护这些书籍，无论它们现在有多少，将来又会有多少”。他还规定，“禁止销售或四处散布任何书籍，务必将它们永久珍藏……因此要把它们置于防火和避雨之地”。彼特拉克之所以决定捐献书籍，是“为了向圣人表示敬意，也为了纪念我，以及陶冶威尼斯贵族名流的情操，用书籍点亮他们愉悦的心灯”。彼特拉克的这一行为，并不是由于“那些书籍数量庞大或价值不菲”，而是希望“各位贵族和爱国人士，甚至外邦人士——秉承他的足迹，把向圣马可教堂捐献一部分书籍作为崇高的遗愿——以使光荣的威尼斯拥有更多的公共和私人书籍；这种风尚若得以形成，威尼斯一定能够建立起一座古代式的气势恢宏的图书馆”。在这一计划的最后，彼特拉克宣称“要单独建立一个藏书室存放他的书籍，它不必盛大但要庄重”，以确保其足够宽敞适宜。[121]1362 年 9 月 4 日，威尼斯城“大议会”(Grand Council)的代表们一同商讨了彼特拉克的计划，当局的会议记录记载道：“彼特拉克是当今誉满天下的大学者，所有人心目中最出众的哲人和诗人。”[122]威尼斯政府满怀感激地接受了彼特拉克的捐赠，还批准了建造藏书室的必要经费，而且彼特拉克具有
232 它的使用权。五年多以来，彼特拉克一直居住在斯基亚沃尼堤岸边，“由开明而慷慨的当局政府所敬献的——位于两座方形塔楼之间的——一座巨大的宅邸之中”[123]。

彼特拉克向威尼斯共和国捐赠书籍的行为，开启了日后建立“公共图书馆”的风尚。彼特拉克在写给威尼斯大法院院长，曾帮助他同政府协商这一计划的拉维那尼(Benintendi dei Ravignani)的书信中，也将这一藏书室称作“公共图书馆”。[124]但这里并无意于探讨这一新颖计划的意义，而是要说明彼特拉克在遗嘱中对这些书籍的沉默态度的原因。1367 年底，彼特拉克离开了威尼斯并再未回去，除了他为弗朗切斯科・达・卡拉拉效力，于 1373 年短暂地出访过一次威尼斯。但是离开威尼斯以后，彼特拉克仍然在《论无知》中与威尼斯的批评家们激烈地讨论他的作品和思想，并将威尼斯称为“最高贵和美好的城市”。在彼特拉克看来，威尼斯唯一的

缺点就是:“自由主导着那里的各个方面,我认为它是主要的罪恶——但更坏的是——太多的言论自由。”[125]没有任何证据表明,彼特拉克在立遗嘱之时已决定不再返回斯基亚沃尼堤岸边的宅邸,彼特拉克在遗嘱中也把威尼斯列为第三故乡(§6 c);威尼斯也是继帕多瓦、阿尔夸之后有可能成为彼特拉克埋葬地的城市之一。 233
更重要的是,1370 年初,彼特拉克的藏书依然在威尼斯完好保存。在彼特拉克写于 1367 年底,完成于 1370 年 6 月 25 日的著作《论无知》中,[126]他不仅指出自己“曾把书籍留在威尼斯”并交给多纳托照管,而且为这些书籍编订了一份具体的说明。威尼斯的评论家们宣称,“他们讨厌柏拉图,不了解他,也不喜欢他,这个只写过一两部渺小作品之人”。对于这一言论,彼特拉克回应道:“我并不精通希腊语,也不是希腊人;但是我家中至少有十六本柏拉图的著作,不知他们是否曾经听说过这些作品的名字。”因此,彼特拉克让多纳托请他们过来“看看柏拉图的作品”。[127]我们或许可以推断出,彼特拉克之所以没有在 1370 年的遗嘱中提及他的书籍,是因为这时他的大部分书籍都在威尼斯,他在履行 1362 年签署的协议,即将他的书籍遗赠给威尼斯共和国。

然而,在起草遗嘱后不久,彼特拉克改变了想法,决定将他的全部书籍迁往阿尔夸,这个他在人生的最后四年所居住的地方。我们无法确定彼特拉克将威尼斯的书籍搬往阿尔夸的具体时间。[128]但可以肯定的是,1371 年春,彼特拉克具有了书籍的自由处 234
置权。因为彼特拉克在写于该年 5 月 24 日的一封书信中,向弗朗切斯科·布鲁尼诉说了他曾经提到过的,在阿尔夸建造一座小教堂的计划,他强调自己决定要实施这一计划,“即使这需要抵押或变卖我的书籍”[129]。这时,彼特拉克应该不再履行契约规定的义务了,否则他不会在给布鲁尼的这封非常现实的通信中说出这样的话。

彼特拉克从未在遗嘱中对他的书籍做过补遗性说明。[130]但他或许间接地表达了自己对这些书籍的最终命运的期望,例如,他给女婿弗朗切斯科罗·达·布罗萨诺或朋友隆巴多·德拉·塞塔的一些叮嘱。若他确实这样做过，那么我们也同他去世时，他的佛罗伦萨的亲朋一样，并不了解他真正的意图。因为我们从薄伽丘于1374年11月3日写给弗朗切斯科罗·达·布罗萨诺的吊唁信中读到："我想听听这位卓越的学者是如何安置他生前最珍贵的书籍的，因为大家一直众说纷纭，却无法确定。"[131]从严格的法律角度来看，答案似乎很简单。彼特拉克明显地将自己与威尼斯政府签订的协议视为无效，而且也没有任何证据显示威尼斯政府在彼特拉克去世后，曾经根据1362年的协议去索要这些书籍。在缺乏相关的明确条款的情况下，这些书籍作为地产性质，依据如下条款处置
235 （§25）："我现在拥有的，或者今后即将拥有的一切动产和不动产，无论它们在哪里，都交给我的继承人弗朗切斯科罗·达·布罗萨诺。"然而，由于布罗萨诺并不是一位学者，他很难有兴趣将这些书籍作为家庭财产的一部分；相反地，他会尝试实现这笔珍贵财富的价值，为了他的家庭、他的领主弗朗切斯科·达·卡拉拉、彼特拉克的朋友们，或者一般的学术研究。另外，隆巴多·德拉·塞塔或许也在这方面给过弗朗切斯科罗·达·布罗萨诺一些建议。[132]

"书籍自有它们的命运"（Habent sua fata libelli）——这句话真实地印证了彼特拉克那些书籍的命运，它们曾经并且正在被人们认真地研究，一些杰出的学者更是从中获益匪浅。例如，皮埃尔·德·诺拉克（Pierre de Nolhac）和杰赛普·比拉诺维奇发现，彼特拉克早年的作品曾被传播到整个西欧——从伦敦到巴黎，再到佛罗伦萨、罗马和那不勒斯。彼特拉克于1362年告诫薄伽丘的话语成为了现实："我不希望像你这样一位大师的作品被散布各处……抑或被肮脏的手亵渎。"此外，在威尼斯建立"公共图书馆"的计划也被搁浅了一个世纪，直到伟大的希腊人文主义学者、红衣主教贝萨利翁（Bessarion）于1469年将他数量庞大的书籍全部捐献给威尼斯共和国之时，[133]意大利国家图书馆的雏形才得以形成，彼特拉克曾于1362年呼吁的"建立一座古代那样气势恢宏的图书馆"的夙愿也终于实现。

注释:

1. 关于彼特拉克的早期研究作品,见 M. Fowler, *Catalogue of the Petrarch Collection Bequeathed by Willard Fiske to Cornell University Library* (London, 1916)。近年来关于彼特拉克的作品,见 E. Carrara, *Petrarca* (Rome, 1987; first published in *Enciclopedia Italiana*, XVII [1935], 8—23); U. Bosco, *Petrarca* (Turin, 1946); G. Billanovich, *Petrarca letterato*, vol. 1 (Rome, 1947); E. H. Wilkins, *The Making of the "Canzoniere" and Other Petrarchan Studies* (Rome, 1951); N. Sapegno, *Il Trecento*, 6th ed. (Milan, 1952), pp. 165—276; P. G. Ricci, "Petrarca," *Enciclopedia Cattolica*, IX (1952), coll. 1288—1299; E. H. Wilkins, *Studies in the Life and Works of Petrarch* (Cambridge, Mass., 1955); 另见彼特拉克选集的文献目录: *Francesco Petrarca*, *Prose* (vol. VII of *La letteratura italiana*, *storia e testi*), ed. by G. Martellotti, P. G. Ricci, E. Carrara, and E. Bianchi (Milan and Naples, 1955), pp. XXIIXXV; 下文引作 *Petrarca*, *Prose*。
2. 彼特拉克曾在1352年的一封书信中以清贫自居,并宣称在临终之日其微薄地产便可有目共睹;关于"我的继承人",他含糊其辞并否认那时已订立正式遗嘱;详见 *Fam.* XIV, 4, 17—19(文中的《日常熟事书信集》均引自 V. 罗西翻译的国家编印本,4卷,弗洛伦萨,1933—1942年)。
3. *Sen.* VIII, 1 (ed. *Opera*, 1581, pp. 827—830); 文中所有引自《老年集》的言论,均出自: *Librorum Francisci Petrarche impressorum annotatio*, Venetian editon of 1501, 参见: *Francisci Petrarchae ... Opera quae extant omnia*, Basel edition of 1581; 另外参见 G. Fracassetti trans., *Lettere senili di F. Petrarca volgarizzate e dichiarate*, 2 vols. (Florence, 1869—1870)。关于彼特拉克书信的具体日期,见 E. H. Wilkins, *The Prose Letters of Petrarch: A Manual* (New York, 1951)。
4. *Sen.* VIII, 1 (ed. *Opera*, 1581, p. 829); 彼特拉克在这封书信中引用的文献是: Aulus Gellius, *Noctes Atticae*, XV, 7 (see also III, 10, 9); Censorinus, *De die natali*, XIV, 13—15; Julius Firmicus Maternus, *Matheseos*, IV, 20. 对照《日常熟事书信集》,第1,7,8篇。
5. L. Thorndike, *A History of Magic and Experimental Science* (New York, 1934), III, 220.
6. *Sen.* VIII, 1 (ed. *Opera*, 1581, p. 829): "Est autem hec ratio, quam prefatus sum mihi mirabilem uideri; que quanti sit ponderis, librent, qui hiis animum curis applicuere. Ego enim, ex equo fateor, et rem ipsam et rei causam despicio." 另见 *Sen.* VIII, 8 (ed. *Opera*, 1581, p. 843).
7. *Sen.* VIII, 8 (ed. *Opera*, 1581, p. 843).

8. See *Sen.* IX, 1; XI, 1, 15 and 16.
9. *Sen.* XI, 16; 另见 *Sen.* XIII, 11.
10. *Sen.* XI, 17.
11. *Sen.* XII, 1, in Seminario di Padova, ed., *Nel VI centenario dalla nascita di F. Petrarca la Rappresentanza Provinciale di Padova* (Padua, 1904), p. 48 (ed. *Opera*, 1581, p. 899).
12. *Sen.* XIII, 8 (XIII, 7, ed. *Opera*, 1581, p. 921).
13. 这里指的是遗嘱的原文和译文(in Mommsen, *Petrarch's Testament*, pp. 68—93).
14. 在这一版本的遗嘱序言中,卢赛利提到了彼特拉克的《歌集》(*Il Petrarca nuovamente con la perfetta ortografia della lingua volgare, corretto* [Venice, 1554]),他宣称本打算将其译为意大利文,但为了向读者呈现一部真实原创的文本,故最终并未进行这一工作:"因为彼特拉克的文笔优美流畅,人们都喜欢阅读他的拉丁文作品";卢赛利指出,彼特拉克谦逊含蓄的拉丁文风格同样体现在他的遗嘱和其他作品中,包括诗歌、散文和书信:"benche non sia da negare che in questo testamento egli *à* studio fuggisse l'eleganza, si per tenersi nello stile notaresco, de' quali è come proprio tal'ufficio; come ancora perche in pensieri et ragionamenti che ci tengano come presente la morte, non si conuien mostrar ricordo non che affettatione d'ornamenti, ct di politezze, per non dir lussuria di fauella."关于遗嘱的写作风格,另见 G. Fracassetti's remark in *F. Petrarca*, *Lettere delle cose familiari* [Florence, l864], II, 353, n. 1): "in quel latino semibarbaro ch'era proprio de'contratti e degli altri atti pubblici notarieschi."
15. 彼特拉克在阿尔夸的购地契约,由彼特拉克签署,隆巴多·德拉·塞塔协商,法律文书尼科洛于 1370 年 6 月 22 日在帕多瓦起草(ed. by C. Leoni in A. Malmigiati, *Petrarca a Padova, a Venezia e ad Arquà* [Padua, 1874], pp. 92—95); 同上,91 页,莱昂尼(Leoni)的评论:"Un pubblico notaio, che dettava con lingua e stile si barbaro (come questo Atto) digiuno persino delle più elementari regole ortografiche e grammaticali, è cosa strana e degna di studio."
16. 亨利·科钦(H. Cochin)的这一观点具有合理性(*Le frère de Fètaarque et le livre "Du repos des religieux"* [Paris, 1903], p. 148, n. 1),在起草遗嘱一段时间以后,彼特拉克又将一部分遗产列入了补遗条款。
17. *Sen.* VIII, 3 (ed. *Opera*, 1581, p. 838): "Hiis atque aliis inductus fortunam per seipsam nihil esse dicentibus assentiri cogor, de quo, ne aliena mihi tribuam, a multis, inter quos ab hiis, quorum supra memini, Augustino et Lactantio Firmiano Institutionum libro, et argute satis ut arbitror et fideliter

disputatum est”; 参见 *De civitate Dei*, IV, 18; V. 9; VII, 3; *Divin. Institut.*, III, 29.

18. 参见 *Sen.* X, 2 (ed. by Martellotti in *Petrarca*, *Prose*, p. 1104), 彼特拉克在这里谈论了自己真实的财产情况:“que me, mirum dictu, solitarium contemptorem, profugum in medias silvas, usque ad invidiam insecute sunt”; 另见 *Fam.* XIX, 16 and 17; XX, 8, § § 12—18.
19. “Petrarch's Ecclesiastical Career”, in Wilkins, *Studies*, pp. 3—32.
20. 同上,第 31 页。
21. *Var.* 15, in G. Fracassetti, ed., *F. Petrarcae epistolae de rebus familiaribus et variae* (Florence, 1863), III, 331—337. 本文引自《杂信集》的内容均出自弗拉卡塞蒂(Fracassetti)编辑的版本。
22. 同上,第 332 页。
23. 同上,第 332—333 页。
24. 彼特拉克还在 1369 年 12 月 24 日的一封书信中提到了他的两匹马,见 *Sen.* XI, 16 (ed. *Opera*, 1581, p. 894)及其遗嘱第 15 条。
25. 参见 A. Medin, “Il seccessore di F. Petrarca nel canonicato di Padova”, in *Padova in onore di F. Petrarca* (Padua, 1904), II, 50; Wilkins, *Studies*, p. 22。
26. 见 F. C. Lane, *Andrea Barbarigo*, *Merchant of Venice*, 1418—1449 (Baltimore, 1944), p. 33。
27. Trans. by H. Nachod in *The Renaissance Philosophy of Man*, ed. by E. Cassirer, P. O. Kristeller, and J. H. Randall (Chicago, 1948), p. 52; 相关的拉丁文版本见 L. M. Capelli, *De sui ipsius et multorum ignorantia* by (Paris, 1906), p. 20。
28. Galeazzo and Bartolomeo Gatati, *Cronaca Carrarese*, in L. Muratori, ed., *Rerum Italicarum Scriptores* (Città di Castello, 1909), vol. XVII, pt. 1, 138; 参见 Carrara, *op. cit.*, p. 37; U. Mariani, *Petrarca e gli Agostiniani* (Rome, 1946), p. 102; Billanovich, *op. cit.*, p. 340, n. 1。
29. Cicero, *De senectule*, 20, 73; 另见 *Tuscul. Disput.*, 1, 15. 34; 遗嘱的导言写道(§ 1):“et mors omnibus certa sit et hora mortis incerta” and that death “semper nobis impendet”,参见 *De senectute*, 20, 74。
30. 关于彼特拉克的旅行记录,见“Peregrinus ubique” in Wilkins, *Making of the “Canzoniere”*, pp. 1—8。
31. 彼特拉克在《致后人书》(*Letter to Posterity*, ed. by Ricci in *Petrarca*, *Prose*, pp. 16 f.)中同样深情地提到雅各布·达·卡拉拉;另见 *Fam.* VIII, 5, 13; XI, 2, 4—5; XI, 3; XIII, 11, 6; 参见 Billanovich, *op. cit.*, p. 103。

32. *Var.* 15, in *Epistolae*, III, 333.
33. 16 世纪的两位彼特拉克的传记作者,Fausto da Longiano (1552) 和 G. A. Gesualdo (1553)误认为彼特拉克在阿尔夸建成了小教堂;见 edited by A. Solerti, *Le vite di Dante, Petrarca e Boccaccio scritte fino al secolo decimosesto* (Milan, 1904), pp. 379 and 408。
34. Wilkins, *Making of the "Canzoniere"*, pp. 175—180, 358.
35. Petrarca, *Le rime*, CCCLXVI, vv. 63—65:

    "Con le ginocchia de la mente inchine
    Prego che sia mia scorta
    E la mia torta via drizzi a buon fine."

    拉丁文版的《玛拿西祷词》,第 15 节,原文如下:"Et nunc flecto genu cordis mei, precans a te bonitatem."
36. *Fam.* XIX, 16, 16; XX, 8, 23; 另见 *Fam.* XVI, 11, 11; XVII, 10, 14; XXI, 14, 2.
37. *Sen.* V, 1 (ed. *Opera*, 1581, p. 791).
38. In *Sen.* XIV, 1 (in V. Ussani, ed., *F. Petrarchae ... rerum senilium liber XIV ad ... Franciscum de Carraria ... epistola I* [Padua, 1922], p. 21), 彼特拉克向卡拉拉建议,应将帕多瓦附近沼泽地中的积水抽干:"Utque te in risum cogam, ne nil aliud quam uerba ponere dicar in hanc rem, arculam ipse meam alienigena in particulam impense huius offero. Quid ciuibus debitum? quid domino? Ac si forsitan nominatim auxiliaris collationis exigitur, scies in tempore."
39. 参见 A. Zardo, *Il Petrarca e i Carraresi* (Milan, 1887), p. 71: "Difatti, per gli Statuti allora vigenti in quella città, nessun forestiere poteva acquistare immobili in Padova e nel territorio padvano, se non con la permissione del Principe."
40. 见由彼特拉克签署,隆巴多·德拉·塞塔协商的 1370 年 6 月 22 日的地产契约(注释 15);关于文件中的地产价格,原文如下:"venerabilis et sapientis viri domini Francisci Petrarce canonici Paduani ... ad prescns Padue habitantis ..., habentis decretum et gratiam a magnifico et potente domino Francisco d Carraria Padue et cetera imperiali vicario generali, emendi et acquirendi bona immobilia et possessiones in Padua et Paduano districtu, prout de dictis decreto et gratia evidenter constat in quodam publico et autentico instrumento dicti decreti scripto sub anno millesimo et indictione suprascriptis, die dominico, quarto decimo mensls Aprilis." Compare A. Gloria, *Documenti inedili intorno al Petrarca* (Padua, 1878), pp. 22 f.; Zardo, *op. cit.*, pp. 97—101; Billanovich, *op. cit.*, pp. 427f。

41．P. Sambin，“Nuove notizie su eredi e discendenti del Petrarca，” *Atti del'Istituto Veneto di Scienze，Lettere ed Arti，CX*（Class di Scienze Morali e Lettere，1952），255 ff.，261—263.

42．见比拉诺维弛（Billanovich）汇编的文献资料，同上，第 362 页，注释 1；每年的弥撒，根据遗嘱中的一处标注进行：“fedelmente anche oggidi si pratica in questa Cattedrale adì o. Luglio，o in altro giorno da' maggiori ufficij non impedito.”

43．*Fam.* IX，2.

44．关于菲利普·德·卡巴索勒，参见 ed. by Martellotti，“De vita solitaria”，in Petrarca，*Prose*，p. 286。

45．Ed. By Ricci，*Petrarca*，*Prose*，p. 12：“... michi iam solus omnium veterum superstes，non me epyscopa；iter，ut Ambrosius Augustinum，sed fraterne dilexit ac diligit.”

46．关于彼特拉克与弗朗切斯科·达·卡拉拉的关系，见 Zardo，*op. cit.*；A. Medin，“Il Petrarca a Padova e ad Arquà，” *Padova a F. Petrarca*（Padua，1904），pp. 3 ff.；A. Limentani，“L'amicizia fra il Petrarca e i principi di Carrara”，*Padova：Rassegna mensile del comune di Padova*，X（1937）；Billanovich，*op. cit.*，pp. 297f；T. E. Mommsen，“Petrarch and the Decoration of the Sala Virorum Illustrium in Padua”，*Art Bulletin*，XXXIV（1952）. 96 ff.（以上均见 133—135 页）。

47．参见 Prince d' Essling and E. Müntz，*Pétrarque：ses ètudes d'art*，*son influence sur les artistes*（Paris，1902），pp. 1，4，8—16，44，54 f.，58，106 f.。

48．*Fam.* V，17，6：“Atque ut a veteribus ad nova，ab externis ad nostra transgrediar，duos ego novi pictores egregios，nec formosos：lottum，florentinum civem，cuius inter modernos fama ingens est，et Simonem senensem.”

49．*Itinerarium Syriacum*，ed. by G，Lumbroso，in *Memorie Italiane del buon tempo antico*（Turin，1889），p. 37（ed. *Opera*，1581，p. 560）：彼特拉克曾建议朋友乔瓦尼·迪·曼德罗去参观那不勒斯：“capellam regis ... in qua conterraneus olim meus，pictorum nostri aevi princeps，magna reliquit manus et ingenii monimenta.”

50．在加尔比亚蒂所摹写的彼特拉克的维吉尔手抄本中，有一幅西蒙涅·马尔蒂尼的彩色复制画作；见 G. Galbiati，the facsimile edition of *F. Petrarcae Vergilianus codex*（Milan，1930），fol. iv。

51．Billanovich，*op. cit.*，p. 275，n. 1.

52．这段话是由比拉诺维奇教授在牛津大学贝利奥尔学院图书馆，146 B 号的彼特拉克《老年集》原版中发现的；原文如下（*op. cit.*，p. 275，n. 1）："Habeo in presentia amicum novum sed probatum optimum，Michaelem Vannis，quem，si tibi carus sum，carum habeas velim."关于比拉诺维奇收集的奥比奇家族的米歇尔·迪·瓦尼的相关资料，我的朋友，加利福尼亚大学的吉恩·布鲁克教授友情提供了以下信息："米歇尔曾于1364年2月获得弗洛伦萨执政官的候选人资格，然而由于奥比奇和里奇家族的成员后来被禁止担任公职，米歇尔于1373年被除名。"

53. 乔托的画作现已不复存在；参见 A. Moshetti，"La Madonno trecentesca del duomo di Padova e la creduta sua originale appartenenza al Petrarca"，*Padova in onore di F. Petrarca*（Padua，1904），II，139—156；S. Bettino，"Una Madonna di Giusto de' Menabuoi nella Biblioteca Capitolare di Padova"，*Bollettino d' Arte*，XXIV（1930/31），70—75；R. Salvini，*Ciotto*：*Bibliografia*（Roma，1938），pp. 25，nr. 48；59，nr. 130；64，nr. 143；68，nr. 149；317，nr. 683. Salvini（p. 5，n. 11），萨尔维尼误认为彼特拉克的遗嘱写于1361年。

54. G. Boccaccio，*Il Decameròn*，VI，5（ed. By E. Bianchi；Milan and Naples，1952，p. 440）："E per ciò，avendo egli arte ritornata in luce，che molti secoli sotto gli error d'alcuni，che più a dilettar gli occhi degl'ignoranti che a compiacere allo 'ntelletto de' savi dipigneano，era stata sepulta，meritamente una delle luci della fiorentina gloria dir si puote；e tanto più，quanto con maggiore umiltà，maestro degli altri in ciò vivendo，quella acquistò，sempre rifiutando d'esser chiamato maestro"；上述译文出自 F. 温沃（F. Winwar）译本的《十日谈》(1955)，366页；薄伽丘对乔托的其他评论，见 Boccaccio，*L'amorosa visione*，IV，13—18（ed. By V. Branca；Bari，1939，p. 131）。

55. 本维努托·达·伊莫拉（*Comentum super Dantis Aldigherii Comoediam*，ed. by J. P. Lacaita [Florence，1887]，III，312 f.）指出，彼特拉克和薄伽丘都提到并赞赏了乔托，薄伽丘还特意强调乔托艺术作品的自然流畅；本维努托继续评论道：(p. 313)："Et sic nota，quod Giottus adhuc tenet campum，quia nondum venit alius eo subtilior，cum tamen fecerit aliquando magnos errores in picturis suis，ut audivi a magnis ingeniis."以上译文出自 M. Meiss，*Painting in Florence and Sieca after the Black Death*（Princeton，1951），pp. 4 f。

56. Meissi，*op. cit.*，p. 6.

57. Meissi，*op. cit.*，p. 7.

58. Mommsen，[*Art Bulletin*，XXXIV]，97—102.［以上均见134—145页］

59. In L. Smith，ed.，*Epistolario di Pier Paolo Vergerio*（Rome，1934），ep. 75，p. 177："Faciendum est igitur，quod etatis nostre pictores，qui，cum

ceterorum claras imagines sedulo spectent, solius tamen Ioti exemplaria sequuntur."

60. Guglielmo and Albrigetto Cortusi, *Chronica de novitatibus Padue et Lombardie*, in Muratori, ed., *Rerum Italicarum Scriptores* (Milan, 1728), XII, coll. 759—988;该编年史的前一部分曾被重新再版,见 ed. by Muratori, *Rerum Italicarum Scriptores* (Bologna, 1941), vol. XII, pt. v; Galeazzo and Bartolomeo Gatari, *op. cit.*; index, *ibid.*, p. 847, s. v. "Vignoza"。
61. Gatari, *op. cit.*, pp. 10 and 51.
62. Cortusi, *op. cit.*, (1941 ed.), pp. 40f., 44, 45.
63. Gatari, *op. cit.*, pp. 115, 116, 127; 参见 *ibid.*, p. 115, n. 1。
64. Martellotti in *Petrarca*, *Prose*, p. 1127, note; G. Ferrante, "Lombardo della Seta umanista padovano," *Atti d. R. Istituto Veneto di Scienze*, *Lettere ed Arti*, XCIII, pt. 11 (1933/34), 445—487; Billanovich, *op. cit.*, pp. 299ff., 333ff.
65. 详见 Billanovich, *op. cit.*, pt. III ("Da Padova all'Eueopa') esp. pp. 318—323。
66. *Sen.* XV, 3 (XIV, 4, ed. *Opera*, 1581, p. 933).
67. J. F. P. A. de Sade, *Mémoires pour la vie de F. Pétrarque* (Amsterdam, 1757), III, 743, note b: "C'est sans doute le gobelet que l'Empereur Charles lui envoya l'an 1362 (actually in 1361)";另见同上,第559—560页;但是上述记载却彼特拉克的书信内容互相矛盾(*Fam*, XXIII, 8, 1—2),查理四世指出这只杯子是足金的,而彼特拉克在遗嘱将这只杯子描述为银质镀金的。
68. 根据《老年集》第15篇(ed. *Opera*, 1581, p. 934)的记载,曾有人询问隆巴多喜欢喝什么,他只是指着一口井作为回答,表示自己喜欢喝井水;为此彼特拉克评论道:"Preclare; nam quid aliud siquis illam roget?"在他写给常常劝诫他喝水的乔瓦尼·唐迪医生的一封书信中,彼特拉克表明了自己对酒的态度:"Nunc uero bibo et edo ut ceteri, nec tamen laudo, sed consuetudine rapior ad id etiam quod non probo"; *Sen.* XII, 2 (ed. Opera, 1581, p. 913)。
69. 关于邦巴斯,见 C. Culcasi, *Il Petrarca e la musica* (Florence, 1911), pp. 19 ff.; N. Leonelli, *Attori tragici*, *attori comici* (Milan, 1940), I, 82。
70. Sen. IV. 3, ed. By Martellotti in *Petrarca*, *Prase*, pp. 1082 f.
71. See the facsimile edition of Il Codice Vaticano Latino 3196, ed. by M. Porena (Rome, 1941), foll. 3, 4, 5; K. Appel, *Zur Entwicklung italienischer Dichtungen Petrarcas* (Halle, 1891), pp. 42, 46, 52; Wilkins, *Making of*

the "*Canzoniere*," pp. 158, 159, 289.

72. 关于罗西乌斯，见 Pauly-Wissowa, *Real-Ecyklopaedie der classischen Altertumswissenschaft* (Stuttgart, 1920), ser. II, vol. I, col. 1123 ff。

73. Gloria, *op. cit.*, p. 27, n. 1；关于日瓦尼神父，另见 G. Cittadella, "Petrarca a Padova e ad Arquà", *Padova a Petrarca* (Padua, 1874), pp. 36 f.; Zardo, *op. cit.*, p. 74f; trans. By Fracassetti, *Lettere delle cose familiari*, V. 356。

74. *Var.* 11, in *Epistolae*, III, 326; *Sen.* Vi, 4 (ed. *Opera*, 1581, p. 809)；另见 *Var.* 39，以及弗拉卡塞蒂的说明(*Lettere*, V., 356)。

75. *Var.* 15, in *Epistolae*, III, 333.

76. P. de Nolhac, *Pètrarque et l'humanisme*, 2d ed. (Paris, 1907), I, 93, n. 2，德·诺哈克教授曾在帕多瓦查找许久，但并未发现这本祈祷书；据说根据一个古老的传统，帕多瓦的教士们曾于17世纪初，将这本祈祷书交于教皇保罗五世，一些学者将其辨认出来，故其现存于梵蒂冈图书馆；然而，德·诺哈克教授对这一说法提出质疑："我仔细研究过当时的手稿，却并未发现支持这一传统的证据。"另见 A. Foresti, *Aneddoti della vita di F. Petrarca* (Brescia, 1928), pp. 243 f。

77. 关于多纳托，见 F. Novati, "Donato degli Albanzani alla corte estense." *Archivio storico italiano*, ser. V, vol. Vi (1890), 365—385; V. Rossi, "Nell'intimità spirituale del Petrarca," *Nuova antologia*, CCCLVI (July 1931), 5—7; Billanovich, *op. cit.*, pp. 129, n. 2; 293, 310, 373, 390; Martellotti in *Petrarca*, *Prose*, p. 1126, note。

78. *Sen.* X, 4 (ed. *Opera*, 1581, p. 874).

79. 见彼特拉克的评论，*De sui ipsius et multorum ignorantia* (ed. By Ricci in *Petrarca*, *Prose*, p. 756): "bibliotheca nostra tuis in manibus relicta . . . "

80. *Sen.* VIII, 6 (ed. *Opera*, 1581, pp. 840 f.).

81. 在《老年集》中，彼特拉克曾抱怨多纳托频繁地送给他礼物，并且反对多纳托的这种做法："Non est operosa res amicitia med, quipped que nec magni eciam precii res est, ut sit autem maximi, nihilo erit operosior. Et cuiquam proprium uolo. Ubi id cessat, quid sibi uult, precor, ista largitio?"

82. *Ep.* 24, in A. F. Massèra, ed., *G. Boccaccio*, *Opera latine minori* (Bari, 1928), pp. 225 f. On this "lascito notevolmente generoso". 另见 Billanovich, *op. cit.*, p. 284。

83. *Ep.* 14, in Massèra, ed., *op. cit.*, p. 181；上述翻译出自 F. MacManus, *Boccaccio* (New York, 1947), pp. 268 f。实际上，通过对比薄伽丘1374年的遗嘱与彼特拉克的遗嘱可以发现，薄伽丘的财富数量远不及彼特拉克(in Corazzini, ed., *Le lettere edite e inedite di G. Boccaccio* [Florence,

1877], pp. 425—433);但是一些学者夸大了这一差距,见 Maichel de Momtaigne, *Joural de voyage en Italie* (ed. By A. Armaingaud; Paris, 1929, II, 166):"Questo testamento mostra una mirabile povertà e bassezza di fortuna di questo grand'uomo."

84. 关于乔瓦尼·唐迪,见 A. Gloria, "I due orologi meravigliosi inventati da Jacopo e Giovanni Dondi", *Atti d. R. Istituto Veneto di Scienze, Lettere ed Arti*, *LIV* (1895/96), 675—736; see also *ibid.*, LV (1896/97), 1000—1017; V. Lazzarini, "I libri, gli argenti, le vesti di Giovanni Dondi dall'Orologio", *Bollettino del Museo civico di Padova*, n. s., I (1925), 11—36; Thorndike, *op. cit.*, III, 386—397; IV, 190—201; Billanovich, *op. cit.*, pp. 343—346;另见 the "annotazioni" to the edition of *Sen.* XII, 1, published by the Seminario di Padova, *op. cit.*, pp. 75—80。

85. *Sen.* XII, 1, in Seminario di Padova, ed., *op. cit.*, p. 45:"Et non quidem artem ipsam, sed artifices parvipendi, preter aliquot raros, quos dilexi, quoniam veri michi medici viderentur; quomodo inquam talis ego cum principe medicorum huius temporis, aut unico aut uno ex pauis, disputarem de rebus ad medicum spectantibus?"

86. *Sen.* XII, 2 (ed. *Opera*, 1581, p. 904). 唐迪曾在一封书信(quoted by De Nothac, *op. cit.*, I, 139)中描述了自己同彼特拉克之间深厚亲密的友谊:"ego familiaris fui multumque domesticus, presertim in posteris eius annis."

87. 关于这两个钟表,见 Thorndike, *op. cit.*, III, 386—388;参照彼特拉克1353年写于米兰的书信(Foresti, *op. cit.*, pp. 279—285, 292),他在这封书信中写道:"publicum horologium, quo ultimo invento per omnes fere iam Cisalpinae Galliae civitates metimur tempus." (*Var.* 44, in *Epistolae*, III, 419)

88. Thorndike, *op. cit.*, III, 889.

89. *Ibid.*, pp. 389—392, 740f.

90. [Mommsen, *Petrarch's Testament*]. p. 84, n. 51.

91. *Var.* 9, in *Epistolae*, III, 322: "Et nunc tandem per Pancaldum simplicissimum hominum mittebam, nisi tuus hic nuntius advenisset."在这封书信的修订版中(*Sen.* XIII, 11),彼特拉克删去了关于潘卡尔多的内容;威尔金斯指出(Wilkins, *Making of the "Canzoniere"*, p. 177),彼特拉克在遗嘱中(§23 b)提到的其他仆人的名字曾在出现在唐迪写给彼特拉克的一封书信中(ed. By Zardo, *op. cit.*, p. 279):"Zilius noster, qui literam istam defert, retulit michi hodie de te grata, optime pater, quoniam iuxta modum non firme, sed labentis tue ac recidentis persone satis bene ad

present te valere testificatus est."

92. 见1353年1月5日的一封书信(*Fam.* XVI, 1, 1),彼特拉克在这封书信中对两位红衣主教(Elie de Talleyrand, Guy de Montfort)说道:"villicus ... meus vobis non ignotus, qui michi pauca itidem sicci ruris lugera colebat, hesterno die obiit." 另见 *Sen.* VI, 3 (ed. *Opera*, 1581, p. 808): "tellus ipsa licet aridula et angusta."
93. 关于雷蒙德·莫内,见 trans. by Fracassetti, *Fam.* XVI, 1 (*op. cit.*, III, 412 f.)以及 *Sen.* IX, 2 (*op. cit.*, II, 62 f.). *Fam.* XVI, 1, 5: "totum me illi [i. e., Monet] et res meas librosque omnes, quos in Galliis habeo, commiseram"; 莫内一直小心勤勉地照看着那些书籍,因此在他去世之后,彼特拉克说道 (*Fam.* XVI, 1, 3): "bibliothece mee, quam michi in filiam adoptavi, sentio deesse custodem." 另见 *Fam.* XII, 6, 6, and XVII, 5, 9。根据《老年集》的内容 (*Sen.* X, 2, ed. *Opera*, 1581, p. 870)可知,莫奈的一个儿子("uillici mei filius")也曾悉心照看彼特拉克的书籍,使它们在1353年圣诞节那天的盗窃事件中幸免于难。
94. *Fam.* XVI, 1, 4.
95. *Fam.* XVI, 1, 7.
96. *Sen.* IX, 2 (ed. *Opera*, 1581, p. 854): "Nam fidelem dicere detrahere est, ipsa siquidem fides erat."
97. Cochin, *op. cit.*
98. *Sen.* XV, 5;见科钦对这封书信的分析,出处同上,第142—155页。
99. *Sen.* XV, 5 (XIV, 6, ed. *Opera*, 1581, p. 939): "Scripsisti interdum, ut si ante te morerer ... certam pecunie summam tibi testamento legarem ad te minutis pro occurrenti necessitate solutionibus peruenturam."
100. *Ibid.*: "Scribe modo, quid fieri uelis; non frustrabor tuum desiderium nec differam neque uero ut peteres expectarem sed uolens occurrerem, nisi didicissem, quod pecuniola illa, quam alioquotiens tibi misi, non peruenit ad manus tuas, rigore ut credo tue religionis obstante."
101. *Ibid.*: "Enimuero id iampridem factum noris et legato quantitas triplo maior quam petebatur inserta est."
102. *Ibid.*: "Nec tamen expectari mortem testamenti confirmatricem expedit; iube, parebitur; et tibi gratius erit et mihi, quod ipse fecero quam quod heres meus."
103. 见由柯钦(Cochin)出版的1377年12月31日的契约摘录:*op. cit.*, pp. 232—236;另见 *ibid.*, pp. 145f., 223, 236—238。
104. Cochin, *op. cit.*, pp. 150, 155, 237f.
105. 关于弗朗切斯科罗的名字,见1375年12月11日的一份资料;ed. by

Gloria, *op. cit.*, p. 34:"... providus vir Franciscus dictus Franciscolus q. d. Amizoli de Broxano de Mediolano."关于弗朗切斯科罗的职业及其与彼特拉克的女儿弗朗切斯卡的婚姻状况,见 A. Serna, *Francesca figlia del Petrarca*(Milan, 1904);相关论文有 Serena, in *Atti d. R. Istituto Veneto di Scienze, Lettere ed Arti*, LXXXIV, pt. n(1924/25), 379—396; XCI, pt. 11(1931/32), 241—256; XCV, pt 11(1935/36), 13—24; G. Liberali, *La dominazione carrarese in Treviso*(Padua, 1935), pp. 66—82; Billanovich, *op. cit.*, pp. 277, 298f, 318ff., 325f., 352ff。

106. *Sen.* III, 7(III, 6, ed. *Opera*, 1581, p. 777):"Certe, nisi fallor, nullus est hominum, dui aut damnosa uita aut mors utilis mea sit. Ipse heres meus, si tamen is erit, quem cupio quemue disposui, plusculum ex uita mea sperat, ut arbitror, quam ex morte."

107. *Sen.* V, 6(V, 7, ed. *Opera*, 1581, p. 805):"Franciscus meus quo nemo ... adolescens melior, ... charitatis et constantiae plenus ...";见《老年集》与《杂信集》中关于"我的家人"("familiola mea")的相关言论; *Sen.* XIII, 17(XIII, 16, ed. *Opera*, 1581, p. 930); *Var.* 9(in *Epistolae*, III, 321)。

108. *Fam.* VII, 17, 1 and 3; XIII, 2, 1 and 3; XIX, 5, 1; XIX, 17, 9; XXIII, 12, 15; *Var.* 35;另见彼特拉克写给乔瓦尼的两封书信(*Fam.* XVII, 2, and XXII, 7)。

109. *Sen.* I, 2(I, 1, ed. *Opera*, 1581, p. 736).另见彼特拉克在维吉尔手稿中对"我们的乔瓦尼"(Iohannes noster)之死的描写(in De Nolhac, ed., *op. cit.*, II, 284);在《老年集》中(*Sen.* I, 3(2)),彼特拉克也提到了"我的少年"之死。

110. *Var.* 4 and 12; *Sen.* V, 6(7).

111. 见彼特拉克手稿(now Cod. Vatic. 2193, fol. 156v; published by De Nolhac, *op. cit.*, II, 267),他还提到一些树木,"quas donauit nobis Checcus noster"。

112. *Sen.* X, 4(ed. *Opera*, 1581, p. 875):"noster utriusque parentis meumque simul nomen nactus erat, ita et solatium uite ingens et spes domus ac iucunditas, et nobis tribus quartus iam Franciscus accesserat"; Fracassetti, *Lettere senili*, II, 113:"Era figliuolo di Francesca e Francesco ..."

113. 见 Serena 的评论(in *Atti d. R. Istituto Veneto di Scienze, Lettere ed Arti*, LXXXIV, pt. 11[1924/25], 382);参见 Fracassetti, *Lettere delle cose familiari*, I, 50 f。

114. 彼特拉克曾说,莫内是一位保管人"bibliothece mee, quam michi in filiam

adoptavi"（*Fam.* Xvi，1，3）。

115. 见德·诺哈克整理的彼特拉克藏书目录：De Nolhac，*op. cit.*，II，239—242。
116. 见彼特拉克于1362年5月28日写给薄伽丘的书信（*Sen.* I，5，or，in ed. *Opera*，1581，I，4）。
117. *Sen.* I，5（ed. *Opera*，1581，p. 744）："... gratum，hercle，habeo me librorum auidum，ut tu ais."
118. *Ibid.*，pp. 744f.
119. 见彼特拉克的遗嘱正文，edit. by Corazziniop，*op. cit.*，pp. 428f；另见Billanovich，*op. cit.*，pp. 262，n. 1，263ff.，268，n. 1，283。
120. 详见 trans. by Fracassetti，*Var.* 43（*Epistolae*，V，375—383）；De Nolhac，*op. cit.*，I，93—98。
121. 彼特拉克的计划被收录于1362年9月4日威尼斯议会的审议内容中（见 De Nolhac，*op. cit.*，I. 94，n. 1）；这些议会记录的复制本，见 *La Biblioteca Marciana nella sua nuova sede*（Venice，1906），after p. 6。
122. 同上。
123. *Sen.* II，3（ed. *Opera*，1581，p. 760）. 这座房屋的归属人依次是 Palazzo Molin，Convento del Sepolcro 和 Caserma Aristide Cornoldi；它位于威尼斯的墓桥（Ponte del Sepolcro）附近；见 Guida *d'Italia*；*Venezia*（Milan，1951），p. 177；M. Oliphant，*The Makers of Venice*（London，1889），pp. 347 ff。
124. *Var.* 43，in *Epistolae*，III，414："bibliothecae decus publicae."
125. Trans. by Nachod，*op. cit.*，121；ed. by Capelli，*op. cit.*，pp. 84f.
126. 关于这部作品的历史，见 Nachod，*op. cit.*，p. 133，note；Ricci in *Petrarca*，*Prose*，pp. 1173 f。关于这部作品的背景，见 P. O. Kristeller，"Il Petrarca，l'umanesimo e la scolastica a Venezia"，in *La Civilta Veneziana del Trecento*（Florence，1956），pp. 149—178。
127. Trans. by Nachod，*op. cit.*，p. 112页；ed. by Capelli，*op. cit.*，p. 76；Ricci，*Petrarca*，*Prose*，p. 756.
128. 从1372年11月17日的一封书信中得知，到1372年之时，此时彼特拉克的藏书曾放置于阿尔夸（*Sen.* XVII，17 = XIII，16，ed. *Opera*，1581，p. 930），由于当时帕多瓦和威尼斯交恶，彼特拉克到帕多瓦避难并随身携带了"libellos quos ibi [i. e.，in Arquà] habui"。还应注意的是，奥古斯丁修会的修士 Renaventura Badoer de Peraga 曾于1368年至1377年定居于帕多瓦（见 Mariani，*op. cit.*，p. 100—102）；他曾在彼特拉克的葬礼演说描述彼特拉克："aliquando in sua bibliotheca."见 edit. by Solerti，*op. cit.*，p. 270。

129. *Var*. 15，in *Epistolae*，III，333.
130. 继制定遗嘱之后，彼特拉克唯一赠予他人的一本书是圣奥古斯丁的《忏悔录》摹本，他从 Dionigi di Borgo San Sepolcro 那里得到这本书，并于 1374 年 1 月将其作为礼物赠予 Luigi Marsili（*Sen*. XV，7）。
131. *Ep*. 24，ed. by Massèra，*op. cit.*，p. 226.
132. Billanovich，*op. cit.*，p. 298："la parte più ampia e migliore della sua libreria venne scelta dagli agenti di Francesco il Vencchio per la reggia carrarese."
133. H. Kretschmayr，*Geschichte von Venedig*（Gotha，1920），II，490 f.，658.

236 11. 鲁道夫·阿格里克拉的《彼特拉克传》*[1]

在彼特拉克与圣·奥古斯丁的《秘密》(*The Secret*)或《灵魂与情感的冲突》(*The Soul's Conflict with Passion*)的对话中,他承认后者对其诸多人格缺陷的指责,其中有一点是他几乎无法否认的。奥古斯丁指责彼特拉克:"你总是追求名声,你想让自己永垂不朽的做法近乎荒谬。"对此彼特拉克只能这样回答:"我承认自己的确有这个缺点,但却无法抑制那种欲望。"[2]事实上,彼特拉克一生都意识到这点,他在其十四行诗《歌集》的序言中就说过,"对所有的人来说,我是一个寓言故事(*favola*)";在其《致后人书》和其他诸多自传体文献中,彼特拉克表明他一贯坚持要在死后名留青史的愿望。彼特拉克的努力没有白费。因为对14世纪的文学人物的生平事迹,文艺复兴时期的作家们描述最经常和详尽的就是彼特拉克,甚至连但丁也比不了。[3]彼特拉克的传记作家中包括一些最
237 伟大的意大利人文主义者,比如,乔瓦尼·薄伽丘、菲利波·维拉尼(Filippo Villani)、列奥纳多·布鲁尼·阿列提诺(Leonardo Bruni Aretino)、彼得·保罗·弗吉里奥(Pietro Paolo Vergerio)和加诺佐·马奈蒂(Gianozzo Manetti)等人。然而,相当有趣的是,在1374年彼特拉克去世后的第一个世纪中,没有一本彼特拉克的传记是由非意大利人作家撰写的。我们知道,彼特拉克在生前及去世后在法国、德国,甚至遥远的英国都享有盛名。有鉴于此,我们更值

---

* 本章是 *Traditio*, VIII (1952) 再版,见该书的第367—386页。——原作者注

得注意这个事实。乔叟在其《学者的序言》(*The Clerk's Prologue*)中称赞“这位诗人的修辞美妙绝伦,他的诗篇照亮了意大利”。一位不知名的波西米亚学者在15世纪之初编辑了一本彼特拉克著作选集,但是他本人却没有给彼特拉克作传,仅仅选用了弗吉里奥的传记。[4]意大利首先萌发了对伟大诗人和艺术家们的人格和成就的兴趣。就是在那里,“名人传记”的传统文学形式被赋予了一种新精神和内容。彼特拉克去世百年后,第一部由一位非意大利人撰写的彼特拉克传才问世。作者鲁道夫·阿格里克拉(Rudolph Agricola)是受意大利传统影响最多的人文主义作家之一;同时,他还将成为“德国新知识生活的奠基者”。[5]

在阿姆斯特出版的阿拉尔杜斯(Alardus)编辑的1539年版的阿格里克拉著作集不包括《彼特拉克传》(*Life of Petrarch*),阿格里克拉的另外一些早期传记著作中也没有提到它。[6]尽管特里特米乌斯(Trithemius)和17、18世纪的一些学者提到过这篇传记,但是似乎由于这个遗漏,这本《彼特拉克传》没有得到人们足够的注 238
意。[7]到1873年,更多人通过路德维希·盖格尔(Ludwig Geiger)的一个简短的笔记才更多地了解了这篇传记。[8]盖格尔教授和其后的诸位研究阿格里克拉的德国和荷兰学者简要地叙述了阿格里克拉的《彼特拉克传》,[9]但是没有编辑全文。这些叙事没有引起研究彼特拉克的意大利学者们的注意。例如,安杰洛·索勒尔蒂(Angelo Solerti)知道有这么一本《彼特拉克传》的,但是却对尚存的手稿一无所知,所以没有将它收入在其《但丁、彼特拉克和薄伽丘传》中(1904年)。因此,直到不久前,荷兰人林德伯姆(J. Lindeboom)和德国人路德维希·博塔劳特(Ludwig Bertalot)才最终编辑了拉丁文原版的《彼特拉克传》,并出版了各自的版本。[10]

因为阿格里克拉的原稿好像丢失了,所以上面提到的这两个版本是在两个副本基础上编辑的。一本写于1500年左右(现收藏于斯图加特的国立图书馆,Cod. Poet. Et Philol. Nr. 36, 4^0, fol. 284^r—297^r);另一本写于16世纪上半期(现保存在慕尼黑国立图书馆,Cod. lat. 479, fol. 1^r—19^r)。前一书的收藏有一个有趣的故

239 事，[11]这要归功于阿格里克拉的两名学生和最亲密的朋友，迪特里希·冯·普林宁根(Dietrich von Plieningen)和约翰·冯·普林宁根(Johann von Plieningen)两兄弟，[12]两人计划出一本其已故导师的主要著作集。[13]在长兄迪特里希的请求下，约翰让一名叫约翰内斯·普菲泽(Johannes Pfeutzer)的人抄写了阿格里克拉的许多著述和信件。据约翰·冯·普林宁根的自述，他指导和改正了抄写员的工作。[14]他还凭借个人记忆，撰写了短篇《阿格里克拉生平》(*Life of Agricola*)，计划作为即将出版之书的前言。[15]然而，约翰·冯·普林宁根的《阿格里克拉生平》和他收编的阿格里克拉的著作和信件的文集都没有在16世纪得以出版。因为约翰本人于1506年去世，其长兄迪特里希显然过于忙于公共事务而无暇顾及编辑出版一事[16]。

240 由于斯图加特图书馆收藏的《彼特拉克传》手稿是在阿格里克拉最亲密的朋友指导下抄写的，他甚至称，“我亲自将抄本与原稿核对”[17]，因此，人们预期它会臻于完美；但遗憾的是，那个文本不像人们所期待的那样完好。出于此原因，另一本收藏在慕尼黑国立图书馆的文本，尽管其自身的疏漏和缺陷，却受到人们的某些关注。[18]

阿格里克拉将他的《彼特拉克传》献给了帕维亚的安东尼奥·斯克洛文尼(Antonio Scrovigni)。在他居住帕维亚期间，阿格里克拉还奉献给这位朋友阿诺德·德·拉来昂(Arnold de Lalaing)写的一封信的拉丁文译本，后者是布鲁日的圣玛丽教堂的教区长。[19]安东尼奥·斯克洛文尼后来成为帕维亚大学的医学教授。[20]

关于《彼特拉克传》撰写的准确日期存在争议。根据保存在斯图加特的手稿(fol. 284^{r})，阿格里克拉在“在1477年居住在帕维亚时”写了这部传记；保存在慕尼黑的手稿(fol. 1^{r})提到同一年，但没有给出地点。我们从阿格里克拉的其他著作及其信件中得知，他曾在帕维亚学习数年。1475年他离开帕维亚，去往费拉拉(Ferrara)大学学习希腊语。1477年的时候，阿格里克拉仍然在费拉拉。一些学者和阿格里克拉的最近的传记作家试图确定两部手稿文本所表明的日期，故提出在阿格里克拉第二次短期逗留帕维亚期间撰写了《彼特拉克传》这样一个假设；关于这点，我们没有任

何其他的资料。[21]然而,《彼特拉克传》中清楚表明传记日期的两个
段落否定这个假设。因为在这两段里(第394页和395页)[22]阿格 241
里克拉谈到了萨伏依(Savoy)公爵阿米地奥九世(Amedeo IX)之死好像发生在"前一年";实际上,阿米地奥死于1472年3月。所以,这本传记一定写于1473年或者1474年。[23]较早的那个日期由约翰·冯·普林宁根的陈述得以证实,他曾跟阿格里克拉一起居住在帕维亚和费拉拉。约翰·冯·普林宁根在其《阿格里克拉生平》中提到了阿格里克拉在帕维亚学习法律,之后转到费拉拉学习希腊语。约翰·冯·普林宁根肯定地说:"那时,他在安东尼奥·斯克洛文尼的请求和说服下撰写了《彼特拉克传》。"[24]阿格里克拉给出了其撰写此书的原因(第384页):

> ……我们的时代生活着许多文才四溢的名人,但是没有人曾详细评述那个人(彼特拉克)的成就和生平,我认为这相当不合理。虽然我个人的思想有限,不敢说能给予这位名人一个公道的评论。然而,我会尽我最大的努力,以概述的形式论述这个主题。我会像不太成功的画家一样,粗线条地描绘这位名人。[25]

这一陈述有些令人困惑。无可否认,阿格里克拉认为在他之前没有人以"演说"形式赞美彼特拉克,或许他说得不错。假如阿格里克拉真在帕维亚大学发表了演说,那么他确实能够声称这是他
给予其英雄的与众不同的荣誉。[26]然而,这篇演讲稿实际上是以传 242
记的形式完成的,而之前已经有了数个此种形式的文本。阿格里克拉没有提到之前有传记的存在。在这点上,他非常不同于其同代人吉罗拉摩·斯库阿尔扎菲克(Girolamo Squarzafico)。后者在他的《彼特拉克传》开篇部分就提到"许多人已经做过描述",并在后记中更明确地陈述道:"我效仿了弗吉里奥、西斯科·普兰顿(Sicco Polenton)、列奥纳多·布鲁尼(Leonardo Bruni)和法尔福(Filelfo)等人"。[27]

阿格里克拉在这点上保持缄默使我们不禁要问，他是否真的对之前的彼特拉克传记一无所知。比较阿格里克拉的著作与尚存的其他彼特拉克的传记作品，可以明显地看出，他的著作并不是建立在独立研究基础上的。相反，阿格里克拉一书中的事实细节几乎全部出自一处，且这一资料来源是当代最容易得到的，因为它正好是在阿格里克拉来到意大利的那个时候印刷出版的。[28]

这个资料来源就是一本意大利语的《彼特拉克传》，它首次出版于1471年在罗马发行的第二版《歌集》(另译为《离散的旋律》。——译者注)中，该书在1473年[29]又分别发行于罗马和威尼斯。但所有这些版本都没有标明作者，这或许是阿格里克拉没有感激其他作者的原因。只有到了1477年，也就是在阿格里克拉完成了其致辞稿不久，《歌集》的另一位编辑多摩尼科·斯利普兰迪(Domenico Siliprandi)才给从前匿名的《彼特拉克传》一书加上了作者姓名，声称它的撰写者是“非常博学的安东尼奥·达·特姆普先
243 生(Antonio da Tempo)”[30]。事实证明这个作者身份的归属纯属不可能，因为安东尼奥·达·特姆普是14世纪初期的一位平庸诗人；而那篇传记的印刷版实际上是弗朗切斯科·法尔福(Francesco Filelfo)或者皮埃尔·坎迪多·德赛姆布里奥(Pier Candido Decembrio)在15世纪中叶所写的《彼特拉克传》的浓缩本，也是意大利语版本。[31]不论原作者是谁，该文本的基本素材都来自彼特拉克本人的《致后人书》。1471年版的《歌集》的不知名编辑对文本做了大量的删节，但同时他也把列奥纳多·布鲁尼的传记中有关彼特拉克晚年的大量事实加插到此版本中。[32]

仔细分析阿格里克拉的《彼特拉克传》就会发现他所用的多数事实资料来自其所收集的印刷物，他所作的仅仅是将它们译成拉丁文。阿格里克拉与其他传记体作家不同的是，他没有直接利用彼特拉克的《致后人书》。[33]假如他这样做了，他就会轻易地改正原始资料中的错误陈述。比如，他的资料来源误认彼特拉克的生日为罗马古历的八月初一，而不是初一前的第十三天。[34]另外有一个例子。阿格里克拉的资料来源中关于彼特拉克的视力的陈述有些

模棱两可,“视力到其晚年还好得惊人”[35],他翻译为“他终生都眼睛明亮,视力特别好,从未下降”(第 395 页)。假如阿格里克拉读过《致后人书》,他就会发现彼特拉克本人曾说过在一生中的大部分时间里他的视力都非常好;但令他非常沮丧的是,60 岁以后,他不 244
得不依赖眼镜。[36]在叙述彼特拉克与劳拉的关系时,阿格里克拉没有利用维吉尔的著作抄本中加插的彼特拉克的个人笔记。维吉尔的著作属于有名的文献,而且彼特拉克就劳拉写给贾科莫·科隆纳主教(Giacomo Colonna, Famil. 2. 9)的信件与阿格里克拉的传记资料来源同时出现在同一版本的《歌集》中。[37]鉴于这两点,阿格里克拉的疏漏是件有趣的事。除此而外,阿格里克拉依赖独家资料来源导致他重复资料中存在的严重错误。因为 1471 年的意大利语版《彼特拉克传》的作者误解了彼特拉克的题为《我的秘密》(*De secreto conflictu curarum suarum*)的专著,[38]将其视为两部著作,分别称为《我的秘密冲突》(*De secreto combattimento*)和《我的不安心灵》(*De le sue sollecitudine*)[39]。阿格里克拉继而将它们翻译为《秘密冲突》(*De secreta pugna*)和《不安心灵》(*De sua sollicitudine*)(第394 页)。

在阿格里克拉的缺点方面,我们还必须指出其历史年代学知识的相当欠缺。在他列举彼特拉克的著作时(第 394 页),提到了《谩骂医生》(*Invectiva contra medicum quendam*)中谈论的“那位医生”是教皇克莱门特六世(1342—1352)的私人医生。但是,阿格里克拉却认为,彼特拉克在此书中曾建议“教皇英诺森三世(Innocent III)远离多数的医生”。[40]阿格里克拉把 1216 年去世的前一位英诺森与同名的彼特拉克的同龄人英诺森六世(1352—1362)混淆为一人。这个解释似乎有些牵强附会。阿格里克拉不假思索地就接受了他的资料来源中关于教皇乌尔班五世(Urban V)曾经建议彼特拉克与劳拉的婚姻的陈述(第 387—388 页)。[41]在后面还将比较详细地叙述这个离奇的故事。这里我们只想说,阿格里克拉显然不 245
知道在乌尔班五世的统治时期(1362—1370 年),彼特拉克已接近晚年。更加糟糕的是,阿格里克拉认为,同一位乌尔班五世把教廷迁到了阿维侬(第 385 页)。这个混淆并不出自阿格里克拉的资料来源,完全是阿格里克拉本人的责任。[42]阿格里克拉的同龄人斯库阿尔扎菲克显然是一名比较好的史学家。他在其《彼特拉克传》中正确地陈述了克莱门特五世(Clement V)是首位阿维侬教皇,是他把婚姻提案委派给了班尼迪克十二世(Benedict XII,1334—1342)。从年代学角度看,这种说法比上述乌尔班五世提议的说法更有可能。[43]

在列举了阿格里克拉的《彼特拉克传》中的诸多严重错误之后,平心而论,我们只得说,此《传》包含的史料中至少有两点既不出自其所处时代之前的,或者更准确地说,亦不来源于 19 世纪晚期之前的时代的任何传记版本。这两条资料都与阿格里克拉列举的彼特拉克著作单子有关。[44]

阿格里克拉提到,晚年的彼特拉克有谈到《阿非利加》就经常叹息的习惯(第 394 页)。[45]对于这个态度,阿格里克拉显然认为最
246 可能的解释是,诗人"在年轻时追求名声的欲望驱使下",过早地发表了他的这部史诗。后来当他思想成熟后,意欲收回并修改之,但发现已经不可能了。阿格里克拉以为,另一种解释或许是,彼特拉克得知"在尼禄时代,西留斯·伊塔里克斯(Silius Italicus)已经撰写了第二次布匿战争,胜利的棕榈枝已落入他人之手"。但阿格里克拉认为后一种解释的可行性比较小,因为他接着说:"然而,我认为彼特拉克不知道有那些书[西留斯的《布匿战争》(*Punica*)],因为我肯定只有我们才记得这些。"阿格里克拉这样说,显然是因为一个事实。1417 年左右,伯吉奥·布拉乔利尼(Poggio)在康斯坦斯附近的一座寺院里发现了一份西留斯的史诗手稿,意大利人文学家们因此有了阅读此文本的机会。[46]诸多书信来往已经证明 15 世纪晚期的学者们熟知最近发现《布匿战争》手抄本一事。这里仅提一个证据,那就是法尔福在 1460 年和 1464 年写的多封信件。[47]所以,阿格里克拉很容易从其在帕维亚的任何一位人文学者朋友们那里得知此事。假如发现手稿一事没有公开,无人知晓,那么就不会有后来所谓指责彼特拉克的《阿非利加》篇剽窃了西留斯的史诗

一事。在1781年,《布匿战争》的一位名叫列斐伏尔代·威勒布伦奈(Lefebvre de Villebrune)的法国编辑首先提出指控。后来在19世纪上半期数位学者再次就此指责彼特拉克。[48]

在同一彼特拉克著作单中(第394页),阿格里克拉列举了《漫
骂好斗者》(*Invectiva contra Gallum*),并附有下述评论:“这个(法
国人)是让·赫斯丁(Ioannes Hesdiniensis);当教皇离开阿维侬,返
回意大利后,他悲伤万分,于是大肆侮辱意大利。”这个评论有些意 247
思。[49]因为彼特拉克一贯坚持不提及任何文人对手的名字的做
法,[50]他从不知道,也从未表明他在1373年写给奇奥尼·达·蒂内
(Uguccione da Thiene)的专论中如此猛烈攻击的人是谁。彼特拉
克甚至明确表示,“我不知道这人长得什么样,也不知道其尊姓大
名”。[51]论战发生在教皇乌尔班五世在1367年返回罗马的时刻。彼
特拉克当然非常欢迎教皇的这个决定,因为他毕生都恳求教皇们
将教廷迁回意大利,并且总是称阿维侬为另一个“巴比伦之囚”。
但是教皇离开阿维侬,以及彼特拉克对法国的猛攻疾责自然引起
法国人的强烈愤恨。作为法国人利益和情感的代言人,布罗涅
(Boulogne)的红衣主教圭多(Cardinal Guido)的随从、西多教会
(Cistercian)僧侣让·德·赫斯丁(Jean de hesdin)在1367年到
1370年之间撰写了一本直接反击彼特拉克的小册子。这篇论文的
写作风格和特点引起彼特拉克的十分关注,他被迫还击。两人的
专论被频繁地抄写,后来还被经常印刷出版。但是,彼特拉克以其
娴熟和特有的谴责对手的招数,很快便使人们忘掉了让·德·赫
斯丁。例如,在1554年和1581年在巴塞尔发行的彼特拉克的《全
集》(*Opera ominia*)的两个版本中,让·德·赫斯丁的论文是以“一
位匿名法国人对彼特拉克的诽谤”(*Galli cuiusdam anonymi in
Franciscum Petrarcham invectiva*)为题出版的,而彼特拉克的专著
则题为“彼特拉克反击匿名法国人的诽谤”(*Francisci Petrarchae
contra cuiusdam anonymi Galli calumnies ad Ugutionem de Thienis
apologia*)。[52]也没有任何一位早期或后来的彼特拉克的传记作家给 248
出这位法国人的姓名。只是到了19世纪末,才有了法国和德国的

两位学者在同一时间各自决定找出这位迄今无人知晓的彼特拉克的对手。他们查找了让·德·赫斯丁的一些论文稿，其中有他的名字。[53]阿格里克拉是所有彼特拉克的传记作家中唯一一位确定了这个无名者身份的人，其原因一定是他在意大利的帕维亚或其他地方见到了包括两篇专论和带有让·德·赫斯丁名字的手稿。[54]

阿格里克拉指出彼特拉克不知晓西留斯·伊塔里求斯的《布匿战争》，并确定了让·德·赫斯丁的身份，这两点特别值得一提，但是他的传记对我们认识彼特拉克在整体上并没有太多的帮助。无论如何，阿格里克拉的《彼特拉克传》还是有其价值的，它给我们提供了作家本人的信息，同时让我们了解了作者对人文主义运动的发展和本质的认识。所以，《彼特拉克传》中最有趣的部分是阿格里克拉不厌其烦地叙述，或偏离其资料来源的那些章节。这样的段落相当多，因此，阿格里克拉的《传》比 1471 年版的意大利语《传》的篇幅长两倍多。

阿格里克拉的《彼特拉克传》具有强烈的个人性，在某些部分几乎有自传的特点。一个原因是，作者在相当大的程度上将自己与主人公视为一体，并且将自己的生活观、基本兴趣和诚挚的愿望
249 等与他所崇拜的偶像的这些方面密切地联系在一起。[55]例如，当他讲述彼特拉克是如何在父亲的驱使下学习法律的故事时（第 385 页），阿格里克拉扩展了其资料来源的内容。他加上了："他有着崇高的思想，不愿在大部分民法琐碎小事上浪费时间，认为不能对此种束缚掉以轻心。"阿格里克拉在这里谈论的是他自己的亲身经历。因为他认为自己也被迫服从家庭的意愿，在帕维亚大学开始法律学习。所以，当阿格里克拉最终能够不需要借口就完全置身于"人文科学"时，他简直太能够理解彼特拉克的解脱了。有趣的是，当约翰·冯·普林宁根在其《阿格里克拉生平》提到阿格里克拉如何放弃法律学习，转向人文学科研究时，他引用的恰恰是上述那段话。[56]彼特拉克和阿格里克拉两人都非常尊敬"民法的权威和尊严"，但是他们同时又都坚信，因为那个时代的律师们的招惹民怨，甚或公开腐败的做法，法律和正义深深地堕落了。因此，彼

特拉克在其《往事的回忆》(*Rerum Memorandarum Libri*)中(3.93.2)[57]引述了西塞罗曾经引用的“那个古老的警句”:“极端的执法是最大的不公平”(‘summum ius summa iniuria’, *De officiis* 1.10.33)。阿格里克拉也从特伦斯(Terence)的《自我折磨》(*Heautontimorumenos*)中(第796页)引用了类似的格言“最严厉的法律往往成为最严重的邪恶”(第385页)。[58]

在同一方面,阿格里克拉尖刻地评论了人们对“文学润色者”的习惯性毁谤(第385页和386页)。他指出,几乎所有彼特拉克时代的人,以及我们这个时代的绝大多数人都认为它们“无用”[59]。阿格里克拉说,较早的时期,甚至现在,平庸的人们最热衷的是直 250
接获取显赫的头衔,或积累物质财富:“因为他们从未想要得到更好的事物,所以对它们一无所知。”阿格里克拉在另一章(第386页)中大声疾呼:“我以赫拉克勒斯神(Hercules)之名发誓,用西塞罗的话说,[60]那些鄙视大众‘畅销艺术’,献身于‘文学’的人们,从知识中获得快乐;他们是值得称赞的人。”在阿格里克拉看来,彼特拉克就是这类真正奉献的人。因为“他不仅只是触及古代研究,而是全身心地投入到其中”[61]。阿格里克拉在其《彼特拉克传》中就其“人文研究”问题进行了全面探讨。之后不久,他在费拉拉给一朋友的信中提到,自己也最终决定为彼特拉克所做的那种古代研究贡献一生。[62]

阿格里克拉个人特点的另一方面表现在他对彼特拉克的旅行生活的巨大兴趣。阿格里克拉从其资料来源得知,30岁出头的彼特拉克“怀有一种年轻人探知新地方的欲望,因此他游历了法国和德国”。[63]阿格里克拉显然认为,这里所使用的“年轻人的欲望”一词是对彼特拉克的旅行动机的无力的和不适当的描述。所以,他完 251
全删除了这个短语,代之而做出了这样的陈述:“那时彼特拉克想到的是,如果他了解了外国民族的古代遗址、风俗和文明,他就会获得巨大的‘力量’,对他大有裨益。”(第389页)阿格里克拉本人非常喜爱旅游。因此,他便利用这个机会,并在其他场合,强调旅行的教育意义。所以,阿格里克拉在其献词一章中特别指出,他的朋友安东尼奥的祖父恩里克·斯克洛文尼(Enrico Scrovigni)曾遍游世界各地(第 383 页)。[64]阿格里克拉坚信,通过游历恩里克获得的远不止是知识,因为"他亲身经历和证实了大多数人在书中当作信念来学的知识"(第 383 页)。阿格里克拉自己的经历驱使他在其资料来源以外加上了一点评论(第 389 页和 392 页)。他盛赞巴黎大学以及该大学众多的哲学和神学教授及其学识,这里还有"来自塞西亚(Scythia)、挪威和丹麦等世界遥远之地的众多学生"。鉴于彼特拉克对法国的整体批评性态度,阿格里克拉却如此公开地赞誉巴黎城市和巴黎大学的伟大,并不公平地将这些归于彼特拉克。试问彼特拉克会高兴吗?

使阿格里克拉再度偏离主题的是彼特拉克的诸多旅行。阿格里克拉以为,"如果某些人没有把彼特拉克的多次旅行作为指责他的原因,那么他们至少想知道为什么旅行能让彼特拉克高兴;彼特拉克在其他方面都有固定目标,但是他却喜欢频繁地变换住所和不断地游荡各地"(第 390 页和 391 页)。阿格里克拉承认,人们可能认为这种不稳定的生活不利于连贯性的学术研究。他引用亚里士多德的一句话,大意是"知识的获得来自宁静"(*Physics*,8.3)。[65]
252 但是,尽管这些反对流动生活的异议似乎有道理,阿格里克拉却为彼特拉克的流动生活做出了比较合理的辩护。阿格里克拉认为,首先,"对那些想过充实生活和要减掉不必要体重"的人们,持续和新鲜的运动对身体和精神都是必须的。因此,阿格里克拉举例说明,古代一些最勤奋的人时而居住乡村,时而居住城市;另外一些人则在狩猎、运动、游戏或酗酒中获得快乐。阿格里克拉在第一个论点之后,又提出了另一个他显然认为更加引人注目的论点。他说:"我们是相对立元素的复合体,所以我们因各种事物的轮流交替而改变。因此,从长远看,让宇宙万物中的一部分人高兴和愉悦的事必然使另一部分人感到压抑。"阿格里克拉提到学术权威柏拉图,柏拉图定义灵魂为"永久运动中的摇动"[66]。因此,阿格里克拉提出了自认为合理的论点,最有学问的人必须在各种不同的事物和行动,而不是在对单一事物的绝对专注中发现自己的"二度创造力”—— 这里采用的是这个词的基本含义。阿格里克拉在这个长长的题外话上的相当个人化语气明显表明，他撰文辩解，彼特拉克的“朝圣之旅”有自我防卫之目的，其实是为自己对安定生活天生的厌恶作辩护。

阿格里克拉在详细解读其资料来源中关于彼特拉克生活中的
核心事件——劳拉之爱——方面，也表现了其个人化特点。阿格里
克拉表现出对作为一般现象的爱情问题的深深关注，同时也对是
否应该赞扬彼特拉克的特有爱情表示关切。阿格里克拉就前一个
问题指出，斯多葛派把所有与理性不相符的思想状态都算作邪恶；
而亚里士多德及其信徒们却采纳了一种相对宽容的观点（第 387
页）。[67]阿格里克拉没有试图在两者间作出选择，因为他认为不适宜 253
在其本人的《彼特拉克传》中对那些冲突观点做全面讨论。或许可
以感觉得到，阿格里克拉倾向于谴责过度热烈的激情。但是他也
明确表示，人类的一般缺陷可以同时在其拥有的巨大优点那里得
以补偿，他认为彼特拉克无疑就拥有这种伟大的美德。因此，阿格
里克拉宣称：“他有坚毅和适度的心理状态，可以抑制燃烧的激
情。”（第 387 页）。

为此，阿格里克拉选定了其资料来源中最长和最不寻常的细节之一，插入到他的《彼特拉克传》中。如前所述，阿格里克拉在资料中挖掘到了一个虚构的故事：教皇乌尔班五世曾鼓励彼特拉克娶劳拉，并保证如果他答应，就给他提供一份生计。[68]阿格里克拉不仅表面上接受了这个故事，甚至还决定将其巨大地扩展和演绎。他的资料来源仅用短短的几句话讲述了整个故事，而阿格里克拉却使彼特拉克以一篇辞藻华丽的冗长讲演回答了教皇的提议（第 387 页和 388 页）。在这篇演讲中彼特拉克拒绝与劳拉结婚，因为他不愿意使自己成为荒谬绝伦的“驯服的歌功颂德者”；同时他也担心“那些最渴望得到的东西虽充裕，但却经常导致消沉”。到这时为止，这个故事仍然与阿格里克拉的资料来源相符。然而，接下来的部分就超出了所用资料的范围。阿格里克拉使彼特拉克把自己描绘成了一般人类的典型楷模。因此，在给教皇的讲演中就有了这

样的话："对我来说，最重要的是努力使人们明白我可以抑制内心的激情，忍受煎熬，但不能被这种热望征服；通过彼特拉克的威信，所有人都应该明白，他们能够放弃那些他们强烈渴望得到的东
254 西。"阿格里克拉演讲结尾类似于上面刚刚引述的话语，似乎显著地反映了书的主人公和作者本人的精神和思维模式："如果你没有不愉快的经历，你永远不知道美德的力量如此强大！"

这一整篇充满想象力的演讲清楚地表明了阿格里克拉在彼特拉克对劳拉的爱恋之情上的认识。他非常欣赏见证这个爱情的那些十四行诗《歌集》，并且断言："彼特拉克超越了之前或其后任何一位十四行诗诗人。"（第 388 页）但是，对阿格里克拉来说，彼特拉克主要是一位伟大的学者和人文主义者，而不是《歌集》的诗人。彼特拉克成了此种热烈而持久的激情的受害者，所以，阿格里克拉至少在某种程度上为此感到懊悔。"那些对一个人的痛苦吹毛求疵的恶意的评论家指责他（彼特拉克）以冷漠的态度对待劳拉之死，而更专注于多年做学问"，阿格里克拉甚至能够找到一些正当理由予以回击（第 393 页）。只是因为彼特拉克一直成功控制和升华了对劳拉的感情，所以阿格里克拉才似乎开始予以认可。要正确理解阿格里克拉在对女人的爱和持久依恋问题上的态度，应该记住他本人终生未婚。

阿格里克拉对其原始资料的许多补充不仅揭示了他的个性，而且表明他相当熟知拉丁和希腊的古典作家。路德维希·博塔劳特在其《彼特拉克传记》中确定阿格里克拉在书中引用的著作有：维吉尔的《埃涅阿斯纪》、贺拉斯的歌集（the odes of Horace）、特伦斯的《自我折磨》、西塞罗的《论道德目的》（*De finibus*）、塞内加（Seneca）的《论心灵的安宁》（*De tranquillitate animi*）、苏埃托尼斯（Suetonius）的《朱利斯·凯撒》（*Julius Caesar*）、柏拉图的《泰迈欧篇》（*Timaeus*）（或《斐德若篇》*Phaedrus*），[69] 以及亚里士多德的《物理学》。除此以外，还有西塞罗的《论老年》（*De senectute*）[70] 和《为穆
255 列那的辩护》（*Pro L. Murena*）[71]，塞内加的《致吕西里阿的信》（*Ad Lucilium*）[72] 以及朱韦纳尔（Juvenal）的《讽刺书》[73]。因为阿格里克

拉对数字符号论感兴趣,所以他发现了重要的一点,即劳拉死于她与彼特拉克结识之后的第 21 年(第 393 页)。数字 21 代表 3 和 7 的结合,阿格里克拉认为,"那些用心钻研事物的玄妙神秘的人们喜爱这两个数字"。在同一方面,阿格里克拉明确表示,他在塞内加的一封相关书信中发现了柏拉图 81 岁去世,81 等于 9 乘以 9。(*Ep.* 58:p. 31)。因此,占星家(magi)认为柏拉图是半个神[74]。另外值得注意的是,阿格里克拉在对十四行诗和《歌集》这种文学作品形式的简要讨论中指出,"节奏"(rhythmus) 一词的词义源于现代,古代不存在"韵律"(rhyme)之类的形式(第 388 页)。

阿格里克拉的原始资料简单提到彼特拉克死于癫痫[75],而他却就这种疾病撰写了一篇简短但内容丰富的评论。其中说:"一般人称这种病为羊角风,但是古代的人叫它癫痫(morbus comitialis),这是因为如果某人在公共场合犯病,则被视为不吉利的预兆。"[76](第 394 页和 395 页)与文艺复兴时期的其他人文学者一样,阿格里克拉也认为癫痫病患者多为杰出人物[77](第 395 页)。阿格里克拉举出两个例子,朱利斯·凯撒曾有癫痫病[78],"萨伏依公爵阿米地奥九 256
世前几年死于癫痫"。[79]

阿格里克拉喜欢引用古老的谚语和警句,有些时候这些容易辨认。比如,他引用的西塞罗的《论老年》中的谚语(3.7),[80]被罗伯特·伯顿(Robert Burton)在其《忧郁的解析》(*Anatomy of Melancholy*)中变成了俗语:"物以类聚"。另一些时候,似乎不可能找出阿格里克拉的资料来源。例如,当他说"根据一个古老的谚语,一个人应当谨防大自然做了标识的那些人",他可能指的是中古,而不是上古的俗话[81](第 395 页)。一个半世纪以后,同样的理念出现在乔治·赫伯特(George Herbert)的《奇特的箴言》(*Iacula Prudentum*)中:"提防有标识的人。"尽管阿格里克拉的拉丁文相当复杂难解,甚至有错误,但在某些时候,他却成功地创造出一个幸运的短语。阿格里克拉在探讨旅行的重要性的过程中所使用的一句箴言或许是最鲜明的一个例子:"没有什么比人类的知识更适合人类。"[82]阿格里克拉在 15 世纪末创造的这个警句所表达的理念在

17世纪的皮埃尔·查伦(Pierre Charron)那里以几乎同样的词汇得到确切表述[83]。到1733年,亚历山大教宗对其作了重新阐述。

阿格里克拉认为,彼特拉克绝对是一名真正的人类的学生。他的确认为彼特拉克是现代人文研究的发起人,“我们这个世纪的一
257 切知识都归功于他”[84](第383页)。阿格里克拉称彼特拉克为“‘美学’的鼻祖和复原者之一,他单枪匹马地把几乎灭绝和埋没了的文学起死回生;他通过向其中再次灌输它曾经拥有的一种精神,使其恢复了生机”(第383页和384页)。

把彼特拉克当作“人文研究”复原者的理念当然不是阿格里克拉的首创,他从原始资料中发现了一个与此相近的概念,[85]而后者又是从列奥纳多·布鲁尼的《彼特拉克传》转引来的。[86]然而,尽管有这一相似性,阿格里克拉与其他彼特拉克的传记作家还是有着明显的区别。有一个事实可以解释这一不同:阿格里克拉作为北方学者,算是个外来人,他与意大利的人文主义发展的关系比较疏远,因此比意大利人本身能较好地以历史视觉看待整个人文主义运动以及彼特拉克在其中的位置。无可否认,列奥纳多·布鲁尼及其同代人愿意承认彼特拉克是新学术和新文学潮流的源头,他“开辟了他们所处的时代走向完美的道路”[87]。但是,他们也开始严厉批评彼特拉克作品的风格。例如,布鲁尼在1406年左右撰写的《对话》(*Dialogi ad Petrum Histrum*)就表明了这点。[88]到15世纪中
258 叶,这种批评呼声越来越高,态度越来越直率明朗。用格奥尔德·沃伊特的话说,“人们通常带着一种优越和高傲感表达他们对彼特拉克的看法”,因此,彼特拉克时代的“未开化”就成了这些人对其文体和其他方面吹毛求疵的借口。[89]

阿格里克拉自然熟悉那种批评,但是他刻意地努力超越其消极的一面,试图得出一个比较积极的评价。他不仅熟悉对彼特拉克拉丁文体的欠缺的一般指责,而且也知晓一个非常特别的指控(第398页)。据此,“彼特拉克自童年时起就因为过度仰慕塞内加而误入歧途,所以他表现得过于莽撞和难于驾驭”。阿格里克拉没有指出其资料的出处,但是此类批评好像在当时的意大利各大学的学

者和学生中广泛流传。这里要提到一件有趣的事，与阿格里克拉同时在北部意大利居留的吉罗拉摩·斯库阿尔扎菲克[90]在其《彼特拉克传》中写道："因为彼特拉克模仿塞内加多于西塞罗，所以我经常称其为'现代塞内加'。"[91]

阿格里克拉就对彼特拉克的文体的种种批评做了非常圆滑的评论(第 397 页和 398 页)。他承认彼特拉克或许没有效仿最好的格式，但同时建议评论家们不应该简单地以"那个不开化的时代"为理由而宽恕这个缺点；相反，他们应该承认一个更加重要的事实，那就是彼特拉克在当时不利的条件下工作，他终究要遵循当时的"严规戒律"，而不能自行其是。阿格里克拉在阿尔卑斯山脉以北长大，他曾经成长的环境有些类似于彼特拉克的生活环境。所 259
以，他要比第三、第四代意大利的人文主义学者更能较好地理解在"一个未开化时代"工作的含义；也就是说，周围人的人生观和思想表达方式仍然基本局限在中古而非古典传统的范围以内。[92]阿格里克拉的《彼特拉克传》通篇强调了一个从未得到其他传记作家重视的事实，那就是，"因为他没有学习的榜样，所以他成了自己的老师"(第 384 页)。

那么，阿格里克拉的观点是，彼特拉克最想让人知道他是一个靠自己的努力获得成功的人。《彼特拉克传》的开篇清楚地阐明了这个主题。阿格里克拉在此引用了恩里克·斯克洛文尼的一段话，他本人完全赞许这些言语，于是特别将它应用到彼特拉克身上(第 383 页)：

> 因为某些成就而受到颂扬是荣耀的，不论荣誉源于何种伟大成就，它都会保持下来。但是，最让一个人引以为荣的是他为自己创造了成就，而得到别人的赞誉……我认为，没有人比弗朗切斯科·彼特拉克更有资格获得这种荣耀；我们时代的所有学识都归功于他。

阿格里克拉断言，"即使在博学之人缺乏的年代，彼特拉克都取得了如此辉煌的成就；假如在一个知识的年代，他的名声会更大”（第393页）。这样看来，如果从一方面来说，学识的匮乏和竞争的缺乏理所当然地提高了彼特拉克在其所处时代的名誉，那么从另一方面来说，这个独一无二的地位也确实使彼特拉克处于不利境地。正如阿格里克拉所说：“在早期（古代）即使是最渊博的人也需要在写作方面听取他人的建议，而事实上，彼特拉克没有自己
260 的评论员和校订者。”与同时代的意大利学者相比，阿格里克拉更容易地意识到他人的建设性批评在创作思维自身的发展和能力提高方面的重要性。与彼特拉克一样，阿格里克拉发现他自己也不得不在一个相对孤立的环境中开始学术创作。在他从意大利返回德国以后，他感到非常孤单，只得依赖于自己的资源。阿格里克拉在1480年写给亚历山大·黑基乌斯（Alexander Hegius）的信中，明确地陈述了其学术上的孤立无援状态。他告诉朋友他几乎没有写东西；自从离开意大利，他的写作状态极其不佳。他认为这种没有创作成果的原因是缺乏思想交流，没有朋友可以给他的作品提出赞许或批评建议。[93]

通过全面考察彼特拉克创作过程中的困难，阿格里克拉得出结论，彼特拉克在文学和体裁风格方面的成就值得高度赞誉。但阿格里克拉同时认为，彼特拉克甚至应该得到更大的喝彩，因为是他复活了自己时代的“人文研究”；他的影响在其去世后的很长时间内继续激励着人们从事这些研究。15世纪的其他彼特拉克的传记作家们欣然承认彼特拉克作为人文主义运动的创始者的角色。然而，对这些人以及后来的人文主义者而言，彼特拉克尽管重要，但已是明日黄花。或许，他们中几乎没人赞成极端西塞罗主义分子对彼特拉克的谴责。在伊拉斯谟斯的《西塞罗的对话》（*Dialogus Ciceronianus*）中，这派的代表人物公开宣称，彼特拉克的“整个文风带有可怕的早先时代的特点”。然而，伊拉斯谟斯的对话中的对话者的比较温和的陈述却被15世纪的多数人文主义学者所接受；这些人大致认为，彼特拉克是“促使雄辩术重新在意大利人中间流行的首位领军人物，他是自己时代的名人和伟人，但现在几乎没人阅

读他的作品了”[94]。

鲁道夫·阿格里克拉显然不赞同这种观点，因为他坚信，尽管 261
自己同代人的学识取得了巨大进步，但是他们仍然深深地感激彼特拉克，视其为追求真正学术研究的永远的楷模。所以，阿格里克拉以下面一段话结束了他的《彼特拉克传》：

> 事实上，彼特拉克是“文学”的解放者和复原者。当它们被埋没和压制时，是彼特拉克使它们充满了光芒和希望。作为伟大和难忘的榜样，他教导我们，既然大自然赋予任何高尚的事情存在的可能性，高尚的人就可以实现其理想的目标。

注释：

1. 本文首次在哥伦比亚大学文艺复兴研讨会上宣读。
2. Petrarca，*Opera Omnia*（ed. Basel 1581）364；比较 W. H. Draper 的译本，*Petrach's Secret*（London 1911）166。
3. 见 A. Solerti 的传记集，*Le vite di Dabte*，*Petrarca e Boccaccio scritte fino al secolo decimosesto*（Milan 1994），237—359。
4. K. Burdach，*Vom Mittelater zur Reformation*，IV：*Aus Petrarcas altestem deutschen Schulerkreis*（Berlin 1929），4—26.
5. L. Geiger，*Renaissance und Humanismus in Italien und Deutschland*（Beilin 1882）334. 关于 Argricola 特别见 F. von Bezold，*Rudolf Agricola*：*Ein deutscher Vertreter der italienischen Renaissance*（Munich 1884）；G. Ihm，*Der Humanist Agricola*：*Sein Leben und seine Schriften*（Paderborn 1893）：W. H. Woodward，*Studies in Education during the Age of the Renaissance*，1400—1600（London 1906）79—103；H. E. J. M. van der Velden，*Rodulphus Agricola*（Dissertstion Leyden 1911）；G Ritter，*Die Heidelberger Universtitat* I（Heidelberg 1936），467—474。
6. 比照 Gerard Geldenhauer，“Vita Rodolphi Agricolae”，此文收入 J. Fichard，*Virorum qui . . . illustres fuerunt vitae*（Halle 1536）83—87；Melanchthon 在 1539 年写给阿姆斯特丹的 Alardus 的信件收集在 *Corpus Reformatorum* 3（1836）673—676；“Oratio de vita R. Agricolae habita a Ioanne Saxone Holsatiensi”和 *Corpus Reformatorum* 11（1843），438—446。
7. Trithemius 在为阿格里克拉的 *De inventione dialectica*（Cologne 1548）一

书撰写的一篇简短的前言传记的结尾部分提到彼特拉克"Vita F. Petrarchae, liber unus";也见 G. F. Tomasini, *F. Petrarcha redivius* (2nd ed. Padua 1650) 36; J. de Sade, *Memoires pour la vie de F. Petrarque* I (Armsterdam 1764), p. xlviii。

8. L. Geiger, "Die exste Biographie Petrarca's in Deutschland", *Magazin fur die Literatur des Auslandes* 42(1873) 613—614;也见 Geiger 在"Petrarca und Deutschland"中对阿格里克拉的著作的总结, *Zeitschrift fur deutsche Kulturgeschichte*, N. F. 3 (1874), 224—228。
9. 参照(前面的第 5 个注释中列举的著作), Bezold 的前引书, 6, 10, 12—14, 17; Ihm, 前引书, 7f.; val. Der velden, 前引书, 108—111。
10. J. Lindeboom, " Petrarca's leven, beschreven door Rudolf Agricola", *Nederlandsch Archief voor Kerkgeschiedenis*, N. S. 17(1928), 81—107; L. Bertalot, "Rudolf Agricolas Lobrede auf Petrarca", *La Bibliofilia* 30 (1928), 382—404. 荷兰语版本有对传记详细内容的总结性前言。Bertalot 在其文本中增加了一个重要的附录,在其中他对彼特拉克的直接语录和其他古典作者的引文加以辨别。此外,他的版本还附有对阿格里克拉著作的简短的批判性评论。
11. 关于保存在斯图加特的手稿,见 F. Pfeifer, "Rudolf Agricola", *Serapeum to* (1849), 97—107, 113—119; H. Hagen, in *Vierteljahrsschrift fur Kultur und Literatur der Renaissance* 2(1886), 265 f.; P. S. Allen, "The Letters of Rudolph Agricola", *English Historical Review* 21 (1906), 302f., 307; van der Velden 前引书, 2f.; Bertalot 前引书, 383, n. 1。
12. 关于两兄弟,见 T. Schott, in *Allgemeine Deutsche Biographie* 26 (1888), 299 f。
13. 参见信件(F. Pfeifer 前引书,第 99 页),在其中迪特里希·冯·普林宁根请求其弟弟, "locos insuper dialecticos et reliqua sua opuscula excribi unumque in volumen redigi facias"。Dietrich 在信的结尾这样写道:"Debes preterea hoc universe reipublice litterarie, quod cui satisfacies, si curaveris omnia monumenta sua unum in volumen scribantur, quo tandem, quemadmodum cupio, imprimi in vulgusque edi emittique possinit."
14. 参照约翰·冯·普林宁根告诉迪特里希其收集工作已完成的信件(F. Pfeifer 编辑的上述引文):"Satisfecit desiderio tuo … Johannes meus Pfeutzer, adolescens optimus; Locos namque dialecticos Rhodolphi Agricole, preceptoris nostri, viri doctissimi, et reliqua sua opuscula, que aut nova fecitaut e Greco in Latinum convertit, excripsit unumque in volumen, quemadmodum voluisti, perdiligenter emendateque redgit. Omnia namque cum exemplaribus ipse contuli."

15. 约翰·冯·普林宁根的 *Life of Agricola* 由 Pfeifer 出版,见其前引书,101—107页,113—115 页。
16. 根据迪特里希写给其弟弟的信件(F. Pfeifer 前引书,第 99 页),他本人没有担负起出版的准备工作,而是委托给了其弟约翰·冯·普林宁根,“dum assidua negotia reipublice me impediant”。
17. 参照上面引用的段落(注 14)。有关斯图加特的手稿的一般缺点,比较 Hagen 的上述引文(注 11);K. Hartfelder, *Unedierte Briefe von Rudolf Agricola: Ein Beitraz zur Geschichte des Humanismus* (Karlsruhe 1886, also in *Festschift der badischen Gymnasien, gewidmet der Universitat Heidelberg*, pp. 1—36)。
18. 关于慕尼黑手稿,见 Bertalot 前引书第 383 页。
19. 参照 Allen 的前引书(前面的注 11)第 310 页和 311 页;Bertalot 的前引书第 399 页。
20. Antonio Scrovigni 在 1493 年被首次提到作为帕维亚的医学教授。参见 *Memorie e documenti per la storia dell, Universita di Pavia e degli uomini piu illustri che v'insegnarono* (Pavia 1878) 121。
21. Allen 的前引书,第 312 页; Woodward 的前引书(上述注 5)第 89 页; van der Velden 的前引书(上述注 5)第 78、79 页; Lindeboom 的前引书(上述注 10),第 83 页。
22. 这里的页码与此篇文章中其他多处的页码都指的是 *the Life of Petrarch* 的页码,见 Bertalot 的前引书,第 383—398 页。
23. 根据 Bertalot 的前引书(399 页),它开始于 1473 年,完成于 1474 年。
24. Ed. Pfeifer, p. 102: “Id quoque temporis, precibus ac suasu Anthonii Scrophini, viri haud illiterati, permotus vitam Petrarchae, viri preatantissimi et quem cunctis ingeniis seculi sui haud cunctanter pretulit cuique sua sentential omnis eruditio seculi nostri plurimum honoris debet, doctissime descripsit.”
25. 从约翰·冯·普林宁根的传记我们得知这个事实“pictura… mirum in modum delectabatur” (ed. Pfeifer, pp. 113f.); 关于阿格里克拉在绘画和其他艺术形式方面的兴趣,对比 Woodward 的前引书,第 81、92、103 页。
26. 在这种情况下,我们必须假定,阿格里克拉是在后来他为出版《彼特拉克传》准备讲演稿时,才开始与 Antonio Scrovigni 及其祖父 Enrich 私人交往。关于阿格里克拉在帕维亚撰写的其他数篇演讲稿,见 Allen 的前引书,第 310、311 页。
27. Squarzafico's *Vita F. Petrarchae* 首次出现在彼特拉克的 *Opera* 的两个版本中,它们在威尼斯先后出版于 1501 年和 1503 年。关于 Squarzafico 的生平,对照 N. Qarta, “I commentatori quattrocentisti del Petrarca”, *Atti d. R. accad. d. Archeol., Lett. E Belle Arti diNapoli* 23 (1905),

280—287。
28. Bertalot 的前引书，第 401 页。
29. 关于这些版本，见 M. Fowler，*catalogue of the Petrarch Collection of the Cornell University Library*（London and New York 1916），71—73。
30. Fowler 前引书，第 75、76 页。
31. Quarta 前引书，274f.，288—292，317。较长的版本首次由 Solerti 出版，前引书（前面注 3）；较短的版本首次出现在 *Rime Sparse* 的早期版本中，然后由 Solerti 再版，见 335—338 页；更准确地说，是由 Quarta 再版的，见 320—322 页。从现在起，我将总是引用阿格里克拉的资料来源，即 1471 年出版的那篇较短的《彼特拉克传》，出自 Quarta 的再版本。
32. Quarta 前引书，第 290 页。
33. 在这点上有两种观点：阿格里克拉利用了《致后人书》，见 L. Geiger 在 *Zeitschrift fur deutsche Kulturgeschichte*，N. F. 3（1874）225 页第 3 行和 Lindeboom 前引书（前面注 10）的多处；阿格里克拉无疑知道 *Epistle* 一书，但没有直接利用它（见 Bertalot 的前引书，400 页第 4 行）。
34. Ed. Quarta，p. 320；比较 Agricola's *Life*（pp. 384f.）。
35. Ed. Quarta，p. 322；"di singular vista insino nella sua vechieza."
36. Ed. E. Carrara，" l'epistola Posteritati e la leggenda Petrarchesca"，*Annali dell' Istituto Superiore di Magistero di Torino* 3（1929），p. 298 §§4.
37. Fowler 前引书，72ff。
38. 引用这个题目的著作者有 Villani，Vergerio and Manetti；Solerti 前引书，279，299，317。
39. Ed. Quarta，p. 322.
40. 1471 年版的意大利语《彼特拉克传》所列举的彼特拉克的著作单子里，这本小册子只被叫做"Invectiva contra medico bestiale"。
41. Ed. Quarta，p. 321.
42. 1471 年版的意大利语《彼特拉克传》只提到（ed. Quarta，p. 320）："[Petracho] senando Avignone，dove la corte reomana nuovamente era transferita."
43. Squarzafico，*Life of Petrarch*，ed. Solerti，p. 348，353.
44. 对比阿格里克拉的彼特拉克的著作列单与 1471 年版的意大利语《彼特拉克传》中所列举的彼特拉克的著作单子，可以说他的单子相当全面。尽管他没有提及后者有的 *Septem psalmi poenitentiales* 和 *Itinerarium Syriacum*（ed. Quarta，p. 322），但是他却单独列上了彼特拉克译成拉丁文的薄伽丘的 *Novella di griselda*，它包括在彼特拉克的 *Seniles*（8. 3）中；阿格里克拉将它题名为 *De Constantia griseldis*，与 1472 年左右在科隆出版的 *editio princeps* 中所用的标题非常相像（参照 Fowler 前引书，第 47 页）。

45. 阿格里克拉在这里提到的彼特拉克的这个习惯同时也出现在 Vergerio 和 Manetti 的彼特拉克传记中；见 Solerti 的前引书第 300、317 页。
46. 比较 H. Blass，"Die Textesquellen es Silius Italicus"，*Jahrbucher for classische Philologie*，Supplentband 8（1875/6），162—172；又见 J. Duff 为《布匿战争》写的出版前言（London 1934）I，p. xvi。
47. H. Blass 前引书，第 168 页及其后各页。
48. 关于这个奇怪的问题，见 G. Fracassetti 加在其翻译的彼特拉克的 *Variae* 22（in Lettee delle cose familiari V 290—292）上的长篇评论；另见 P. de Nolhac，*Petrarque et l'humanisme*（2nd ed. Paris 1907）I 193。
49. 在 1471 年版的《彼特拉克传》中，此文被列为"Invectiva contra I Franciosi"（ed. Quarta，p. 322）。
50. 关于彼特拉克的辩论性著作，见 E. Carrara，*Petrarca*（Rome 1937），77—84；Jean de Hesdin's 的论著和彼特拉克的回复被 E. Cocchia 编辑在 *Atti d. R. Accad. d. Archeol.*，*Lett. E Belle Arti di Napoli*，N. S. 7（1920），91—202。
51. Ed. Cocchia，p. 140："mihi nec vultu nec. Nominee notus est."
52. P. de Nolhac，"Le Gallus calumniator de Petrarque"，*Romania* 21（1892）598—606.
53. B. Haureau，"Jean de Hesdin"，*Romania* 22（1893）276—281；M. Lehnerdt，"Der Verfasser der Galli cuiusdam anonymi in F. etrarcham invectiva"，*Zeitschrift fur vergleichende Literaturgeschichte*，N. F. 6（1893）243—245；另见 Cocchia，前引书，第 110、111 页。
54. 阿格里克拉在帕维亚见到这份手稿的可能性似乎相当大，因为大家都知道当时在那里保存有许多彼特拉克的和他自己的著作。见 P. de Nolhac，*Petrarque et l'humanisme*（2nd ed. 1907）I 100 ff.；G. Billanovich，*Petrarca letterato* I（Rome 1947）372ff。
55. 比较 Bertalot 的评论，涉及"die Seelenverwandtschaft des Friesen und des Toskaners"，Bertalot 前引书第 403 页。
56. Ed. Pfeifer（上面的注 15 和注 11），pp. 101f.："Ac primis annis iuris civilis auditor fuit magisque id agebat，ut suorum obsequeretur voluntati quam quod eo delectaretur studio. Fuit namque in homine animus excelsior atque generosior quam ut ad levia illa exiguaque rerum momenta，quibus magna ex parte，ut ipsius verbis utar ius civile constat，abjici posset neque passus est se ad ipsum alligari，precipue cum putaret vix constanti fide ac integritate a quoquam posse tractari. Relicto itaque iuris studio ad maiora eluctans，litteris pollicioribus et artibus，quas humanitatis vocant... antimum applicuit."
57. Ed. G. Billanovich（Florence 1943），p. 180.

58. 彼特拉克在他的 *Epistola Posteritati* 中关于法律和正义的言论，也见 ed. Carrara（上面的注 36），p. 302，§§17。
59. 阿格里克拉在费拉拉期间写的一封信中（ed. Hartfelder 前引书，[上述注 17]），这样谈论他自己的研究："studia nostra eadem sunt que semper，hoc est steriles et contumacies melioris consilii litterulae nostrae，quibus omnem dedicavimus vitam."
60. 见 Cicero，*De fin*，第 1、4、12 页。阿格里克拉在其专论中采用了同一短语，De formando studio（ed. J. Rivius [Augsburg 1539] p. 77）。在这里他谈论了法律和医学研究，然后接着说："Et quas certe uendibiliores，ut Ciceronis uerbo utar，sciam et plane fatear，aliis nonnullis，quas steriles et ieiunas uocant，ut quae magis possunt animum explere quam arcam."见 Cicero 前引书，第 1、4、2、150—151 页。
61. 约翰·冯·普林宁根在其《彼特拉克传》中也用了同样的话语，描写阿格里克拉献身这类研究的特点（ed. Pfeifer，p. 102）："... studiosissime non solum attigit，sed totum eis se ingessit."
62. 见上面的注 59。
63. 1471 年意大利语版的《彼特拉克传》（ed. Quarta，p. 321）："Inquesto tempo mosso pergiovinile desiderio divedere nuove regioni lafrancia et lamagna accerchar simisse"；这是对彼特拉克本人在其《致后人书》中的陈述的逐字逐句的翻译（ed. Carrara，p. 303 §21）："Quo tempore iuvenilis me impulit appetites，ut et Gallias et Germaniam peragrarem."
64. 关于 Enrico Scrovigni，见 Bertalot 的前引书，第 401 页注 3。
65. Bertalot 对这个引述做了有趣的评语，见 Bertalot 的前引书，第 401 页注 7。
66. 根据 Bertalot 的前引书，第 391 页注 8，这里指的是 *Timaeus*（第 36、43 页），也可以认为是 *Phaedrus*（245 C—E）。
67. 阿格里克拉有关斯多葛派和逍遥学派的观点或许源自西塞罗的著作。*De fin*. 3.10.35；3.12.41 ff.；*Tusc. Disput*. 4.9.22f.，17.38 f.，19.43，21.47。
68. 1471 年意大利语版的《彼特拉克传》（ed. Quarta，p. 321）："Et quantunque livolse essere data perdonna adinstantia di papa Urbano quinto ilquale lui singularmente amava concedendoli ditener colla donna I benefitiii insieme；nol voles mai consentire；dicendo che I fructo che prendea dellamore ascrivere dipoi；che lacosa amata conseguito avessie tutto siperderia."
69. 见上面的注 66。
70. 见下面的注 80。
71. 当阿格里克拉称斯多葛哲学"asperiois frontis philosophiam"时，他似乎想到了 *Pro L. Murena* 29（第 60 页），在这里西塞罗谈到斯多葛哲学为

"doctrina Paulo asperior et durior"。

72. 见下面的注 74。
73. 阿格里克拉说:"ora ut dicitur praebere capistro bene monentis"(第 383 页),这时他或许指的是 Juvenal 的 *Sat.* 6(第 42、43 页):"…si moechorum notissimus olim/stuita maritali iam porrigit ora capistro."
74. 关于这个观念,见 G. Boas, "Fact and Legend in the Biography of Plato", *The Philosophical Review* 57(1948), 450, n. 21。Bertalot 的前引书没有在 Seneca 的信件中辨认出这个段落,但是却引用了与阿格里克拉的评论非常相近的评语,它出自 Ficino 写于 1477 年的一封信,这正是在阿格里克拉完成其《彼特拉克传》不久。
75. 1471 年意大利语版的《传记》(ed. Quarta, p. 322):"del male della epilensia diche per la eta sua era stato molto molestato lo extremo di della sua vita virtuosamente concluse."
76. 在后来的一些人文学者的著作中也有对"morbus comitialis"一词的同样的解释,比如,Erasmus 和 Johann Agricola;关于这整个的问题,见 O. Temkin 的详细研究,*The Falling Sickness: A History of Epilepsy from the Greeks to the Beginnings of Modern Neurology* (Baltimore 1947) esp. pp. 7, 83, 131, 152ff。
77. 有关这个信仰见 Temkin, pp. 152 ff。
78. Suetonius, *Divus Julius* 45. 1.
79. 有关此事实,见 *Encyclopedia Italiana* 2 (1929) 829 f。
80. Bertalot 的前引书第 397 页注 2 将其归于 Jesus Sirach (=*Liber Ecclesiastici*)(见该书 13:20);但是从阿格里克拉的措词看("in veteri proverbio est pares paribus facillime convenire"),引自西塞罗的 *De senectute*(3:7)的可能性比较大:"Pares autem vetere proverbio cum paribus facillime congregantur."也见 A. Otto, *Die Sprichworter der Romer* (Leipzig 1890)第 264 页。
81. 但是,这个谚语没有被列在 J. Werner 的 *Lateinische Sprichworter des Mittelalters* 里面(Heidelberg 1912)。
82. *Life of Petrarch* (p. 389):"hominis magis proprium nihil videri potest quam hominem nosse."
83. P. Charron, de la sagesse (Bordeaux 1601) I 1:"La vraye science et le vraye estude de I'homme, c'est I'homme."
84. 约翰·冯·普林宁根在其 *Life of Agricola* 中重复了这一陈述(ed. Pfeifer, p. 102):"[Petrarchae] sua sentential[i. e., that of Agricola]omnis eruditio seculi nostri plurimum honoris debet."
85. 1471 年意大利语版的 *Life*(ed. Quarta, p. 320):"Et ebbe tanta gratia dingegno che fu il primo che questi sublimi studii lungo tempo caduti in

oblivione rivoco allude."

86. Ed. Solerti（见上面的注 3）："（Petrarca）ebbe tanta grazia d'intelletto che fu il primo che questi sublimi studi lungo tempo caduti ed ignorati rivoco a luce di cognizione."（p. 289）；同一短语也出现在 Ginozzo Manetti's *Life of Petrarch*（ed. Solerti，pp. 306 f.）。
87. 例如，见 Bruni's *Life of Petrarch*（ed. Solerti，p. 290）："Petrarca fu il primo ... che riconobbe e rivoco in luce I'antica leggiadria dello stile perducto e spento，e posto che in lui perfetto non fusse，pur de s vide ed aperse lavia a quelli che dopo lui avevano a seguire."
88. 见 G. Kirner，*Dialogi*（Livorno 1889）；对照 D. Vittorino，"I dialogi ad Petrum Histrum di Leonardo Bruni Aretino"，*Publications of the modern Language Association* 55(1940)，714—720。
89. L. G. Voigt，*Die Wiederbelebung des classischen Altertums* I（3rd ed. Berlin 1893）381；又见 E. Carrara，in *Annali dell' Istituto Superiore di Magistero di Torino* 3（1929），338 ff。
90. 关于 Squarzafico 在 1470 年间居留北部意大利一事，见 Quarta 前引书，第 283 页。
91. Ed. Solerti，p. 357.
92. 例如，比较阿格里克拉在 1481 年写给其朋友 Friedrich Mormann 的信（ed. Allen 前引书，上面的注 11），316；在这封信里他特别祝贺 Mormann，其原因是："tantum eruditionis，hunc literarum cultum，hanc gratiam Musarum a secutus es，et assecutus quod difficillimum est in medio stridore rudis huius horridaeque barbariae，quantum in mediis penetralibus ac，ut ita dicam，officina illa omnis politioris eruditionis Italia hique Itali frustra sperarunt，pauci retulerunt."
93. Allen 前引书，321，n° 21；Ihm 前引书（前面的注 5），67。
94. *Ciceronianus* 中有关彼特拉克的整段话是这样的："（Bulephorus：）Age redibimus ad aliud scriptorum genus nostro seculo vicinius. Nam aliquot aetatibus videtur fuisse sepulta prorsus eloquentia，quae non ita pridem reviviscere coepit apud Italos，apud nos multo etiam serius. Itaque reflorescentis eloquentiae princeps apud Italos videtur fuisse Franciscus Petrarcha，sua aetate celebris ac magnus，nunc vix est in minibus：ingenium ardens，magna rerum cognitio，nec mediocris eloquendi vis.（Nosoponus.）Fateor. Atqui est ubi desideres in eo linguae peritiam，et tota dictio resipi seculi prioris horrorem. Quis autem illum dicat Ciceronianum，qui ne affectarit quidem?"（Erasmus，*Opera omina*［Leyden 1703］col. 1008）；对比 I. Scott 的英译本（New York，1908），94。

第三部分
早期基督教史学研究

12. 圣奥古斯丁与基督教的进步观念: 265
《上帝之城》的背景[*1]

公元410年夏,罗马落入西哥特人国王阿拉里克(King Alaric)
统领的军队之手。由于罗马城只是遭受了相对较轻的外部破坏,
近现代的历史学家有时倾向于将罗马的那次陷落或劫掠视为一起
不太重要的事件。然而,我们应当警惕轻视这一历史事件的任何
倾向,记住正是该事件推动了奥古斯丁去写作《上帝之城》。鉴于 266
该著作在基督教思想发展史上的影响,可以肯定地说,公元410年
罗马陷落——这一激发《上帝之城》写作的事件,在西方思想史上
标志着重大的一刻。

此外,正如其他一些文献所表明,当时并非只有奥古斯丁一人被罗马之劫所深深惊动。对于这一点,只需从当时生活在伯利恒的圣哲罗姆(St. Jerome)那儿引几句话便可知。当他得知"在西部,尤其是罗马城遭受大难"(*Epist.* 126, 2)的消息后,他在当时正写作着的《〈以西结书〉评注》(*Commentaries on Ezekiel*)第一卷的前言中表达了他的感受:"当整个世界最明亮的光被熄灭了,当罗马帝国被夺其首,更确切地说,当整个世界在一个城市里毁灭了,那时'我默然无声,连好话也不出口,我的愁苦就发动了'(《诗篇》39:2)。"而在同书第三卷的前言中,哲罗姆问道:"谁会相信,征服整个世界建立起来的罗马,已然倒塌了?谁会相信,万民之母的罗

---

* 此文原载 *Journal of the History of Ideas*, XII (1951), pp. 346—374。

马，也已成了他们的坟墓？”[2]

为了理解哲罗姆与其同时代人的深深惊愕，我们必须认识到，任何城市（即便是最著名的城市）的命运之于今日西方世界，都远远不如罗马城的命运之于古代晚期的人们来得重要。因为有太多根深蒂固的观念、信念以及众多迷信，都和罗马这一名字及其存在联系在一起。只需回忆一下维吉尔在《埃涅阿斯纪》里的著名诗句（1278 起），在其中朱庇特说道：“对于罗马人，我不施加任何空间或时间的限制予他们的帝国，我已给了他们无限的统治。”在公元初的几个世纪里，不管是用拉丁文、希腊文，还是东方语言写作的
267 异教作家和诗人的几乎所有著作中，我们都能够找到这种“永恒之城”、世界帝国首都、“黄金罗马”的观念。[3]因此，在公元 4 世纪末叶，异教的将领、历史学家阿米亚努斯·马尔塞利努斯（Ammianus Marcellinus）宣称（*Histor.*，14，6，3）：“只要有人存在（之地），罗马便会取胜，由此它将获得长足发展。”而大约在 400 年前后，基督教诗人克劳迪阿努斯（Claudianus）写道（*On the Consulate of Stilicho*，3，159 起）：“由奢华与傲慢所引起的恶行与憎恨已经毁灭了所有其他的王国，但罗马之权将永世长存。”

与此同时，基督徒对于罗马帝国的态度并不一致。一方面，在早期基督教内部涌动着一股潜流，它强烈仇视罗马帝国以及象征帝国的一切事物。这种敌意滋生于犹太教传统，在迫害中不断地被强化，并在一个广为流传的预期中完全表达出这种敌意：有朝一日《启示录》（*Book of Revelation*）中天使的预言将会实现，“叫万民喝邪淫、大怒之酒的巴比伦（指罗马）大城倾倒了，倾倒了”（《启示录》14:8）。另一方面，早期基督教会的官方表态，总是谨记耶稣自己教导其门徒时所说的“凯撒的物当归给凯撒”（《马太福音》22:21）。在《罗马书》中，圣保罗也教导信徒要服从帝国，“在上有权柄的，人人当顺服他；因为没有权柄不是出于神的，凡掌权的都是神所命的”（《罗马书》13:1）。那么，遵照耶稣基督和圣保罗的明确教导，每一名基督徒至少要表现出对帝国当局表面上的尊重。

但是许多基督徒表现出更加积极的姿态，实际上他们希望并且

祈祷罗马帝国的延续。这种支持的态度源于某些历史与末世论
(eschatological ideas)的观念,而这些观念可追溯到异教和犹太教的
传统之中。[4]在希腊化时期,在东方发展出了一种理论,认为历史是 268
按照若干大国或普世性帝国的先后次序向前发展的。这些帝国中
的四个依次出现,在序列的最后是第五个帝国,据信它将延续至世
界的末日。这种四大或五大帝国的观念为一些希腊罗马的历史学
家所接受,同样也出现在了犹太教的文献中。尼布甲尼撒
(Nebuchadnezzar)在梦中所见的大幻象(《但以理书》2:31 起),以
及但以理(Daniel)本人所见的四兽异象(《但以理书》7:1 起),在前
基督教时代的文化传统中被解释为是对世界历史的一种阐释。这
些幻象被认为象征着历史的进程,是四个普世性帝国的接替出现,
而四大帝国中最后一个的瓦解则被视为世界末日的临近。

在公元 2 世纪后半叶以及 3 世纪前半叶,基督教神学家如里昂
的爱任纽(Irenaeus of Lyons)、德尔图良(Tertullian)与希波里图斯
(Hippolytus)等都接受了这些异教与犹太教的传统,并且认为"现
在统治着"的罗马帝国应当被视为第四帝国(Irenaeus, *Against
Heresies*, 5, 26, 1)。[5]所有这些基督教作者都相信,最后一个帝国
的衰败将会是一件最不祥的事件。因此,德尔图良在其论著《论肉
身的复活》(*On the Resurrection of the Flesh*, 24)中,诠释了圣保罗
在《帖撒罗尼迦后书》中的一段话,认为罗马帝国分裂成十个王国
之后,敌基督(Antichrist)将会出现。基于这种末世论思想的信念
之上,德尔图良在其《护教篇》(*Apology*, 32, 1)中十分强烈地宣
称:"我们十分有必要为罗马帝国皇帝,以及整个罗马帝国的事务
和命运祈祷。因为我们知道,唯有罗马帝国的延续,才能拖缓那个
威胁整个世界的强大力量,并且推迟世界末日及其骇人之苦的威 269
胁。"在 4 世纪初,拉克坦修在其《神圣原理》(*Divine Institutions*,
7, 25, 6—8)中更加明确地指出:"世界的衰落与毁灭即将到来,尽
管看起来只要罗马城巍然屹立,就不必担心那种事情的发生。但
是,当世界之都倾覆之时……谁能怀疑那不是人类之事与整个世
界的末日来临了呢? 正是那个城仍在维系着万物。我们恳切哀求

上帝——假若上帝的律法与旨意果真能被推延的话——以免那个可憎的暴君比我们所预料的来得更快，他将带来巨大的灾难并让人目睹一切毁灭，世界本身将会倾覆。”

公元4世纪期间，《但以理书》的许多评注者，包括东部的优西比乌(Eusebius)、约翰·克里索斯托(John Chrysostom)，西部的哲罗姆、塞维鲁(Sulpicius Severus, *Sacred Histories*, 2, 3)，他们继续将罗马帝国视为第四帝国。耶路撒冷的西里尔(Cyril of Jerusalem, *Catechetical Lectures*, 15, 12)更是紧随爱任纽、德尔图良与拉克坦修，宣称“罗马帝国行将结束之时，世界末日临近了，敌基督就会到来”。

从对罗马帝国命运的这种关切来看，似乎可以安然地推断，在410年许多同时代人将阿拉里克攻陷罗马这一事件，看作是人们长期担心的“罗马倾覆”成为现实，并认为世界末日即将来临。我想，甚至哲罗姆的话，“整个世界毁灭于一个城市之中”，也反映了这种迷信一般的恐惧。

当然，奥古斯丁对于异教徒“永恒罗马”的观念与基督徒同胞的末世论思想都充分觉察到了。他断然地拒绝了前者，同时也拒绝了后者。对于异教徒的观念，他指出“俗世王国都有其变化”(*Sermon* 105, 9)，唯有基督的王国才能说“没有穷尽”(《路加福音》1:33)。他继续说道(同上，第10章)，“那些允诺俗世王国以永恒的话没有得到真理的引导，而只是谄媚之言的欺骗”。他引用了维
270 吉尔(他轻慢地称之为“他们的某位诗人”)的著名诗句，并评论道，“你(朱庇特)，所给予的‘永无止境’的王国，它在尘世还是天国？显然，它在尘世。即便它在天国，仍是‘天地要废去’(《马太福音》24:35)。那些上帝亲手创造之物也要废去，更何况是罗慕洛所建之物？”对于圣保罗在《帖撒罗尼迦后书》(2:7)中“只是现在有一个拦阻的，等到那拦阻的被除去”[6]这段话的含义，比起德尔图良来，奥古斯丁对此是不那么确信的。德尔图良据这些话得出，世界的延续与罗马帝国的延续是密切相关的。奥古斯丁知道(*City of God*, 20, 19 E—F)[7]“有人认为这是指罗马帝国”，他承认，相对于

其他的解释,这种解释"不算荒谬"。但同时他感到有必要指明:"我坦率地承认,我并不知道圣保罗的意思。"

为了回应那些试图推算出世界末日的确切日期,以及将世界末日的来临与具体的变化与一定的历史事件(如"罗马倾覆")联系起来的基督教思想家,奥古斯丁表示,这种问题"完全是不恰当的"(*City of God*, 18, 53 A—B)。他指出,因为基督亲自告诉他的门徒:"父凭着自己的权柄所定的时候、日期,不是你们可以知道的。"(《使徒行传》1:7)奥古斯丁说道,"因而,若我们试图推算、确定这个世界尚存的时日,这是徒劳的"。奥古斯丁总结道,做那种推断的人,只是在"运用人类的臆测,并没有从正典经文的权威中得出任何确切的东西"。

在一些布道辞中,奥古斯丁以更为随意的方式用到了另外的论 271
据。他指出,尽管经历了410年的灾难,但罗马毕竟还是继续屹立着。例如,在《论罗马之毁布道辞》(*Sermon on the Ruin of the City*)中,奥古斯丁说道,罗马,不像所多玛(Sodom),并没有彻底毁灭。而在另一个布道中(*Sermon* 105, 9)他说,"感谢上帝! 给了我们肉体生命的城,依然延续着";又说(第11节),"所有地上的王国都有尽头。如果那尽头即是现在的话,也只有上帝知道。或许尽头还没有到来,出于某种软弱或是仁慈或是苦闷,我们希望世界末日还没有到来。"奥古斯丁承认(第12节),他自己正在"为罗马恳求上帝",并不是他相信罗马的延续会保证整个世界的延续,而仅仅是因为有许多基督徒同胞生活在罗马,对他来说他们同所有其他基督徒一样宝贵。[8]

既然罗马事实上幸免于难,因此那个"永恒之城"的古老观念也在接下来的几个世纪里存留了下来。同样存留下来的,还有那个关于"罗马的最终倾覆意味着世界末日来临"的大众迷信思想,尽管它遭到了奥古斯丁的驳斥。这里只举出众多证据中的一例就行。在一份8世纪初的被误认为出于比德(the Venerable Bede)之手的英国文本中,我们读到了如下的句子:

只要大竞技场屹立，罗马亦屹立。
当大竞技场倾覆时，罗马亦将倾覆。
当罗马倾覆时，世界也将毁灭。[9]

然而，对罗马永恒的异教观念的否认，以及对于基督教末世论与具体历史事件相关联的摒弃，在整部《上帝之城》中只占了相当
272 小的分量。奥古斯丁觉得，在这些观念上作简单处理就足够了，因为他把它们看作小迷信，或是徒劳的臆测。

奥古斯丁在许多场合表明过他写作这部巨著的真实意图，但是，在《再思录》(*Retractations*，2，68，1)一书中表达得最为简洁明了。该书写作于426年《上帝之城》完稿之后，奥古斯丁如此阐明他写作的主要意图："此间，罗马被哥特人国王阿拉里克之军的入侵与遭受大败的狂暴所倾覆。众多伪神的崇拜者，也就是我们通常称之为异教徒的，企图将罗马的倾覆归罪于基督教。并且，他们开始用比往常更加狠毒尖刻的话来亵渎真神上帝。正是出于那个原因，我为上帝的殿心里焦急，于是开始写作《上帝之城》来反击他们的渎神与谬误。"

基督教要对世上的不幸负责，这种指控由来已久。异教徒们声称，基督徒拒绝敬拜传统神祇，这就激起了众神祇的愤怒，正是这些神祇扶助罗马取得统治世界之权。而基督教的护教者们发现很容易反驳这种指控。在《护教篇》(40，3，5)中，德尔图良最精辟地表达了护教者们通常性的答复。德尔图良如此质问异教徒："请告诉我，在提比略皇帝统治之前，在基督到来之前，有多少灾难降临于这整个世界和各个城市？"他问道："当大洪水吞没整个世界，或如柏拉图所信，只是淹没平原地区时，你们的众神在哪里呢？"他总结说，"真理是，在上帝手中人类总应受磨难……因此，一个人应当明白，这同一个上帝现在正一如既往地发怒，早在基督徒被经常说起之前(一样的发怒)"。

奥古斯丁在《上帝之城》的前五卷中使用了完全相同的论证，只不过与德尔图良、阿诺比乌斯(Arnobius)、拉克坦修以及早先于

他的3世纪其他护教者相比,奥古斯丁的论证更为精密细致。除 273
此之外,奥古斯丁还委托其年轻的朋友奥罗修斯(Orosius)写一部完整的世界史。在献给奥古斯丁的《驳异教徒历史七书》(*Seven Books of Histories against the Pagans*)的献辞中,奥罗修斯对写作这部世界史的角度作了最好的描述。"您嘱咐我,从一切可得到的史书和编年史资料中,去发掘过去岁月所承载的各式各样的事例:战争的重负,疾病的蹂躏,饥馑的恐怖;可怕的地震,肆虐的洪水,恐惧的火山爆发,雷灾与冰雹,还有由于人类的谋杀与违背人自己良心的犯罪所导致的惨烈悲剧。"[10]奥罗修斯证明自己确实是"世间邪恶之事的真正汇编者",许多世纪以后,彼特拉克如此轻蔑地描述他(*Familiares*, 15, 9, 10)。尽管(或也许是因为)奥古斯丁和奥罗修斯承认自己的偏见和先入为主的成见,但是他们对于护教士关于世界历史与罗马历史的古老观念所进行的系统阐述,决定了此后直至意大利文艺复兴时代大多数西方作者的历史观。

然而,这些传统的护教论在《上帝之城》的第一部中只占了一部分。[11]在该书的第二部中(第十一至二十二卷),奥古斯丁希望有所阐发,而不仅仅只是反驳,正如他在《再思录》中所说的,"为了免得有人对我提出质问,说我只是反驳了别人的观点,而没有提出我自己的,为此我把书的第二部分用来达成这一目标"。

在众多奥古斯丁所阐明的他"自己的观点"中,这里将只讨论
一个问题,即有关"历史"的问题:历史是如何发展的?在从创世之 274
初至当下及至最后审判之日的这一历史进程之中,可以发现任何意义吗?[12]

在《上帝之城》那些讨论世界起源与上帝创世独一性问题的章节中,可以看出奥古斯丁是如何深切地关注着对于历史的意义与进程在哲学上(或以他自己的角度来说是神学上)的阐释问题。奥古斯丁拒斥那种认为世界是永恒的、没有开端的观点。他论述道,世界明确地被创造于时间之中,并且将会在另一个确定的时刻终结,而那一刻只有上帝知道。在论述了关于"尘世万物起源的争论"(12, 13 E)后,奥古斯丁写道(12, 14 A),"尘世的哲学家们相

信，除非引入时间的循环论，否则他们不可能（或者说不应该）解决那个争论。他们声称，从万物的本质上来说，过往时代的循环始终将是不断更新与重复的，因此将会永不停歇的向前发展”。在这句话中，奥古斯丁明显地指向的是柏拉图主义者（Platonists）、斯多葛主义者（Stoics）与其他希腊哲学流派所持有的历史循环论。[13]尽管
275 他没有点名，但从前述所引段落的文本中可以清楚得知，奥古斯丁是知道奥利金（Origen）也持有这种历史循环论的观点。为了支持这种观点，奥利金以一种有点成问题的方式引用了《圣经》，例如《传道书》（*Ecclesiastes*，1，9）中的名句：“日光之下，并无新事。”在奥利金文本的拉丁文译作中，鲁菲努斯（Rufinus）对这些观点作了很大修改，但这仍然无法消除哲罗姆对他们的尖锐批评。奥古斯丁的反驳更为有力，在《上帝之城》（12，14 E）中他大声呼喊：“相信所罗门（即《传道书》）所说的那些话指的是那些循环，（据这些哲学家们认为）同样的周期与事物的循环是不断重复出现的，这种认识是偏离正确信仰的。”那些哲学家“错误地围着循环论打转，既找不到入口也找不到出口”，奥古斯丁认为这是完全合理的。因为他确信“他们既不知道人类及我们的肉身状态是如何起源的，也不知道它将被如何终结”（12，15 A）。他确信，那些“虚假伪善的贤哲们所发现的错误循环论，在正确的信仰中可以通过正道被避免”[14]。

那么，对奥古斯丁来说，历史不是循环发展的，而是沿着一条线往前走。那条线有最确切的开端，即创世；并有最确切的结尾，即末日审判。在这段确定的时期内，最重大的单个事件当然是基督的出现。奥古斯丁说道（12，14 F），“因为，基督曾为我们的罪而死，‘既从死里复活，就不再死’（《罗马书》6：9）［276］……而复活之后，我们自己‘就要和主永远同在’（《帖撒罗尼迦前书》4：17）”。在这里，奥古斯丁似乎又一次间接地反驳了奥利金。根据哲罗姆的论述，奥利金“自己主张基督经常受难，并将会经常受难。理由是，曾经有益的事物将会一直有益下去”。他还想要“以《圣经》的权威来证实斯多葛学派最不虔诚的教条，竟敢写到人反复再三地死亡”[15]。

根据奥古斯丁的历史发展进程的观念,时间之内发生的每一特定事件,每个人的生活与行为,都是在神圣天命的预兆下发生的独一现象,因此必定具有明确的含义。这种不同于希腊人循环历史观的线性历史观念,其根源可追溯到希伯来人的思想,基督教早期神学家对它又作了进一步的发展。[16]但是,是奥古斯丁对那些思想作了最充分最连贯的阐释,因此决定了历史神学盛行于整个中世纪,并且影响到近现代的历史哲学。

当奥古斯丁决定与历史循环论斗争时,如我们所见到的,激起他行动的很可能是他了解到,这一异教的观念得到一位著名的(尽管是可疑的,甚至是异端的)基督教思想家奥利金的认同,至少在某种程度上的认同。但是,当时还存在另外一种历史哲学,在奥古斯丁看来,它甚至比历史循环论更危险,因为它广为流传于他同时代以及前几代基督徒中间。对奥古斯丁来说,真正有问题的、最该
反对的历史观问题,肯定是一种可被称为"基督教进步观念"的 277
概念。

1920年,伯里(J. B. Bury)出版了他的《进步的观念》一书(*The Idea of Progress*),他写道(20 f.),"盛行于整个中世纪的宇宙观以及人类思想的通常倾向,是与进步观念所要求的一些基本假设不相容的"。但在最近,许多学者已经指出,在某种程度上,这样一种观念实际上可以在一些早期的基督教思想家那里找到。[17]对于这一复杂主题的系统论述至今还没有过,而在一篇短文内也是无法做到的。但是下文将做一个尝试,至少从早期基督教文献中举出几个例子,来阐释那个观念的本质。

进步观念的第一个例子,可以在关于千禧年问题的那部分基督教文献中找到。包括查斯丁(Justin)、爱任纽与拉克坦修在内的一些早期神学家,将基督未来千年统治的天启性预言阐释为十分物质化的洪福。但是,这种奇怪的观念并不能说真正表达了"进步"的观念,因为未来弥赛亚王国并不是通过渐进或进化的过程建立起来的,而是通过突然的戏剧性的基督再临实现的。再者,甚至早在奥古斯丁时代之前的思想家,像奥利金、泰克尼乌斯(Tychonius)

等已经成功地质疑了那个千禧年的物质化观念，并且主要在精神层面上对这一观念作了阐释。[18]这一点也成了奥古斯丁自己的想
278 法，因为在其晚年思考末世论问题的著作中，他十分清楚地表明千禧年问题与俗世荣华没有任何一点关系，而仅仅只是与上帝在俗世必定不完美的实现有关。

但是，除了这些关于千禧年的思考之外，我们发现在一些最著名的基督教护教士们所提出的观点中隐含着一种信念，即在基督教的吉兆下，世界在历史的时间进程中有了实在的进步，并且可以期盼更大的进步。那些作者断言，这一新信仰不是仅仅给予它自己的信徒福祉，而是给全人类带来了福祉。他们指向了一个历史的不可否认的事实，即基督的诞生，发生于奥古斯都建立罗马帝国与“罗马的和平”(*Pax Romana*)在尘世建立的时代。因为基督的出现适逢尘世万物的一个明显增进，因此，早期护教士们主张，新信仰的发展将会伴随后续的进步。[19]

关于这种观念的第一份证据，是公元 2 世纪中叶萨迪斯主教麦利托(Bishop Melito of Sardis)致罗马帝国皇帝安托尼努斯·庇乌斯(Emperor Antoninus Pius)①的《护教书》(*Apology*)。根据优西比乌《教会史》(*Ecclesiastical History*, 4, 26, 7—8)记载，麦利托写道，“我们的哲学(即基督教)首先在蛮族中获得发展；然后，在您祖先伟大的奥古斯都统治时期，信仰在您的人民中间传播；最重要的是，在您自己统治时期信仰已成为福祉。因为从那个时代起，罗马的权力变得更伟大、更光辉了。作为渴慕的继承人，您已继承了这权力，并能将之传于您的子孙后代，如果您能保卫那种哲学，那种与帝国一起成长、发端于奥古斯都时代的信仰……我们的信仰繁荣了帝国之善，对此最好的证据可以愉快地道来：自从奥古斯都统治以来，帝国从没遭受过不幸；相反，一切变得辉煌荣耀，合乎所有人的祝愿。”

---

① 罗马皇帝安托尼努斯·庇乌斯(Antoninus Pius, 86—161)，138—161 年在位。——中译者注

公元200年前后,德尔图良表达了同样的看法,只不过更慎重 279
一些。他在其《护教篇》(ch. 40, 13)中写道:“关于前面所说,如果我们将前面时代的灾难(与我们自己的时代)相比,我们发现现在降临在我们头上的灾难更轻了,自从世界从上帝那儿接受了基督教的信徒。因为从那时候开始,清白限制了尘世的邪恶,人类开始恳求上帝以避免他的怒气。”

那时,这两位护教士不是仅仅满足于驳斥异教徒对基督教应为当代的灾难负责的指控;相反,他们大胆地出击,宣称他们的信仰为罗马帝国的福祉做出了积极的贡献。

从这一主张,到认为罗马世界全面接受基督宗教将会获得更大程度的安全与繁荣这一看法,仅仅是一步之遥。3世纪中叶,异教徒塞尔苏斯(Celsus)对于这一事件的影响提出了疑问。奥利金信心十足地回答了塞尔苏斯的问题(*Against Celsus*, 4, 69):“如果所有罗马人都能在和谐氛围中一起祷告上帝,那么他们将能打败更多的敌人,超过摩西祈求上帝时为他的祈祷所打败的敌人。”奥利金之后50年,大约300年前后,阿诺比乌斯在他的《驳异教徒》(*Against the Pagans*, 1, 6)中表达了同样的信念:“如果所有从理性力量而不是从肉体上自认为人的人,能够自愿倾听一会儿(基督的)有益、平和的教导,而不是傲慢自大地相信他们自己的感觉而不听从基督的告诫。那么整个世界,就会止息刀兵,将铁用于更为平和之业,就会有最安宁平和之生活,就会融合在上帝的和谐福祉之中,维护圣约之庄严不可侵犯。”

相信基督的出现已经带来了俗世物质状态的一个普遍改善,而
对基督信仰的全面接受将会带来更大的进步,这种信念是由麦利 280
托、德尔图良、奥利金与阿诺比乌斯所阐明的,当时他们的信仰正遭受罗马帝国当局的镇压。在君士坦丁统治时期,重大的转折点到来了。基督教不但被宽容,而且成了罗马皇帝最受喜爱的宗教,希望进步的愿望变得更加强烈则就是十分自然的了。因此,甚至拉克坦修,这位过去一直是最极端、最悲观的末世论拥护者,也在其《论迫害者的死亡》(*On the Death of the Persecutors*, ch. 52)一

书的最后，大胆地表达了相当乐观的期望："上帝已经从世界上消灭并抹去了那些傲慢的名字(即反基督教的统治者们)。因此，让我们满怀喜悦庆祝上帝的胜利。让我们常常赞扬上帝的胜利。让我们日夜地将祷告献给上帝，愿上帝在经历十年(的战争)后，为其子民建立了永久的和平。"

敬拜全能的真神必定会在物质层面上造福于他的帝国，对此君士坦丁自己表示出了最大的热情来接受这一信念。公元 312 年米尔汶桥之战(the Milvian Bridge)取得决定性的胜利之后不久，在一封信中他宣称(优西比乌《教会史》，10，7，1)："众多事实表明……对(基督信仰)的合法承认与遵守，已经带给了罗马这一名字最伟大的成功，给人类的事业带来了非凡的成就，这些是上帝的仁慈带给尘世的福祉。"关于他与基督教上帝的关系，君士坦丁的高度物质化的观念是与古代罗马人的宗教观念十分一致的。[20]这是古老的互易原则："我给，所以你应当给(*do ut des*)。"罗马皇帝认为：我，君士坦丁，为你做了一些事，上帝。因此，上帝你也应当为我做一些事。当然，同样地，上帝自己也被假设期待从那些他给予帮助的人那里得到礼物。这种上帝与人类之间的交换性契约的观念，在 4 世纪相当一部分基督教作者的论述政治-教会关系的著作中都
281 有反映，其开始于君士坦丁的宫廷主教，凯撒利亚的优西比乌(Eusebius of Caesarea)。这是一个思想意识形态的彻底逆转：以前异教徒指控，对基督教上帝的信仰是帝国所有灾难的来源；而今，君士坦丁将十字架标志置于君士坦丁堡帝国宫殿的大殿上展示。根据优西比乌《君士坦丁传》(*Life of Constantine*，3，49)记载："在上帝喜爱的(君士坦丁)看来，这个标志已经成为了帝国本身的保卫者。"

"我给，所以你应当给"的互易原则受到了奥古斯丁极力地反对，因为它完全违背了他对于上帝与人类(即使人是万物之灵)之间关系的概念。[21]因此，他在《上帝之城》(4，33)中说道：在上帝眼中，尘世的权力与所有类似的凡间事物都是不重要的赐予，因此上帝"把它们既给善人又给恶人"。在讨论"有福的皇帝"(*imperator felix*)这一问题时,奥古斯丁承认(《上帝之城》,5,25,A),上帝"给予了君士坦丁皇帝无人敢于奢望的如此丰盛的尘世恩赐,因他不是一个邪神崇拜者,而是真神本身的崇拜者"。但是奥古斯丁继续说道:"然而,为防止任何一位皇帝为了得到君士坦丁所得的福分而变为基督徒——每个人都应当为了永生而成为基督徒——上帝结束(基督教君主)朱维安(Jovian)的统治比(他的异教徒兄弟,皇帝)朱利安(Julian)快的多,并且上帝还允许(基督教皇帝)格拉提安(Gratian)死于暴君之剑下。"①

《上帝之城》中的这些话听起来似乎是针对优西比乌的,他在《君士坦丁传》(1, 3, 3)中明确提及皇帝时宣称:"上帝,那个所有人的共同救主上帝,珍爱那些爱信仰的,给予他们世人无法想象的大福祉。此时此刻,上帝所给予的第一次果实是对将来报答的誓约,因此在世人眼中这保证了某种永恒的希望。"

优西比乌相信"我给,所以你应当给"(*do ut des*)原则的有效性,这信念建立在他的十分明确的历史阐释与哲学之上。[22]他甚至 282
比麦利托和之前几个世纪的其他基督教思想家更有力地强调说(*Demonstratio Evangelica*, 3, 7, 139),"不在其他时代而唯独从基督的时代开始,大部分民族归入罗马人的单独统治之下,这不是通过人类之力做到的。基督在人间的奇妙旅程,正逢罗马人在奥古斯都统治下达到顶峰的时刻,那时奥古斯都是统治大多数民族的第一个君主"[23]。基督来到尘世与奥古斯都建立世界帝国是同时发生的,这"不仅仅是人类的偶然事件",而且是"上帝的安排"。然

① 罗马皇帝朱利安(Flavius Claudius Julianus, 331—363),361—363 年在位。由于他恢复罗马传统宗教,废除基督教已享有的地位与权力,因此被教会称为"背教者朱利安"(Julian the Apostate)。皇帝朱维安(Flavius Jovianus, 331—364),363—364年在位,他重新恢复了基督教享有的权力与地位。皇帝格拉提安(Flavius Gratianus, 359—383),375—383 年在位。他赞助基督教事业,弱化罗马异教传统,是第一位放弃罗马"最高祭司"(Pontifex Maximus)称号与职位的皇帝,并在 382 年下令将胜利女神像从罗马元老院搬走。383 年在里昂遭到罗马传统派势力杀害。——中译者注

而，早前的阐释者对这一同时性只是解说成一个历史事实。而优西比乌相信自己有能力从《圣经》中引述证据，证明早在很久以前上帝就预言了那些事件。因此，在讨论基督诞生与奥古斯都统治“同步性”(synchronising)的全部著作中，他都引用了《旧约》中的如下这些话：“在他的日子，义人要发旺，大有平安”(《诗篇》72，7)；“他要执掌权柄，从这海直到那海，从大河直到地极”(《诗篇》72，8)；“他们要将刀打成犁头，把枪打成镰刀，这国不举刀攻击那国，他们也不再学习战事”(《以赛亚书》2，4)。

引用这些引文是很不寻常的。因为根据传统，那些预言是被理解为是对未来弥赛亚王国的预言。这点我们可以从爱任纽(《驳异端》，4，56，3)、德尔图良(《驳马西昂》，3，21)、拉克坦修(《神圣原理》，4，16，14)这些阐释者那里得知。在优西比乌之前，似乎只有奥利金(《驳塞尔苏斯》，2，30)敢于将《诗篇》第72章第7节的这
283 段文字与“罗马的和平”联系起来。[24]但是，详细阐述奥利金想法的工作是由优西比乌来做的，他对圣经中的这些经文做了最直白的世俗的解释。在优西比乌《福音的预备》(*Praeparatio Evangelica*，1，4)中见到这段话：“按照这些预言(即《诗篇》72章和《以赛亚书》第2章第4节)，真实的事情发生了。奥古斯都建立其单独统治后不久，在我们的救世主出现的时代，罗马人中的多头统治被废除了。自从那时直至现在，你不再能看到城邦与城邦之间的争战，民族与民族之间的战争，以及生命在万物混乱下消逝这种以前的景象了。”优西比乌在基督教一神教的胜利与罗马君主制的发展这两者之间看到了密切的联系。因此，他在《神显论》(*Theophania*，3，2)[25]中说道：“两种伟大的力量从同一个泉源里生长出来，它们给所有人带来了和平，将所有人一起融合在友谊的氛围之中。罗马帝国从那时起成为一个王国，而万民救世主的力量同时延伸至每一个人，并与每人同在。因为我们救世主的伟大神力，扫清了众多邪神恶魔的势力，因此上帝的独一王国向所有人传布，向希腊人、蛮族，以及向那些生活在地极之端的人。同样，罗马帝国——因为那些导致多头统治的人已经被铲除了——也很快征服了所有其他的

民族,并且很快将整个人类带入到了一个和谐一致的国家之中。”

对优西比乌来说,自基督与奥古斯都时代以来,人类取得的最
伟大的成就是战事(外战与内战)的废除,和平与安定的建立,及时
代所神化的“罗马和平”(*Pax Romana*)之理想。不过,他也看到了
其他的进步。例如,他在《福音的预备》(*Praeparatio Evangelica*,
1, 4)中宣称:“在尘世已经显明的得自上帝信仰的福祉之中,你可
以看到清晰的证据,只要你考虑一下,自从世界之初直到现在,这
种福祉不是由尘世的任何一位古代伟人之功绩得的,而只是由传 284
布整个世界的基督的言语与教义得来的。各个民族的习俗(甚至
那些从前野蛮残忍的习俗)都已被引导到正途之上。”因为新信仰
的严格的训诫,人们已学会过一种道德的生活,友善对待他人,控
制自己的感情与情绪。优西比乌总结他所列举的新信仰带来的政
治、法律与道德领域里的进步时,这样问道:“那么,……谁能拒绝
承认,我们的教义已将十分重大的真实福祉的好消息带给了所有
人,已经给人类生活带来了与幸福密切相关的东西?”

毫无疑问,在优西比乌心中,自前基督教时代到君士坦丁统治时期(历经了3个世纪的缓慢发展后生成的新教会),人类在神意的指引下已经取得了进步。他在《君士坦丁赞》(*Praise of Constantine*, 16, 8)中宣称:“正如那些关于我们救世主的预言(即《诗篇》72, 7—8,《以赛亚书》2, 4),在很久以前就经由希伯来人的口预言了。在我们自己的时代它们也真切地被实现了,那些先知们的古老誓言也清楚地被证实了。”人类已经取得了重大的进步,但优西比乌仍然期待更大的进步。因为他声称(《君士坦丁赞》, 6):“虽然罗马帝国统一万民为一个和谐世界的目标已经在很大程度上确立了,但它注定要取得更完美的成就,依靠有益的教义与神命的帮助(神命会帮助铺平帝国的道路),甚至要征服所有人类足迹所到之处。”

希尔德布兰德(G. H. Hildebrand)在其评论《进步的观念》的近文中指出[26],进步的观念包括三个原则:“第一,认为历史是沿着一条连续的、必然的、有序的进程前进的;第二,认为这一进程是规

律运行的因果律的结果；第三，认为这一变化的进程已经带来并将
285 继续带来人类境遇的改善。”这些原则的前两个一直暗含在基督教
的如下理念之中：每一单个事件以及历史事件的整体进程都是依
照上帝的意志发生的，都是与神命的计划相一致的。但是，优西比
乌加上了第三个原则，即持续进步的乐观信念，因此发展出了一套
成熟的基督教进步观念。

在4世纪至5世纪早期，在东部教会与西部教会中都有一些最著名的基督教神学家接受了优西比乌的观念。[27]这点可以从约翰·克里索斯托、安布罗斯(Ambrose)、哲罗姆、亚历山大的西里尔与迪奥多勒(Theodoret of Cyrus)这些神学家在对《诗篇》第72章和《以赛亚书》(2，4)的各种评注中所做的阐释得知。而且，我们可以加上《诗篇》第46章中的一段(v. 9)：“他止息刀兵，直到地极。”和优西比乌一样，上述提及的所有神学家都将这些段落阐释为“罗马的和平”与尘世的成就。在4世纪伟大的神学家中，似乎只有阿塔纳修斯(Athanasius)和巴西尔(Basil)严格地从精神层面上来阐释它们。

当奥古斯丁在写作他的《〈诗篇〉释义》(*Enarrations on the Psalms*)时，他以迥然不同的完全出于他自己的阐释更新了对上述
段落的解释。例如，奥利金、优西比乌、约翰·克里索斯托与安布
罗斯宣称，《诗篇》第46章的句子“他止息刀兵，直到地极”已经在
奥古斯都统治下实现了。只有巴西尔一人对那段话作了完全宗教
意义上的解释。但是，巴西尔仅仅满足于提出他自己的解释，而奥
古斯丁在评注时(写于412年，罗马陷落之后两年)还伴以论辩，矛
头直指在他之前众多名前辈的阐释。[28]虽然他没有提及任何名字，
286 但毫无疑问，他对当时的观点提出了挑战，他明确地否定了那种对
于和平的统治已在任何物质或历史意义上实现了的预言。“仍旧有
战争，民族之间为争霸的战争，派系之间的战争，犹太人、异教徒、基
督徒与异端之间的战争，而且这些战争愈演愈烈。”(《〈诗篇〉释义》，
45，13 = 46，9)在奥古斯丁看来，外部的和平还没有实现，而实际
上，如果和平真的已实现了，这甚至也不重要。只有那种和平才是

重要的,即通过神的恩典,并完全服从于上帝的意志,人在自己身上找到的和平。奥古斯丁说道:“当人意识到他自己什么都不是,他自己无法帮助自己时,那时他身上的武器就破碎了,那时他身上的战争就结束了。那时,至高者的声音回响于神圣云端,消灭了这些战争,大地震摇,列国躬身;他已除去这些战争,直到地之尽头。”

在《〈诗篇〉释义》,71, 10 (= 72, 7)中,奥古斯丁如此评论这段话:“在他的日子,义人要发旺,大有平安,直至月亮升起。”[29]奥古斯丁宣称,这些话“应当这样理解:在他的日子,义人征服肉体的矛盾与反抗,并大有平安,不断增长直至‘月亮升起’,那是说直至教会被提升,通过复活的荣耀与上帝一起统治”。因而,《诗篇》作者所说的义人与和平不应同尘世国家里的义人(*iustitia*)与和平(*pax*)相混淆。那些基督教的最高理想还没有,也永远不会体现在尘世罗马帝国的世俗机构之中,但它们会在永恒教会的灵修团体之中实现。将弥赛亚理想与罗马帝国的历史事实等同起来的神学解释是站不住脚的,奥古斯丁在其评注中非常彻底地驳斥了那种观点。

奥古斯丁在他的解经学著作中时常在核心问题上背离他前辈 287
的诠释,对此他十分清楚。在 404 年的两封信中(*Epist.* 105, 112),哲罗姆直截了当地告诉了奥古斯丁此点,那时还远在奥古斯丁写作《〈诗篇〉释义》45 与 71 之前。值得注意的是,哲罗姆特意提到了奥古斯丁对《诗篇》某些段落的小评注,他说道(*Epist.* 105, 2):“如果我想批评它们的话,我会有不同的意见,但我不发表自己的看法,因为‘我就算不得什么’(《哥林多前书》,13,2),但我会发表老辈希腊评论家的解释。”[30]在他的回信(*Epist.* 82, 3)中,奥古斯丁十分清晰地表明,在任何一个与前辈评注家相左的解释上,他认为自己是与《圣经》完全一致的,因此他感到自己是正当的。他宣称:“只有《圣经》中那些现已被称为正典的经文,我才坚定地相信它们的作者在写作中没有犯下错误。”他继续说,“但是对于其他的,我的阅读方式是,无论作者的圣洁与学问是如何卓越,我不会仅仅因为是他们所提出的观点就接受他们的教导是正确的,只有通过那些正典经文本身,或是我的理性所认可的论据,他们才能成功地使我信服他们教导的真实性"。这一论述的实质很明确,我们应该赋予如下事实以重大意义:奥古斯丁对《旧约》中弥赛亚王国的预言作了一种完全不同于某些最著名的早期希腊与拉丁神学家的诠释,他们将那些段落阐释为一种许诺,认为人在尘世与历史的进程中可以获得物质的福祉并实现进步。

如果我们还记得的话,正是在奥古斯丁自己的时代中,由优西比乌发展起来的基督教进步观念在一场根本性的论战中成了关键
288 问题,那么,他对于这些观念的驳斥就更加值得注意了。这就是著名的罗马"胜利女神祭坛"(the Altar of Victory)事件,历史上最后一次异教传统观念与基督教进步观念之间的大论战。[31]那次事件以及它所带来的影响,成了奥古斯丁写作《上帝之城》的直接背景。

自共和国时代起,胜利女神像就立于罗马元老院之内,而元老院开会之前要在女神祭坛前燃香。4 世纪中叶,罗马皇帝君士坦提乌斯(Constantius)命令搬走了神像,但是背教者朱利安又恢复了神像原来所在之地。382 年神像被再次搬走。① 罗马元老院的异教成员自然十分不快,384 年,他们中最受人尊敬的西马库斯(Symmachus)向当政的皇帝们提出了一个恢复胜利女神祭坛的恳切请求②。西马库斯的理由建立在"我给,所以你应当给"(*do ut des*)的互易原则之上,当然,他是以异教的思维方式来使用这一原则的。他宣称,古代的神祇们扶助罗马登上了高位,因此罗马亏欠于他们感激之情(Symmachus' *Relatio*, 第 3 节和第 8 节)。西马库斯让拟人化的罗马自己向皇帝们说话(第 9 节):"卓越的君主们,

---

① 357 年皇帝君士坦提乌斯下令搬走了神像,背教者朱利安统治期间又恢复至原位,382 年皇帝格拉提安又下令搬走了神像。——中译者注

② 西马库斯(Quintus Aurelius Symmachus, 345—402)是著名政治家、演说家与作家。他是罗马传统宗教的坚定维护者。382 年皇帝格拉提安将胜利女神像从罗马元老院搬走时,他作为元老院异教派代表向皇帝抗议。384—385 年担任罗马城行政长官(prefect of the city of Rome)期间,他致信当时的皇帝们:西部的 Valentinian II (375—392),东部的 Theodosius I(379—395)与 Arcadius(395—408, 383 年由其父 Theodosius I 授予"Augustus",并作为"co-ruler"与其父共同统治东部),恳求恢复罗马元老院内的胜利女神祭坛。——中译者注

国家的父辈们尊敬我的年岁,那是由虔诚的仪式带给我的。让我使用祖先的仪式吧,因为我并没有对它们懊悔。让我以我的方式生活吧,因为我是自由的。这种崇拜已将世界征服至我的法律之下,这些神圣的仪式将汉尼拔(Hannibal)从我的城墙下击退,将高卢人从卡匹托神殿(Capitol)前击退。"西马库斯以同样的精神发出了强烈的警告(第 4 节):"对于将来可能发生之事我们要谨慎,并且,我们要避免不祥的行动。"

当时基督教的领军人物,米兰主教安布罗斯(Bishop Ambrose of Milan)挺身担起了回复异教大政治家之请求的任务。在他反驳西马库斯关于罗马崛起是由异教众神的扶助这一论断时,安布罗 289
斯当然援引了基督教护教士们的古老论据。但是他往前走得更远,他也让罗马自己说话(*Epist.* 18,7)。但是,西马库斯的罗马(Symmachus' *Roma*)恳求保存由来已久的老传统,而安布罗斯的罗马(Ambrose's *Roma*)求助于进步的观念。她(指罗马)宣称,"走向更好之事并不羞耻"。而在回答西马库斯的传统主义的论点,即"我们祖先的仪式应当被保留"时,安布罗斯问道(第 23 节):"我们为什么应该这么做?在时间的进程中,万物不都是朝着更好的方向前进的吗?"在他给当时当政的皇帝们的信中,安布罗斯表明自己赞同当时流行的信念,即在历史进程中基督教是一个进步因素。也许应当顺便指出,正如优西比乌与西马库斯,安布罗斯也相信上帝与人类之间的关系主要由善行与报偿的原则所决定。例如,在他的《论信仰》(*On Faith* 2,16)中,安布罗斯毫不迟疑地指出,378 年阿德里安堡战役(the battle of Adrianople)中罗马皇帝瓦林斯(Valens)①的战败,是因为瓦林斯是阿里乌派异端分子(Arian);另一方面,他信心十足地预言,皇帝格拉提安(Gratian)对西哥特人的胜利,是因为这位新统治者信奉正统信仰。[32]

在 384 年,胜利女神祭坛问题按照安布罗斯的意愿解决了,但

① 罗马皇帝瓦林斯(Flavius Julius Valens, 328—378),364—378 年在位。——中译者注

是,在接下来的二十年中,罗马元老院的异教派别依然在为恢复神像而努力,并取得了不同程度的成功。因此,在403年前后,诗人普鲁登提乌斯(Prudentius)决定再次表明基督教对于那个问题的看法。[33]他的题为《驳西马库斯》(*Against Symmachus*)的诗作,是早期西方基督教世界里对于基督教进步观念最具诗意的表达。根据普鲁登提乌斯,上帝已经派给了罗马人征服世界,建立普世帝国进而为普世宗教的传播铺平道路的任务。罗马帝国的使命是最终转变
290 为基督教帝国。那个伟大的转变发生在了君士坦丁治下。用普鲁登提乌斯的话来说(1539起),他"在得到来自天命的统治权后,习惯了罗慕洛的国家变得永远强盛"。在他对于由君士坦丁所建立的普世永恒的基督教帝国的描述中,普鲁登提乌斯所使用的词句与维吉尔(Vergil)当年借朱庇特之口所说之话几乎相同(1541—1543),"(君士坦丁)既未限定任何边界,也未限制时间之界;他教导帝国权力永无尽头,如此罗马之勇不会衰老,罗马所赢得的荣耀也永不知年岁之老"。普鲁登提乌斯说道(1587—1590),这个基督教罗马"已将她自己奉献与您,哦,基督,并在您的律法之下前行,现时正希望与她所有的人民和最伟大的公民一起,去拓展她尘世的统治,直至天堂的星辰"。普鲁登提乌斯记起了西马库斯的断言,即认为只是由于古代众神的扶助,高卢人和汉尼拔才没能彻底击败罗马。他让拟人化的基督教罗马(Christian *Roma*)如此回复道(2690—2695):"不管是谁,试图再次用过去失败与古代灾难的记忆影响我,他就应当看到,在这个你们的时代(即基督教皇帝们的时代)里,我再没有遭受到任何那一类的事情。没有手持投枪的野蛮敌人摧毁我的城墙,也没有身着怪异之服装、发式、武器之人,游荡于他们所征服的城市,并将我的年轻人夺去,投进山北的监狱。"

这些诗句写于403年前后。在410年,罗马陷落于阿拉里克与"游荡于他们所征服之城的"西哥特人之手。在这种情况下,当时必定有许多人(既有异教徒又有基督徒)记起了西马库斯忧心的警告,而它又在最近再次被讨论过,并被普鲁登提乌斯十分乐观地否定了。在410年,阿拉里克实现了彻底地征服罗马,这在汉尼拔之

前数百年间都未曾发生过。并且,长久以来所忧虑的“罗马之陷”几乎马上就发生了,而就在此前不久,一位基督教诗人还向其听众信誓旦旦地保证,它现在不会发生,将来也不会出现。

我们从奥古斯丁在该事件之后不久所作的《罗马之陷布道辞》 291
(*Sermon on the Fall of the City*)中得知,当时的异教徒与基督徒的反应是深切而激烈的。[34]异教徒们对基督徒说(第9节):“只要我们给我们的众神献祭,罗马就屹立着;现在,你们的上帝成功地得到了大量的献祭,而给我们众神的献祭被阻止被禁止了,看看吧,罗马正在遭受着什么。”据奥古斯丁的布道辞(第6节),基督徒们深受震惊,并被事实与迷惑了,尽管城里有众多的圣地,尽管有圣彼得、圣保罗以及许多其他殉道者的墓地,“罗马还是悲惨地被毁灭了,罗马经受着折磨、凄凉与焚烧”。自然而然,奥古斯丁对基督徒反应的关注,大大超过于对异教徒反应的关注。因为,十分明显的是,在410年之后,基督教内部许多人被这一新信仰所吸引仅仅是因为其外在的成功。对他们来说,基督教主要是意味着相信由优西比乌及其追随者所教导的“我给,所以你应当给”(*do ut des*)这一互易原则的有效性。这样一种主要是建立在物质性的基础之上的信仰,以及这样一种浅薄的乐观主义,当然会被这次事件的转变严重地动摇。在罗马陷落之后所作的另一个布道辞中,揭示了奥古斯丁是如何焦虑地意识到那些追求名利的基督徒所提出的问题。他严厉地谴责(*Sermon* 105, 13)“那些追逐与渴求俗世之物,并将他们的希望置于俗世事物之中的渎神者们。不管他们是否愿意,当他们失去它们时,他们将拥有什么,他们将居于何处?没有内在之物,也没有外在之物;金库空了,良心更是空了”。

从意识形态的角度来说这是一个十分危急的境况,正是这一境况推动了奥古斯丁去写作《上帝之城》。他意识到,“罗马之陷”这一起单个事件,对于当时的基督徒在思想与情感上产生了一个远远超过其实际重要性的影响。该事件的重要性,来自于“永恒”罗 292
马之命运在当时存在的(不管它们是异教的还是基督徒的)历史观念中占据的核心位置。那么,如果奥古斯丁想要以一种真正根本的方式与对“罗马之陷”的那些解释作斗争的话，他就只能提出自己的解释历史进程与意义的观念。因此，他愿意花费生命中的13年时间，来对最复杂的历史问题做出研究，而直到410年时，这一问题对他来说还只是一个偶然的兴趣点。

如我们所看到的，奥古斯丁意识到，为试图解决那个问题，事实上他不得不反对当时所有流行的历史观念。他没有认同早期基督徒作家中的那些观念，他们认为，从世界末日可能即将来临的视角来看，对于历史的任何关切都是多余的。同时，对于未来千年王国的末世论思考与推算，他也没有兴趣。当然，他也不可能接受某些异教哲学流派所持有的循环论与奥利金的修正版的循环论。同时，他非常清楚地看到，像4世纪期间优西比乌与其他人那样宣扬一种“进步”的观念，并且是从任何物质性的意义上来理解这一观念的话，这对于基督教信仰来说是很危险的。如奥古斯丁在其《〈诗篇〉释义》136, 9中所说的，在当时的境况下，“大多数异教徒”肯定会问：“自从基督降临以来，人类的事务比之前更糟了，而人类的事务曾经比现在要好上很多，这难道不是真的吗？”[35]对于世俗的进步观念的每一种强调，必然使基督教事业面临异教徒的攻击与三心二意的基督徒们的怀疑。这两个群体都确实会发现，对于世俗成功的一切许诺，都被410年的大灾难完全地否定了——并且很有可能会有更多、更糟的灾难会降临。

293 与所有这些观念相比，奥古斯丁自己的历史观呈现了一种对于希伯来与早期基督教思想的一个基本重申与系统阐述。[36]对他来说，历史是时间中的“上帝之工”(*operatio Dei*)，它是“一个单方向的有目的的过程，奔向一个目标——拯救”，是单个人的拯救，不是任何集体或组织的。[37]自从创世以来就存在两个城，一是上帝之城或那些“想要追求属灵生活”的团体；一是地上之城或那些“想要追逐俗世生活”的团体(*City of God*, 14, 1 C)。在《上帝之城》第二部分的十二卷中，八卷处理那两个城的起源(*exortus*)与终结(*finis*)，即创世与末日审判。只有中间的那一部分(十五至十八卷)是处理一般被视为历史时代的那段时间，而即使是在那一部分中,奥古斯丁将他的主要注意力也集中在那些属于"上帝之城,在尘世作旅行"的人与事(18, 54 K)。在《上帝之城》中只有一卷(第十八卷)对于历史发展作了真正的论述,这清楚地说明,奥古斯丁认为人类历史中纯粹世俗的层面是相对不那么重要的。

《上帝之城》的中间部分由第十五至十八卷构成,奥古斯丁对其内容作了如下陈述(15, 1 C):"我看现在应该来谈谈(两座城)的历史进程了,从那两位(即亚当与夏娃)开始繁衍种族之时,直到人类停止生息的时期为止。在这整个时期或时代中,将死者离去,新生者相续,这即是正在讨论中的两座城的历史进程。"在刚刚所引段落中的两处,以及在其他两个段落中(11, 1 C and 18, 54 K),奥古斯丁都使用了 *excursus* 一词来阐述发生于创世与末日审判之间的历史进程。[38] 在《上帝之城》的其他段落中,他更多地是使用 294
procursus 与 *procurrere*,来描述这同一时间段内的发展进程。[39] 这些词的含义是什么呢?如果我们翻阅由约翰·希利(John Healey)与马库斯·多兹(Marcus Dods)翻译的《上帝之城》,我们会发现他们时常将名词 *procursus* 译为"进步"(progress),但也译为"历史"(history)、"进程"(proceedings)、"前进"(advance);将动词 *procurrere* 译为"自然发展"(run its course)、"前行"(run on)、"继续前进"(proceed)、"行进"(progress);而将 *excursus* 一词译为"进步"(progress)、"进展"(progression)、"历程"(career)、"进程"(course)。在近来翻译的《上帝之城》中,泽玛神父(Father Demetrius B. Zema)与沃什神父(Father Gerald G. Walsh)将 *procursus* 译为"进步"(progress),而将 *excursus* 译为"发展"(development)。那么,我们是否必须认为,奥古斯丁相信两座城在地上的历史进程是以某种演进式的进步发生的吗?这样一种假定看来是绝不可能的。因为,不仅在《上帝之城》整部书中以及奥古斯丁的《再思录》(*Retractations*, 2, 69, 2)[40] 对这部书的描述中,*procursus* 与 *excursus* 这两个词汇都是可以替换使用的。而且,在《上帝之城》完工后不久所写的一封信中,奥古斯丁明确地说道,当下正在讨论的这部分"阐述了(天上之城的) *procursus*,或者我们更愿意说是

excursus”[41]。那么，在回顾以往时，奥古斯丁自己认为使用 *excursus* 一词更加适当。从语言学的角度以及从这一词语的现代涵义上来考虑，将该词与“进步”(progress)等同起来似乎很成问题。

《上帝之城》中的一段话(15, 21 E)提供了正确理解这一特定
295 术语的最好钥匙。在其中，奥古斯丁说道：“(在《圣经》中)时间的计算始于两个城的建立，一个建于尘世事物之中，另一个建于对上帝的向往之中。但两者都是来自于共同的死亡之门(这门在亚当身上开启)，因此，它们都会朝着各自不同的路途前行，并在各自合适的应得的终点处跑完(*procurrant et excurrant*)。”根据这段话，两座城的历史有着相同的起点，即亚当的堕落；从那个点开始，它们沿着各自的路程前行，直至时间的终点，即末日审判。如此，奥古斯丁将历史的进程设想成两条轨道的形式，它们的进程已由上帝规定好了，两个团体之成员历代接续不断按着它前行。以那种景象比喻来说，奥古斯丁是有可能将“前行”与“跑完”用作同义词使用的，并且说地上的上帝之城“为跑完它的进程而继续前行”[42]。

对于天上之城的进程来说，可以说存在一种“进步”(progress)，但它不是指任何物质意义上的，而是指上帝将神圣真理传递给人类(特别是通过那些预知未来弥赛亚王国的预言[43])的一个渐进的启示进程。奥古斯丁宣称(10, 14 A)：“正如个人的正确知识，那些上帝子民的正确知识也是通过一定的时期或者说时代所增加的，这样它才可能会被从俗世之中提升，去感知永恒，从可见的提升至不可见的。”因此，据奥古斯丁看来，在精神领域里，人类是从婴儿期开始成长，经过童年期、青春期、青年期、中年期直
296 至老年期(*senectus*)，该时期是从基督诞生时开始的。人类精神启蒙的发展，最清晰地表述在这“六个时期”的安排之中。在上文刚刚所引的段落中，奥古斯丁也提及了这一安排，并以此划分了天上之城在地上的进程。[44]基督的出现与福音的到来使之达到了顶点，并且，直至时间的终结，在精神领域里不会再有重大的变化发生。

对于在地上之城的领域中的进程，奥古斯丁在他的历史论述中反复强调人间之事的易变与无常。城邦、王国与帝国的兴衰贯穿

整个历史进程,而且这将始终是如此。奥古斯丁宣称(17, 13 C):"因为人间之事的易变,任何一个民族都得不到那种无须害怕敌人的入侵威胁到其生存的安全。"奥古斯丁承认,罗马帝国取得了超过其他任何国家的成就,他也承认异教罗马人曾经拥有可被称为美德的某种品质,尽管这不是完整的、真正意义上的美德。同时,像他的学生奥罗修斯一样,奥古斯丁坚信,许多世纪以来罗马帝国已陷入了一个道德瓦解的过程,这一衰退早在基督与奥古斯都时代之前就已开始了。[45]

优西比乌与4世纪其他的基督教进步论者非常强调基督诞生与奥古斯都统治的同时性,因为,他们将宗教上顶峰的对应物视为"永恒"罗马帝国与"普世"罗马和平(*Pax Romana*)的建立。那种观念占据了他们历史观的核心地位,而奥古斯丁对此只用一个句子一笔带过,只是简单地说(18, 46 A):"当希律王(Herod)统治犹大时,共和国政府变脸之后,凯撒·奥古斯都在罗马当皇帝并使世界有了和平。这时,基督——来自于人的童贞女而显现为人,来自 297
于父上帝而隐藏为神——诞生在犹大的伯利恒。"根据优西比乌及其追随者,人类历史在那时开始了新的起点,并朝着君士坦丁治下的新的高点"前进",那时罗马帝国实现了它的使命,即成为基督教帝国。而奥古斯丁将基督的出现作为历史叙述的终点。对他来说,从那件事以后开始的,到他自己的时代及至世界终结之时,不是一个现代的时期,而只是"一个老年时期,是过着属灵生活的新人得以诞生的最后一个阶段"[46]。上帝已启示了所有传达给世上之人的真理,因此,天上之城与地上之城的历史都没有根本性的新教训可教导了。奥古斯丁不认同优西比乌与其他人的乐观主义,相反,他将自己的时代说成"这个恶毒的世界,这些邪恶的日子"(18, 49 A),他甚至设想到了未来教会与信仰遭受迫害的可能性(18, 52)。他提醒他的读者(16, 24 H),根据基督自己的话,历史最后的阶段不会是一个俗世和平与地上繁荣的时代,而恰恰是相反的:"对于这个世界的终结,信徒将处于巨大的动乱与苦难之中,上帝对此已在福音中说道:'因为那时必有大灾难,从世界的起头直到如今，没有这样的灾难，后来也没有。'(《马太福音 24:21》)"

因此，在奥古斯丁看来，在人类历史的进程中不存在一种真正的"进步"。当然，他对如下事实也十分清楚，即"人类之天才已经发明并实际使用了很多伟大的技艺……而且，人类的事业已经取得了惊人的、非凡的进步"(22, 24 K—L)。但是，与此同时，他指出了一个经常被那些相信物质进步之福祉的人所忽视的事实，事
298 实是人类的聪明才智与创造力同样有它们破坏性的方面："为了伤害人，已经发明了多少种类的毒药，多少种武器与破坏性的机械。"人类历史发展的这种双面性，正是来自于那些决定人类历史进程的力量的本质。奥古斯丁在《上帝之城》的结尾处(22, 24 A)说道："在人类的这一条长河或湍流中，有两样东西与这一进程一起前行，来自于父(亚当)的人之恶，与造物主所赐予的人之善。"

注释：

1. 当我拿到 J. Straub 的文章时["Christliche Geschichtsapologetik in der Krisis des römischen Reiches", *Historia* (1950), 52—81]，本文已在付印中。Straub 教授一文并没有讨论进步观念及 4 世纪与之前流行的其他基督教与异教的历史观念。他的主要目标是在从 378 年至 410 年罗马之陷后的这一时期内，讨论"mit der Rolle, welche die christlichen Apologeten in jenem epochalen Umwandlungsprozess gespielt haben, in dem der römische Staat zugrundeging, aber die mit dem Staat aufs engste verbundene Kirche ihre eigene Existenz zu behaupten und sich für die Teilnahme an der neu zu bildenden Völkergemeinschaft der Welt des Mittelalters freizumachen suchte" (p. 54)。特别有价值的是，Straub 教授澄清了奥古斯丁与奥罗修斯关于基督教看待罗马帝国态度的问题。——遗憾的是，我未能参阅 H. v. Campenhausen, O. Herding 与 W. Loewenich 的文章，根据 Straub 文中(上引论文)第 52 页注 1，所有这些文章都讨论了奥古斯丁的历史观念。
2. 在此文中，我所引用的教父文本都来自 *The Select Library of the Ante-Nicene Fathers*, *Nicene* 与 *Post-Nicene Fathers* (1885—1900)三个系列中的译文，然而，我时常发现必须改变译文，对此我必须负责。
3. 参见 E. K. Rand, *The Building of Eternal Rome* (1943)。
4. 对于这一问题的最近研究参见 J. W. Swain, "The Theory of the Four Monarchies: Opposition History under the Roman Empire", *Classical Philology* (1940), pp. 1—21; H. L. Ginsberg, *Studies in Daniel* (1948),

pp. 5—23。

5. 将第四帝国与罗马帝国等同起来的作者名单,已由 H. H. Rowley 汇编,见 *Darius the Mede and the Four World Empires in the Book of Daniel* (1935),第 73 页起。

6. 上述译文依据的是奥古斯丁所引的"意大利圣经"(*Itala*)文本,詹姆斯国王钦定本圣经(*King James Bible*):"只是现在有一个妨碍的,等到那妨碍的被除去。"

7. 我对《上帝之城》(*De civitate Dei*)的引用依据的是 J. E. Welldon 编辑的两卷本拉丁文版本(1924),而译文依据的是 M. Dods, *The City of God*, 2 vols. (1872),但我时常用我自己的翻译代替 Dods 的。

8. 参见 *Sermon* 81, 9;所提到的三篇布道辞都作于 410 年与 411 年,见 A. Kunzelmann in *Miscellanea Agostiniana* (1931), II, 449, 500。关于这些布道辞也请参见 M. Pontet, *L'exégèse de S. Augustin Prédicateur* (1944), p. 454, pp. 471—476。

9. Pseudo-Bede, *Flores ex diversis, quaestiones et parabola*, ed. Migne, *Patrologia Latina*, 94, col. 543; 参见 F. Schneider, *Rom und Romgedanke im Mittelalter* (1926), 66 f., 251。

10. 引自 J. W. Woodworth 所译的奥罗修斯《历史七书》(*Seven Books*), (1936), 1。

11. 该书第一部中的第二部分由第六至第十卷构成,在本文中可以被忽略,因为奥古斯丁在其中不讨论历史问题,而是去驳斥那些"坚信多神崇拜对来生有益"的哲学家的断言(《再思录》(*Retractations*, 2, 68, 1))。

12. 参见 W. J. Oates 在其 *Basic Writings of St. Augustine* (1948)的导言(I, ix—xl)中对奥古斯丁主要著作中的重要思想所作的综合分析。见 E. Gilson 为 D. B. Zema 与 G. G. Walsh 翻译的《上帝之城》(1950)所写的导言(I, pp. xi-xcviii)——在众多研究奥古斯丁历史观念的著作中,我只能列出一些最近的研究:R. J. Defferari and M. Keeler, "St. Augustine's City of God: Its Plan and Development", *American Journal of Philology* (1929), L, 109—137; U. A. Padovano, "La Città di Dio: teologia e non filosofia della storia", *Rivista di Filosofia Neo-scolastica* (1931), supplem. vol. to vol. XXIII, 220—263; H. I. Marrou, *S. Augustin et la fin de la culture antique* (1938; see esp. 131—135, 417—419, 461—467); H. Fuchs, *Der geistige Widerstand gegen Rom in der antiken Welt* (1938); C. N. Cochrane, *Christianity and Classical Culture*, A *Study of Thought and Action from Augustus to Augustine* (1944; esp. 397—516); W. M. Green, "Augustine on the Teaching of History", *University of California Publications in Classical Philology* (1944), XII, 315—332; K. Löwith,

Meaning in History (1949), 160—173。

13. 参见 K. Löwith 前引书,第 162—165 页,第 248 页注 15;J. Baillie, *The Belief in Progress* (1951), pp. 42—57。

14. *City of God*, 12, 14 B. —C. N. Cochrane 在前引书第 245 页说道,"例如,我们发现奥利金有力地反对柏拉图主义的循环论"。但是 Cochrane,以及追随他的 R. Niebuhr (*Faith and History* (1949), 65)将他们的论点仅仅建立在奥利金著作(Against Celsus, 4, 68)中的一段话,而忽视了奥利金对此问题的更为详尽的论述(*on First Principles*, 2, 3, 1—5; 3, 5, 3; 4, 13)。P. Koetschau 在他所编订的鲁非努斯译本(*on First Principles*)与希腊文残篇(*on First Principles*, Origenes Werke [1913], V, 113 f., 120)中,评论了鲁非努斯对原文所作的修改,并加进了哲罗姆对奥利金关于众多世代之接续问题的相关评论,参见 Koetschau 版本的英译本 G. W. Butterworth, *Origen*, *On First Principles* (1935), 83—89, 238 f.; J. Baillie (前引书,第 74 页起)似乎同样忽视了奥利金持有循环论,尽管是一种修正版的循环论的这一事实。

15. 见 Butterworth,前引书,第 88 页注 4 (Jerome, *Apology*, 1, 20)与第 83 页注 1(Jerome, *Epist.*, 96, 9)。

16. 关于希伯来人的观念,见 H. Butterfield, *Christianity and History* (1950), esp. 1—4, 57—62, 68—88;关于基督教的观点,见 O. Cullmann, *Christus und die Zeit; die urchristliche Zeit-und Gesch-ichtsauffassung* (1946); R. G. Collingwood, *The idea of History* (1946), 46—52; J. Baillie,前引书, 57—87; Th. Preiss, "The Vision of History in the New Testament", *Papers of the Ecumenical Institute* (1950), V, 48—66; J. Daniélou, "The Conception of History in the Christian Tradition", 同上, 67—79。

17. 见 E. K. Rand, Founders of the Middle Ages (1929), 13—22, 291; Rand, The Building of Eternal Rome (1943), 72, 189 起;C. N. Cochrane,前引书, 242—247, 483 起;K. Löwith,前引书,60 起,84,112 起,182 起;J. Baillie,前引书,19—22, 94—96。

18. 关于千禧年的观念,参见 E. Bernheim, *Mittelalterliche Zeitenschauungen in ihrem Einfluss auf Politik und Geschichtschreibung* (1918), esp. 63—109; A. Wikenhauser, "Das Problem des tausendjährigen Reiches in der Johannes-Apokalypse", *Römische Quartalschrift* (1932), XL, 13—36; Wikenhauser, "Die Herkunft der Idee des tausendjährigen Reiches in der Johannes-Apokalypse", 同上 (1937), XLV, 1—24; J. Baillie,前引书, 60—64, 79—83。

19. 关于这些主张的讨论,参见 E. Peterson, *Der Monotheismus als politisches Problem* (1935), 66—88; J. Geffcken, Zwei griechische Apologeten

(1907), esp. 63, 92。

20. 关于这一点,参见 H. Berkhof, *Kirche und Kaiser*; *eine Untersuchung der Entstehung der byzantinischen und theokratischen Staatsauffassung im 4. Jahrhundert* (1947), esp. 14—18, 31—34, 55—59, 66, 70。

21. 参见 Berkhof,前引书,第 205—209 页。

22. 参见 H. Berkhof, *Die Theologie des Eusebius von Caesarea* (1939), 45—50, 55 起,58 起; E. Peterson, 前引书,第 66 页起。

23. 相似的段落见优西比乌的《神显论》(*Theophania*, 3, 2);《福音的预备》(*Praeparatio Evangelica*, 5, 1)。

24. 应当注意的是,奥利金对《以赛亚书》2:4 中段落的阐释是完全从精神(灵性)层面来进行的。参见 *Against Celsus*, 5, 33; *Against Heresies*, 6, 16。

25. 由 S. Lee 译自古叙利亚文,S. Lee, *Eusebius on the Theophania* (1853), 156 起;十分相似的段落参见优西比乌的《君士坦丁赞》(*Praise of Constantine*, 16, 4—5)。

26. *The Idea of Progress*; *a Collection of Readings*; selected by F. J. Teggart; revised edition with an introduction by G. H. Hildebrand, 4.

27. 参见 E. Peterson, 前引书,第 71—88 页。

28. 参见 E. Peterson, 前引书,第 97 页起;关于 *Enarrations on the Psalm 45* 的写作时间,参见 S. M. Zarb, "Chronologia enarrationum S. Augustini in Psalmos", in *Angelicum* (1947), XXIV, 275—283。

29. 上述《诗篇》72 的译文依据的是奥古斯丁所使用的意大利文本(*Itala*)——这篇《释义》写于 415 年至 416 年之间,参见 S. M. Zarb, 前引文, *Angelicum* (1935), XII, 77—81。

30. 我们不知道哲罗姆所指的奥古斯丁的"小评注"是什么;奥古斯丁是在 4 世纪最后的十年开始写作《〈诗篇〉释义》的;参见 Zarb, 前引书。

31. 关于这一事件,特别参见 J. R. Palanque, *S. Ambroise et l'empire Romain* (1933), 131—136, 221 起, 278 起, 307, 358—364, 510, 536; J. Wytzes, *Der Streit um den Altar der Viktoria* (1936); L. Malunowicz, *De ara victoriae in curia Romana quomodo certatum sit* (1937); M. Lavarenne in his edition of the works of *Prudence* (1948), III, 85—90。

32. 参见 H. Berkhof, *Kirche und Kaiser*, 90—94, 173—182。

33. 关于普鲁登提乌斯《驳西马库斯》(*Contra Symmachum*)的写作时间,参见 L. Malunowicz, 前引书,第 99 页起;M. Lavarenne, 前引书, III, 第 89 页起。

34. Sermon 296 的拉丁文本近来已由 G. Morin 重新编订,载 *Miscellanea Agostiniana* (1930), I, 401—419。

35. 这篇《释义》(*Enarration*)写于 410 年与 413 年之间,参见 Zarb,前引书,

(1939), XVI, 第 289 页起。

36. 见前文注 16。

37. 参见 K. Löwith 前引书, 170 页起; E. Frank, "The Role of History in Christian Thought", *The Duke Divinity School Bulletin* (1949), XIV, 74。

38. 参见 *City of God*, 15, 9 D: *praeterit saeculi excursus*。

39. 例如 *City of God*, 1, 35 B; 10, 32 U; 15, 1 D; 16, 12 A; 35 A and 43 I; 17, 1 A, 4 A and 14 A; 18, 1 A, B, C and 2 G。

40. M. Dods 在 *The City of God* (1872), I, 第 viii 页, 以及, 与他一样, G. H. Hildebrand 在 *The Idea of Progress* (1949), 第 110 页中, 都将 *Retractat.* 69, 2 中的 *excursum earum siue procursum* 译为"他们的历史或进步"。

41. 这一新发现的致 Firmus 的信件文本已由 C. Lambot 发表在了 *Revue Bénédictine* (1939, LI, 212)上; 这段话为: *procursum siue dicere maluimus excursum*, Zema 与 Walsh 在书中(前引书, I, 400)将此译为"它的进步, 或者, 我们不如说, 它的发展"。

42. *City of God*, XIX, 5 A: ... *ista Dei civitas* ... *progrederetur excursu* ...

43. 参见 K. Löwith, 前引书, 第 172 页: "……只有一种进步: 朝向一个在信仰与不信、基督与敌基督之间的更加鲜明的区分前行……"根据 J. Daniélou (前引书, 第 70 页), 里昂的爱任纽(Irenaeus of Lyons)第一个认为, "这种进步的缘由是有一种教育的性质"。

44. 见 *City of God*, 15 C A; 16, 24 F and 43 G; 22, 30 O—P; 对于那个安排最为详尽的解释, 见奥古斯丁的 *De Genesi contra Manichaeos*, I, 23—24, in Migne, *Patrologia Latina*, XXXIV, 190—194; 参见 W. M. Green, 前引书, 第 320—327 页。

45. 除了《上帝之城》中的众多段落外, 也参见奥古斯丁在 412 年写的一封信(*Epist.* 138)。

46. Augustine, *De Genesi contra Manichaeos*, I, 23, 40, in Migne, 前引书, XXXIV, 192。

13. 阿普尼乌斯和奥罗修斯 299
与主显节的意义*

在圣诞节和主显节这两个节日的历史上，5 世纪早期是极为重
要的时间段[1]。当时的东西教廷，尤其是安提阿(Antioch)和君士坦 300
丁[2]教廷，都已经普遍接受了罗马将耶稣生日定在 12 月 25 日[3]的规
定。只有东方的少数地区，如埃及[4]和巴勒斯坦[5]，信徒仍固执地坚
持在 1 月 6 日纪念耶稣的诞生。而亚美尼亚人[6]直至今日，仍是
如此。

但是，关于主显节的意义，从 5 世纪初，基督世界中就有两种完
全不同的解释传统。其一源于罗马教廷，它规定 1 月 6 日是纪念三
博士拜主(adoration of Christ by the Magi)的日子。圣奥古斯丁也
同意这么做，他在主显节的六次布道中，都宣称说：这一日是东方
三博士拜耶稣的日子[7]，以此来“杜绝异教的产生”[8]。而另一种传统
是：在现存的大部分的基督教世界中，主显节具有比罗马教廷和圣 301
奥古斯丁所说的深远得多的意义。如安塞姆·斯特里玛特修士
(Dom Anselm Strittmatter)所说的：“自从引入了西方 12 月 25 日的
节日”，1 月 6 日这一天“在东方成为了纪念耶稣受洗，以及为新教
徒洗礼的日子”[9]。如今，东方的基督教派在主显节这一日，纪念的
主要是耶稣在约旦河受洗[10]，以及受洗这一圣礼的产生。而在西

* 再版自 Late Clssical and Mediaeval Studies In Honor of Albert Mathias Friend, Jr.，Kurt Weitzmann，编辑(Princeton，N. J.：Princeton University Press，1955)．pp. 96—111。

方，在圣奥古斯丁的权威支持下，罗马教廷在随后的几个世纪中，逐渐成功地将纪念耶稣受洗和受洗礼本身强行取消，将主显节的重要意义减少到只纪念三博士拜主[11]。

在公元400年左右，虽然罗马已经明确解释了节日的概念，但这并不意味着这种概念在西方的基督教徒中被普遍接受。大部分的重要教廷——包括圣安布罗姆斯领导下的米兰教廷、西班牙、高卢以及爱尔兰教廷——在纪念三博士拜主和迦南奇迹(miracle of Cana)[12]的同时，仍继续在1月6日举行典礼，纪念耶稣受洗。约翰·卡西安(John Cassian)在他的《谈话录》(*Conferences*)一书中，
302 给这些事件做出了最好的述评。他观察到：在埃及，"神父认为主显节既是我们的主受洗，也是他肉身降世的日子。因此，他们在这一天，并不像其他的西部地区，只按照传说来纪念这一天"[13]。这一段叙述的最后一部分证明了，卡西安相信当时西部教廷中，在像大部分主显节那样纪念耶稣受洗的同时，还纪念耶稣的诞生。

在谈及5世纪初，整个教廷内存在的对于主显节意义的基本分歧时，有必要探讨两篇涉及这个话题的文章。这两篇文章至今还没在这个话题上得到充分的关注。两篇文章都写于5世纪初，文章的作者阿普尼乌斯(Aponius)和奥罗修斯的观点都与罗马教廷和圣奥古斯丁大相径庭，两者最终都试图以特殊的方式，将基督教的主显节与世俗世界历史上奥古斯都大帝统治时期的王国大事相联系。

303 阿普尼乌斯在早期教廷的神学家中，是迷一般的存在[14]。似乎没有任何当时的资料提及过他的名字，而他现存的唯一著作《诗篇解释七书》(*In Canticum Canticorum Explanationis Libri* Ⅶ，(以下简称《解释》))[15]，除了被8、9世纪的可敬的比德(veneralble Bede)[16]和吕克瑟伊的安吉罗姆斯(Angelomus of Luxeuil)[17]在他们自己为《雅歌》(*The Song of Songs*)注释时引用过外，似乎也从未被其他文章引用。但是，从《解释》一书中，我们能够知道，阿普尼乌斯是有犹太血统的叙利亚人，他在405到415年间到达帝国西部，可能是罗马，并在那里工作。

在《解释》的最后一本书中(卷 7),阿普尼乌斯花费了大量笔墨
注释《雅歌》中的这一段“我是墙,我的胸像墙上的塔;在他眼中我
是那个得平安的人”。[18]阿普尼乌斯觉得这是耶稣降世的预兆,因为
他说:“在此,和平通过圣灵的声音传播开去,随之消失的是战争的
硝烟和恼人的纠纷。”[19]阿普尼乌斯将整段话的主旨归纳为和平: 304
“就在耶稣诞生之时,天使向良人们宣示了平安(《路加福音》,2:
14),依持着神力,耶稣成为了人类中的万能之人,他是神中之神,
主中之主,王中之王,王子中之王子,先知中之先知,选民之选民,
审判官中之审判官,帝中之帝,圣徒中之圣徒,烈士中之烈士,所以
此时,由于肉体的特征,他有理由说自己是‘墙中之墙’。”[20]阿普尼
乌斯称,耶稣所劝导的平安“并不是圣徒在凡世后会享受到的那种
永恒的安稳,就像先知所叙述的那样(《诗篇》37:11)‘谦卑的人将
继承土地,也将获得充足的安定……’而应该是再赎罪在神与人之
间的和平”。[21]阿普尼乌斯对《雅歌》中这段话的解说除了将平安解
说成耶稣诞生为人类世界带来的厚礼外,还有另一层意义——一个
在严苛的精神范畴以外的意义。通过耶稣降世,又自愿为那些厌
恶和平的受罚者死去的事实,阿普尼乌斯说:“人们会知道,并不只
是灵魂的安稳在引导着世界”,他接着证明说:“当罗马帝国宣布成 305
立,国内外战争就得到了平息,文明与野蛮的人们一起庆祝安定;
自那时起,无论人类身处何方,都与和平维系一线。”[22]阿普尼乌斯
接着说:“在主诞生那天,即主显节那天,李维说凯撒奥古斯都从不
列颠回来,向罗马民众公开宣布,罗马通过战争和结盟,已经征服
了世界,从此天下太平。”[23]在证明天下太平时,阿普尼乌斯举例:
“当时,恶魔在叙利亚煽动起了战争,事实证明,由于耶稣的出现,
战争很快平息,安定又回到了叙利亚。”[24]阿普尼乌斯总结:“他的奇
能,验证了大卫的预言(《诗篇》72,3 和 7):‘山脉将带来安定与正
义’,以及‘他的年代充满了正义与祥和’。”[25]如果他的读者对用世
俗的眼光解读耶稣诞生所带来的和平仍持有非议,阿普尼乌斯还
有更明确的叙述:“造物主通过再赎罪赐予我们的和平,通过早期 306
的国王与法官变现。”当然,阿普尼乌斯也承认“仍有些国王,受惑

于钱财，破坏了和平；也有些法官收受了贿赂，挥霍了公平”，然而，他坚持“据我们所知，在耶稣降世前，古代各民族的国王和法官要比他们更狂暴凶残。因此，无论上述那些法官如何迁怒于受审者；无论那些国王如何挑起战争，他们也受耶稣，这个和平的缔造者的庇佑，以绝恶念。因为无助者的不幸、贫困无辜者的悲叹在召唤他”[26]。阿普尼乌斯在探讨《雅歌》中的下一首诗篇中，对这种祈祷有叙述，那首诗讲的是所罗门的葡萄园，在此，我们不做讨论。

由于阿普尼乌斯的评论提出了几个很有意思的问题，因此，我们有必要多引用几段他谈论耶稣降世缔造自然和平的章节。首先，当阿普尼乌斯讲到“他诞生的那天被称为主显节”时，他想到的到底是耶稣的哪一段经历？从上下文中，我们可以看出他指的是耶稣的生日。在评论《雅歌》那段诗的开头，以及讨论俗世的和平的前几行，他两次提及天使对牧羊人的告示。这告示他明确指明
307 发生在他出生以后(*eius nativitate*，或者是 eius nativitate)[27]。此外，全文上下没有一处提及三博士拜主或是约翰为耶稣受洗的事。可以肯定的是，对阿普尼乌斯来说，主显节指的是耶稣肉身的降世。这一意义，对《解释》一书中的另一篇文章也适用。此文中，阿普尼乌斯探讨的是《雅歌》(7:1)中的另一段诗：“王女啊，你的脚在鞋中何其美好。”再将这一段与《以赛亚书》(*Isaiah*，57:7)中的“他双足立于山顶，宣布和平，讲解救世，多么美丽”联系在一起，评述道：“这些无疑是教廷的美丽步伐，正是在她的指引教导下，宣布了罗马公民灵魂的解放，身体的和平：因为在耶稣降世时，他们从战争的历史中看到了国家冲突的残忍，从此息战。”[28]

因此，很明显的，这位5世纪时住在罗马，可能有叙利亚血统的神学家，在解释主显节时所采用的意义与罗马教廷和安提阿教廷所用的都不同。罗马教廷的主显节是纪念三博士拜主；安提阿教廷，尤其是在金口约翰(St. John Chrysostom)著名的受洗礼训诫
308 后，“主显节不是耶稣降世的日子而是他受洗的日子”。[29]而4世纪时，有些权威如叙利亚的以法莲(Ephraim)和塞浦路斯的圣伊凡尼乌斯(Epiphanius)都认为主显节是纪念耶稣诞生的节日。即便在5

世纪，耶路撒冷教廷还持有相同的见解。如果知道这些，阿普尼乌斯在坚持主显节的意义与罗马和安提阿有所出入时，可能会更有说服力。[30]

在阿普尼乌斯看来，主显节在人类历史上，无论是精神还是世俗世界中，都是最为重要的一天。耶稣诞生的那天，天使向人们宣示的和平不能仅仅理解为“人与神之间由再赎罪所带来的和平”[31]或“灵魂的安息”[32]，而应该是“肉体的安稳”[33]。为了证明后者，阿普尼乌斯明确提及“远古时代的历史”[34]“告知人们，在耶稣出现时，国家间的残酷战争随之结束”[35]。而为了证明耶稣确实“出现过”，他选择了叙利亚短暂的战争。[36]

但是阿普尼乌斯分析得更深入，他发现了通过耶稣的现世，精神的安稳与俗世的和平建立了更紧密、更直接的联系。他声称，就
在主显节、耶稣诞生的这一天[37]，奥古斯都大帝“向罗马人民宣 309
布……通过战争以及结盟，世界已经臣服于罗马，帝国充满了祥和”[38]。李维的《罗马建城纪年》(*Ab Urbe Condita*)中的陈述是否如阿普尼乌斯说的有那种效果，不在此文的考虑范围之内；同样的，即便可信如李维的文章，指的也是更早的时间，在公元前 24 年[39]，也不要紧。重要的是，阿普尼乌斯相信耶稣在伯利恒出生与奥古斯都在罗马宣布普世和平发生在同一天是确凿的历史事实。

通过表述自己相信耶稣的出现与俗世间罗马帝国统治的和平(*Pax Romana*)间是神意巧合，阿普尼乌斯将自己置身于一种古老又普遍的基督教思想传统中[40]。从萨蒂斯的麦利托主教(Bishop Melito of Sardis)到德尔图良神父，基督教思想家们不断强调这一事实：耶稣诞生的同时，奥古斯都建立了罗马帝国，尤其是在君士坦丁接受基督教后，尤西比乌和 4 世纪的其他神学家，指引着他们的信徒，更加强调这两者间的机缘天定。如我们所见，在我们索引的这一段以及另一处[41]，阿普尼乌斯毫不迟疑地用了《圣经》中的“丰盛的平安”来形容奥古斯都所建立的平安。根据以爱任纽、德尔图良和拉克坦修为代表的旧传统，《诗篇》(Psalm，72：7)中的这些词
句“在他的日子中，义人要发旺，大有平安”被理解成为是为弥赛亚 310

王国的未来所做的预言。而3—4世纪中最伟大的教规权威，包括奥利金、凯撒利亚的尤西比乌、圣克里索斯托、安布罗斯和哲罗姆，已经用罗马帝国统治下的和平及其早期的成就来解释圣歌作者的预言。阿普尼乌斯如果知道这些，那在他自己用俗世的历史来解释主显节时，可能更会底气十足。[42]

阿普尼乌斯相信自己在《圣经》中找到了另一处能够证明罗马帝国的成立是神的旨意的内容。在注释《雅歌》(4:16)中的“北风啊，兴起。南风啊，吹来。吹在我的园内，使其中的香气发出来”时，他坚持说“就像北风凛冽，南风温暖。随着风向温煦，天堂的蔬果成长”[43]。所以天堂也像俗世一样需要“和煦的风”(a tempered air)，而这风来自两种相反的元素共存，或应该是相斗争。阿普尼乌斯宣称：“因为万能的上帝在世界上所有的王国中独独赞扬了北风的那个王国，也就是罗马，他命令预言者出现，把他们从南方带来，通过处女马利亚，预言者歌唱他将从南方来，就像《哈巴古书》(Habakkuk)中预言的那样：‘上帝会从南边来。’”[44]阿普尼乌斯认为对基督教徒的迫害是恶魔控制下的罗马帝国造成的。虽然如
311 此，他还是认为：“北风的恶灵”“虽然不为人知觉”，可还是用其破坏力对本质上是好的人类产生了坏的影响。阿普尼乌斯说：“北风与南风的斗争，实际上是无神与有神，不虔诚与虔诚，悲哀与抚慰之间的矛盾。当新娘在一旁，看见珍贵芬芳的琼浆，受难者的鲜血，倾泻而出。”从这一点，阿普尼乌斯发现了罗马帝国，或者他所说的“北风之国，像一阵突来强风，在所有王国中崛起”[45]的意义。

以此，阿普尼乌斯授予罗马另一重任，不同于他之前在注释《雅歌》中所赋予罗马的和平。但是，这两篇都清楚地显示了阿普
312 尼乌斯深信罗马统治世界在历史神旨中占据了中心地位。为了让这个观点更可信，阿普尼乌斯还引用了很多他同时代以及更早期的最主要的希腊和拉丁神学家[46]，他们也持有相同的观点。相较于这些思想家，阿普尼乌斯只在一点上更为深入。他们只强调耶稣出生于奥古斯都统治的和平时期，而阿普尼乌斯相信自己能够，实际上却是错误地，以李维《罗马建城纪年》中的一段来证明在主显

节这一天，也就是“人与神之间再赎罪”的创造者降世的这一天，俗世也宣告了和平。

我们再来看一下奥罗修斯的《驳斥异教徒历史七书》，我们发现在第六卷的结尾，有关奥古斯都的那一篇中，有这么一段：“在建城 725 年后，凯撒第五次被选任执政官，而另一个执政官是阿普烈乌斯，凯撒以从东方来的征服者的身份回来，在 1 月 6 日凯旋入城。就在所有的战争都以平息告终时，他首次命令关闭雅努斯之门。也正是在那时，他第一次被称为奥古斯都。这一称谓……意味着这样夺取世界最高统治权是合法的；从那时起，所有的事务和权利集中在一个人的手里，这个传统则一直延续至今。希腊人称 313
其为独裁。”[47]奥罗修斯继续说道(6,20,3)：“那些信教的，甚至不信教的，都知道一个事实，那就是在 1 月 6 日这一天，也就是我们过主显节的这一天，主受洗这件圣事发生了。”[48]

这一段明确表示出对奥罗修斯来说，主显节是纪念受洗成为圣礼之一。纪念的是在这一天，约翰为耶稣洗礼[49]，有来自天堂的声音向人类告知此事，说道：“这是我的爱子，他让我满意。”(《马太福音》,3:17)在评价奥罗修斯的观点前，我们要记住的是奥罗修斯是西班牙教廷的成员，他是那里的神父。人们曾认为西班牙在 6 或 7 世纪前[50]，都没有在主显节纪念耶稣受洗的传统。而这一日期，随着 4 世纪晚期一些证据的发现，受到了一些学者的质疑，尤其是教 314
皇西里休斯(Pope Siricius)在公元 385 年当选教皇后写给塔拉戈纳主教西迈里奥(Bishop Himerius of Tarragona)的一封信[51]。就像安塞姆·斯特里特马特指出的[52]，这封信表明在西班牙以及很多其他西方地区，“1 月 6 日是新教徒公开受洗的日子”。《驳斥异教徒历史七书》中的这一段，向我们清楚地证明了受洗的传统可以追溯到西班牙教廷，如奥罗修斯所说“认为主显节是主受洗的日子”。顺带需要注意的是，在塞维尔的圣伊西多尔(Isidore of Seville)的《词源》(*Etymologiae*)手稿中，“主显节”一词的解释与奥罗修斯所说的几乎一致[53]。

当奥罗修斯写作关于他的主显节的解释时，他当然十分清楚他

的书是要呈递给他所尊敬的圣奥古斯丁的，而奥古斯丁的观点是
315 这个节日只纪念三博士拜主。在解释节日的意义时，有一小段附
注明确表示了他意识到在这一认识上他和奥古斯丁之间的分歧
(第六卷，20，4)："为了显示我们似乎是对探究者开诚布公的，也没
有对持异议者施以迫害，我们没有理由也没有机会对这一我们都
坚信的圣礼进行充分的讨论。"[54]似乎可以说，当奥罗修斯说"为了
显示我们……没有对持异议者施以迫害"，他暗指的就是圣奥古斯
丁以及接受罗马对这一节日解释的所有人。

当奥罗修斯有礼又谦卑，但仍坚定地质疑奥古斯丁对这一问题
的观点时，他可能因得知他刚在伯利恒见过的、拉丁著名神学家圣
哲罗姆也持有和他一样的观点而备受鼓舞。哲罗姆也认为，主显
节庆祝的是耶稣受洗，就像他在主显节的一次布道中清晰说明
的[55]：由此，主显节由一个希腊词命名：就是我们称的神迹
(apparitio)或出现(ostensio)，和希腊人说的……因为(在这一天)天
主和救世主降临人间。虽然他是马利亚所生，且已经30岁了，但
316 他仍未为这世界所知。他去约翰那儿，已在约旦河受洗时，人们才
听到天父在天堂发出的声音"这是我的爱子，我所喜悦的"时，人们
才知道他。"必须注意的是，圣哲罗姆在解释圣诞节和主显节的历
史上扮演了一个很有意思的角色。在圣诞节这一方面，他尽可能
"在东方推广罗马的节日"[56]，而在主显节这一方面，他相信这个节
日主要纪念的是耶稣受洗，相对于肉体的降世，这标志着精神的再
生。因此，他的观点与罗马帝国和圣奥古斯丁[57]的很不一样，但是
317 与东方教廷的所有伟大神学家意见一致。比如说，圣克里索斯托[58]
与圣哲罗姆在上文的布道中以及他《〈以西结书〉评注》
(*Comentaries on Ezekiel*，1：3)[59]中都用的论点，说事实上耶稣在他
人生中的前30年是不为人所知的，直到他受洗那天，他才在真正
意义上"出现"，因此，这一天在希腊语中称为"主显节"或是拉丁语
的"神迹"或"出现"。当时身处东方的哲罗姆，自然不需要去捍卫
这个与罗马教廷所说的大不同观点。而奥罗修斯，在面对罗马观
点最伟大的拥护者时，含蓄地指出主显节有两种不同的解释。而

且,因为他有他自己的西班牙教廷传统和哲罗姆的观点,他在坚持与罗马教廷相左的个人观点时颇有理有据。由于我们对奥罗修斯的性格一无所知,这份解释的价值在除了让我们知道他与圣奥古斯丁关系匪浅,他本人很尊崇奥古斯丁以外,我们还能看出他在重要事件上坚持自己的独立思考。

在他评论完公元前29年1月6日奥古斯都回到罗马——关闭雅努斯之门,并宣布独裁世界——这一系列事件,并解释了主显节的意义后,奥罗修斯总结道:“能够这样如实记录是正确的,以此可 318
证明凯撒所建立的帝国已经在各个方面为即将到来的基督教做好了准备。”[60]这一句话作为总结奥古斯都统治时期发生的三件奇迹的主旨,而奥罗修斯相信,这三件事是神的安排。奥古斯都进入都城与这些奇迹相比,就平常多了。第一件事发生在暗杀凯撒后,奥古斯都回到罗马,“太阳周边突然出现了彩虹般的光圈”[61]。第二件是在凯撒战胜雷必达后,特拉斯泰伟雷(Trastevere)的“一间客栈的泉中涌了整整一天的油”[62]。最后一件事就是之前讨论过的雅努斯之门的关闭以及屋大维在主显节这一天荣称“奥古斯都”。在结论的末尾,奥罗修斯提前指出了他在书的后面几章中会探讨的史实,牵扯到在耶稣诞生那一年,奥古斯都第四次回到罗马所发生的事[63]。在之后的描述中,奥罗修斯再次强调,通过上帝降世,凯撒建立的最稳固真实的和平与天使向人类宣称的和平之间是密切相关的[64]。同时,他还让读者注意,也正是在那时,奥古斯都拒绝了“凡 319
身俗世的君主(dominus)”称谓[65]。最后,奥罗修斯发现值得注意的是,就在奥古斯都下令进行人口普查的那一年,“耶稣在他出生后不久即登上了罗马人口普查的名单”[66]。

在描绘奥古斯都建立世界独裁和耶稣创建世界宗教这两条平行线时,奥罗修斯站在一个基督教同龄的古老传统的末端。这一传统经由凯撒利亚的尤西比厄斯发扬光大,在4世纪被广泛接受。但是,在奥罗修斯之前,没有人尝试去详细地阐述这种政治神学,一种真实的、彼得森(Erik Peterson)所称的“奥古斯都神学”(Augustus-Theologie)。[67]

奥罗修斯思想的独特之处在他处理上文所提到的雅努斯之门关闭和屋大维荣称奥古斯都上得到了充分的体现。因为，当他把这两件事解释为普世和平和世界独裁的标志时，他依据的资料是圣哲罗姆所翻译的尤西比乌的《年代纪》(*Chronica*)。但是当他宣称这两件事都发生在1月6日时，据我们所知，他没有任何现存的史料依据[68]。但是涉及这一特殊的日子，奥罗修斯才得以在奥古斯都和耶稣之间找到最直接的关联："因为建立了和平，'奥古斯都'
320 的赐名与'主显节'为这一标志而同时发生了。"他追问道："奥古斯都注定要为耶稣的到来做准备的，还有什么能比这种事件的隐秘次序更让人信服并牢记的呢。因为就在耶稣证世的那天的稍早时候，奥古斯都扬起和平的大旗，换取了象征最高权力的称谓。"[69]我们要记住，在之前几段中，奥罗修斯提到圣餐之礼(manifestatio Dominici sacramenti)时，是与耶稣在主显节这天受洗这件事联系在一起的，而现在我们发现在刚刚引用的这段话中，他所用的manifestatio(表现)不仅仅指耶稣，同时也指奥古斯都建立的俗世政权与和平。我们有理由说，基督徒奥罗修斯将异教世界的独裁与俗世的和平都归功于现世的主显节。[70]

奥罗修斯的历史著作无疑是中世纪人们广泛阅读和频繁引用的对象。考虑到他的权威地位，有意思的是，没有一位参考《驳斥异教徒历史七书》的中世纪历史学家认同他对于主显节以及那一天对奥古斯都所具有的重要意义。比如说伦巴底的历史学家保罗(Paulus Diaconus)也提到了太阳周边的彩虹以及喷油的泉口，但是在叙述屋大维第三次回罗马时，保罗只提到屋大维被尊称为奥古斯都，成为世界的最高独裁，而丝毫没有提及1月6日[71]这个特殊
321 的日子。10世纪初[72]兰多夫斯(Landolfus Sagax)的《增订保罗的罗马历史》(*Additamenta ad Pauli Historiam Romanam*)中提到了一月的第六天(octavum idus Ianuarias)这一天，但是与主显节没有丝毫联系。弗鲁托尔夫(Frutolf)在他的《世界史编年》(*Chronicon Universale*)中，也是如此[73]。最后是那些思维最生硬冷静的中世纪历史学家，弗雷辛的奥托大主教(Bishop Otto of Freising)在其著作

《双城》(*The Two Cities*)中,明确反对了奥罗修斯对主显节的解释,并以一种完全不同的方式解释这一问题[74]。即便确实提到各种奇迹,也花了笔墨详述,他与奥罗修斯一样,也相信:“在很多方面,奥古斯都的统治都有一种预示的意味,毕竟耶稣诞生于此时。”[75]因此他同意奥罗修斯并断言:“屋大维在接受了国王们的臣服,平息了所有争端后,于1月6日,从东方回到罗马,这座城市以三重奇迹欢迎他的到来。屋大维在此被授予奥古斯都的称谓。”[76]但是就在这段话后,奥托主教与奥罗修斯的观点背道而驰,他继续说道:“耶稣以肉身降世来隐藏身份,也就是在1月6日,这个我们称之为主显节的这天,收到了三份敬神礼,一颗主星引导从东方来的(三国王),曾经隐藏身份的他,被称为奥古斯都,万王之王。在当时,这确实只是暗示,但此刻站在成就之上,它比光束本身更能证明耶稣不 322
但统管天堂,也支配着所有俗世的国王。”[77]

弗雷辛的奥托大主教与奥罗修斯一样,认为奥古斯都一生中最重要的事之一发生在主显节这一天,但是在耶稣与奥古斯都之间的巧合,奥托描绘的是与奥罗修斯完全不同的景。奥托同意的是当时盛行于西方世界的罗马教廷的传统与实践:认为主显节不是为了纪念奥罗修斯所坚持的耶稣受洗,而是纪念东方三博士拜主。奥托主教特别指出这一节日的礼拜仪式来说明他心目中主显节的意义,[78]他说:“在这一天[79],我们刚说过,它有着预示的意义,教堂 323
在这一天唱起颂歌:‘看啊,主、征服者来了,在他手中是王国,是权利,还有帝国。’[80]而在捐赠仪式上唱:‘俗世所有的国王都要敬他,所有的国家都要为他服务。’[81]”奥托解释总结说:“其中的他被称为‘主,征服者’,这是奥古斯都的尊称;‘王国’和‘帝国’再次都‘在他手中’,他被授予帝国的高贵尊严;歌中所唱‘国王敬他,国家为他服务’其实就是授予他独裁的最高权力,就是授予他唯一的世界君主的地位。”[82]

奥罗修斯文中所说的主显节的意义,正像彼得森所说的[83]“奥古斯都被基督化,耶稣也被罗马化而成了罗马的公民”。这种解释可以追溯到教廷最早的神学家那里,之后经过凯撒利亚的尤西比乌和其他4世纪思想家们的充分发展，再次到达了顶峰。阿普尼乌斯也属于这一流派。虽然他和奥罗修斯肯定是完全各自独立地阐明他们的理解，甚至是以完全不同的方式来解释主显节的意义。事实上，阿普尼乌斯特别强调了奥古斯都在罗马独裁、宣布和平与人类的救世主在伯利恒出生发生在同一天。正是这一解释使得他与奥罗修斯有了交集，奥罗修斯发现公众对最高独裁权的承认，与耶稣通过受洗为世界所知发生在同一天。在这个问题上，阿普尼
324 乌斯肯定会同意奥罗修斯说的"由于事件的先定秩序，奥古斯都注定要为耶稣的到来作准备"[84]。我们与弗雷辛的奥托主教处于同一个世界。相较于奥古斯都"基督化"，他更感兴趣的是"耶稣帝制化"。他承认，屋大维作为征服者从东方回来，他已经受到国王们的臣服，在他回罗马城时，有三项奇迹发生。但事实上，奥古斯都一生中的这个崇高时刻发生在日后，东方三国王带着他们的三样礼物来拜耶稣的时候，奥托主教指出，天意表示，这个世界已经准备好迎接"奥古斯都和万王之王"，他才是"所有俗世国王都要敬重，所有国家都要服务"的对象。

注释：

1. 对于这一话题的兴趣和写这篇文章的灵感源自近几年我与艾尔伯特·佛雷德(Albert M. Friend)和恩斯特·坎托罗维索(Ernst Kantorowicz)之间的若干次富有启发性的谈话，其内容涉及中西方礼拜形式的问题。就这两个节日的总体发展历史，我特别参照了 H. Usener, *Das Weihnachtsfest*, Bonn 1889(再版自 *Religionsgeschichtliche Untersuchungen*, and ed., 1 Bonn 1911); K. Holl, "Der Ursprung des Epihanienfestes", *Gesammelte Aufsalze zur Kirchengeschichte*, Tubingen 1928, Ⅱ, 123—154; B. Botte 的 *Les origins de la Noel el de l'Epiphanie*, Louvain 1988; K. Prum 的 Zur Entstehung der Geburtsfeier des Herrn in Ost und West. *Stimmen der Zeit*, 135(1939), pp. 207—225; H. Lietzmann 的 *Geschichte der alten Kirche*, Berlin 1938, Ⅲ, 321—329 (英语译者为 B. L. Woolf, London 1950, Ⅲ, 314—322); A. Strittmatter 的"Christmas and the Epphany, Origins and Antecedents", *Thought*, ⅩⅦ (1942), 600—626; O. Cullmann 的 *Weihnachten in der alten Kirche*, Basel 1947; H. Frank 的"Fruhgeschichte und Ursprung des römischen Weihnachtsfestes in Lichte necsere Forschung"

Archiv für Liturgiewissenschaft，Ⅱ(1952)，1—24(附有优秀的评传)；H. Engberding 的“Der 25. Dezember als Tag der Feier der Geburt des Herrn”，*Archiv für Liturgiewissenschaft*，Ⅱ，25—43；C. Mohrmann 的 Epiphania，Nijmegen 1953。

2. 尤其参见 Lietzmann，op. cit.，p. 317；Strittmatter，op. cit.，pp. 609—617；Cullmann，op. cit.，pp. 19—24；F. Dolger 的“Natalis solis invicti und das christliche Weihnachtsfeat”，*Antike und Christentum*，Ⅵ(Munster 1950)，23—30；Frank，op. cit.，pp. 4—15。
3. 见 Userner，op. cit.，pp. 215—227，240—266；Strittmatter，op. cit.，pp. 600—604；Botte，op. cit.，pp. 22—24，27—31；Cullmann，op. cit.，pp. 24—26。
4. 见 Botte，op. cit.，pp. 11f.；Strittmatter，op. cit.，pp. 604 f。
5. O. Heiming，“Die Entwicklung der Feier des 6. Januar zu Jerusalem im 5. und 6. Jahrhundert”，*Jahrbuch fur Liturgiewissenschaft*，ⅸ(1929)，144—148；参见 Holl，op，ciy.，pp. 126 f.，156 f.；Botte，op. cit.，pp. 13—21；Strittmatter，op. cit.，pp 604—608。
6. 见 Botte，op. cit.，pp. 126，n. 1；Botte，op. cit.，pp. 30 f。
7. 欲求做此决定的原因，见前面所引用 Strittmatter 的作品第 624—626 页；前面所引用 Cullmann 作品第 19—24 页；同样参见 E. Flicoteaux 详细分析的大教宗利奥一世(Pope Leo the Great)为主显节做的八次布道，“L'Epiphanie du seigneur”，*Ephemerides Liturgicae*，XLIX(1935)，401—412。
8. Augustine，*Sermones*(编辑 Migne，Pat. Lat.，xxxviii，cols. 1026—1039；T. C. Lawler 翻译的 *St. Augustine's Sermons for Christmas and Epiphanym* London 1952，pp. 154—182)；参考Holl，op. cit.，p. 135；Botte，op，cit.，pp. 39f.；Frank，o. cit.，p. 15 - canjian Serm. 204. 12 (ed. Migne，col. 1038；由 Lawler 翻译，p. 180)：Oportebat itaque nos，hoc est ecclesiam，quae congregalur ex gentibus，huius diei celebrrationem，quo est Christus primitiis gentium manifestatus，illius diei celebrationi，quo Christus ex Iudaeis natus，adiungere et tanti sacramenti memoriam geminate solemnitate servare；参考 J. Leclercq，“Aux origines du cycle de Noël”，*Ephemerides Liturgicae*，LX 1946. 7—26。
9. Strittmatter，o. cit.，p. 623，同样参见 Holl，op. cit.，p. 124；Botte，op，cit.，pp. 82f.。
10. 关于东方教廷的发展问题，参见 Holl，op. cit.，pp. 124—133；Botte，op. cit.，pp. 24f.，27—31；Strittmatter，op. cit.，p. 623 以及注释 86—87。
11. 见 Holl，op. cit.，pp. 133—136。

12. 见 Holl, op. cit., pp. 133. n. 4, 135—142; H. Frank, "Zur Geschichte von Weihnachten und Epiphanie", *Jahrbuch für Liturgiewissenschaft*, XIII (1933), 10—23, 36—38; Frank, "Das mailändische Kirchenjahr in den Werken des hl. Ambrosius," *Pastor Bonus*, LI (1940), 42f.; Frank, "Hodie caelesti sponso iuncta est ecclesia," *Odo Casel-Gedenkshcrift*, Düsseldorf (1951), pp. 192—226; Lietzmann, op. cit., pp. 316—318; Strittmatter, op. cit., pp. 609, 624. n. 89; Botte, op. cit., pp. 40ff。
13. Johannes Cassianus, Conlatio, x, 2 (ed. M. Petschenig, *Corpus Scriptorum Ecclesiasticorum Latinorum*, xiii, 2, Vienna 1886, 286):... peracto Epiphaniorum die, quem illius prouinciae[例如埃及] sacerdotes uel dominici baptismatis uel secundum carnem natiuitatis esse definiunt et idcirco utriusque sacramenti sollemnitatem, non bifarie ut in occiduis prouinciis, sed sub una dier huius festiuitate concelebrant...;英文翻译 E. C. S. Bibson, *The Nicene and Post-Nicene Fathers*, 2nd series, xi (1894), 401; 参见 Strittmatter, op, cit., pp. 604f。
14. 参见 J. Witte, *Der Kommentar des Aponius zum Hohenliede*, Dissertation Erlangen 1903; 参考 A. Hauck, "Aponius", *Realencyclopädie für protestantische Theologie und Kirche*, 3d ed. (1896), 1, 757 f. (ibid., 1913, xxiii, 106); A. Harnck, "Vicarii Christi vel Dei bei Aponius". Delbrück-Festschrift, Berlin 1908, pp. 37—46; O. Bardenhever, *Geschichte der altkirchlichen Literatur*, Freiburg 1924, iv, 601—603; A. Miller, "Aponius", *Lexikon für Theologie und Kirche*, i (1930), 574; A. Harnack, *Lehrbuch der Dogmengeschichte*, 5th ed., Tubingen 1932, ii, 248, n. 1, 304, n. t, 309, 310, n. 1, 316, n. 2, 361; iii, 31. n. 1; P. Courcelle, *Les letters Grecques en Occident de Macrobe à Cassiodore*, 2nd ed., Paris 1948, pp. 128f.; M. L. W. Laistner, "Some Early Medieval Commentaries on the Old Testament", *Harvard Theological Review*, XLVI (1953), 39—45. E. Dekkers, *Clavis partum Latinorum* (1951), p. 32, n. 194, 提及阿普尼乌斯:"natione Syrus, floruit in Italia circa 405—415 secundum communiorem sententiam; potius vero cum J. H. Baxter and P. Grosjeanm Hibernus saec, Ⅶ aestimandus est"; 我们至今无法知晓这两位学者用何种方法来证明后面的这个时间以及阿普尼乌斯拥有爱尔兰血统,以此来取代迄今大家所接受的观点。
15. 这部作品的第一完整版采用了以上标题出版发行,作者是 H. Bottino 和 J. Martini, Rome, 1843。
16. Beda Venerabilis, *In Cantica Canticorum allegorica exposition*, 两次提及阿普尼乌斯的注释(Migneous, Pat. Lat., 91, col. 1112A 以及 col.

1162c);参见 Witte, op. cit., p. 3。

17. 关于安吉罗姆斯对阿普尼乌斯评论的使用,见 Laistner, op. cit., pp. 40ff。

18. *Canticus Canticorum*, 8:10: Ego murus, et ubera mea sicut turris, ex quo facta sum coram eo, quasi pacem reperiens. 在詹姆斯大帝的版本中,最后的一个字被译成"得到恩惠的人",但是在阿普尼乌斯的解释中,有必要将"pax"翻译成"和平"。

19. Aponius, op. cit., p. 233: Quidquid igitur in mysterio praefiguratum est, in omnium gentium, in sanctorum persona, a capite huius cantici usque ad praesentem versiculum, intelligitur esse completum; nunc vero quae sequuntur, proprie singularis electae per quam diabolus victus est et humanum genus de eius manibus liberatum est, animae vox loquentis inducitur per quam pax terries infusa est, quae iram bellorum et nequissima iurgia effugaret.

20. *Ibid.*, p. 233: Sicut in eius nativitate Angeli nuntiant pacem in terris hominibus bonae voluntatis et sicut secundum divinitatis potentiam omnia hominibus Christus est ut Deus deorum, et Dominus dominorum, et Rex regum, Princeps principum, et Propheta prophetarum, et Christus christorum, et Judex judicum, et Imperator imperatorum, et sanctus sanctorum, et Martyr martyrum, ita nunc secundum carnis naturam, pro loco vel causa, asseruit se Murum esse murorum.

21. *Ibid.*, p. 236: Docuit utique non illam pacem perpetuamque tranquillitatem, quam fruituri sunt sancti post huius saeculi finem, de qua dixit propheta: "Mansueti possidebant terram et delectabuntur in multitudine pacis"; sed tantam, quam possit capere mundus, se reperisse nascendo pronuntiat, non illam quam iudicando daturus est dignis, sed illam quam iudicatus ab indignis reperit mundo. Non enim inconcussa pax est nec pacis est multitude, ubi innumerabilia et antique bella grassantur quotidie; ubi dicitur: Vae mundo a scandalis; ubi in colluctatione positi sunt fideles; ubi non coronantur, nisi qui lgitime certaverint; ubi adiutorii auxilia a bellatoribus quotidie implorantur; sed illa intelligitur repropitiationis pax inter Deum et hominem reperta, per quod docuit a protoplasto Adam usque ad partum Virginis, bellum fuisse inter Creatorem et creaturam.

22. *Ibid.*, p. 237: Reperit pacem, inter Deum et hominess mediatrix existens, cum ex altero latere Deo Verbo Patris, ex altero immaculatae carni coniungitur, cum vere vivit in deitate in patibulo Crucis et vere pro odientibus pacem libentissime moritur in humanitate. Nam ex quo facta est et mundo ostensa, non solum animarum pax illuminat mundum, sed publica etiam

civilia, Romano imperio exaltato, bella sopita pacem omnium gentium barbarorum repertam exultant; et ominium hominum genus, quocumque terrarum loco obtinet sedem, ex eo tempore uno illigatur vinculo pacis.

23. *Ibid.* : In cuius apparitionis die, quod Epiphania appellatur, Caesar Augustus in spectaculis, sicut Livius narrat, Romano populo nuntiat regressus a Britannia insula, totum orbem terrarum tam bello quam amicitiis Romano imperio pacis abundantia subditum.

24. *Ibid.* : Ex quo tempore etiam et Syrorum, instigante diabolo, bella oriuntur; tamen interveniente pace, hoc est Christi praesentia, quantocius sedari probantur.

25. *Ibid.* : In cuius fabrica inenarrabili completum illud propheticum, quod praedixit David: "Suscipiant montes pacem, et colles iustitiam"; et "orietur in diebus eius iustitia et abundantia pacis."

26. *Ibid.* : Quod utique in regibus et iudicibus terrae auipiendum est. Qui, ex quo facta est saepedicta gloriosa anima, quac nobis Creatorem reropitiando pacis munus donavit, et reges inter se pacis dulcedinem et iudices iustitia obtinent suavitatem. Quamvis enim, ut diximus fame pecuniae Perurgente, non nulli reges pacem irrumpant vet iudices excaecati muneribus solvant iustitiam tamen non usque adeo ita insaniunt vel debacchantur in malis, sicut ante eius adventum fecisse reges et iudices diversarum gentium antiquitatum historiis edocemur. Quantumvis igitur saeviant contra subiectos praedicti iudices vel contra se crudelissimi reges bella indicant, prohibentur licet inviti a malis intentionibus a pacis auctore Christo propter miseriam inopum gemitumque pauperum vel innocentum invocantium eum.

27. 同前面注释20，及 Aponius, op. cit., p. 236：Quae magnitudine humilitatis suae sola inter Creatorem Deum et hominem, quem utrumque gestabat, pacem reperit et inventam Angelorum ore tradidit mundo nascendo... clamantibus Angelis in eius ortu: "Gloria in excelsis Deo, et in terra pax hominibus bonae voluntatis." 同样参考 ibid., p. 99: Et quis alius potest intelligi pacificus nisi Christus Redemptor noster? Qui secundum apostolum Paulum pacificavit "quae in coelo sunt, et quae in terra"(《以弗书》8:10), et reconciliavit Deo Patri humanum genus per sanguinem assumpti hominis sui. Cuius in adventu pacem terris nuntiavit Angelorum exercitus; qui reversurus ad coelum pacem viaticum suis Apostolis dereliquit dicendo: "Pacem meam do vobis, pacem meam relinquo vobis."(《约翰福音》14:27)

28. *Ibid.*, p. 192：Hi sunt procul dubio pulchri gressus ecclesiae, qui primi suo sermone doctrinae plebi Romanae salutem animae et pacem corporis

annuntiaverunt; quoniam proeliorum historiae docent in Christi apparitione cessasse crudelia gentium bella.

29. Migne, *Pat.* Gr., XLIX, 365; 这次布道参考 Userner, op. cit., pp. 238f., Strittmatter, op. cit., pp 601ff. 以及 H. Frank, *Jahrbuch für Liturgiewissenschaft*, XIII (1935), 5, n. 22, Frank 在文中指出,在 John Chrysostom 引进 12 月 25 日过圣诞节之后,那些紧跟思潮的人士"duifte den Mamen apparition=... nicht mehr der Geburt Christi zukommen lassen, weil bei dieser Christus verborgen gewesen und nicht erschienen sei"。

30. 见 Epiphanius of Salamis, *Haereses.* 1, 22, 3(引自 Strittmatter 的翻译, op. cit., pp. 617f.) 参考 Koll, op. cit., p. 146, n. 6; p. 147, n. 1; Botte, op. cit., pp. 21 ff。

31. 见注释 21。

32. 见注释 22: *animarum pax*。

33. 见(注释 28)段中阿普尼乌斯并列的灵魂的救赎(*salutem animae*)和肉体的平和(*pacem corporis*)两术语。

34. 见短语(注释 26):我们教授历史(*antiquitatum historiis edocemur*)。

35. 见注释 28:参考注释 19:… *pax terries infusa est, quae iram bellorum et nequissima iurgia effugaret*。

36. 见注释 24。

37. Schneidewin, op. cit., p. 46,否认阿普尼乌斯断言这两件事发生在同一天的实际巧合性;但是 Witte, op. cit. p. 36 恰当地指出"Aponius nicht meint, diese Friedensverkundigung des Augustus habe an irgendeiner Jahrestagswiederkehr der Erscheinung Christi stattgefunden, sondern an dem Tage, an welchem die Epiphanie wirklich gschah, denn er redet von den Veränderungen, welche die Menschwerdung Christi hervorgerufen habe"。

38. 见注释 23。

39. 我已在"Augustus and Britain: A Fragment from Livy?"这篇文章中探讨了这一问题。*American Journal of Philology*, LXXV, 1954, 175—183。

40. 见我的"St. Augustine and the Christian Idea of Progress," *Journal of the History of Ideas*, XII (1951), 346—347(见上文, pp. 265—298)。

41. 见注释 25。

42. 见上文 pp. 282—285。

43. Aponius, op. cit., p. 136: "Surge Aquilo et veni Auster, perfla hortum meum, et fluent aromata illius"; ut rigor Aquilonis et calor Austri temperato aere efficiant poma paradiso provenire, quo possint commixto rigore tribulationis, non inane nimio securitatis calore baccae animarum paradis defluere ad terrenos actus delapsae.

44. *Ibid*：Exaltando igitur regnum Aquilonis super omnia regna orbis terrarium omnipotens Deus，quod est regnum Romanum，surgere iubet suscitando ab asutro prophetas，ostendendo Christum suum per Virginem，quem prophetae ab austro cecinerunt venturum，ut alt Abacuc propheta："Deus ab austro veniet，" idest sermo Patris："Et sanctus de monte umbroso"(《哈巴谷书》3：3)，qui assumptus intelligitur homo，et condenso intactoque corpore processisse.

45. *Ibid.*，pp. 137—138：sed quia gloriosus fructus occultus erat populo nascituro et suavitatis odor，quem per amicitias diaboli amiserat imparentis，aliter non poterat nisi per eius inimicitias reparari，permittitur regnum aquilonis veluti durissimus ventus surgere super omnia regna. In quo diabolus glutinatus durissimi praecepti flamine contritioneque poenarum ad subtilitatem spiritalis sensus redactas credentium Christo animas，ut tempestas decussis corporibus interficiendo，pretiosa aromata paradiso fudit. Lex enim vel Evangeliorum doctrina，ab Austro spiritalem virtutem suo calore inspirans，humanis mentibus ut arbusculis indidit dulcissimi succi medullam；quam Aquilonis immundus spiritus super regnum Romanorum manibus truculentium sanctorum corpora laniando ad odorem suavitatis nesciens coelorum virtutibus ut aromata perfruendam produxit. . . . Pugnantibus igitur Aquilone et Austro，id est infidelitate et fide，impletate et pietate，moeroris spiritu et consolationis，inter se，spectante sponsa，pretiosus aromaticus liquor martyrum sanguis fluxisse probatur. Agit namque horticuli vice nesciens satanas，qui vere ut damnaticius obcoecatus militia et suo crudeli labore hortum Domini aromaticis sanctorum floribus picturavit. Laboravit in malo eius famulos persequendo，qui in bonis suo Creatori servire contempsit. Ex quo enim per regnum Romanorum quasi perturbatum ab Aquilone，coepit persequutionis lolium serere et rastris ungularum diversisque poenarum ferramentis sanctorum effodere carnes，immanem copiam pomorum iustitiae diverso meritorum sapore paradisu exuberat. Ibi namque martyrum confessorum，virginum，continentium，gratissimi iustitiae fructus；ibi virentia gramina castissimae copulae lege concessa，diversi sexus vel aetatis credentium Christo，dulcissima poma meritorum de animae voluntate prolaza.

46. 事实上，阿普尼乌斯在这一特别问题上的观点与许多 4 世纪神学家的观点极为相近，他们支持这样一种猜测，即他早在 5 世纪早期就创作了这一作品，而并非是 17 世纪(见注释 14)。从这一关联中我们注意到，尽管比德熟知阿普尼乌斯的整部作品，而安吉罗姆斯也知道其前六部书，但似乎二人都没有在各自的《雅歌》注释中，引用阿普尼乌斯对于奥古斯都和平和天意庇佑下的罗马帝国之职责的这一部分的解读(见 Laistner. Op. cit., pp. 40ff.);比较比德对 *Cantica Canticorum* 的书评,4:16 和 8:10 (Migne, Pat. Lat., 91, coll. 1150 ff. 1217)和安吉罗姆斯对 *Cantica Canticorum* 的书评,4:16(Migne, Pat. Lat. 115, coll. 611)。

47. *Orosii historiarum aduersus paganos libri vii*, ed. K. Zangemeister, *Corpus scriptorum ecclesiasticorum Latinorum*, v, Vienna 1882, 418:"Anno ab Urbe condita occxxv ipso imperatore Caesare Augusto quinquies et L. Apuleio consulibus Caesar uictor ab Oriente rediens, Ⅷ idus Ianuarias Urbem triplici triumpho ingressus est ac tunc primum ipse Iani portas sopitis finitisque omnibus bellis ciuilibus clausit. Hoc die primum Augustus consalutatus est; quod nomen cunctis antea [inuiolatum] et usque ad nunc ceteris inausum dominis, tantum Orbis licite usurpatum apicem declarat imperii, atque ex eodem die summa rerum ac potestatum penes unum esse coepit et mansit, quod Graeci monarchiam uocant."以上及接下来的翻译都做了些小修改,参见修改人 I. W. Raymond 的英译的奥罗修斯的《驳斥异教徒历史七书》, New York 1936. p. 310。

48. Ed. Zangemeister, op., p. 418:"Porro autem hunc esse eundem diem, hoc est Ⅷ idus Ianuarias, quo nos Epihania, hoc est apparitionem siue manfestationem Dominici sacramenti, obseruamus, nemo credentium siue etiam fidei contradicentium nescit.."见前面所引 Raymond 英译版作品第 310 页。比较 E. v. Frauenholz 的"Imperator Octavianus Augustus in der Geschichte und sage des Mittelalters," *Historisches Jahrbuch*, XLVI (1926), 86—122,尤其参见 90 ff.。

49. 奥罗修斯使用的意为"圣事洗礼"的"*Dominicum sacramentum*"平行一词会在接下来提到的《反异教历史》(ed. Zangemeister, p. 517)的段落中出现。在这部作品中,奥罗修斯描述了史上第一位大帝狄奥多西一世,在临刑前"baptizari in remissionem peccatorum praeoptauit ac postquam sacramentum Christi quod quaesierat adsecutus est",心甘情愿受刑。

50. 见 Flicoteaux, op. cit., P410, n. 33(同样可见 Botte, op. cit., pp. 67ff.)。Flicoteaux 认为这有可能是基督洗礼和迦南奇迹的庆祝活动"prirent également place dans la féte occidentale du 6 janyier, de bonne heure certainement et Italie et en Gaule (début du V siècle), plus tard en Espagne et en Afrique(Ⅵ et Ⅶ)"。

51. Migneous, *Pat*, *Lat.*, XIII, cols, 1134—1136(ch. 2);参考 Strittmatter, op. cit., p 609。

52. Strittmatter, op. cit., p. 624.

53. Isidore of Seville, *Etymologiae*, VI, 18, 6—7(ed. W. M. Lindsay, I,

Oxford 1911)"Epiphania Graece, Latine apparition(sive manifestatio,最后两个词在三部手稿中出现,在其他三部中被省略)vocatur, Eo enim die Christus sideris indicio Magis apparuit adorandus. Quod fuit figura primitiae credentium gentium. Quo die [et] Dominici baptismatis sacramentum et permutatae in vinum aquae, factorum per Dominum signorum principia extiterunt."在 *De ecclesiasticis officiis*, I, 27, 1—3(Migne, Pat. Lat., 83, cols. 762 f.)中, Isidore在谈及主显节时提到了纪念三博士拜主、耶稣受洗和迦南奇迹的节日,并说:"在拉丁语中人们称其为 apparitio vel ostensio";参考 P. Séjourné 的"Saint Isidore de. Séville et la liturgie wisigothique", *Miscellanea Isidoriana*, Rome 1936, pp. 237f。同样参见 Botte, op. cit., pp. 50f.: "Le terme d'apparitio, pour désigner l'Epiphanie, est carácteristique de la liturgie espagnole."

54. Ed. Zangemeister, op. cit., pp. 418f.: "De quo nostrae istius fidelissimae obseruationis sacramento uberius nunc dicere nec ratio nec locus flagitat, ut et quaerentibus reseruasse et neglegentibus non ingessisse uideamur."见 Raymond 的翻译, op. cit., p. 310。

55. 这份布道教义由 Dom B. Cappele 出版, *Revue Bénédictine*, xxxvi(1924): "Dies epiphaniorum Graeco nomine sic uocatur: quod enim nos adparitionem seu ostensionem dicimus, hoc Graeci.. uocant. Hoc autem ideo quia dominus noster et saluator adparuit in terries. Licet enim olim natus esset ex Maria et xxx iam annorum explesset aetatem, tamen ignoratur a mundo. Eo tempore cognitus est, quo ad Iohannem Baptistam, ut in Iordane baptizaretur, aduenit et uox de caelo patris intonantis audita est: 'Hic est filius meus dilectus, in quo mihi complacui.'"这一段话在 Strittmatter, op. cit., p. 607, n. 27 也被引用。

56. Strimatter, op. cit., p. 600, n. 1.

57. 事实上,圣哲罗姆仅在圣诞节为12月25日这一问题的看法上代表了罗马人的观点,但是就主显节的意义这一问题似乎并未见得到足够关注。例如 H. Frank, *Archiv Für Liturgiewissenschaft*(1952), II, 7,注释说: "der dem Papste Damasus so nahestehende heilige Hieronymous von seinem romischen Standpunkt aus (auch wenn er in Bethlehem lebte und predigte) Epiphanie als Geburtstag des Herrn kategorisch ablehnte."以此为联系, Frank 和 Strimatter, op. cit., p. 607, n. 24 所引用的都是圣哲罗姆于410年圣诞节在伯利恒所做的布道,布道开头说(ed. Dom G. Morin, *Anecdota Maredsolana*, III, 2, Oxford 1897, 396): "Alii putant quod in Epiphaniis nascitur; Non damnamus aliorum opinionem, nostrum sequimur doctrinam."但是 Strimatter 和 Frank 都没有继续引用这文章,而其中哲罗

姆告诉耶路撒冷教廷的成员,他自己关于主显节的解读与他们不同(ed. G. Morin, op. cit., p. 397):"Nos ergo dicimus, quia hodie(比如说在圣诞节)Christus natus est, post in Epiphaniis renatus est. Vos adstruite nobis generationem et regenerationem, vos qui dictis in Epiphaniis natum: quando ergo accepit baptismum, nisi verum eventum dicitis, ut in eadem die natus sit et renatus?"从这段话以及注释55和59中所引用的内容上看,我们可以说,与耶路撒冷教廷的观点相悖,圣哲罗姆相信人们应该在12月25日庆祝圣诞节,而不是在1月6日;同时我们还要注意,与罗马教廷也不同的是,他相信在1月6日庆祝的主显节同时也在纪念耶稣的"重生",也就是由约翰受洗。

58. 在他的 *Sermon on the Baptism* 一书中(Migne, Pat. Gr., 49, col. 366), St. John Chrysostom 问道:"为什么这一天被称为主显节",他回答道:"因为耶稣在出生时并不为众人所知,受洗时才为众人所知。"为了证明耶稣实际上是不为人所知的, St. Chrysostom 引用圣约翰 1:26 中的一句话:"他就在你们之中,你们不知他是谁。"关于克里索斯托的这则布道,参考 Botte, op. cit., pp. 22ff。

59. Magne, Pat. Lat. xxv, col., 18f:"Quintam autem diem mensis(在这一日期上参考 Holl, op, cit., p. 124, n. 3)adjungit, ut significet baptisma, in quo aperti sunt Christo coeli, et Epiphaniorum dies huiusque venerabilis est, non, ut quidam putant, Natalis in carne; tunc enim absconditus est et non apparuit; quod huic tempori congruit, quando dictum est: 'Hic est filius meus dilectus, in quo mihi complacui.'"

60. vi, 20, 4 (ed. Zangemeister, op. cit., p. 419):"Hoc autem fideliter commemorasse ideo par fuit, ut per omnia uenturi Christi gratia praeparatum Caesaris Imperium conprobetur."

61. VI, 20, 5(*ibid.*, p. 419);参考 Frauenholz, op. cit., pp. 93f., 104f.。

62. vi, 20, 6—7(*ibid.*, p. 419f.);也可参看 vi,, 18, 34(ibid., p. 418 页);参考 E. v. Frauemholz, op. cit., pp. 101ff。

63. vi, 20, 9(*ibid.*, p. 421):"Quid autem in quarto reditu, cum finito Cantabrico bello pacatisque omnibus gentibus Caesar Urbem repetiit, ad contestationem fidei, quam expromimus, actum sit, ipso melius ordine proferetur."

64. vi, 22, 5(*ibid*, p. 428):" Igitur eo tempore, id est eo anno quo firmissimam uerissimamque pacem ordinatione Dei Caesar composuit, natus est Christus, cuius aduentui pax ista famulata est, in cuius ortu audientibus hominibus exultantes angeli cecinerunt 'Gloria in excelsis Deo, et in terra pax hominibus bonae uoluntatis'."

65. vi, 22, 4(*ibid.*, p. 427):"[Augustus] domini appellationem ut homo

declinauit."见 E. v. Frauemholz，op. cit.，pp92f.，109f。

66. vi,22,6—8,(*ibid.*，p. 428f)。

67. E. Peterson，"Der Monotheismus als politisches Problem"，in *Theologische Traktate*，Munich 1951，p. 97.

68. 见 Zangemeister 谈及奥罗修斯时文中(vi，20，1—2)的注释(op. cit.，p. 418)一段注释(前面所引作品，第 418 页)；实际日期为 1 月 11 日(见 Pauly-Wissowa，Realeruyclopädie，XI，I[1917]. Col. 338。

69. vi，20，8，(ibid.，p. 420f.)："... quid fidelius ac uerius credi aut cognosci potest，concurrentibus ad tantam manifestationem pac nominee die，quam hunc occulto quidem gestorum ordine ad obsequium praeparationis eius praedestinatum fuisse，qui eo die，quo ille manifestandus mundo post paululum erat，et pacis signum praetulit et potestatis nomen adsumpsit?"

70. 关于这一思想在古代晚期的背景，见 A. Deissmann，*Licht vom Osten*，4th ed. Tübingen 1923，pp. 314—420；E. Peterson，"Die Einholung des Kyrios"，*Zeitschrigt fur systematische Theologie*，VII(1930)，682—701；A. Alföldi，"Die Ausgestaltung des manarchischen Zeremoniells am römischen Kaiserhof"，*Mitteilungen des Deutschen Archäologischen Instituts*，49 (1934)，p. 88 ff.(有更多参考文献)；同时参考 E. Stauffer 的 *Christus und die Caesaren*，Hamburg 1952，esp. pp. 54—39；C. Mohrmann，*Epiphania*，1953，passim.

71. Paulus Diaconus，*Historia Romana*，VII，8(ed，H. Droysen，*Mon. Germ. Hist.*，*Scriptores Antiquissimi*，II，119).

72. Vii，116ff.(ed. Droysen，op. cit.，ii，295ff.).

73. Ed. G. Waitz，P. Kilon，*Mon. Germ. Hist.*，*Scriptores*，VI，91—92.

74. Otto of Frising，*Chronica sive hitoria de duabus civitatibus*，III，6(ed. A. Hofmeister，*Mon. Germ. Hist.*，*Scriptores rerum Germanicarum*，I. VIII [1912]，141f.)；接下来的译文由 C. C. Mierow 做了一些小修改，*The Two Cities*，New York 1928，pp. 229f.；参考 E. v. Frauenholz，op. cit.，pp. 97ff。

75. III，6(ed. Hofmeister，op. Cit.，p. 142)："Notandum preterea，quod Augusti regnum regni Christi，qui eius temporibus est natus，in pluribus fuit prenuntium."

76. *Ibid*："Ille enim VIII. Idus Ian. ab oriente rediens regibusque sibi subiugatis ac civilibus sedatis motibus cum triplici triumpho in Urbe suscipitur Augustusque vocatur."

77. Ibid："Iste natus humiliterque in carne latens similiter eadem die，id est Ⅷ Ian.，quam nos epiphaniam dicimus，stella duce ab oriente trinis adoratur

muneribus apparensque，qui ante latuerat，augustus ac rex regum declaratur. Quod quidem tunc prefigurabatur，sed iam completum esse，Christum scilicet non solum in caelis regnare，sed et in terries regibus omnibus imperare，luce clarius cernitur. ”

78. 参考 L. Arbusow，*Liturgie und Geschichtsschreibung im Mittelalter*，Bonn 1951，p. 20。

79. III. 6（ed. Hofmeister，op. cit.，p. 142）：“unde pulchre ea，qua hoc prefiguratum esse diximus，die in laudem eius canit ecclesia：‘Ecce advenit dominator dominus，et regnum in manu eius et potestas et imperium’ Et in offerterio：‘Et adorabunt eum omnes reges terrae，omnes gentes servient ei.’”

80. *Missale Romanum*（Milan 1474），ed. R. Lippe（H. Bradshaw society，xvii），London 1899，31，在 *Epiphania Domini*；introitus 中；同时参见所谓的 *Liber Antiphonarius of Pope Gregory the Great*（ed. Migne，Pat. Lat. 78，col. 649）。

81. *Missale Romanum*，op. cit.，p. 32，*offertorium*；*Liber Antiphonarius of Gregory 1*，op，cit.，col. 649. 还需注意，在 *Liber Responsalis of Gregory*，ed. Migne，op. cit.，col. 742（第三晚的回答 esponsio in tertio nocturno）和 col. 743（A 能提平衡 in maturinis laudibus）中，我们发现了 Otto 提到的 triamunera（见注释 77）。短语 stella duce（见注释 77）出现在 *Missale Romanum*（op. cit.，p. 31）的 oratio 中：“Dues，qui hodierna die unigenitum tuum gentibus stella duce revelasti. ”

82. III，6，ed. Hofmeister，p 142：“per hoc enim，quod‘dominator dominus’ vocatur，augusti ei nomen adtribuitur，per hoc vero，quod‘regnum et imperium in manu eius’dicitur，imperatoria ei dignitas asscribitur，per hoc autem，quod‘regea eum adorare omnesque gentes servire’asseruntur，monarchiae apex，id est singularis super totum mundum principatus，eius esse declaratur. ”

83. Peterson，op. cit.，p. 100.

84. 见注释 69。

325

14. 奥罗修斯与奥古斯丁*

大约一年前，在《新政治家和国家》(*New Statesman and Nation*)的互动专栏里有过一段很有意义的争论。特雷弗-罗伯(H. R. Trevor-Roper)在一篇关于雅各布·布克哈特(Jacob Burckhardt)和“普世史”的文章中，宣称卡尔·马克思“作为历史学家的作用……已经彻底无用了，就如同奥罗修斯、巴若尼(Baronius)和波舒哀(Bossuet)他们一样”。对于这一观点，马克思主义作家艾瑞克·霍布斯鲍姆(E. J. Hobsbawn)反驳说：“奥罗修斯、巴若尼和波舒哀这些历史学家的作用的消逝，是因为如今的历史学家已经不会在意他们曾写过什么，也不会认为他们的观点值得思考，哪怕是短暂的思考，也不会因为他们的作品来修改自己的叙述。”罗伯在其反驳中说：“奥罗修斯可能已经丧失了作为一个历史学家的价值，但是他为研究圣奥古斯丁的《上帝之城》提供了重要的资料，而《上帝之城》在历史上的影响显然是要超过《资本论》的。”[1]

这段争论表明，奥罗修斯作为一个杰出的“世界史学家”的印
326 象依然根深蒂固(撇开是否有现代的马克思主义或非马克思主义作家会根据奥罗修斯的作品来修改自己的文章)。因此，虽然霍布

* 蒙森的这篇论文共有三篇手稿。第一篇在纽约的一家中世纪俱乐部会议中首次被传阅，第二篇则是于1956年11月14日在康奈尔大学研究俱乐部中亮相。这次出版的第三篇手稿是经过细微修改之后的文本，它于1957年4月15日在耶鲁古典俱乐部中被公之于众。参考文献部分已由编辑备注。作者不无例外地在页边空白处标注了大量的注释，而这些注释并不只局限于引文而已。

斯鲍姆先生给予了直接的否定，但是奥罗修斯的思想可能还是值得去思考的，甚至是长时间思考的。

罗伯说“他为圣奥古斯丁的《上帝之城》提供了重要的研究资料”来维护奥罗修斯的作品在思想史上的重要作用，而这正好是中世纪的一个普遍观点。例如，但丁在《伊甸园》中称奥罗修斯是“基督教时代那些利于奥古斯丁的教条的卫道士”[2]。此外，对于一些中世纪的思想家来说，这两人的关系不仅仅是简单的亲密，而更是互惠的。因为奥古斯丁曾经借助了奥罗修斯的《驳斥异教徒历史七书》，那我们大概可以肯定，奥罗修斯从奥古斯丁那儿受益更多，毕竟奥罗修斯是奥古斯丁的学徒。他继承了奥古斯丁的基本思想，并将其运用于自己的史书中。索尔兹伯里的约翰（John of Salisbury）总结了《七书》中的一段，如下：“自从我得知奥罗修斯本质上是个基督徒，是伟大的奥古斯丁的学生，他在寻求真理时是那样勤勉后，我就更加欣然地借用他的文章和思想了。”[3]

《七书》为研究奥古斯丁的历史观点提供了解释，这一中世纪的观点至今仍被大部分研究奥罗修斯的学者保持着。比如说，1936年雷蒙德（I. W. Raymond）在自己翻译的《七书》的导论中就说：“他（奥罗修斯）的历史哲学的基本原则是与他的导师和朋友圣奥古斯丁一致的。”[4]认为两人确实有私交，他们的历史作品和思想 327
也联系紧密的观点，只靠那少量的关于奥罗修斯生活的证据就得以成立。我们知道，在414年左右，奥罗修斯离开他的故乡西班牙前往非洲的希波，正如奥古斯丁在一封信中所说“被报道所激发，奥罗修斯相信他可以从我这儿学到所有渴求的信息”。奥古斯丁对奥罗修斯印象很好，因为他称奥罗修斯“具有敏捷的理解力，流畅的表达能力以及为主公效力的熊熊热情”。奥罗修斯在希波奥古斯丁门下学习大约一年后，用奥古斯丁自己的话说：“我已经没有什么可教授（给你）”，因此要求他去巴勒斯坦拜访圣哲罗姆，奥古斯丁说：“从他那儿，奥罗修斯可以学到我教不了他的东西。”[5]一年后，也就是416年，奥罗修斯学成归来，奥古斯丁对他表现出一个导师所能授予学生的最大信任。如奥罗修斯自己所说：“去回应那些上帝之城的敌人,那些被称为异教徒的人们空洞的唠叨。”[6]奥古斯丁让奥罗修斯写作《驳斥异教徒历史七书》。

“空洞的唠叨”这样对异教徒贬义的短语地清楚说明了奥罗修斯写作的背景。几年前,就在410年时,罗马城被西哥特的阿拉里克国王攻破。从物质层面说,这一事件毫不重要,因为城市并没有遭受多大程度的破坏。但是对于当时的人们来说,却并不是这么
328 回事儿了。不管是基督徒还是异教徒,“永恒的”罗马被攻破对他们来说都是深重的打击;他们都在追问破城的原因。因此,他们也比以往更急迫地探究是什么造成了人类历史上的辉煌和悲剧这样的老问题。对异教徒来说,答案是显而易见的:奥古斯丁说,他们试图“将罗马城的覆灭归咎于基督的统治,并更加尖酸刻薄地亵渎真正的上帝”(Retractationes, Ⅱ, xliii, 1)。这就是奥古斯丁开始写作《上帝之城》的背景。他远远超越了为自己辩护的初衷,而提出了基督教思想史上影响最广泛的理论。与此同时,他明显感到还需要另一种辩护,即以直接的史书方式来呈现人类数世纪以来所遭受的灾难。奥罗修斯遵循了奥古斯丁的“教导”,并在不到一年的时间内完成了他的工作。当他将自己的作品呈递给奥古斯丁时,他又一次表达了自己对导师深切的感激之情:“我现在所有的成就都来自于您父亲般的引导,您拥有我所有的作品,因为它们本来就是由您开展的,现在回到您那儿,也因此,我唯一的贡献就是我写作中的热忱和愉悦。”[7]

考虑到奥罗修斯与圣奥古斯丁之间毋庸置疑的亲密关系,尤其是考虑到他自己对这份任务的认识,我们似乎难以质疑中世纪以及大部分当代学者的观点:《七书》基本上代表了奥古斯丁对历史的认识。虽然如此,近来还是有些学者提出了疑惑。首先是德国神学家如彼得森(Erik Peterson)和卡姆拉(Wilhelm Kamlah),他们认为这个问题还值得再研究。[8]

329 在我自己研究《七书》和《上帝之城》的关系时,我希望能够主要解决两个问题。第一个是,如果奥罗修斯确实是在奥古斯丁的思想影响下写作本书的,那么他是怎么解读奥古斯丁的思想,又是

怎么付诸自己的写作的？换句话说就是，奥罗修斯的历史思想实际上是如何体现奥古斯丁的历史思想的？第二个问题就是，奥古斯丁他自己是如何看待他学生的这本作品和思想的，并且，如果真如但丁所说的那样，奥古斯丁在何种程度上受益于奥罗修斯的作品的？

幸运的是，《上帝之城》的写作日期让我们能够去探究这两个问题的答案。因为我们从奥罗修斯的《序言》中得知，在他完成这本书并呈递给自己导师时，奥古斯丁正在"计划完成"《上帝之城》的第十一卷(I, Prol.，11)。我们知道奥古斯丁每写完一本书或一章节就立刻会"出版"它，这就意味着奥罗修斯在写作自己的历史作品时，可以引用整个第一部分的《上帝之城》，其中包括了卷一到卷十的内容。因此对比一下《七书》和《上帝之城》的第一部分，我们就能知道奥罗修斯与奥古斯丁的思想是多么相似或不同。而另一方面，由于奥古斯丁是在他收到奥罗修斯的作品之后才开始写作《上帝之城》的第二部分的(卷 11 到卷 22)，我们可以从这一部分来分析奥古斯丁是否运用了他学生的史实资料和历史认识。

如果我们将两本书的主题各自视为一个整体，从进行比较来开始我们的研究的话，我们立刻就能发现一个重大的区别。中世纪时期最伟大的历史学家之一——弗雷辛的奥托主教曾经明确指出这一区别，但是大部分当代的学者对此都没有给予足够的重视。 330
奥托主教观察到奥古斯丁"已经热情且专业地论述了显赫的上帝之城的起源、发展历程和注定的结果，阐明了他是如何被世界公民口耳相传，以及他的臣民在相较于其他那么多不同的时代，是多么的出色"。而另一方面，奥罗修斯"编纂了人类从创世纪开始到他生活的那个时代的珍贵历史，其中包括，人类活动的波动，战争的起伏，以及王位的更迭"。换句话说，奥托将奥罗修斯置于众多历史学家之一，他们记录"人类苦难的故事"或叙述"暂时的、世俗的恶魔之城"。而奥古斯丁的独特之处在奥托看来，是因为奥古斯丁主要关注的是永恒的、天堂般的基督之城。[9]

奥托主教的观察是正确的。奥罗修斯在他的《七书》全书中，只在呈递给圣奥古斯丁的序言中用过一次"天堂的城市"和"世俗的城市"(Ⅰ, Prol., 9)。而在其他任何地方,他都没有试图用这两个词来解释历史事件,而这两个词在奥古斯丁的思想中是至关重要的。但是,奥罗修斯对这个两个词的避而不用并不意味着他轻视或甚至是要背离奥古斯丁的原则。这个疏漏只能简单地理解成奥罗修斯对这份任务的构思比奥古斯丁想得有限。事实上,是奥古斯丁自己让奥罗修斯这么限制的。因为在奥罗修斯的献词中,他对奥古斯丁说:"你给予我这个荣誉,让我们在所有的历史和年鉴中寻找所有能够找到的关于叛逆者和违背人类良知的罪犯所造成的那些战争的重担、疾病的毁灭、饥饿的恐慌、可怕的地震、巨大的洪灾、火山的爆发、雷电风暴和其他残酷灾难。我试图在本书中
331 系统简明地阐述这些事件。"(I, Prol., 10)以非神学的观点来说,会给自己的学徒这么布置历史编纂任务的人,他的历史观很明显是狭隘且有问题的。但是这明显就是奥古斯丁的观点,就像他自己在《上帝之城》第一部分的一个备注中所说的那样(奥罗修斯肯定知道这一部分)。在这段的开始部分,奥古斯丁在列举第二次布匿战争带来的各种灾难时,突然说道:"我们是要去列举(所有的灾难)么,如果这样的话我们只能成为历史作者。"[10]那么奥古斯丁自己的目的是要充分地探讨"两城的起源、发展历程和结局"(ⅩⅧ, I, 1—4),尤其是天堂之城。而他交给奥罗修斯的任务正是讲述人类历史上的苦难。

主题虽然受到限制,本书却在别的方面颇有建树。正如我们所见,奥罗修斯公开宣称要从"所有可以找到的历史资料和年鉴中"寻找他要的资料。因此,他的历史起源自第一个人类:亚当。他这么做就完全背离了异教徒和基督教徒所共享的历史书写传统,那就是历史开始于亚述的尼诺斯王(Ninus, King of Assyrians)和亚伯拉罕(Abraham)(Ⅰ, i, 4)。在他选择以亚当作为人类历史的开端时,奥罗修斯觉得自己受到了奥古斯丁这个权威的支持。这标志着基督教历史编纂发展上的一个重大改变。因为奥古斯丁和奥罗修斯同时代的圣哲罗姆,以及他之前的尤西比乌、凯撒利亚的主教的编年

表仍然是从尼诺斯国王和亚伯拉罕开始的，紧跟着的是早期的异教徒普世史作者[11]。从此，大部分西方基督教缩写的编年史和年鉴都 332
与奥罗修斯的《七书》一致，以亚当作为历史的开端。

于是，奥罗修斯在自己所能找到的资料中寻找从亚当到他所生活的5世纪期间全人类、个人以及民族所遭受的灾难——与他的主要参考资料——圣哲罗姆翻译的尤西比乌的编年表一致，奥罗修斯的历史也大致是以编年的方式书写的。这里我们无需细述奥罗修斯的历史编纂。它已经足够证明奥罗修斯的工作是繁琐厚重的。彼特拉克挖苦奥罗修斯，说他是个“世界上所有恶魔的收集家”也不为过。但是公平地说，我们必须认识到如奥古斯丁所希望的，就是奥罗修斯成为俗世悲剧的“收集家”。通过对比奥罗修斯的《七书》与《上帝之城》第一部分，我们可以发现两位作者叙述灾难的方 333
式确实如出一辙。有时候，如果话题一样，奥罗修斯就直接引用奥古斯丁对这件事的叙述来缩短自己的评论。他在其中一篇中写道：“当我敬爱的导师您已然满腔热忱地追寻智慧和真理，我又怎能冒进逾越？”（Ⅲ，4，6）但是，通过大量历史详情，奥罗修斯有很多机会详述并证明“个人的悲苦从最初就存在”（Ⅰ，2，106）。毕竟奥古斯丁只是顺带提一下这个问题，而奥罗修斯，用他自己的话来说，是要“系统地”叙述他们的。

此外，在《上帝之城》的第一部分中，奥古斯丁所叙述的几乎完全是发生在古罗马的历史事件。奥罗修斯也认为“罗马的事情是最重要的”。但是就在此句后，他说“希腊的事情不能被忽略”（Ⅰ，12，3）在自己的书中，他甚至还叙述了那些发生在东方大国如：亚述、埃及，巴比伦尼亚以及波斯的灾难。（在叙述基督时代前的历史时，奥罗修斯主要讲的都是异教徒，只在很少几处提到了犹太的灾难。我们要记住的是，如他的标题所示，他写作此书的原意正是直接“反驳异教徒”。）

奥罗修斯的书中只论述人类历史上的悲惨，而很少提及辉煌，至少在基督教以前的时代中，很少有。他对国家和社会的基础设施的发展毫无兴趣，对古代世界的文化成就也很淡然。他不愿意

承认在那个时代曾有过伟人，人类曾从他们身上受益良多。例如，
对奥罗修斯来说，亚历山大大帝只是个“罪恶的旋涡”（Ⅲ，7，5）。
虽然奥罗修斯所叙述的古代史很明显是偏颇，很多时候甚至是有
334 失公允的，但它确实展示出了奥罗修斯那个年代中被人普遍接受
的观点。从这一点上说，这本书的偏颇是值得注意的，也是必然
的。很多古代历史学家强调、歌颂的都是某个人或某个国家的荣
耀，他们更关注的是这些领导人和大国的成功。但是在奥罗修斯
看来，这些历史学家只以胜利者的角度来看事情，胜利者只为自己
揽夺盛名，而将数不清的灾难抛给那些被他征服的人们。奥罗修
斯表示“时代和时间不能光从一个立场来理解，而是要以整个世界
为背景展开认识。只有这样，人们才能清楚地看出，罗马的高兴，
是因为他是征服者；而非罗马国家的悲情，是因为他们是被征服
者”（Ⅴ，1，3）。奥罗修斯如此坚定地重视帝国主义的阴暗面，他
是受到了奥古斯丁的几分影响，因为奥古斯丁在《上帝之城》中好
多处都表述了相同的观点[12]。奥罗修斯对历史上的荣耀背后的问
题有这么深刻的理解主要是由于他的个人背景。作为一个西班牙
人，他属于一支曾经被罗马征服的民族。而现在，在他的生命里又
被日耳曼侵略。他曾经惊呼：“我是否从自己先辈的惨烈经历中看
到了人类的共性?”（Ⅲ，20，5）在一段他回忆从西班牙离开的途中
的见闻之后，奥罗修斯写了一句对他同代人和所有只看见历史的
光荣与伟大的历史学家都受用的话：“只有那些从未经历过苦难的
人才会对他人的苦难无动于衷。”（Ⅲ，20，7）[13]

335 通过对历史上定期出现的灾难最细致的研究，奥罗修斯确信自
己是与奥古斯丁观点一致的。在《上帝之城》的第三卷中，奥古斯
丁就以此为主题，卷首语为：“我明白，现在我必须要说的是那些异
教徒们独独不愿遭受的灾难——饥饿，疾病，战争，掠夺占领，屠杀
及类似的恐怖事件。”（Ⅲ，i，4—7）但是需要注意的是，奥古斯丁
认为这些生理上的灾痛只是第二重要的。因为他认为“这些人们
避之唯恐不及的灾难是恶魔在折磨人类的道德和灵魂”（Ⅲ，I，1—
2）。因此，他在探讨物质灾难之前，在《上帝之城》的第二卷中详述

了这些问题。而对奥罗修斯来说,他当然也关注了困扰着古代异教徒世界的道德和精神上的恶魔,但是在他叙述和解释这些事件的主要框架中,相对于奥古斯丁的思想体系,精神的主题肯定要少得多。奥罗修斯之所以将重点主要放在人类历史上的物质灾难,同样是因为这是他导师授予的任务。正是奥古斯丁认为物质的恶魔是“异教徒唯一害怕的东西”,并且他知道,早在基督教创教时,异教徒就习惯于将自然的或是其他的灾难归咎于新宗教的信徒。就像我们从德尔图良那儿学到的。两百年前,只要有地震或疫情发生,就有人叫嚷着:“把基督徒扔去喂狮子。”(Adversus Gentes, xl)而在奥古斯丁和奥罗修斯时代,仍有谚语:“大雨倾盆是基督徒作祟。”(De Civitate Dei, Ⅱ, ⅲ, 3—4)罗马在410年的陷落无疑证实了异教徒的信念“如今频受恶魔侵扰,唯一的原因就是人们礼拜耶稣……而异教的神像少有问津”(Orosius, Ⅰ, prol., 9)。奥古斯丁自己在《上帝之城》中对这一信念进行了理论的辩驳。但与此同时,他觉得有必要用异教徒思维能够接受的事实和理论来与他们进行斗争。因此,他任命奥罗修斯通过目的明确的、非理论性的 336
世俗历史记载来证明异教徒几个世纪以来对基督教的毁谤是多么荒诞。奥罗修斯的标题“七书:驳斥异教徒的历史”,就指明了此书的受众和目的。从常理说,这本书就是“辩论”。

对世界上的物质恶魔的关注,连同对人类精神和道德的恶魔相对缺乏的重视,就是奥罗修斯完成这项任务的基本方式了。奥古斯丁觉得,在公元410年“罗马陷落”这一特殊环境下,这种写作普世史的方式是必要的。现在问题是,通过阅读《上帝之城》的第一部分,奥罗修斯已经清楚了他导师的观点,只是在自己的实际研究和书写过程中,他是否总是或至少在重要事件上与奥古斯丁的观点保持一致呢?为了回答这个问题,我们只找到了几处与此相关的内容。

奥古斯丁和奥罗修斯都认为在历史进程中,罗马政府和罗马百姓所处的地位的变化是至关重要的。如果我们从这一点上来研究《上帝之城》的第一部分,我们发现奥古斯丁对罗马百姓有着很复

杂的感情。一边,他作为基督教的神学家,他有机会再次强调“经
由天意的判决,他们无权选择耶稣基督”(Ⅱ,xxix, 9—10)这一根
本事实。正因如此,罗马人民在基督教时代之前所取得的成就完
全属于世俗世界。事实上,在他眼中,罗马就是一个杰出的世俗世
337 界的象征:罗马是“第二个巴比伦”(XVIII, ii, 65—66)。虽然他明
确表明,除了受精神或超世的事务启发和引导的,那个时代不可能
有真正的美德,但是奥古斯丁也退一步地承认了罗马人至少还有
一些我们所谓的相对的美德。在这些值得称赞的习俗(I, xxxvi,
9)之中,奥古斯丁挑出了最重要的“自由和对盛名的渴望,促使罗
马人行为端正可敬”(V, xviii, 20—21)。为了说清这个道理,奥古
斯丁用《上帝之城》第五卷的一整卷来回答“上帝为什么……承认
了罗马帝国如此长久地统治着广阔的地域?”(V, Praef., 5—8)对
于这个问题,他如此回答:罗马政权的建立“是因为上帝以这种方式
来战胜存在于这个国家中的恶魔,他将这一任务交付给那些追求声
名,为自己的祖国的名誉、称颂和光荣而战,为了公共利益不惜牺牲
自己利益的人手中”。由此,在奥古斯丁的笔下,古罗马人“因为他
们对荣誉的热爱,战胜了钱财的贪欲及其他恶习”(V, xiii, 1—9)。[14]
正由于这种观念,《上帝之城》的前五卷中,奥古斯丁高度赞扬了一
大批伟大的罗马人,甚至还让他的基督信徒们学习人家的自我牺牲
精神(V, xviii)。[15]人们可能注意到 900 年后,但丁借用了奥古斯丁
的观点以及他对罗马人的颂扬。但是但丁比奥古斯丁更进一步,称
伟大的罗马人为“神旨在罗马显灵的途径;因为神赐多次”[16]。

而奥罗修斯对罗马的态度就截然不同。当奥古斯丁要赞美罗
马的特质(II, xxix, 1),奥罗修斯写道:“这座城市如同一个永不知
足的胃,一直在蚕食,却从未满足。她所造成的破坏比任何其他城
338 市都要大。她的魔爪染指了全部,自己却一无所有。内部的匮乏
迫使她卷入了战争的荒乱。”(V, 18, 29)虽然有所保留,但奥古斯
丁还是公开地表示崇拜几位伟大的罗马人。而奥罗修斯并没有对
任何一个前基督时期的罗马人表示出尊重,也并未试图从罗马人
的素质或是个人品质上来解释罗马的崛起,尽管这些品质的价值

正是奥古斯丁所要赞赏的。他目的明确,就是要“教导人们所有历史事实都是由冥冥中的奇妙和上帝至高无上的旨意来安排的,从来都不受人类的力量左右,也不是变数使然”(II, 2, 4)。与奥古斯丁不同,他对天意的笃信让他无法授予个人重要的角色,也不会对他们的特质有任何的兴趣。因此,对于上帝为什么将如此庞大的帝国交付于罗马人,奥罗修斯给出了与奥古斯丁截然不同的答案。奥罗修斯以圣徒保罗的话开始“凡掌权的都是神所命的”(罗马书13)。如果这是真的话,那“所有权力集结的王国,也是神所命的”。并且他总结说:“如果王国互争,那最好有一强国,让其他王国都附属之。”(II, 1, 3—4)

换句话说,奥罗修斯相信政治领域中“唯一的顺序”(ordinatio ad unum, VI, 1, 6),世界上所有分散的国家臣服于一个普世独裁的帝国都是神的旨意。他将历史的进程看作为一个“四个主要王国:东方的巴比伦,南方的迦太基,北方的马其顿和西方的罗马这主要的四个国家接连着在世界四个主要的地点显赫的过程”(II, 1, 4—5)。除去将迦太基算在进程之中,以及地理上对这几个国家的奇怪区分,奥罗修斯重述了古代人们对这四个专制大国的认识。 339
这一认识被早期的基督教徒所认可,尤西比乌和圣哲罗姆在世界编年史中也给其相当重要的地位。(但是,我们也需要注意到,这一方面奥罗修斯从来没有提到过《论以理书》第二章和第七章中的著名段落,这些原属于异教徒的对那些伟大的君主国的认识,被几乎所有的早期基督教作家接受并引用。)奥罗修斯与其他前辈的不同之处只在他无与伦比的详细。因为他试图在最重要的两个君主国:巴比伦和罗马之间尽可能多地寻找相似之处,所以他逐字解释历史上重要的日子和编年史上的巧合。这一方法不但特殊,而且时不时地与他的资料都不能吻合,其中就包括哲罗姆的《和谐集》(*Chronici Canones*)。与我们的研究相关的是,奥罗修斯是否独立于奥古斯丁,因为奥古斯丁的《上帝之城》的第一部分,完全没有提及与这四个君主国相关的事。

由于奥罗修斯认为,没有一个伟大的君主国,即便是罗马帝国也不是因为领导人及其臣民的优良品质而得天下，我们必须要问：在奥罗修斯看来，上帝在前基督教时代到底是如何实现他让敌对的霸主遵从于一个国家这一目标的？毋庸置疑，奥罗修斯相信，大部分时候上帝是依靠众多的异教国，不管他们实际上是多么无用，仅仅把他们作为帮助实现神意的傀儡或工具。但是很明显的，奥罗修斯坚信，在特定重要时刻，上帝同样通过某些自然现象来影响事件的转折。我来举一个明显的例子。奥罗修斯从李维所记载的汉尼拔对罗马的围攻中，得知连续两天的大暴风雨使得两军免于交战，也因为这个原因，“迦太基人自降于对宗教的敬畏”，最终决定从罗马撤军（李维，XXVI, xi,4）。对奥罗修斯来说，这就是“证据……这场雨在那么恰当的时间里来得如此必要，就说明它是耶稣这位真神派来的”。因此，在奥罗修斯看来并不是罗马人的英勇保住了罗
340 马，而是“无需讨论的……耶稣的顺序……在那些天里拯救了罗马城，所以日后这座城市要接受这一信仰”（IV, 17, 8—11）[17]。

奥罗修斯在谈论到人类救世主的出生日与奥古斯都建立普世君主制这一巧合时，将他的天意决定历史理论应用到了极致。在这一事件上，他愿意承认奥古斯都是“最勇敢也最仁慈的”这一类他从未用来形容异教徒的词。然而，与此同时的是，奥罗修斯非常明确地提出，奥古斯都的杰出都是受恩于上帝，是上帝“通过他的顺序，将所有的事物赋予这一个帝王”（VI, 1,6）。世界第四大君主国是由上帝建立的，世界的和平也不是由奥古斯都个人的伟大来维系的，而是“由出生在奥古斯都时代的耶稣的力量”来维系的。天意是“在这个安详和平静遍地的国度，基督教之名和承诺的救世将会毫无阻碍地迅速传播开去”（VI, 1, 8）。许多早期的基督教作家，尤其是尤西比乌，都强调了耶稣生日与奥古斯都称帝之间的天意巧合，也用十分相近的方式解释了罗马帝国的存在的理由，但却是奥罗修斯将这些想法精细化成为了体系。尤其是那三个奇
341 迹——太阳周边的光圈，特拉斯泰伟雷的油井，以及关闭的雅努斯之门[18]——奥罗修斯相信，这些应当被铭记为最伟大的信念，以此来“全面证明奥古斯都的帝国是在为耶稣的到来做准备”（VI, 20,

4)。所有这些事发生在奥古斯都的事业的关键时刻，但同时他们应该也被视为耶稣和他的宗教即将到来的“神谕和标志”。奥罗修斯如此强调第一罗马帝国的神意和奇迹，以至于当代的天主教学者彼特森将这些思想统称为“真正的政治神学”，也因此发觉到，从纯宗教的观点看，这种思想史颇具争议。

在形成这些思想时，奥罗修斯更因为得知起源于基督教早期的一些传统观点而备受鼓舞，并且这些传统观点通过尤西比乌的作品，在4世纪时已被普遍接受。从这一点上，奥罗修斯从他的导师奥古斯丁那儿能够得到的就寥寥了。因为当我们回顾《上帝之城》的第一部，我们就能发现奥古斯丁没有刻意提到奥古斯都统治的重要性。而在耶稣生日和罗马霸权开始这一巧合上，奥古斯丁只是提到了这么一个事实“耶稣出生在奥古斯都统治时期”(III, xxx, 15—16)。而从《上帝之城》的第三部中，我们能更清楚地看出，与之前的尤西比乌和之后的奥罗修斯所说的恰恰相反，奥古斯丁并没有用很宗教的方式来解读奥古斯都的世界和平，因为他明确提出：“奥古斯都经历了无数的战争，在战争中，我们失去了很多重要的人，其中就有西塞罗。”(III, xxx, 17—19)因此，在奥罗修斯的作品中占有重要位置的“政治神学”，源自的传统是奥古斯丁悄然抗拒的。

奥罗修斯的《七书》和《上帝之城》的第一部分在解释历史进程时至少还有不止一个重要分歧。两个人的写作初衷就各不相同： 342
他们想要证明他们这个时代的灾难并不特殊，也不能怪罪于基督教的盛行，因为历史告诉大家：在过去，即便那一异教徒的神灵也宣称会庇佑他的臣民，可仍是有很多的灾难。但是奥古斯丁自己写作这一主题时，他将这些永恒的灾难视为神定的人类命运，而奥罗修斯却以不同的方式解释这一问题。他研究的结果就是他“发现过去那些日子不但如今日一般沉重，他们还深受远离真信仰的绞痛”(I, Prol., 14)。在奥罗修斯看来，在基督教崛起前，灾难不但是更多悲惨，而且此时，积极的“我们的先祖从未有过的庇佑：如今的安详，对未来的希望，以及拥有一块庇护之地”(V, 2, 8)[19]。

当我们将《七书》中最后一册写基督教时代的，与之前的其他几本相比较时，我们确实发现在奥罗修斯的叙述中，处处是在上帝的帮助下人类所得到的进步。所以在奥罗修斯眼中，克劳迪(Claudius)在公元45年可以轻松征服不列颠，而之前的凯撒却没有神的眷
343 顾[20]。或者，再举一个更奇怪的例子来证明奥罗修斯随着信仰基督而来的物质庇佑。他认为现在的蝗虫灾害要比过去少得多了(V, 11, 6)，而且埃特纳火山"曾经频繁喷发，摧毁良田和城市，但如今只是冒冒无关痛痒的烟，好似为了证明曾经的活跃"(II, 14, 3)。

通过这些相似的评论，奥罗修斯明显已经置身于一支被称为"基督进步主义"(Christian progressivists)的传统思想流派，这一流派中最杰出的代表就是尤西比乌。他们的观点是上帝同时建立了普世的宗教和普世的帝国，并在日后的时代中经由神意指导而共同成长。这是尤西比乌的信念，奥罗修斯更是坚定地认为越多的人接受精神上的真理，人类得到的物质救助就越多。

尤西比乌和奥罗修斯得出这一信念是由于他们相信上帝和人类的关系是基于一种可以沟通的联系，这种联系与古旧的异教徒互易原则极其相似。如果有人做了什么让上帝高兴的事情，上帝也会回报些给他；反之，如果有人做了让上帝不高兴的事，那他必然要承受上帝的怒气。比如说，异教徒以及后来的异端帝王迫害虔诚的基督教徒。因此，奥罗修斯主张说，上帝通过允许内战爆发
344 以及自然灾难来惩罚那些帝国暴君(VII, 22 和 27)[21]。在奥罗修斯看来，善与恶的嘉奖与报应并不只发生在最后审判的时刻，而是时时都有。这一理念与数世纪之后的歌剧《唐·乔瓦尼》中最后的合唱相呼应："这是为恶者的末日，而这厄运往往是他们自找的。"奥罗修斯在总结神学家马西泽尔将军(Mascezel)的生涯时，曾用最为简短的话语表述了这一思想："马西泽尔用自己的命运证明了上帝的审判从来都有着双重的目的，那就是当他信教时，他得救，而当他藐视信仰时，他被置于死地。"(VII, 36, 13)

因为笃定历史上存在"些许上帝不可言传的审判的证据"(II, 3,5)，奥罗修斯肯定从《上帝之城》的第一部中得不到任何支持。

奥古斯丁远非奥罗修斯那样坚持美德和善举总是会有回报。恰恰相反,他宣称在上帝眼中,世界上好的坏的东西都不具有重要性或价值,也因此上帝“根据事务和时代固有的顺序来安置好与坏,而这一顺序我们不得而知,上帝了然于胸”(IV, xxxiii, 1—4)。[22]奥古斯丁在详述神意的奇妙作用时,明确列举了大量的四世纪的帝王、基督教徒、非基督教徒,甚至是东正教徒和异端教徒(V, xxv, 1—19)。而当奥罗修斯在他的史书的第七册中谈论到同样的统治者(chs. 28, 30, 31, 34)——君士坦丁、朱利安、朱维安和格拉提安——并从他们的人生中吸取教训时,他丝毫没有表现出他理解了他的导师给出的深刻警告。这一警告直接反驳了尤西比乌对进步概念的过于乐观,也反驳了基督教对异教徒互易原则的接受。任何认为精神和物质之间有直接或随意的联系,任何认为造物主和他所造之物有沟通桥梁的假设,都是奥古斯丁断然否定的。因为 345
这与他心目中的上帝与人的关系不符,即便是世界上最伟大最优秀的人。

见解上的分歧关系到奥罗修斯和奥古斯丁思想体系中最重要的几点。两人观点上的其他不一致,如我们所知,是因为下达给奥罗修斯的任务性质特殊,或者可以解释称奥罗修斯在这些问题上得以发展出自己的观点,是因为他的导师似乎没有给出明确的答案。但是当奥罗修斯碰到最关键的问题——整体解释历史的进程,说明上帝和神意在时间和世上究竟是如何运作的——必须承认,他的观点与奥古斯丁在《上帝之城》的第一部分中所说的和未说的都相悖。可能奥罗修斯自己都完全没有意识到这些根本原则上的背离,还坚信自己与奥古斯丁观点一致。虽然主观上坚信一致,但客观上是不可能保持“那些基本的原则,奥罗修斯正是在此之上发现他的历史哲学与他的导师兼朋友奥古斯丁一致”。恰恰相反,我们必须认识到奥罗修斯历史哲学的基本原则是与尤西比乌和4世纪时期他的希腊和拉丁追随者们一致的,而奥古斯丁在《上帝之城》的第一部中明确反对了这些原则。

本章开头出的第二组问题还没有解决:奥古斯丁在《上帝之

城》的第二部中究竟用了多少奥罗修斯的作品，以及他是如何评价他这位学生的思想的？要回答这两个问题，我们必须首先注意到，在整个《上帝之城》的后半部，奥古斯丁完全没有提到过奥罗修斯的作品。当他提到“我们的（等于基督教的）曾写过编年史的历史学家”时，他指的总是尤西比乌和圣哲罗姆，而不是奥罗修斯
346 (XVIII, viii, 49—50)。这一疏忽更不寻常之处在于奥古斯丁讨论的有些事件可以在《七书》中找到比他自己表述的更好的信息。例如，在谈论到世界历史上的四大君主国所处的位置时，奥古斯丁完全漠视了奥罗修斯详尽的叙述，取而代之的是提到了哲罗姆的《论〈但以理书〉》，“称其叙述细致而博闻”(XX, xxiii, 42—46)”。我们需要记住，有一点奥罗修斯反复强调，就是耶稣生日和罗马帝国建立这两件事的神意巧合。而在《上帝之城》的第一部中，奥古斯丁并没有在这一点上着墨过多。很明显，他并不想赋予其任何真正的重要性，因为在其作品的第二部中，他仍然只是简单地说耶稣出生“于希腊王统治朱迪安之时以及……奥古斯都统治罗马之时”(XVIII, xlvi, 1—3)。这句话之简短与奥罗修斯长达七章的谈论形成鲜明对比。我们似乎可以从这一区别上得出结论，那就是奥古斯丁不仅对在奥罗修斯的历史哲学里占中心地位的“政治神学”没有兴趣，而且是不赞同的。

至少在《上帝之城》第二部中有一个重要段落明确反对了《驳斥异教徒历史七书》中提出的观点。奥罗修斯在《七书》的最后几章中，奇怪甚至愚蠢地将埃及的十个灾难与异教徒帝国对基督教徒的十次迫害相联系，并从此联系中他得出在基督反对者出现之前将不再有对基督教徒的迫害(VII, 27)。这种乐观完全印证了奥罗修斯对尤西比乌进步观点的接受，但这恰恰完全违背了奥古斯丁的信仰。事实上，奥古斯丁通过指出在君士坦丁统治之前的迫
347 害实际上多于十次，而在此之后，异教徒和异教帝王们对基督教徒仍有迫害来驳斥奥罗修斯的对比。因此，对奥古斯丁来说这是“一种自以为是的假设……预言更多的迫害会来自于统治者”。奥古斯丁的这段话很明显说的就是奥罗修斯，虽然他没有直接否定他

的学生。因此,他说:“我认为没有人可以轻率地说或相信,就像有些人已经做了的那样。直到基督反对者出现,基督教徒都不会再像从前那样饱受迫害。”(XVIII, lii, 1—5)

奥古斯丁可能还反对奥罗修斯历史思想中的其他几点,尤其是埃及十个异教徒和十次迫害之间“巧妙、天才般的”对比:“我在此没有看见任何先知之灵,只有凡人的猜测,而猜测就会时而命中真相,时而错过。”(XVIII, lii, 17—20)但是,他没有选择明说他的批判。只要考虑到他自己的作品,就像但丁在《神曲》中所说的,奥古斯丁确实没有借用《七书》中的任何东西。而在他自己对奥罗修斯的个人态度上,在后来奥古斯丁的写作和回复中,我们只找到了一处提及奥罗修斯名字的地方,就像我们所见那样,在这些书写于《七书》之前的信件中,奥古斯丁对奥罗修斯的评价非常之高。奥古斯丁只在他声明的最后时刻提到了奥罗修斯,但是有意思的是,却是用一种不明确的,甚至可能是轻视的方式。因为在他的《再思录》一书中,他说他写作《驳斥普里西利安派》(Against the Priscillianists)是应“一个真正的西班牙牧师,奥罗修斯”之邀的(II, xliv)。

我们无从得知与奥古斯丁同时代的人是否认为奥古斯丁的沉默中有惩罚的意味。但可以肯定的是此后的几世纪中人们完全没有意识到这一点。人们都倾向于记住两人之间曾存在的导师与学生的亲密关系,毕竟人们可能深受奥罗修斯在他作品后对奥古斯丁的致辞的影响:“如果你出版了它,那就意味着你赞同它;如果你撕毁了它,那就说明你不认同。”(VII, 43, 20)显然的这部作品没有被撕毁,那认为作品得到了奥古斯丁的肯定,也因此将《七书》中对历史的进程和意义的解释当成是奥古斯丁思想的权威再现来接受了。毋庸置疑,精通中世纪的历史学家更倾向于读《七书》而不是《上帝之城》。因此我们发现中世纪大部分世界史学家提出的观点和判断及其所反映的历史哲学都不能被称为是真正的奥古斯丁式的。反之,应该称其为奥罗修斯式的。 348

注释：

1. August 6，20 and 27，1955，pp. 164，217，243.
2. X，118—120：
   "Nell'altra picciolettaluce ride
   quello avvocato de tempi cristiani
   del cui latino Augustin sin provide."
3. *Policraticus*，VIII，18，788C（ed. C. C. I. Webb，Oxford，1909，II，363）："Haec Orosius fere；cuius uerbis et sensu eo libentius utor quod scio Christianum et magni discipulum Augustini propter religionem fidei nostrae ueritati diligentius instituisse."
4. *Seven Books of History against the Pagans*，tr. Irving Woodworth Raymond（New York，1936），p. 10.
5. Ep. 166，1，2，（致哲罗姆）。关于哲罗姆的回答，见 Ep. 172. Cf. Ep. 169，4，18（ed. A. Goldbacher，*Corpus Scriptorum Ecclesiasticorum Latinorum*，Vienna，1904，xliv，621）："occasionem quippe cuiusdam sanctissimi et studiosissimi iuuenis，presbyteri Orosii，qui ad nos ab ultima Hispania，id est ab Oceani litore solo sanctarum scripturarum ardore inflammatus aduenit，amittere nolui."
6. *Pavli Orosii Historiarvm adversum paganos libri* VII，I，Prol.，9（ed. K. Zangemeister，CSEL，Vienna，1882，v）. 奥罗修斯《七书》中的参考文献全都来自这一版本。译文主要参考 I. W. Raymond 翻译的作品。
7. I，Prol.，8. 在拉丁文章"*Liber apologeticus*"中奥罗修斯称奥古斯丁和哲罗姆为"columnae et firmamenta Ecclesiae catholicae"（1，4）并再次称奥古斯丁为"beatus pater meus"（31，8）。
8. William Kamlah，*Christentum und Geschichlichkeit*，2nd. ed（Stuttgart，1951），176 ff. Erik Peterson，"Der Monotheismus als politisches Problem"，in *Theologische Traktate*（Munich，1951），p. 97. 在 G. Frink，"Recherches bibliograhioues sur Paul Orose"，*Revista de Archivos*，*Bibliotecas y Museos*，LVIII（1952），271—322 以及 Berthold Altaner，*Patrologie*，5th ed.（Freiburg，1958），pp. 218—219。同样可参考 Guy Fink-Errera，"San Agustín y Orosio. Esquema para un estudio de las fuentes del 'De civitate Dei'"，*La Ciudad de Dios. Revista Agustiniano*，CLXVII，vol. II（1954），455—549。
9. *Ottonis Episcopi Frisingensis Chronica sive Historia de duabus civitatibus*，ed. A. Hofmeister（Hanover and Leipzig，1912），p. 6，11. 22—26；7，11. 5—10；9，11. 8—20.
10. *De Civitate Dei*，III，xviii，11—12（ed. B. Dombard and A. Kalb，Corpus

Christianorum, 1955, XLVII and XLVIII). 所有《上帝之城》的参考文献都来自这个版本。翻译是基于 M. Dods, *The City of God*, *2 vols.*, 1872。

11. *Eusebii Pamphilii Chronici Canones Latine vertit*, *adauxit*, *ad suatempora produxit S. Eusebius Hieronymus*, ed. J. K. Fotherngham (London, 1923), p. 11: "Verum in curiositate ne cesses, et cum diuinam scripturam diligenter euolueris, a natiuitae Abraham usque ad totius orbis diluuium inuenies retrorsum annos DCCCCXLII, item a diluuio usque ad Adam annos IICCXLII, in quibus nulla penitus nec Graeca nec Barbara et ut loquar in commune gentilis inuenitur historia: quam ob rem praesens opusculum ab Abraham et Nino usque ad nostram aetatem inferiora tempora persequetur." 参考 Tertullian, *De Pallio*, ii, 5 (ed. A. Gerlo, Wetteren, 1940, pp. 66—67): "Bellis quoque plurimum licuit. Sed piget tristra non minus quam et regnorum vices recensere, quotiens et ista mutaverint iam inde a Nino, Beli progenie, si tamen Ninus regnare primus, ut autumat superiorum profanitas. Ferme apud vos ultra stilus non solet; ab Assyriis, si forte, aevi historiae patescunt. Qui vero divinas lectitamus, ab ipsius mundi natalibus comotes sumus"; 以及 Justin, I, I 1—7 (ed. O. Seel, 1935): "Principio rerum gentium nationumque imperium penes reges erat, quos ad fastigium huius maiestatis non ambitio poularis, sed spectata inter bonos moderatio provehebat. Populus nullis legibus tenebatur; arbitria principum pro legibus erant. Fines imperii tueri magis quam proferre mos erat; intra suam cuique patriam regna finiebantur. Primus omnium Ninus, rex Assyrìorum, veterem et quasi nativum gentibus morem nova imperii cupiditate mutavit. Hic primus intulit bella finitimis et rudes adhuc ad resistendum populos terminos usque Libyae perdomuit. Fuere quidem temporibus antiquiores Vezosis Aegyptius et Scythiae rex Tanaus, quorum alter in Pontum, alter usque Aegyptum excessit. Sed longinqua, non finitima bella gerebant nec imperium sibi, sed populis suis gloriam quaerebant contentique victoria imperio abstinebant. Ninus magnitudinem quaesitae dominationis continua possessione firmavit."

12. 例如, III, x 或 III, xiv, 55—65。

13. 把奥罗修斯和马其顿的菲利浦征服(III, 14)及亚历山大征服(III, 20)作比较。他提醒他的异教反对者说,"敌人造成的破坏是一件事,征服者的声名是另一件事",并警告他们说哥特人理应统治罗马世界,其后人"将会把这些我们如今视为洪水猛兽的敌人称为万能的王"(III, 20, 12)。

14. 参考 V. xii, 46—48: "Amore itaque primitus libertatis, post etiam dominationis et cupiditate laudis et gloriae multa magna fecerunt."

15. 奥古斯丁特别称赞了雷古勒斯(Regulus, 例如 I, xv)。奥罗修斯很多次提及雷古勒斯(IV，8—10，passim)，但并没有特别称赞。

16. *Convivio*，IV，v，17(ed. G. Busnelli and G. Vandelli，Florence，1954，II，56)："... e manifesto esser dee，questi eccellentissimi essere stati strumenti con li quali procedette la divina provedenza ne lo romano imperio，dove piu volte parve csse braccia di Dio essere presenti."

17. 他的其他参考来源，Florus，I，xxii，44—45(ed. E. S. Forster，1929，p. 108)，更一针见血地对暴风雨做了如下诠释，"that the gods... resisted Hannibal's progress."("Quid ergo miramur moventi castra a tertio lapide Annibali iterum ipsos deos-deos inquam，nec fateri pudebit-restitisse? Tanta enim ad singulos illius motus vis imbrium effuse est，tanta ventorum violentia coorta est，ut divinitus hostem summoveri non a caelo，sad ab urbis ipsius moenibus et Capitolio videretur.")我们可以再次注意到奥罗修斯的这种独特的推理完全不受奥古斯丁的影响。奥古斯丁的推理并没试图将暴风雨象征为基督上帝的发明。(III，xx，28 ff.)

18. 见上，第 318 页。

19. 参考 I，21，17—19："what we at present find difficult to bear is any interference whatsoever in our pleasure or any restraint placed upon our passions，even for a moment. There is this difference，however，between men of that age and of this: the men of that age endured with patience those unbearable burdens because they were born and raised amid them and knew no better times，whereas men of our age accustomed to perpetual peace in a life of tranquility and pleasure，are disturbed by every little cloud of anxiety that envelops them. If only they would pray to Him who can end this period of unrest，trifting though it be and to whom they owe this continued peace which was unknown to other ages!"

20. VII，6，9—11，奥罗修斯继续单刀直入地指出他的品行准则："Any person of the present day who pleases may make comparisons in regard to this one island，perios with period，war with war，Caesar with Caesar. I say nothing of the outcome，since in this case it was the most fortunate of victories，previously the bitterest of disasters. Thus Rome may finally come to see that the God through Whose Provience she formerly enjoyed partial success in her undertakings is God trough Whose recognition she now enjoys success in all tis fullness to the extent that she does not become corrupted through the stumbling block of her blasphemies."

21. 参考 VI，22，II："... ut，quoniam ab initio et peccare homines et puniri propter peccata non tacui，nunc quoque，quae persecutions Christianorum actae sint et quae ultiones secutae sint，absque eo quod omnes ad peccandum generaliter

proni sunt atque ideo singillatim corripiuntur，expediam. ”

22. 参考 *De Civitate Dei I*，viii，13—19：“Placuit quippe diuinae prouidentiae praeparare in posterum bona iustis，quibus non fruentur iniusti，et mala impiis，quibus non excruciabuntur boni；ista uero temporalia bona et mala utrisque uoluit esse communia，ut nec bona cupidius adpetantur，quae mali quoque habere cernuntur；nec mala turpiter euitentur，quibus et boni plerumque adficiuntur. ”

译后记

这本译作即将付梓，但译者仍感惴惴不安。这种心情一方面源自于作者的名气。严格说来，本书并非一部专著，而是后人为纪念西奥多·厄尼斯特·蒙森(Theodor Ernst Mommsen)而为其编辑的一部论文集，但它的确又是一部经久不衰的经典名著。蒙森生于史学世家，其祖父是那位因写作《罗马史》获得诺贝尔文学奖的德国古典学家、历史学家蒙森(Christian Matthias Theodor Mommsen)，其舅父正是被誉为社会学之父的马克斯·韦伯(Max Weber)，他的著作《新教伦理与资本主义精神》至今为人称道。在这些大师的光环之下成长，蒙森耳濡目染，自然是受益良多。不仅如此，蒙森在求学期间还接受了正规且严苛的德国式历史学术训练。及至成年，蒙森因不堪忍受德国纳粹政府对学术的审查及对学者自由的压制而自我放逐，出走美国从事中世纪及文艺复兴史的研究与教学。面对这样一位让人既崇敬又钦佩的历史学家的作品，译者不得不时刻怀有“敬畏之心”，在翻译过程中总是思忖再三、慎之又慎。

同时，译者的忐忑还来自于蒙森这一作品中所使用语言的多样性与复杂性。或许是继承了其祖父的语言天赋，也可能是受到祖父自身研究兴趣的影响，蒙森的作品中常常“充斥着”包括拉丁语、古意大利语、古德语、古法语在内的很多古语言词汇、短语，甚至是大段大段的引文。坦率地讲，这给译者带来了不少困难，也极大地拉长了翻译本书所用的时间。对于这些古语言，译者只能在请教相关语言学者的基础上将其基本意涵翻译出来，并尽最大努力使其符合原文中学术、专业层面的叙述逻辑和思维方式。因译者学识有限，能力不逮，译本中不妥之处，甚至错译，肯定在所难免。本书因翻译不当所造成的错误，责任全由译者承担，并恳请读者指正。

本书的翻译工作由多名译者合作完成，翻译分工具体如下：韩长青负责第一部分中的第1、2、3、4篇，孙岳负责第二部分中的第5、6、7篇，何美兰负责第二部分中的第8、11篇，陈志坚、张慧负责第二部分中的第9、10篇，杨宏伟负责第三部分中的第12篇，张珉璐负责第三部分中的第13、14篇。最后全书由陈志坚统稿，统一全书体例与基本术语译法。

最后，本项翻译工作得到了首都师范大学世界上古中世纪史研究方向和全球史研究中心的支持，在此我们特意表示感谢。同时也应感谢上海三联书店出版社的黄韬先生，他为出版本译作付出了大量时间和精力。

译者谨识

2018年11月19日

上海三联人文经典书库

已出书目

1.《世界文化史》(上、下)　[美]林恩·桑戴克　著　陈廷璠　译
2.《希腊帝国主义》　[美]威廉·弗格森　著　晏绍祥　译
3.《古代埃及宗教》　[美]亨利·富兰克弗特　著　郭子林　李凤伟　译
4.《进步的观念》　[英]约翰·伯瑞　著　范祥涛　译
5.《文明的冲突:战争与欧洲国家体制的形成》　[美]维克多·李·伯克　著　王晋新　译
6.《君士坦丁大帝时代》　[瑞士]雅各布·布克哈特　著　宋立宏　熊莹　卢彦名　译
7.《语言与心智》　[俄]科列索夫　著　杨明天　译
8.《修昔底德:神话与历史之间》　[英]弗朗西斯·康福德　著　孙艳萍　译
9.《舍勒的心灵》　[美]曼弗雷德·弗林斯　著　张志平　张任之　译
10.《诺斯替宗教:异乡神的信息与基督教的开端》　[美]汉斯·约纳斯　著　张新樟　译
11.《来临中的上帝:基督教的终末论》　[德]于尔根·莫尔特曼　著　曾念粤　译
12.《基督教神学原理》　[英]约翰·麦奎利　著　何光沪　译
13.《亚洲问题及其对国际政治的影响》　[美]阿尔弗雷德·马汉　著　范祥涛　译
14.《王权与神祇:作为自然与社会结合体的古代近东宗教研究》

（上、下）［美］亨利·富兰克弗特　著　郭子林　李　岩　李凤伟　译

15.《大学的兴起》［美］查尔斯·哈斯金斯　著　梅义征　译

16.《阅读纸草，书写历史》［美］罗杰·巴格诺尔　著　宋立宏　郑　阳　译

17.《秘史》［东罗马］普罗柯比　著　吴舒屏　吕丽蓉　译

18.《论神性》［古罗马］西塞罗　著　石敏敏　译

19.《护教篇》［古罗马］德尔图良　著　涂世华　译

20.《宇宙与创造主：创造神学引论》［英］大卫·弗格森　著　刘光耀　译

21.《世界主义与民族国家》［德］弗里德里希·梅尼克　著　孟钟捷　译

22.《古代世界的终结》［法］菲迪南·罗特　著　王春侠　曹明玉　译

23.《近代欧洲的生活与劳作（从15—18世纪）》［法］G. 勒纳尔　G. 乌勒西　著　杨　军　译

24.《十二世纪文艺复兴》［美］查尔斯·哈斯金斯　著　张　澜　刘　疆　译

25.《五十年伤痕：美国的冷战历史观与世界》（上、下）［美］德瑞克·李波厄特　著　郭学堂　潘忠岐　孙小林　译

26.《欧洲文明的曙光》［英］戈登·柴尔德　著　陈　淳　陈洪波　译

27.《考古学导论》［英］戈登·柴尔德　著　安志敏　安家瑗　译

28.《历史发生了什么》［英］戈登·柴尔德　著　李宁利　译

29.《人类创造了自身》［英］戈登·柴尔德　著　安家瑗　余敬东　译

30.《历史的重建：考古材料的阐释》［英］戈登·柴尔德　著　方　辉　方堃杨　译

31.《中国与大战：寻求新的国家认同与国际化》［美］徐国琦　著　马建标　译

32.《罗马帝国主义》［美］腾尼·弗兰克　著　宫秀华　译

33.《追寻人类的过去》 [美]路易斯·宾福德 著 陈胜前 译
34.《古代哲学史》 [德]文德尔班 著 詹文杰 译
35.《自由精神哲学》 [俄]尼古拉·别尔嘉耶夫 著 石衡潭 译
36.《波斯帝国史》 [美]A. T. 奥姆斯特德 著 李铁匠等 译
37.《战争的技艺》 [意]尼科洛·马基雅维里 著 崔树义 译 冯克利 校
38.《民族主义:走向现代的五条道路》 [美]里亚·格林菲尔德 著 王春华等 译 刘北成 校
39.《性格与文化:论东方与西方》 [美]欧文·白璧德 著 孙宜学 译
40.《骑士制度》 [英]埃德加·普雷斯蒂奇 编 林中泽 等译
41.《光荣属于希腊》 [英]J. C. 斯托巴特 著 史国荣 译
42.《伟大属于罗马》 [英]J. C. 斯托巴特 著 王三义 译
43.《图像学研究》 [美]欧文·潘诺夫斯基 著 戚印平 范景中 译
44.《霍布斯与共和主义自由》 [英]昆廷·斯金纳 著 管可秾 译
45.《爱之道与爱之力:道德转变的类型、因素与技术》 [美]皮蒂里姆·A.索罗金 著 陈雪飞 译
46.《法国革命的思想起源》 [法]达尼埃尔·莫尔内 著 黄艳红 译
47.《穆罕默德和查理曼》 [比]亨利·皮朗 著 王晋新 译
48.《16 世纪的不信教问题:拉伯雷的宗教》 [法]吕西安·费弗尔 著 赖国栋 译
49.《大地与人类演进:地理学视野下的史学引论》 [法]吕西安·费弗尔 著 高福进 等译 [即出]
50.《法国文艺复兴时期的生活》 [法]吕西安·费弗尔 著 施诚 译
51.《希腊化文明与犹太人》 [以]维克多·切利科夫 著 石敏敏 译
52.《古代东方的艺术与建筑》 [美]亨利·富兰克弗特 著 郝

海迪　袁指挥　译

53.《欧洲的宗教与虔诚：1215—1515》［英］罗伯特·诺布尔·斯旺森　著　龙秀清　张日元　译

54.《中世纪的思维：思想情感发展史》［美］亨利·奥斯本·泰勒　著　赵立行　周光发　译

55.《论成为人：神学人类学专论》［美］雷·S.安德森　著　叶汀　译

56.《自律的发明：近代道德哲学史》［美］J.B.施尼温德　著　张志平　译

57.《城市人：环境及其影响》［美］爱德华·克鲁帕特　著　陆伟芳　译

58.《历史与信仰：个人的探询》［英］科林·布朗　著　查常平　译

59.《以色列的先知及其历史地位》［英］威廉·史密斯　著　孙增霖　译

60.《欧洲民族思想变迁：一部文化史》［荷］叶普·列尔森普　著　周明圣　骆海辉　译

61.《有限性的悲剧：狄尔泰的生命释义学》［荷］约斯·德·穆尔　著　吕和应　译

62.《希腊史》［古希腊］色诺芬　著　徐松岩　译注

63.《罗马经济史》［美］腾尼·弗兰克　著　王桂玲　杨金龙　译

64.《修辞学与文学讲义》［英］亚当·斯密　著　朱卫红　译

65.《从宗教到哲学：西方思想起源研究》［英］康福德　著　曾琼　王涛　译

66.《中世纪的人们》［英］艾琳·帕瓦　著　苏圣捷　译

67.《世界戏剧史》［美］G.布罗凯特　J.希尔蒂　著　周靖波　译

68.《20世纪文化百科词典》［俄］瓦季姆·鲁德涅夫　著　杨明天　陈瑞静　译

69.《英语文学与圣经传统大词典》［美］戴维·莱尔·杰弗里(谢大卫)主编　刘光耀　章智源等　译

70.《刘松龄——旧耶稣会在京最后一位伟大的天文学家》［美］斯坦尼斯拉夫·叶茨尼克 著 周萍萍 译
71.《地理学》［古希腊］斯特拉博 著 李铁匠 译
72.《马丁·路德的时运》［法］吕西安·费弗尔 著 王永环 肖华峰 译
73.《希腊化文明》［英］威廉·塔恩 著 陈 恒 倪华强 李月 译
74.《优西比乌：生平、作品及声誉》［美］麦克吉佛特 著 林中泽 龚伟英 译
75.《马可·波罗与世界的发现》［英］约翰·拉纳 著 姬庆红译
76.《犹太人与现代资本主义》［德］维尔纳·桑巴特 著 艾仁贵 译
77.《早期基督教与希腊教化》［德］瓦纳尔·耶格尔 著 吴晓群 译
78.《希腊艺术史》［美］F·B·塔贝尔 著 殷亚平 译
79.《比较文明研究的理论方法与个案》［日］伊东俊太郎 梅棹忠夫 江上波夫 著 周颂伦 李小白 吴 玲 译
80.《古典学术史：从公元前6世纪到中古末期》［英］约翰·埃德温·桑兹 著 赫海迪 译
81.《本笃会规评注》［奥］米歇尔·普契卡 评注 杜海龙 译
82.《伯里克利：伟人考验下的雅典民主》［法］ 樊尚·阿祖莱 著 方颂华 译
83.《旧世界的相遇：近代之前的跨文化联系与交流》［美］ 杰里·H.本特利 著 李大伟 陈冠堃 译 施诚 校
84.《词与物：人文科学的考古学》修订译本 ［法］米歇尔·福柯 著 莫伟民 译
85.《古希腊历史学家》［英］约翰·伯里 著 张继华 译
86.《自我与历史的戏剧》［美］莱因霍尔德·尼布尔 著 方永 译
87.《马基雅维里与文艺复兴》［意］费代里科·沙博 著 陈玉聃 译

88.《追寻事实：历史解释的艺术》［美］詹姆士 W.戴维森 著 ［美］马克 H. 利特尔著 刘子奎 译
89.《法西斯主义大众心理学》［奥］威尔海姆·赖希 著 张峰 译
90.《视觉艺术的历史语法》［奥］阿洛瓦·里格尔 著 刘景联 译
91.《基督教伦理学导论》［德］弗里德里希·施莱尔马赫 著 刘平 译
92.《九章集》［古罗马］普罗提诺 著 应明 崔峰 译
93.《文艺复兴时期的历史意识》［英］彼得·伯克 著 杨贤宗 高细媛 译
94.《启蒙与绝望：一部社会理论史》［英］杰弗里·霍松 著 潘建雷 王旭辉 向辉 译
95.《曼多马著作集：芬兰学派马丁·路德新诠释》［芬兰］曼多马 著 黄保罗 译
96.《拜占庭的成就：公元 330～1453 年之历史回顾》［英］罗伯特·拜伦 著 周书垚 译
97.《自然史》［古罗马］普林尼 著 李铁匠 译
98.《欧洲文艺复兴的人文主义和文化》［美］查尔斯·G.纳尔特 著 黄毅翔 译
99.《阿莱科休斯传》［古罗马］安娜·科穆宁娜 著 李秀玲 译
100.《论人、风俗、舆论和时代的特征》［英］夏夫兹博里 著 董志刚 译

欢迎广大读者垂询，垂询电话：021－22895540

图书在版编目(CIP)数据

中世纪和文艺复兴研究/[美]T. E. 蒙森著;陈志坚等译. —上海:上海三联书店,2018.12
(上海三联人文经典书库)
ISBN 978-7-5426-6543-0

Ⅰ.①中… Ⅱ.①T…②陈… Ⅲ.①文艺复兴—研究—欧洲—中世纪 Ⅳ.①K503

中国版本图书馆 CIP 数据核字(2018)第 254479 号

中世纪和文艺复兴研究

著　　者 / [美]T. E. 蒙森
译　　者 / 陈志坚等

责任编辑 / 黄　韬
装帧设计 / 徐　徐
监　　制 / 姚　军
责任校对 / 张大伟

出版发行 / 上海三联书店
(200030)中国上海市漕溪北路 331 号 A 座 6 楼
邮购电话 / 021-22895540
印　　刷 / 上海展强印刷有限公司

版　　次 / 2018 年 12 月第 1 版
印　　次 / 2018 年 12 月第 1 次印刷
开　　本 / 640×960　1/16
字　　数 / 288 千字
印　　张 / 21.75
书　　号 / ISBN 978-7-5426-6543-0/K·505
定　　价 / 88.00 元

敬启读者,如发现本书有印装质量问题,请与印刷厂联系 021-66510725